WISSENSCHAFTLICHE BEITRÄGE
AUS DEM TECTUM VERLAG

Reihe Rechtswissenschaften

WISSENSCHAFTLICHE BEITRÄGE AUS DEM TECTUM VERLAG

Reihe Rechtswissenschaften

Band 83

Lukas Voelkel

Das gerechte Honorar nach der Gebührenordnung für Ärzte

Tectum Verlag

Lukas Voelkel

Das gerechte Honorar nach der Gebührenordnung für Ärzte.
Wissenschaftliche Beiträge aus dem Tectum Verlag:
Reihe: Rechtswissenschaften; Bd. 83

Zugl. Diss. Georg-August-Universität Göttingen 2015
ISBN: 978-3-8288-3783-6
ISSN: 1861-7875

Druck und Bindung: Totem, Inowrocław, Polen

Besuchen Sie uns im Internet
www.tectum-verlag.de

Bibliografische Informationen der Deutschen Nationalbibliothek
Die Deutsche Nationalbibliothek verzeichnet diese Publikation in der Deutschen Nationalbibliografie; detaillierte bibliografische Angaben sind im Internet über http://dnb.ddb.de abrufbar.

Diese Arbeit wurde im Januar 2015 bei der Juristischen Fakultät der Georg-August-Universität Göttingen als Dissertation eingereicht. Die zu einem späteren Zeitpunkt veröffentlichte Literatur konnte nur noch an vereinzelten Stellen eingearbeitet werden. Entsprechendes gilt für die Rechtsprechung

Inhaltsverzeichnis

A. Einleitung 1

B. Das gerechte Honorar des Arztes 5

I. Gerechtigkeit als Wertung 5
1. Recht und Gerechtigkeit 7
2. Inhaltlichen Dimensionen der Gerechtigkeit 8
a) Gerechtigkeit als relative Wertung 10
b) Prozedurale Gerechtigkeitstheorien 13
c) Die Erfordernisse des Rechts 16
d) Entwicklung aus dem rechtlichen Kontext 17
3. Zusammenfassung 20

II. Gerechtigkeit im ärztlichen Honoraranspruch 22
1. Gerechtes Honorar als Frage rechtlicher Ausgestaltung . . 23
2. Der rechtliche Kontext im Überblick 24
a) Kompetenzrechtliche Zulässigkeit der GOÄ 26
(1) § 11 BÄO als Recht der Wirtschaft 27
(2) Erfordernis einer bundeseinheitlichen Regelung . . 29
b) Der privatärztliche Vergütungsanspruch 30
(1) Der Behandlungsvertrag 31
(2) Außervertragliche Vergütung 35
(3) Zusammenfassung 37
c) Gebührenordnung und Vergütungsanspruch 37
(1) Anwendung als Taxe 37
(2) Keine Dispositivität der GOÄ 38
(3) Systematische Eingliederung 40
(4) Die GOÄ im Internationalen Privatrecht 43

3. Folgen für das Verständnis vom gerechten Honorar 43
a) Die GOÄ als Mittel des Interessenausgleichs 46
b) Relevante Interessen im Überblick 49
(1) Gebührenordnung und Vertragsgerechtigkeit ... 50
(2) Gebührenordnung und Krankenversicherung ... 51
(3) Gebührenordnung und Freiberuflichkeit 52
(4) Gebührenordnung und Europarecht 53
4. Zusammenfassung 55

C. Honorargestaltung durch die GOÄ 59

I. Anwendungsvoraussetzungen 59
1. Die berufliche Leistung des Arztes 60
2. Die Anwendung der GOÄ auf Krankenhausleistungen ... 62
a) Die Wahlleistung ‚Arzt' 63
(1) Allgemeine Krankenhausleistungen 64
(2) Wahlleistungen 64
b) Anwendung über Krankenhausentgeltgesetz 67
c) Abgrenzung zu anderen Wahlleistungen 69
d) Zusammenfassung 70

II. Der Honoraranspruch 71
1. Die Beschränkung auf die erforderliche Leistung 71
2. Fachgebietsgebundenheit des Abrechnenden 74
3. Vergütung bei fehlerhafter Behandlung? 78
a) Kein Ausschluss nach bürgerlichem Recht 80
b) Vergütungsausschluss nach GOÄ? 82
c) Zusammenfassung 84
4. Gebühr nur für eigenständig erbrachte Leistungen 84
a) Die höchstpersönliche Leistungserbringung 85
b) Delegation 85
c) Stellvertretung 89
(1) Abgrenzung zur Delegation 89
(2) Formen der Stellvertretung 90
(3) Stellvertretung bei der Wahlleistung 91

(4) Sonstige Fälle der Stellvertretung 96
d) Vertretung bei Laborleistungen 99
e) Zusammenfassung 100

III. Die Grobstruktur des Honoraranspruches 101
1. Funktionale Differenzierung im Honorar 101
2. Strukturelemente der Gebührenbemessung 104

IV. Das Zielleistungsprinzip 106
1. Das Gebührenverzeichnis 108
2. Die Leistungsbeschreibung 109
3. Verhältnis selbstständiger Leistungen zueinander 110
a) Differenzierung durch Textbausteine 111
b) Die Generalklausel des § 4 Abs. 2a GOÄ 112
c) Strittige Reichweite 114

V. Die Punktzahl 117

VI. Analogabrechnung nicht aufgenommener Leistungen 119
1. Analogie als Mittel der Rechtswissenschaft 120
a) Die Lücke im Gesetz 120
b) Der Analogieschluss 123
c) Analogie und Auslegung 125
2. Analogabrechnung in der GOÄ 125
a) Die selbstständige Leistung als Voraussetzung 127
(1) Selbstständige Leistung 128
(2) Ohne Aufnahme in die Gebührenordnung 129
(3) Weitergehende Einschränkungen? 130
(4) Zusammenfassung 133
b) Lückenschluss und Rechtsfolgen 133
(1) Gleichwertigkeit als Ziel 134
(2) Rechtsfolgen der Analogabrechnung 136
c) Analogabrechnung und Honorarvereinbarungen 137

VII. Bestimmung des Steigerungssatzes durch den Arzt 138

VIII. Abweichende Honorarvereinbarungen 143
1. Individualvereinbarungen mit Patienten 144
2. Kollektivverträge 146
3. Individualvereinbarungen mit Behörden 148

IX. Geltendmachung des Honoraranspruches 149

D. Vertragsgerechtigkeit als Maßstab der GOÄ 151

I. Preisgerechtigkeit als schützenswertes Interesse 151

II. Preisgerechtigkeit als Maßstab des gerechten Vertrages 155
1. Grundzüge und Problematik objektiver Äquivalenz 157
2. Subjektiv-formale Äquivalenz 160
a) Die subjektive Wertbestimmung 160
b) Selbstbestimmung und Selbstbindung durch Vertrag . . 161
c) Individual- und Allgemeininteresse 165
d) Äquivalenz und erforderlicher Kontrollmaßstab 169
e) Vereinbarkeit von Inhaltskontrolle und Grundgesetz . . 170
f) Ergebnis 173
3. Prozedurale Ansprüche an den Vertrag 174
a) Formale und materiale Vertragsfreiheit 176
b) Liberalismus und BGB 180
c) BGB und Grundgesetz 181
d) Zusammenfassung 185
4. Ergebnis 186

III. Die subjektiver Bewertung medizinischer Leistungen 189
1. Subjektive Bewertbarkeit medizinischer Leistungen 189
2. Das Fehlen von Verhandlungspartität 193
3. Die GOÄ als Antwort auf die Preisfindungsproblematik . . 200
a) Umkehr des üblichen Korrekturmechanismus 201
b) Notwendigkeit einer alternativen Preisfestsetzung . . . 202
c) Die Gestaltungsfreiheit des Verordnungsgebers 204
d) Der Gestaltungsauftrag als Interessenabwägung 206
e) Vergleichbare Vergütungsvorschriften 207

f) Verfassungsrechtliche Gesichtspunkte 211
(1) Eingriffscharakter der GOÄ 212
(2) Rechtfertigung 214
g) Interessenabwägung und Preisgerechtigkeit 217

IV. Ergebnis 218

E. Patientenautonomie, Sozialstaat und Freiberuflichkeit 223

I. Das Selbstbestimmungsrecht das Patienten 223

II. Der Gewährleistungsauftrag des freiheitlichen Sozialstaats . . 225
1. Der Sozialstaat 225
a) Staatstheoretische Grundlagen 226
b) Konkretisierung in der Verfassung 227
c) Historische Entwicklung des Sozialstaats 228
d) Gesellschaftliche Solidarität als Wesenskern 231
e) Sozialstaatsprinzip und Grundrechte 232
f) Minimum und Maximum des Sozialstaates 234
g) Zusammenfassung 237
2. Sozialstaatsprinzip und Gesundheitssystem 238
a) Die Sonderrolle der Gesundheit 239
b) Die Erfordernisse einer begrenzten Ressourcenlage . . . 240
c) Verfassungsgerichtliche Rechtsprechung 242
3. Relevanz der Verfassungsrechtsprechung für die GOÄ . . . 245
a) GOÄ und Krankenfürsorgesysteme 246
b) Die Verbindung von Leistungs- und Kostenfrage 252
(1) Risikoäquivalente Prämienberechnung 253
(2) Relevanz für die Beihilfe? 257
(3) Notwendigkeit der Kostenkontrolle 257
(4) Keine einseitige Betonung der Kostenfrage 261
4. Fazit 266

III. Die Freiberuflichkeit des Arztes 269
1. Der Arzt als freier Beruf 271
a) Der Begriff des freien Berufes 271

b) Gemeinwohlorientierung . . . 272
c) Berufsausübung in wirtschaftlicher Unabhängigkeit . . 273
2. Freiberuflichkeit und die Gebührenordnung . . . 275
a) Wirtschaftliche Unabhängigkeit . . . 277
b) Profitstreben und Wettbewerbsdruck . . . 279
c) Gemeinwohl als Ziel . . . 282
3. Fazit . . . 283

IV. Folgerungen für das gerechte Honorar . . . 284
1. Der Arztvertrag und die subjektive Preisfindung . . . 285
2. Festsetzung nach Ermessen des Verordnungsgebers . . . 289
a) Anforderungen des Sozialstaats an die GOÄ . . . 290
(1) Die verfassungsgerichtlichen Vorgaben . . . 291
(2) Folgen für die Gestaltung der GOÄ . . . 292
b) Das Leitbild freier Berufe . . . 295
3. Auswirkungen auf das Gerechtigkeitsverständnis . . . 297
a) Regelungsbedarf privatärztlicher Vergütung . . . 297
b) Ausschaltung marktgeleiteter Honorarfindung . . . 299
c) Ergebnis . . . 301

F. Folgen für die Anwendung der GOÄ 303

I. Unzulässigkeit einer Mischkalkulation . . . 303

II. Kostendeckende Vergütung . . . 309
1. Differenzierung von Kostendeckung und Entlohnung . . . 311
2. Kalkulierbarkeit der Behandlungskosten . . . 312

III. Rücksichtnahme auf außervertragliche Gesichtspunkte? . . . 314
1. Die medizinische Notwendigkeit von Leistungen . . . 320
a) Die Ersatzpflicht der privaten Krankenversicherung . . 322
(1) Die medizinisch notwendige Heilbehandlung . . . 322
(2) Einschränkungen der Ersatzpflicht . . . 324
(3) Übertragbarkeit? . . . 326
b) Die Beihilfefähigkeit von Leistungen . . . 328
c) Zusammenfassung . . . 332

2. Bestimmung des Steigerungssatzes 332
a) Festlegung im billigen Ermessens 334
(1) Übertragbarkeit der Ermessensfehlerlehre 335
(2) Einschränkung der Ermessensentscheidung 337
(3) Ermessensfehler bei Pauschalabrechnung? 341
b) Die durchschnittliche Leistung im Gebührenrahmen . . 345
(1) Bedeutung der Regelspanne 346
(2) Folgen für die Pauschalabrechnung 349
c) Folgen fehlerhafter Festsetzung 350
3. Sonderfall Honorarvereinbarung 351
a) Verfassungsrechtliche Grundlage 351
b) Einschränkungen der Honorarvereinbarung? 352
4. Zusammenfassung 357

IV. Bewahrung der Leistungsgerechtigkeit der Gebühren 357
1. Die Relation von Aufwand und Punktzahl als Wertung . . 358
2. Auseinanderfallen von Vergütung und Aufwand 359
3. Ausgleich unberücksichtigter Leistungsausweitungen . . . 363
a) Gebührenanpassung über den Steigerungssatz 365
b) Gebührenziffern als typisierte Leistungstatbestände . . 367
c) Funktion der Gebührenziffern 372
(1) Der innere Zusammenhang von Verrichtungen . . . 374
(2) Folgen für die Vergütung des Arztes 377
(3) Zusammenfassung 382
d) Der Ausgleich unberücksichtigten Mehraufwands . . . 384
(1) Reichweite des Zielleistungsprinzips 384
(2) Abgrenzung unberücksichtigten Mehraufwands . . 389
(3) Ausgleich durch Analogabrechnung 394
4. Kompensation fortschrittsbedingter Überhonorierungen . . 400
5. Zusammenfassung 404

G. Zusammenfassung und Ergebnisse **411**

Literaturverzeichnis **427**

A. Einleitung

Gegenstand dieser Arbeit ist die Gebührenordnung für Ärzte (GOÄ), genauer die Berechnung des Honorars, welches dem Arzt als Gegenleistung für seine Dienste auf Grundlage dieser Gebührenordnung gezahlt wird. Ziel ist die Herausarbeitung eines *gerechten* Honorars, das heißt der aufgrund rechtlicher und anderer Erwägungen vorzugswürdigen Vergütung, welche als Maßstab zur Honorarbestimmung herangezogen werden kann.

Mit ‚Gerechtigkeit' wird sich indes einer Begrifflichkeit bedient, deren Verwendung für die Kategorisierung von Recht nicht unumstritten ist.[1] Als wertende Aussage in Bezug auf einen bestimmten Sachverhalt[2] ist Gerechtigkeit nicht immer geeignet, eindeutige und pointierte Aussagen zu treffen. Das mag gegenüber eindeutig bestimmten, feststehenden Rechtsbegriffen einen Nachteil darstellen, allerdings basiert auch das Recht nicht ausschließlich auf eindeutigen Begrifflichkeiten, sondern ist, ganz im Gegenteil, in vielfältiger Hinsicht von Wertungsfragen geprägt. Unter anderem wird in Bezug auf staatliche Gebührenordnungen und das nach deren Maßgabe gezahlte Entgelt seitens der Rechtsprechung des Öfteren auf die *Angemessenheit* als überprüfungswürdiges Zulässigkeitskriterium verwiesen. Was im Einzelfall jedoch angemessen ist, wird aus diesem Diktum ebenso wenig deutlich, wie der Verweis auf das gerechte Honorar zur Konfliktlösung beitragen könnte. In beiden Fällen müssen zunächst terminologische Unklarheiten überwunden werden.

Fraglos wird mit Gerechtigkeit ein Idealzustand gesellschaftlicher Ordnung verbunden, zu dessen Verwirklichung gerechte Handlungen zu fördern und *ungerechte* Handlungen zu unterbinden sind.[3] Dieser Minimalkonsens ist jedoch nicht geeignet, um auf dessen Grundlage einen inhaltlich definierten und feststehenden Katalog gerechter und ungerechter Tatbestände zu erarbeiten. Die Auffassungen von der an-

1 Vgl. *Kriele*, S. 42ff; *Höffe*, S. 35; *Rüthers / Fischer / Birk*, § 9 Rn. 344.

2 Vgl. *Tschentscher*, S. 55 m.w.N.; *Höffe*, S. 28; *Larenz*, Methodenlehre der Rechtswissenschaft, S. 250.

3 Vgl. *Luhmann*, S. 217; *Höffe*, S. 27ff.

zustrebenden Gesellschaftsordnung differenzieren. Mithin ist auch der Katalog der zur Umsetzung notwendigen Ge- und Verbote zwischen den verschiedenen Ansichten nicht konstant, sondern auf die jeweilige Gesellschaftsform und die damit verbundene politische, rechtliche und soziologische Agenda zugeschnitten. Ungeachtet dessen muss das Recht, welches seine Legitimation aus der Gerechtigkeit bezieht, bestrebt sein, wider diese Unbestimmtheit eine Definition von Gerechtigkeit geben zu können.[4]

Diesbezüglich sind vor allem die dem Gesetz immanenten Wertungen von Interesse. Mit jeder Regelungsanordnung sind Aussagen des Gesetzgebers zur rechtlichen und faktischen Lebenswirklichkeit verbunden. Sie können zur Grundlage eines ‚verrechtlichen' Gerechtigkeitsmodells werden, welches im Fall der Gebührenordnung für Ärzte neben der Regelungsstruktur der Gebührenordnung selbst auch diejenigen rechtlichen Gesichtspunkte einbeziehen kann, die zwar nicht unmittelbar den Regelungskreis der Gebührenordnung berühren, ungeachtet dessen aber mit der Vergütung des Arztes in einem engen thematischen Zusammenhang stehen.

Hervorzuheben sind in diesem Zusammenhang die Verbindungen der Gebührenordnung mit dem bürgerlichen Recht im Allgemeinen und dem Wesen des Vertrages im Speziellen. Durch die Gebührenordnung erfolgt eine hoheitliche Festsetzung der Vergütung. Resultat ist die Abkehr von der Idee eines der Hoheitsmacht der Parteien unterworfenen Vertragsinhalts, was wiederum die Vereinbarkeit der Gebührenordnung mit den Freiheits- und Selbstbestimmungsrechten des Individuums im Vertrag in Frage stellt. Jene unter dem Begriff der Vertragsfreiheit zusammengefassten Prinzipien genießen den Schutz der Verfassung. Ein Eingriff bedarf der Rechtfertigung, die sich wiederum aus der Relevanz der Gebührenordnung für andere Regelungsbereiche ergeben kann.

Die berufliche Tätigkeit des Arztes berührt grundlegende Bedürfnisse der Gesellschaft: Medizinische Leistungen sind erforderlich für die Bewahrung von Leben und Gesundheit und deswegen im Vergleich zu anderen Waren und Dienstleistungen von herausragender Bedeutung für die Konsumenten. Nicht umsonst ist eine funktionierende Gesundheitsversorgung Ziel des freiheitlichen Sozialstaats nach dem Grundgesetz. Der Stellenwert der Gebührenordnung geht infolgedessen über

4 Vgl. *Zippelius*, § 5 III, § 21 I, II.

jenen einer reinen Vergütungsregelung hinaus. Angesichts ihres Einflusses auf die Behandlungskosten und der daraus resultierenden Lenkungsfunktion sind vor allem die verfassungsrechtlichen Ansprüchen an Leistungsumfang und Kostenentwicklung der verschiedenen Krankenversicherungen zu berücksichtigen.

Beachtet werden muss darüber hinaus die Rolle des Arztes als prototypischer Angehöriger eines freien Berufes[5] Mit dieser Einordnung verbunden ist die Idealauffassung einer im Interesse und zum Wohle der Allgemeinheit stattfindenden Berufsausübung in Abgrenzung zu den Gewerbetreibenden. Diese distinktiven Eigenarten ständischer Tätigkeit gilt es bei der Interpretation der Gebührenordnung, der als verbindlicher Preisordnung unter anderem ein wettbewerbsregulierender Moment zukommt, ebenfalls zu bedenken.

Im Anbetracht dieser Bedeutung der GOÄ für das Gesamtrechtssystem kann eine Auffassung vom gerechtem Honorar nicht auf Basis der alleinigen Betrachtung der Gebührenordnung selbst gebildet werden. Vielmehr muss zunächst Kenntnis über die Wechselwirkungen zwischen der Gebührenordnung und anderen Regelungsbereichen bestehen. Diese Feststellungen erlauben, im Anschluss ein Verständnis von der gerechten Anwendung der Gebührenordnung zu entwickeln.

5 § 1 Abs. 2 der Bundesärzteordnung: „Der ärztliche Beruf ist kein Gewerbe; er ist seiner Natur nach ein freier Beruf."

C. Honorargestaltung durch die GOÄ

Bisher wurde ausschließlich auf die Bedeutung der GOÄ hingewiesen, die ihr in Bezug auf das gerechte Honorar deswegen zukommt, weil sie anstelle des allgemeinen Zivilrechts tritt und mithin dessen Preisfindungsmechanismus und die damit verbundenen Gerechtigkeitsmodelle verdrängt. Diese Feststellung bleibt für sich genommen und ohne die Auseinandersetzung mit den konkreten Regelungsanordnungen der Gebührenordnung jedoch nur eine oberflächliche Betrachtung, die im Folgenden vertieft werden soll. Die inhaltliche Ausgestaltung des Vergütungsanspruchs durch die Gebührenordnung geht über die einfache Bestimmung des Preises anhand einer Preisliste weit hinaus. Die GOÄ legt die Bestandteile des Honorars und dessen Berechnung für den Einzelfall anhand mehrerer honorarrelevanter Faktoren fest. Erst deren Zusammenspiel führt zu einem abrechenbaren Honorar. Die Auseinandersetzung mit diesen Faktoren ist also erforderlich, um den von der Gebührenordnung der GOÄ ausgehenden, rechtlichen Kontext vollständig zu erfassen. Aus diesem Grund soll sich im Folgenden ferner auch den übrigen Regelungen der GOÄ zugewandt werden, die für die Abrechnung des Honorars von Relevanz sind.

I. Anwendungsvoraussetzungen

So gelten die Vorgaben der GOÄ etwa nur für bestimmte Verträge. Da die Gebührenordnung nach § 11 BÄO ausschließlich die Vergütung des Arztes regulieren soll, muss eine Einschränkung des Anwendungsbereichs erfolgen: Dieser ist in § 1 Satz 1 GOÄ definiert. Die Gebührenordnung bestimmt die Vergütungsansprüche der Ärzte für deren berufliche Leistungen, sofern das Bundesrecht nicht anderes festlegt. Sie ist also dann anzuwenden, wenn einem *Arzt* für sein *berufliches Tätigwerden* ein Vergütungsanspruch zusteht, sofern nicht andere bundesrechtliche Vergütungsregeln, beispielsweise jene der gesetzlichen Krankenversicherung, vorzuziehen sind.[1] Hinzu kommen Konstellationen, bei denen die Gebührenordnung kraft eines gesetzlichen Verweises zur Berechnung von Leistungen heranzuziehen ist, sowie jene, deren Geltung vertraglich vereinbart wurde.[2]

1. Die berufliche Leistung des Arztes

Der Arztbegriff der Gebührenordnung ist mit jenem der BÄO als Erlassgrundlage identisch: Arzt im Sinne der GOÄ ist nach § 2 BÄO der approbierte oder mit Erlaubnis praktizierende Mediziner.[3] Des Weiteren sind Leistungen von Zahnärzten und Psychotherapeuten nach der GOÄ abzurechnen, insoweit die Gebührenordnungen dieser Berufsgruppen ganz oder teilweise auf die GOÄ verweisen.[4] Ferner findet die GOÄ aufgrund des Verweises in § 17 KHEntgG auf die Abrechnung von Wahlleistungen Anwendung, die Krankenhäuser gegenüber ihren Patienten erbringen. Dass es an dieser Stelle eines Verweises bedarf, erklärt sich bereits aus dem Umstand, dass die Krankenhausträger als juristische Personen keine Ärzte im Sinne von BÄO und GOÄ sind und damit den personellen Anwendungsbereich der Gebührenordnung nicht eröffnen können.[5]. Diese Einschränkung des Anwendungsbereichs gilt umgekehrt auch gegenüber dem Arzt, der bei der Abrechnung mit privatrechtlichen juristischen Personen grundsätzlich nicht an die GOÄ gebunden ist. Es soll hier an der Interessenlage der Beteiligten im Sinne von § 11 BÄO mangeln, unter deren Eindruck die GOÄ steht.[6] Der Bundesgerichtshof weist aber in seiner Rechtspre-

1 *Spickhoff*, in: Spickhoff, Medizinrecht, § 1 GOÄ Rn. 1ff; *Miebach*, in: Uleer / Miebach / Patt, § 1 GOÄ Rn. 9; für eine Aufstellung der abweichenden bundesgesetzlichen Bestimmungen: *K.-F. Brück*, § 1 Rn. 6; *Lang* u. a., § 1 Rn. 7f; *Wezel / Liebold*, Kap. 6.

2 *Hoffmann / Kleinken*, § 1 Rn. 10.

3 *Spickhoff*, in: Spickhoff, Medizinrecht, § 1 GOÄ Rn. 4; Hübner Fachanwaltskommentar Medizinrecht, § 1 GOÄ Rn. 2; *Miebach*, in: Uleer / Miebach / Patt, § 1 GOÄ Rn. 3; *K.-F. Brück*, § 1 Rn. 4.2; *Hoffmann / Kleinken*, § 1 Rn. 7ff; zum Arztbegriff: *Schelling*, in: Spickhoff, Medizinrecht, § 2 BÄO; Hoppe / Seebohm / Rompf Fachanwaltskommentar Medizinrecht, § 1 BÄO Rn. 1; zur Anwendung auf Nichtärzte: *Hoffmann / Kleinken*, § 1 Rn. 10.

4 § 6 Abs. 1 Gebührenordnung für Zahnärzte (GOZ) bzw. § 1 Gebührenordnung für psychologische Psychotherapeuten und Kinder- und Jugendpsychotherapeuten (GOP); dazu: *dies.*, § 1 Rn. 9.

5 *Spickhoff*, in: Spickhoff, Medizinrecht, § 1 GOÄ Rn. 6; *Hoffmann / Kleinken*, § 1 Rn. 10; *Quaas*, in: Quaas / Zuck, Medizinrecht, § 14 Rn. 42; a.A. *Attermeyer*, S. 185; wohl auch *Katzenmeier*, MedR 1998, 113 (116). Zum Liquidationsrecht im Krankenhaus weiter im Abschnitt C.I.2.ff

6 Zur Nichtanwendbarkeit der GOÄ auf Verträge zwischen Ärzten und Krankenhäusern über die Erbringung allgemeiner Krankenhausleistungen: BGHZ 183, 143 (146) Rn. 9; *Spickhoff*, in: Spickhoff, Medizinrecht, § 1 GOÄ Rn. 6. Diese Einschätzung ist liegt nahe, da, als dass ansonsten etwa die Vergütung des angestellten Arztes, der im Rahmen seiner Anstellung medizinische und

chung explizit darauf hin, dass dieser Verzicht auf die Anwendung der GOÄ einen Sonderfall betrifft, der nur deswegen möglich sei, weil die Leistung des Arztes von den Versicherten bereits als Institutsleistung des Krankenhauses vergütet werde und es damit im Verhältnis von Krankenhaus und Arzt an der für die Anwendung der GOÄ maßgeblichen, unmittelbaren Beziehung von Leistungserbringer und Leistungsempfänger fehlt.[7]

Eine generelle Einschränkung des Anwendungsbereichs der GOÄ ist dieser Rechtsprechung daher nicht zu entnehmen.[8] Die Gebührenordnung gilt nach § 11 GOÄ jedoch für die Leistungserbringungen des Arztes gegenüber „öffentlich-rechtlichen Kostenträgern".[9] Treten juristische Personen öffentlichen Rechts als Vertragspartner des Arztes auf[10], ist nach der GOÄ abzurechnen, sofern *keine* andere bundesrechtliche Vergütungsbestimmung im Sinne von § 1 GOÄ vorliegt.[11] Insbesondere die Vergütung der Behandlung von gesetzlich Versicherten erfolgt in der Regel nicht nach Maßgabe der GOÄ, sondern richtet sich nach dem Fünften Sozialgesetzbuch.[12] Nur in Ausnahmefällen kann es zur Anwendung der GOÄ kommen, nämlich wenn sich der Patient nicht entsprechend § 15 Abs. 2 SGB V als berechtigter Versicherter ausweisen kann[13], der Patient sich unter Verzicht auf die Leistungen der gesetzlichen Krankenversicherung freiwillig privat behandeln lässt[14] oder wenn sogenannte individuelle Gesundheitsleistungen erbracht werden, die über das als notwendig erachtete Maß einer angemessenen und wirtschaftlichen Versorgung im Sinne des SGB V hinausgehen.[15]

---

damit berufliche Leistungen zum Vorteil des Arbeitgebers erbringt, prinzipiell nach der GOÄ bemessen werden müsste.

7 BGHZ 183, 143 (146) Rn. 9.

8 Vgl. Kiesecker Fachanwaltskommentar Medizinrecht, § 11 GOÄ Rn. 4.

9 Für eine Aufstellung der infrage kommenden öffentlich-rechtlichen Kostenträger sei neben dem in § 11 GOÄ genannten § 12 SGB I auf die Aufstellung bei *Hoffmann/Kleinken*, §11 Rn. 1f verwiesen.

10 Gemeint ist hier die *direkte*, auf Gesetz, Rechtsverordnung oder Satzung beruhende Rechtsbeziehung mit dem Kostenträger, nicht jedoch der ‚klassische' Fall des Behandlungsvertrages mit einem Patienten, welcher wiederum Erstattungsansprüche gegenüber einer öffentlich-rechtlichen Beihilfekasse oder dergleichen hat.*dies.*, §11 Rn. 3.

11 *dies.*, §11 Rn. 3.

12 *dies.*, § 1 Rn. 14; *Lang* u. a., § 1 Rn. 10.

13 *Hoffmann/Kleinken*, § 1 Rn. 15; *Lang* u. a., § 1 Rn. 13; *Kingreen*, in: Becker/Kingreen, § 15 SGB V Rn. 17ff.

14 *Hoffmann/Kleinken*, § 1 Rn. 15.

15 *dies.*, § 1 Rn. 15. Zur direkten Abrechnung mit gesetzlich Versicherten auf Grundlage der GOÄ umfassend: *Clausen*, in: MAH MedR, § 7 Rn. 294ff; zum Umfang individueller Gesundheitsleis-

Unter beruflichen Leistungen des Arztes sind wiederum solche Tätigkeiten zu verstehen, die typisch für die Ausübung der Heilkunde sind, also sowohl „präventive als auch diagnostische oder therapeutische Leistungen“[16], die nicht vergleichbar von anderen erbracht werden können, zum Beispiel Aufgaben in Forschung und Lehre.[17] Wie die Abrechenbarkeit von medizinischen Gutachten nach GOÄ zeigt, ist die Berufsbezogenheit der Leistung ansonsten in einem weiten Sinne zu verstehen.[18] Da sich die Frage nach dem Bestand eines Vergütungsanspruches jedoch nicht nach der GOÄ, sondern nach allgemeinem Vertragsrecht richtet, fällt ärztliches Gefälligkeitshandeln nicht in den Regelungsbereich der GOÄ.[19] Der Anwendungsbereich der GOÄ ist, was die beruflichen Leistungen betrifft, nicht auf den ambulanten Bereich beschränkt. Die GOÄ findet darüber hinaus – bereits der Leistungskatalog legt dies nahe – Anwendung in der Abrechnung von im Rahmen voll- oder teilstationärer Behandlungen erbrachter Leistungen.

2. Die Anwendung der GOÄ auf Krankenhausleistungen

Die Gebührenordnung ist in ihrem Anwendungsbereich nicht auf die Tätigkeit des niedergelassenen Arztes beschränkt, sondern gilt fernerhin – über den Verweis des § 17 KHEntgG hinaus – für die Abrechnung in Krankenhäusern erbrachter wahlärztlicher Leistungen. In diesem Zusammenhang ist insbesondere das Bestehen eines eigenständigen Forderungsrechts des Krankenhauses umstritten, denn es ist seit langer Zeit gelebte Praxis, leitenden Krankenhausärzten zu gestatten, das Honorar für Leistungen, die nicht Gegenstand der Grundversorgung sind, für sich selbst und im eigenen Namen zu fordern.[20] Dem Grundgedanken dieses Rechts zur Privatliquidation zufolge bezahlt der Patient nicht das Krankenhaus dafür, dass es einen Arzt beschäftigt, der die Behandlung vornimmt, sondern er entrichtet die für eine Behandlung anfallende Vergütung direkt bei dem leitenden Arzt, der damit – neben seiner Betätigung im Krankenhaus und dem damit verbun-

tungen: *Clausen*, in: MAH MedR, § 7 Rn. 301ff.

16 Hübner Fachanwaltskommentar Medizinrecht, § 1 GOÄ Rn. 2b.

17 *Hoffmann/Kleinken*, § 1 Rn. 6; Hübner Fachanwaltskommentar Medizinrecht, § 1 GOÄ Rn. 2b; *Spickhoff*, in: Spickhoff, Medizinrecht, § 1 GOÄ Rn. 7; in: Uleer/Miebach/Patt, § 1 GOÄ Rn. 8.

18 BGH MedR 2006, 424 (425)

19 *Spickhoff*, in: Spickhoff, Medizinrecht, § 1 GOÄ Rn. 7.

20 Zur Geschichte des Liquidationsrechts siehe *B. Luxenburger*, S. 24; zum Liquidationsrecht ferner: *ders.; Ricken*, in: Huster, Krankenhausrecht, § 11 Rn. 65ff m.w.N.

denen Einkommen – ein Honorar wie ein privat und niedergelassen tätiger Arzt erhält.[21]

Anders als im ‚Normalfall' des in einer Einzelpraxis tätigen, niedergelassenen Arztes als klassischer Prototyp des Freiberuflers, dem das Forderungsrecht wie selbstverständlich zufällt, finden sich im Krankenhausbetrieb jedoch verschiedene tatsächliche und rechtliche Anknüpfungspunkte für das Recht des Krankenhauses beziehungsweise des Arztes, die Vergütung zum eigenen wirtschaftlichen Vorteil verlangen zu dürfen, die es gegeneinander abzuwägen gilt. Einerseits tritt das Krankenhaus dem Patienten gegenüber als eine einheitliche Institution mit eigener Rechtspersönlichkeit auf, andererseits sind es die die Leistung erbringenden Ärzte, denen sich die körperlose juristische Person Krankenhaus zwingend bedienen muss, um seine Pflichten gegenüber dem Patienten zu erfüllen.

Begrifflich darf das im Folgenden besprochene Recht auf Privatliquidation (als Beschäftigter des Krankenhauses) nicht mit jenem im daran anschließenden Abschnitt angesprochenen ‚allgemeinen' Liquidationsrecht verwechselt werden, welches als das Resultat der spezifischen Kriterien der GOÄ verstanden werden soll, bei deren Bestehen ein Vergütungsanspruch nicht nur nach bürgerlichem, sondern auch nach Gebührenrecht besteht.[22] Diese Kriterien gelten nach § 4 Abs. 2 GOÄ ebenfalls für den Wahlarzt im Krankenhaus; die Statuierung diesbezüglicher Regelungen ist aber zwingende Folge des Umstandes, dass die GOÄ überhaupt im Krankenhausbereich Geltung beanspruchen darf.

a) Die Wahlleistung ‚Arzt'

Nach § 17 Abs. 3 KHEntgG finden bei der Abrechnung von wahlärztlichen Leistungen

> die Vorschriften der Gebührenordnung für Ärzte [...] entsprechende Anwendung, soweit sich die Anwendung nicht bereits aus diesen Gebührenordnungen ergibt.

Das Krankenhausentgeltgesetz gilt wiederum, zusammen mit der Bundespflegesatzverordnung und unabhängig von der sozialen Absicherung des Patienten, für die Vergütung von (teil-)stationären Kran-

21 *B. Luxenburger*, S. 20.

22 Dazu Abschnitt C.II.ff.

kenhausleistungen, sofern das leistende Krankenhaus unter die in den §§ 1 Abs. 1,2 KHEntgG genannten Typen fällt.[23] Im Rahmen des KHEntgG wird ferner inhaltlich zwischen den allgemeinen Krankenhausleistungen im Sinne von § 2 Abs. 2 KHEntgG und den Wahlleistungen nach § 17 KHEntgG differenziert:[24].

(1) Allgemeine Krankenhausleistungen

Allgemeine Krankenhausleistungen sind die nach § 2 Abs. 2 Satz 1 KHEntgG

> unter Berücksichtigung der Leistungsfähigkeit des Krankenhauses im Einzelfall nach Art und Schwere der Krankheit [zur] medizinisch zweckmäßige[n] und ausreichende[n] Versorgung des Patienten

erforderlichen Maßnahmen. Sie stellen das Mindestmaß einer angemessener Behandlung dar.[25] Die Kostenübernahme für allgemeine Krankenhausleistungen erfolgt nach Maßgabe der §§ 3ff KHEntgG und wird weitestgehend entsprechend § 11 Abs. 1 KHEntgG „unter Beachtung des Versorgungsauftrags des Krankenhauses" durch „die Vertragsparteien nach § 18 Abs. 2 des Krankenhausfinanzierungsgesetzes", das heißt durch die Krankenhausträger und die Sozialleistungsträger beziehungsweise deren Arbeitsgemeinschaften als Vertragsparteien ausgehandelt. Die Vergütung erfolgt dabei nach der Zielvorgabe des § 17b Abs. 1 KHG anhand diagnoseorientierter Fallpauschalen.[26]

(2) Wahlleistungen

Im Rahmen eines sogenannten *totalen Krankenhausaufnahmevertrages* als Grundlage einer Krankenhausbehandlung schuldet das Krankenhaus in medizinischer Hinsicht regelmäßig nur die ‚Standardbehandlung'

23 Dazu ausführlich: *Kutlu*, in: Spickhoff, Medizinrecht, § 1 KHEntgG Rn. 2ff; *Ihle*, in: Bergmann/Pauge/Steinmeyer, § 1 KHEntgG Rn. 3ff; zu der vertraglichen Konstruktion: *Rehborn*, in: Huster, Krankenhausrecht, § 12 Rn. 3ff.

24 *Genzel/Degener-Hencke*, in: Laufs/Kern, § 88 Rn. 2.

25 Vgl. *Kutlu*, in: Spickhoff, Medizinrecht, § 2 KHEntgG Rn. 7; *Ihle*, in: Bergmann/Pauge/Steinmeyer, § 2 Rn. 2.

26 Für eine Einführung in das Vergütungssystem der DRG-Krankenhäuser und zur Berechnung des Entgelts im Einzelfall: *Tuschen/Trefz*; *Kutlu*, in: Spickhoff, Medizinrecht, § 1 KHEntgG Rn. 3f; *Degener-Hencke*, in: Huster, Krankenhausrecht, § 5 Rn. 145ff.

im Sinne der allgemeinen Krankenhausleistungen.[27] Auf Grundlage vertraglicher Vereinbarungen mit dem Patienten kann der Leistungsumfang des Krankenhauses durch die Vereinbarung von Wahlleistungen nach § 17 KHEntgG deutlich erweitert werden.[28] Es sind in dieser Hinsicht drei Gruppen von zusätzlichen Wahlleistungen zu unterscheiden: Jene können in einer diagnostischen oder therapeutischen Zusatzleistung (Abs. 1)[29], in der Festlegung eines bestimmten Arztes als therapeutisch Verantwortlichem (Abs. 3)[30] oder in einer nicht medizinischen Leistung, wie etwa einer gesonderten Unterkunft (Abs. 4)[31] bestehen.

Die Vergütung der Wahlleistungen erfolgt nach Maßgabe des § 17 KHEntgG und differenziert dabei entsprechend der oben genannten Untergruppen. Auf jeden Fall muss nach § 17 Abs. 3 Satz 7 KHEntgG die GOÄ für die Entgeltbemessung angewendet werden, sofern die Wahlleistung in der Bereitstellung eines leitenden oder besonders qualifizierten Krankenhausarztes durch das Krankenhaus liegt, unabhängig von der Frage, ob das Krankenhaus selbst oder ein Liquidationsberechtigter die Vergütung fordert.[32] Hinsichtlich der übrigen Wahlleistungen gilt nach § 17 Abs. 1 Satz 3-5 KHEntgG nur das Gebot einer Angemessenheit des Entgelts ohne weitergehende Anforderungen; den Beteiligten bleibt eine freie Vereinbarung unbenommen.[33] Diese Leistungen sind mithin im Folgenden auch nicht weiter von Interesse.

Die Motivation, Wahlleistungen in Anspruch zu nehmen, ist auf die regelmäßigen Begrenzung medizinischer Leistungen im Krankenhaus auf das Notwendige zurückzuführen, wobei für die Wahlleistung ‚Arzt' im Besonderen folgende Erwägungen anzunehmen sind: Wenn bei allgemeinen Krankenhausleistungen die Leistungsfähigkeit

27 *Kutlu*, in: Spickhoff, Medizinrecht, § 2 KHEntgG Rn. 10; *Genzel/Degener-Hencke*, in: Laufs / Kern, § 89 Rn. 9.

28 Zur vertraglichen Konstruktion der Wahlleistungsvereinbarung: *Genzel/Degener-Hencke*, in: Laufs / Kern, § 89 Rn. 4ff.

29 Dazu: *Kutlu*, in: Spickhoff, Medizinrecht, § 17 KHEntgG Rn. 3f; Hess Fachanwaltskommentar Medizinrecht, § 17 KHEntgG Rn. 10ff, 17ff.

30 Dazu: *Kutlu*, in: Spickhoff, Medizinrecht, § 17 KHEntgG Rn. 11ff; Hess Fachanwaltskommentar Medizinrecht, § 17 KHEntgG Rn. 10ff.

31 Dazu: *Kutlu*, in: Spickhoff, Medizinrecht, § 17 KHEntgG Rn. 19; Hess Fachanwaltskommentar Medizinrecht, § 17 KHEntgG Rn. 5ff.

32 *Kutlu*, S. 19.

33 Vgl. *Kutlu*, in: Spickhoff, Medizinrecht, § 17 KHEntgG Rn. 5; zur Angemessenheit BGHZ 145, 66; LG Itzehoe GesR 2012, 750 (753); Hess Fachanwaltskommentar Medizinrecht, § 17 KHEntgG Rn. 25ff.

des Krankenhauses das entscheidende Kriterium darstellen soll, dann muss vor allem die organisatorische Zuteilung des ärztlichen Personals alleine nach dem Ermessen des Krankenhauses stattfinden. Der Patient kann unter diesen Bedingungen keinen Einfluss auf die Arztwahl nehmen.[34] Die Möglichkeit zur ‚freien Arztwahl' besteht im Krankenhaus nur in der Form der Wahlleistung und wird damit zu einem zusätzlichen Angebot, welches dem Patienten im Zuge der Wahlleistungsvereinbarung seitens des Krankenhauses offeriert wird.[35] Das Krankenhaus verpflichtet sich schuldrechtlich, die Behandlung des Patienten unabhängig von eventuellen medizinischen Gründen durch leitende oder fachlich besonders qualifizierte Ärzte vornehmen zu lassen.[36]

Das reine Tätigwerden eines potenziellen Wahlarztes eröffnet also noch nicht den Anwendungsbereich der GOÄ.[37] Seine Tätigkeit ist nur dann wahlärztlicher Natur und damit zwingend nach der Gebührenordnung abzurechnen, wenn sie darauf zurückzuführen ist, dass das Krankenhaus ihre Vornahme zuvor mit dem Patienten entsprechend der Vorgaben des § 17 Abs. 2 KHEntgG vereinbart hat.[38] Ein Übereinkommen zwischen Wahlarzt und Patient reicht im Zweifel nicht aus, sondern kann allenfalls im Wege der rechtlichen Vertretung in einen Kontrakt zwischen Patient und Krankenhaus umgedeutet werden.[39]

Wird eine Wahlarztvereinbarung geschlossen, erstreckt sich diese nach § 17 Abs. 3 Satz KHEntgG

> auf alle an der Behandlung des Patienten beteiligten [...] Ärzte des Krankenhauses, soweit diese zur gesonderten Berechnung ihrer Leistungen [...] berechtigt sind, einschließlich der von diesen Ärzten veranlassten Leistungen von

34 Vgl. *Ihle*, in: Bergmann/Pauge/Steinmeyer, § 17 KHentgG Rn. 3; *Tuschen/Trefz*, Erl. § 17 KHEntgG, S. 324.

35 BGH NJW 1985, 2189 (2190); *Genzel/Degener-Hencke*, in: Laufs/Kern, § 82 Rn. 125ff; Hess Fachanwaltskommentar Medizinrecht, § 17 KHEntgG Rn. 15.

36 Vgl. BGH NJW 1998, 1778; zur Notwendigkeit einer besonderen Qualifikation als Unterscheidungskriterium zur allgemeinen Krankenhausleistung *Kutlu*, in: Spickhoff, Medizinrecht, § 17 KHEntgG Rn. 11; Hess Fachanwaltskommentar Medizinrecht, § 17 KHEntgG Rn. 19.

37 Vgl. *Kutlu*, in: Spickhoff, Medizinrecht, § 17 KHEntgG Rn. 9.

38 Der Bundesgerichtshof hat diese Anforderungen weiter ausgeführt und präzisiert: BGH NJW 1996, 781; für eine Übersicht und Zusammenstellung der höchstrichterlichen Rechtsprechung: *K.-F. Brück*, § 4 Rn. 13; *Genzel/Degener-Hencke*, in: Laufs/Kern, § 82 Rn. 122; *Deutsch/A. Spickhoff*, Rn. 116.

39 *Kutlu*, in: Spickhoff, Medizinrecht, § 17 KHEntgG Rn. 12.

Ärzten und ärztlich geleiteten Einrichtungen außerhalb des Krankenhauses.

Es können also nicht einzelne Wahlärzte ausgewählt werden; vielmehr ist die Wahlleistung ‚Arzt' nur im Paket – als sogenannte ‚Wahlarztkette' – tauglicher Vertragsgegenstand.[40] Ungeachtet der daraus resultierenden Einschränkung von Patienten- und Privatautonomie und der dahin gehend geäußerten Bedenken[41] hat dieses Prinzip bisher höchstricherliche Akzeptanz gefunden.[42] Grund dürfte die Finanzierung der allgemeiner Krankenhausleistungen durch Fallpauschalen sein, welche das integrierten Zusammenwirkens der verschiedenen Abteilungen einheitlich vergüten. Nach Ärzten oder Abteilungen differenzierte Wahlleistungsvereinbarungen würden bestimmte Leistungen aus dieser Kalkulation zusätzlich vergüten, andere hingegen nicht.[43] Im Übrigen wären die Krankenhäuser unter Umständen gezwungen, bei der Vergütung liquidationsberechtiger Ärzte nach Fachgruppen zu differenzieren. Vertreter weniger oft in Anspruch genommener Fachbereiche dürften bei einem Wegfall der Wahlarztkette auf ein höheres Festgehalt bestehen.

b) Anwendung über Krankenhausentgeltgesetz

Dass allein für das wahlärztliche Tätigwerden zwingend die Vergütung nach der Gebührenordnung für Ärzte angeordnet wird, hat systematische Gründe. Die Gebührenordnung gilt nach überwiegender Meinung nur für das berufliche Handeln des Arztes als Person, nicht jedoch für juristische Personen wie etwa den Krankenhausträger.[44] Diese Meinung ist das Resultat der Interpretation der Gebührenordnung, welche es versäumt, den Begriff der beruflichen Tätigkeit zu schärfen. Aus § 1 Abs. 1 GOÄ wird nicht deutlich, ob die berufliche Tätigkeit des Arztes zwingend eine direkte rechtliche Beziehung zum Zahlungspflichtigen erfordert, oder ob mittelbare Beziehungen dem genügen und damit auch der vom Krankenhaus beschäftige Arzt als reiner Arbeitnehmer eine berufliche Leistung erbringt. Letzteres wird

40 *Spickhoff*, in: Spickhoff, Medizinrecht, § 4 GOÄ Rn. 28; *Kutlu*, in: Spickhoff, Medizinrecht, § 17 KHEntgG Rn. 11; *Genzel/Degener-Hencke*, in: Laufs/Kern, § 82 Rn. 140; *Ihle*, in: Bergmann/Pauge/Steinmeyer, § 17 KHEntgG Rn. 12.

41 *Patt*, in: Uleer/Miebach/Patt, § 17 KHEntgG Rn. 73.

42 BGH NJW 2004, 684 (685)

43 Vgl. zur Struktur der Fallpauschalen: *Patt/Wilde*, in: Huster, Krankenhausrecht, § 7 Rn. 17.

44 *Spickhoff*, in: Spickhoff, Medizinrecht, § 1 GOÄ Rn. 6; dazu ferner den Abschnitt C.I.1.

regelmäßig verneint; es sei denn, dem Arzt steht im Rahmen seiner Anstellung ein Liquidationsrecht zu.[45] Leitende Krankenhausärzte mit dem Arbeitsvertrag oder im Rahmen einer erlaubten Nebentätigkeit dazu zu berechtigen, in eigenständige Vertragsbeziehungen mit dem Patienten zu treten und auf dieser Grundlage nach der GOÄ zu liquidieren[46], war für lange Zeit vorherrschende Praxis der Krankenhäuser. Um die Grundgehälter möglichst gering zu halten, wurde leitenden Krankenhausärzten ein Bonus gewährt[47], indem ihnen erlaubt wurde, *über* die Grundversorgung *hinausgehende* Leistungen auf eigene Rechnung zu erbringen.[48]

Inzwischen kam es jedoch zu einem Bewusstseinswandel. Anstatt dem leitenden Arzt das Recht zur Liquidation zuzubilligen, wird seitens der Krankenhäuser zu einer eigenständigen Liquidation im eigenen Namen und zu eigenen Gunsten tendiert. Das verwundert insoweit nicht, als von dem Liquidierenden eine Abgeltung der Inanspruchnahme der Krankenhausinfrastruktur und der Beteiligung der übrigen Mitarbeiter rechtlich erwartet wird.[49] Die rechtliche Zulässigkeit dieser Varianten ist jedoch umstritten.[50]

Durch den Verweis des § 17 Abs. 3 Satz 7 KHEntgG wird vermieden, dass sich die diesbezüglichen Auseinandersetzungen auf die Berechnung des Honorars niederschlagen.[51] Ohne den Verweis des Kranken-

---

45 *Spickhoff*, in: Spickhoff, Medizinrecht, § 1 GOÄ Rn. 6 m.w.N.

46 *Harbou / Scharpf*, NZA 2008, 333 (334).

47 Vgl. *Ricken*, in: Huster, Krankenhausrecht, § 11 Rn. 65; *Genzel/Degener-Hencke*, in: Laufs / Kern, § 87 Rn. 1; *Clausen*, MedR 2009, 655 (655); zur vertraglichen Gestaltung: *Harbou / Scharpf*, NZA 2008, 333; *B. Luxenburger*, S. 24ff; *Jansen*, in: FS Arge Medizinrecht, 17–36 (520); *Richardi*, in: Münchener Handbuch zum Arbeitsrecht, § 339 Rn. 35; zu den mit dem Liquidationsrecht verfolgten Gedanken im Beamtenrecht: BVerfGE 52, 303 (329ff).

48 *B. Luxenburger*, S. 27; *Ricken*, in: Huster, Krankenhausrecht, § 11 Rn. 65; *Genzel/Degener-Hencke*, in: Laufs / Kern, § 87 Rn. 1; *Jansen*, in: FS Arge Medizinrecht, 17–36 (521). Neben wahlärztlichen Behandlungen im Sinne des KHEntgG sind damit des Weiteren ambulante Behandlungen oder Operationen gemeint. Eine vollständige Aufführung findet sich bei *Clausen*, in: Handbuch Medizinrecht, § 18 Rn. 1.

49 Dazu umfassend hinsichtlich der Fragestellung der verfassungsrechtlichen Zulässigkeit: *F. Kirchhof*, Das System staatlich angeordneter Abzüge von privaten Liquidationserlösen der Krankenhaus-Chefärzte; *F. Kirchhof / Häußermann*, MedR 2004, 631.

50 Für ein eigenständiges Liquidationsrecht des Krankenhauses z.B.: *Kutlu*, in: Spickhoff, Medizinrecht, § 17 KHEntgG Rn. 13; a.A. *Clausen*, in: Handbuch Medizinrecht, § 18; *Clausen*, MedR 2009, 655 (656ff); *K.-F. Brück*, § 1 Rn. 4.2.4. Zur Diskussion umfassend: *Genzel/Degener-Hencke*, in: Laufs / Kern, § 87 Rn. 1f; Hess Fachanwaltskommentar Medizinrecht, § 17 KHEntgG Rn. 41ff.

51 Wobei die unklare Regelung des § 17 Abs. 3 KHEntgG wohl gerade die Bedenken hinsichtlich eines eigenständigen Liquidationsrechts des Krankenhauses hervorruft. Leistungen von Wahlärzten als ‚Institutsleistungen' des Krankenhauses einzuordnen, ist weitestgehender Konsens (*Kutlu*, in: Spickhoff, Medizinrecht, § 17 KHEntgG Rn. 13; *Clausen*, in: FS Arge Medizinrecht, 17–36

hausentgeltgesetzes würde die GOÄ entsprechend der vorherrschenden Auffassung von der beruflichen Leistung des Arztes diejenigen wahlärztlichen Leistungen nicht erfassen, bei denen sich einzig das Krankenhaus vertraglich verpflichtet hat und zur Forderung der Leistung berechtigt ist.[52] Denn bei einer fehlenden vertraglichen Beziehung zwischen Arzt und Patient bestünde keine berufliche Leistung des Arztes im Sinne der Gebührenordnung, obwohl dies rein faktisch betrachtet selbstverständlich der Fall ist. Damit wären die Krankenhäuser – sofern sie selbst und ausschließlich liquidieren würden – nicht an die Gebührenordnung gebunden.[53] Resultat wäre eine rechtliche Fragmentierung der Vergütung wahlärztlicher Leistungen in Abhängigkeit vom Anspruchsteller.

c) Abgrenzung zu anderen Wahlleistungen

Der Umstand, dass die GOÄ nur bei der Vergütung der Wahlarztvereinbarung ausschließlich anzuwenden ist, macht eine inhaltliche Differenzierung gegenüber den anderen Wahlleistungen unerlässlich. Besonderheit der Wahlarztvereinbarung ist die Person des Ausführenden; ihr Ziel, (vermeintlich) höher qualifiziertes Personal in Anspruch zu nehmen, selbst wenn dessen Kompetenz im Einzelfall nicht benötigt wird.[54] Die erwartete, besondere Qualifikation des Arztes ist mithin das entscheidende Differenzierungskriterium zwischen der Wahlarztvereinbarung und den allgemeinen Krankenhausleistungen.[55] Deswegen sollen auch jene Ärzte des Krankenhauses, die sich nicht durch eine besondere Qualifikation auszeichnen beziehungsweise bei denen die leitende Stellung diese besondere Sachkenntnis zu-

---

(19)), nicht jedoch eine auf besagter Einordnung fußende Annahme eines eigenständigen Liquidationsrechts des Krankenhauses. Hinzu kommt die Ansicht, die§§ 17 Abs. 3 Sätze 2-7 KHEntgG seien auf die persönliche Abrechnung durch den Arzt zugeschnitten und dementsprechend bliebe für ein Forderungsrecht des Krankenhauses kein Raum (*Hoffmann / Kleinken*, § 1 Rn. 10; *Clausen*, in: FS Arge Medizinrecht, 17–36 (19); zustimmend *Kutlu*, in: Spickhoff, Medizinrecht, §17 KHEntgG Rn. 13; a.A. wohl Hess Fachanwaltskommentar Medizinrecht, § 17 KHEntgG Rn. 43). Verwiesen wird insbesondere auf die in § 17 KHEntgG formulierte Ermächtigung des Arztes, das Krankenhaus mit der Geltendmachung des (eigenen) Honoraranspruchs zu betrauen (vgl. *Kutlu*, S. 86).

52 Es besteht die Möglichkeit, ein Forderungsrecht des Arztes im Wege des Vertrages zugunsten Dritter zu begründen; vgl. *Harbou / Scharpf*, NZA 2008, 333 (334).

53 Vgl. *Spickhoff*, in: Spickhoff, Medizinrecht, § 1 GOÄ Rn. 6.

54 *Genzel/Degener-Hencke*, in: Laufs/Kern, § 82 Rn. 127; *Kutlu*, in: Spickhoff, Medizinrecht, § 17 KHEntgG Rn. 11.

55 *Kutlu*, in: Spickhoff, Medizinrecht, § 17 KHEntgG Rn. 11, Vgl. dazu Abschnitt C.II.4.c)(3).

mindest nicht nahelegt, keine wahlärztlichen Leistungen erbringen können.[56]

Diese Bezugnahme auf die Person und ihre Kompetenz stellt zugleich den Schlüssel zur inhaltlichen Differenzierung zu den diagnostischen oder therapeutischen Wahlleistungen des § 17 Abs. 1 KHEntgG dar.[57] Zwar erbringt auch ein Wahlarzt diagnostische oder therapeutische Leistungen. Wird auf die Person des Ausführenden jedoch kein Wert gelegt und bedarf es auch nicht dessen höherer Qualifikation, können diese Leistungen ebenso durch andere Mediziner im Hause erbracht werden. Diagnostische oder therapeutische Wahlleistungen heben sich dementsprechend von den allgemeinen Krankenhausleistung dadurch ab, dass es sie – unabhängig von der Person des Ausführenden – für die medizinisch zweckmäßige und ausreichende Versorgung des Patienten nicht erfordert. Zu denken ist etwa an die aus medizinischen Gründen nicht angezeigte Verwendung von Markenpharmazeutika.[58]

d) Zusammenfassung

Im Krankenhausbereich stellt sich der Anwendungsbereich der GOÄ damit zusammenfassend wie folgt dar: Zwingend nach GOÄ abgerechnet werden muss, wenn eine (ärztliche) Wahlleistung von einem leitenden Krankenhausarzt liquidiert wird; unabhängig von der Frage, ob dieser den Erlös behalten darf. Dies ergibt sich bereits aus der GOÄ selbst. Darüber hinaus kann die GOÄ die Abrechnung des Krankenhauses dann gegenüber dem Patienten gestalten, wenn sich die Wahlleistung in der Behandlung durch einen leitenden oder einen besonders qualifizierten Krankenhausarzt ausnimmt. In diesem Fall gilt die GOÄ dann zumindest aufgrund des Verweises von § 17 Abs. 3 Satz 7 KHEntgG. Dieser Verweis begründet allerdings noch kein eigenes Forderungsrecht des Krankenhauses. Ein solches besteht nur dann, wenn es vertraglich mit dem Patienten vereinbart wird.

56 Vgl. *Kutlu*, in: Spickhoff, Medizinrecht, § 17 KHEntgG Rn. 11.

57 Für die Notwendigkeit einer Differenzierung *Kutlu*, in: Spickhoff, Medizinrecht, § 17 KHEntgG Rn. 4; *Genzel/Degener-Hencke*, in: Laufs/Kern, § 82 Rn. 128.

58 Vgl. *Kutlu*, in: Spickhoff, Medizinrecht, § 17 KHEntgG Rn. 4.

II. Der Honoraranspruch

Von der Anwendbarkeit der Gebührenordnung ist begrifflich das Recht des Arztes zu differenzieren, einen Vergütungsanspruch nach der GOÄ tatsächlich gegenüber dem Patienten oder sonstigen Vertragspartnern geltend machen zu dürfen; schließlich setzt ein solches, von der GOÄ konstituiertes Recht bereits deren Anwendbarkeit voraus. Die Gebührenordnung erachtet mitnichten sämtliche Leistungen des Arztes als vergütungswürdig, sondern formuliert diesbezüglich vielmehr einen gesteigerten Anforderungskatalog, dessen Grundzüge sich in § 1 Abs. 2 GOÄ finden. Die Gebührenordnung präzisiert an dieser Stelle den zivilrechtlichen Vergütungsanspruch.[59] Nach den Grundsätzen des Dienst- beziehungsweise Werkvertragsrechts käme ein Honoraranspruch für jedwede vereinbarte medizinische Leistung zustande, solange der Arztvertrag nicht nichtig oder anderweitig unwirksam ist. Das ergibt sich bereits aus § 611 Abs. 1 beziehungsweise § 631 Abs. 1 BGB.

Die GOÄ schränkt nun den Vergütungsanspruch des Arztes weiter ein. Nach der GOÄ darf im Regelfall nur für diejenige medizinisch notwendige Leistung ein Honorar verlangt werden, die fernerhin nach Maßgabe des § 4 GOÄ selbst beziehungsweise durch bestimmte Stellvertreter erbracht wurde. In Abgrenzung zu dem bereits bei Abschluss des Behandlungsvertrages im Grundsatz entstandenen Vergütungsanspruch kann diesbezüglich von einem *Gebührenanspruch* gesprochen werden.[60] Dieser Gebührenanspruch darf nicht mit dem *Liquidationsrecht* im Krankenhausbereich verwechselt werden, welches das Recht zur eigenständigen Abrechnung nach der GOÄ bezeichnet.[61]

1. Die Beschränkung auf die erforderliche Leistung

Vorbehaltlich von § 1 Abs. 2 Satz 2 GOÄ kann der Mediziner nur für „nach den Regeln der ärztlichen Kunst für eine medizinisch notwendige ärztliche Versorgung" erforderliche Leistungen eine Vergütung verlangen. Auch wenn die Gebührenordnung damit Rekurs auf den eigentlich als veraltet geltenden Begriff des Kunstfehlers nimmt[62], wird

59 Vgl. *Griebau*, in: Handbuch Medizinrecht, § 11 Rn. 29.

60 Die Bezeichnung erfolgt in Anlehnung an *Griebau*, in: Handbuch Medizinrecht, § 11 Rn. 29.

61 Zum Liquidationsrecht im Krankenhaus grundlegend: *B. Luxenburger*.

62 *Spickhoff*, in: Spickhoff, Medizinrecht, § 2 GOÄ Rn. 13; zum Kunstfehlerbegriff: *Laufs/Kern*, in: Laufs/Kern, § 97 Rn. 5; *Deutsch/A. Spickhoff*, Rn. 295.

trotzdem deutlich, dass nicht schlechthin jedes berufliche Handeln des Arztes vergütet werden soll. Dessen Anspruch soll auf solche Leistungen beschränkt werden, die nach dem momentanen Stand der Wissenschaft im vorliegenden Behandlungsfall als medizinisch geboten zu erachten sind und innerhalb der Grenzen des Fachgebietes des Arztes liegen.[63] Diejenigen Behandlungen beziehungsweise Behandlungsschritte, für die im konkreten Krankheitsfall keine Indikation besteht, weil sie zur Erreichung des Behandlungsziels ungeeignet sind (Erforderlichkeit), begründen mithin ebenso wenig einen Honoraranspruch wie solche, die zwar der Zweckförderung dienlich sind, in ihrer Intensität aber über das Notwendige hinausgehen (Notwendigkeit).[64] Maßgeblich sollen an dieser Stelle die Ansprüche sein, welche, ausgehend von Wissenschaft und Praxis, entsprechend des medizinischen Standards *objektiv* an eine qualitativ ausreichende ärztliche Behandlung gestellt werden können.[65]

Mit dieser Prämisse wendet sich die Gebührenordnung indes nicht gegen die Therapiefreiheit des Arztes und auch nicht gegen alternative Behandlungsmöglichkeiten.[66] Etwa wird in der Literatur eine Definition des medizinischen Standards mittels Leitlinien und anderer Standards weitestgehend abgelehnt[67]: Sie seien „nicht mehr als nur Entscheidungshilfen für den verantwortungsvoll, rational und rationell tätigen Arzt"[68]. Spätestens bei ernsthaften und potenziell lebensgefährdenden Erkrankungen habe der Arzt bei der Beurteilung der Situation im Angesicht der ihm zustehenden ärztlichen Therapiefreiheit die Möglichkeit, alternative Behandlungsmethoden zu berücksichtigen.[69] Der Lege-artis-Bezug der Gebührenordnung ist also als auf den Findungsprozess des Arztes bezogen zu verstehen. Mitnichten soll eine bestimmte Behandlung in einer bestimmten Situation vorgeschrieben werden, sondern vielmehr soll zu verstehen gegeben werden, dass die

63 Hübner Fachanwaltskommentar Medizinrecht, § 1 GOÄ Rn. 4; *Spickhoff*, in: Spickhoff, Medizinrecht, § 1 GOÄ Rn. 10ff; *Hoffmann / Kleinken*, § 1 Rn. 27ff; *K.-F. Brück*, § 1 Rn. 7.

64 *Hoffmann / Kleinken*, § 1 Rn. 28; *Spickhoff*, in: Spickhoff, Medizinrecht, § 1 GOÄ Rn. 12f; *K.-F. Brück*, § 1 Rn. 7; *Clausen*, in: Handbuch Medizinrecht, D4100-§ 1 GOÄ Rn. 12.

65 Hübner Fachanwaltskommentar Medizinrecht, § 1 Rn. 4; *K.-F. Brück*, § 1 Rn. 7.1; *Hoffmann / Kleinken*, § 1 Rn. 29.

66 *dies.*, § 1 Rn. 29.

67 *Spickhoff*, in: Spickhoff, Medizinrecht, §1 GOÄ Rn. 14; *Hoffmann / Kleinken*, §1 Rn. 29.

68 *dies.*, § 1 Rn. 29; zu der Geltung medizinischer Leitlinien im Haftungsrecht umfassend: *Taupitz*, AcP 211 (2011), 352–394 (passim); 125ff *ders.*, in: FS Müller, 310–333 (318ff); *A. Spickhoff*, in: Legitimation und Standardbildung durch Berufsrecht und Private Governance, 119–136.

69 *Spickhoff*, in: Spickhoff, Medizinrecht, § 1 GOÄ Rn. 12.

Auswahl unter möglichen Behandlungs- und Therapieoptionen durch den Arzt dem Standard des berufsfachlich und gewissenhaft ohne Tadel handelnden Mediziners genügen muss.[70]

Im Ergebnis beschränkt die GOÄ – vorbehaltlich Satz 2 – damit den Vergütungsanspruch des Arztes auf jene Leistungen, welche im Rahmen einer unter der Beachtung anerkannter medizinischer Grundsätze vorgenommenen Behandlung zu erwarten wird. Andere Leistungen darf ein Arzt, der unter den voranstehend genannten Grundsätzen tätig ist, in der konkreten Situation nicht vornehmen; sie wären medizinisch betrachtet nicht angebracht.[71] Medizinisch nicht indizierte Leistungen können allenfalls nach § 1 Abs. 2 Satz 2 GOÄ dann einen Gebührenanspruch des Arztes begründen, wenn sie auf Verlangen des Zahlungspflichtigen vorgenommen werden.[72]

Diese Differenzierung zwischen notwendigen und erforderlichen Leistungen auf der einen und den sogenannten Verlangensleistungen auf der anderen Seite erklärt sich durch einen Vergleich mit dem typischen Leistungsumfang privater Krankenkassen. Die vorangehend skizzierte Beschränkung des Gebührenanspruchs korreliert mit dem in § 192 Satz 1 VVG und § 1 Abs. 2 Satz 1 MK/KK festgelegten Umfang des Versicherungsschutzes der privaten Krankenversicherung.[73] Den Versicherungsfall stellt „die *medizinisch notwendige* Heilbehandlung einer versicherten Person wegen Krankheit oder Unfallfolgen"[74](§ 1 Abs. 2 Satz 1 MB/KK) dar, wobei

> von der medizinischen Notwendigkeit einer Behandlung [...] im allgemeinen dann auszugehen sein [wird], wenn eine Behandlungsmethode zur Verfügung steht und angewendet worden ist, die geeignet ist, die Krankheit zu heilen, zu lindern oder ihrer Verschlimmerung entgegenzuwirken[75].

Der Versicherungsnehmer kann von einer Kostenerstattung also

70 *Hoffmann/Kleinken*, § 1 Rn. 29.

71 Vgl. *dies.*, § 1 Rn. 29.

72 Hübner Fachanwaltskommentar Medizinrecht, § 1 GOÄ Rn. 6; *Spickhoff*, in: Spickhoff, Medizinrecht, § 1 GOÄ Rn. 15.

73 Hübner Fachanwaltskommentar Medizinrecht, § 1 GOÄ Rn. 5; *Spickhoff*, in: Spickhoff, Medizinrecht, § 1 GOÄ Rn. 15; *Hoffmann/Kleinken*, § 1 Rn. 28; *K.-F. Brück*, § 1 Rn. 7.

74 Hervorhebung durch den Verfasser.

75 BGHZ 133, 208 (214) zur medizinischen Notwendigkeit im Sinne der MB/KK von 1976 unter Bezugnahme auf BGHZ 99, 228 (233).

dann ausgehen, wenn er medizinisch indizierte Leistungen in Anspruch genommen hat. Verlangt er hingegen eine medizinisch nicht indizierte Behandlung, wird der bestehende Versicherungsschutz überschritten. Er muss das entstehende Honorar selbst tragen.[76] Die Einschränkung des Gebührenanspruchs in der Gebührenordnung führt nun dazu, dass der Versicherte der Gefahr einer ungewollten Kostentragung nur dann ausgesetzt wird, wenn die Leistung auf seine Initiative zurückzuführen ist.[77] Nimmt der Arzt hingegen die Behandlung ohne sein Verlangen vor, begründet diese Vornahme keinen Gebührenanspruch. § 1 Abs. 2 GOÄ verfolgt in seiner Gesamtheit also den Zahlungspflichtigen schützende Motive.[78] Die Kopplung des Gebührenanspruchs an die medizinische Notwendigkeit von Leistungen rückt § 1 Abs. 2 Satz 1 GOÄ denn auch nur augenscheinlich in die Nähe des Wirtschaftlichkeitsgebots des § 12 Abs. I SGB V.[79] Hinsichtlich des verfolgten Zwecks sind die beiden Normen keinesfalls vergleichbar oder gar deckungsgleich.[80] Der Schutzgedanke erklärt zudem, warum in der Literatur regelmäßig eine vorgelagerte wirtschaftliche Aufklärung des Versicherten bei verlangten, medizinisch aber nicht indizierten Leistungen gefordert wird, im Rahmen derer der Arzt auf die Gefahr einer eventuellen Nichtübernahme hinzuweisen und über die entstehenden Kosten zu informieren hat.[81]

2. Fachgebietsgebundenheit des Abrechnenden

Der Arzt ist in seiner Berufsausübung grundsätzlich an die Grenzen seines Fachgebietes gebunden.[82] Deswegen soll nach herrschender Meinung auch nur bei Einhaltung dieser eine im Ergebnis liqui-

76 Vgl. *Kalis*, in: Bach/Moser, § 1 MB/KK Rn. 14, 29ff.

77 Der Versicherte soll allerdings gegenüber der Versicherung beweispflichtig für die Notwendigkeit der Leistung sein, was ihn der Gefahr aussetzt, mangels ärztlicher Dokumentation einen Anspruch gegenüber der Versicherung nicht beweisen zu können. In diesen Fällen kann ein Schadensersatzanspruchs gegen den Arzt gegeben sein. Vgl. BGH NJW 2000, 3429 (3432); OLG Stuttgart NJW-RR 2002, 1604 (1605); umfassend dazu *Kalis*, in: Bach/Moser, § 1 MB/KK Rn. 40ff.

78 *Spickhoff*, in: Spickhoff, Medizinrecht, § 1 GOÄ Rn. 15.

79 Zum Wirtschaftlichkeitsgebot: *Muckel/Ogorek*, § 8 Rn. 70ff; *Höfler*, in: KassKomm, § 12 Rn. 20f.

80 Hübner Fachanwaltskommentar Medizinrecht, § 1 GOÄ Rn. 5; ein umfassender Vergleich findet sich bei *Hoffmann/Kleinken*, § 1 Rn. 28 m.w.N.

81 Hübner Fachanwaltskommentar Medizinrecht, § 1 GOÄ Rn. 6; *Spickhoff*, in: Spickhoff, Medizinrecht, § 1 GOÄ Rn. 15.

82 Vgl. etwa § 36 Abs. 2 Niedersächsisches Heilberufe-Kammergesetz:„Wer eine Gebietsbezeichnung führt, darf grundsätzlich nur in dem entsprechenden Gebiet tätig sein. Eine Teilgebietsbezeichnung darf nur führen, wer in dem Teilgebiet tätig ist.".

dationsfähige Leistung des Arztes vorliegen.[83] Die Annahme einer Nichtvergütung fachfremder Leistungen geht in der Sache auf die Musterweiterbildungsordnung der Bundesärztekammer zurück, die in früheren Fassungen dem eine Weiterbildungsbezeichnung führenden Arzt eine Tätigkeit außerhalb seines durch die Weiterbildung gewählten Schwerpunktgebiets verbot.[84] Auch wenn auf dieses Verbot in der MWBO inzwischen verzichtet wurde, sehen viele Heilberufe-Kammergesetze der Länder ein solches Verbot der fachgebietsüberschreitenden Tätigkeit weiterhin vor.[85]

Nach Auffassung des Bundesverfassungsgerichts sind diese Heilberufe-Kammergesetze Berufsausübungsregeln und damit als Schutzgesetze zu qualifizieren, die das Vertrauen in die Befähigung des Arztes wahren und damit die Gesundheit des Patienten schützen.[86] Gleichzeitig vermögen sie als landesgesetzliche Regelungen der Berufsausübung prinzipiell die Rechtsfolge des § 134 BGB herbeizuführen.[87] Die Nichtigkeit des Behandlungsvertrages, in dem eine fachfremde Leistung vereinbart wird, nach § 134 BGB ist deswegen nicht fernliegend. Dafür bedarf es allerdings eines Verbotscharakters des entsprechenden Gesetzes, welches die Vornahme oder den Inhalt des in Rede stehenden Rechtsgeschäfts missbilligt.[88] Aus den Heilberufe-Kammergesetzen müsste also deutlich werden, dass jener Behandlungsvertrag, welcher den Arzt seine fachliche Kompetenz überschreiten lässt, rechtliche Ablehnung erfährt. Diesbezüglich wird richtigerweise auf den Patientenschutz verwiesen.[89] Facharztspezifische Verrichtungen bedürfen einer besonderen Expertise, welche in der Regel nur der einschlägig ausgebildete Facharzt aufweist. Wenn es dem Arzt deshalb verboten wird, außerhalb seines Fachgebietes tätig zu werden, dann darf er auch nicht durch einen entsprechen-

---

83 *Spickhoff*, in: Spickhoff, Medizinrecht, § 1 GOÄ Rn. 14; *Clausen*, in: Handbuch Medizinrecht, D4100-§ 1 GOÄ Rn. 16; *Hoffmann / Kleinken*, § 1 Rn. 29; a.A. *Taupitz*, MedR 1996, 498; zur notwendigen Bestimmung der Fachgebietsgrenzen im Weiterbildungsrecht: *Peikert*, MedR 2000, 123.

84 Vgl. *ders.*, MedR 2000, 123 (123).

85 *Scholz*, in: Spickhoff, Medizinrecht, § 2 MWBO Rn. 4. Zur Struktur und zu den Verfahren der Weiterbildung ferner: *Quaas*, in: Quaas / Zuck, Medizinrecht, § 13 Rn. 29ff.

86 BVerfGE 33, 125 (162); zustimmend *K.-F. Brück*, § 1 Rn. 7.2.

87 BGH NJW-RR 2003, 1175 (1175); LG Mannheim GesR 2007, 167 (168); *Sack/Seibl*, in: StaudingerBGB, § 134 Rn. 16, 26; *Ellenberger*, in: Palandt, § 134 Rn. 2.

88 *Ellenberger*, in: Palandt, § 134 Rn. 6f; *Sack/Seibl*, in: StaudingerBGB, § 134 Rn. 30.

89 *K.-F. Brück*, § 1 Rn. 7.2; vgl. auch zur Weiterbildung als Zielsetzung der Facharztqualifikation *Scholz*, in: Spickhoff, Medizinrecht, § 1 MWBO Rn. 3; zu den verfassungsrechtlichen Grenzen des Patientenschutzgedankens: BVerfGE 33 125, (169f)

den Vertrag dazu angehalten werden. Es muss davon ausgegangen werden, dass die effektive Sicherstellung der Einhaltung des Facharztstandards im Interesse des Patientenschutzes[90] nicht nur mittels des reinen Standes- und Strafrechts erfolgen kann. Um durch Vergütungserwartungen geweckte, falsche Anreize zu verhindern, wird flankierend auch eine zivilrechtliche Sanktionierung des Vertrages durch die Anwendung von § 134 BGB als notwendig erachtet.[91]

Nun wurde jedoch der Verbotscharakter des früher als Verbotsgesetz herangezogenen § 22 MBOÄ mit Verweis auf das nur grundsätzlich, nicht generell geltende Verbot fachfremder Tätigkeit teilweise bestritten.[92] So wurde und wird etwa fachfremdes Handeln im Notdienst akzeptiert.[93] Diese Kritik ist im Prinzip auch für die nun herangezogenen Heilberufe-Kammergesetze gültig, solange auch diese von einem grundsätzlichen und nicht allgemeinen Verbot sprechen.[94]

Als Lösung bietet es sich an, nicht auf jedes fachfremde Tätigwerden mit der Nichtigkeit des gesamten Vertrages, sondern nur mit dessen Teilnichtigkeit zu antworten.[95] Ansonsten führten selbst kleinste, untergeordnete, fachfremde Teilleistungen den vollständigen Verdienstausfall des Arztes herbeif, obwohl die Schutzfunktion der Heilberufe-Kammergesetze ausschließlich die fachfremde Gebührenposition erfasst. Um deren Abrechnung auszuschließen, genügt eine nach § 134 BGB ebenso möglicheTeilnichtigkeit des Behandlungsvertrages.[96] Mit steigendem Anteil fachfremder Teilleistungen an der Gesamtleistung würde das Maß der Teilnichtigkeit ansteigen, sodass sich letztlich ein am Grad der Überschreitung der Fachbereichsgrenzen gemessenes sowie ein flexibles System ergäbe.[97] Für Notfallerkrankungen könnte mit dem Verweis auf die Grundsätzlichkeit des Verbots eine Ausnahme statuiert wer-

90 *K.-F. Brück*, § 1 Rn. 7.2.

91 *Miebach*, in: Uleer/Miebach/Patt, § 1 GOÄ Rn. 13; wohl zustimmend *Clausen*, in: Handbuch Medizinrecht, D4100-§ 1 GOÄ Rn. 16; vgl. LG Mannheim, GesR 2007, 167 (168); a.A. *Taupitz/Jones*, MedR 2001, 499; *K.-F. Brück*, § 1 Rn. 7.2.

92 Vgl. *Taupitz/Jones*, MedR 2001, 499 (501); *Hoffmann/Kleinken*, § 1 Rn. 29.

93 *Taupitz/Jones*, MedR 2001, 499 (501).

94 Vgl. § 36 Nds. HKG; wiedergegeben in Fußnote 82, S. 74.

95 a.A. *Miebach*, in: Uleer/Miebach/Patt, § 1 GOÄ Rn. 13.

96 BGH NJW 1999, 2731 (2732); vgl. zur Teilnichtigkeit auch *Ellenberger*, in: Palandt, § 134 Rn. 13; *Armbrüster*, in: MünchKommBGB, § 134 Rn. 105ff; *Sack/Seibl*, in: StaudingerBGB, § 134 Rn. 86f, 88.

97 *Spickhoff*, in: Spickhoff, Medizinrecht, § 1 GOÄ Rn. 14.

den.

Unter Anwendung des § 1 Abs. 2 Satz 1 GOÄ ist eine fachfremde Leistung als nicht den Regeln der ärztlichen Kunst entsprechend zu betrachten und auf dieser Grundlage den Gebührenanspruch zu verweigern, wäre bei gegebener Teilnichtigkeit damit nicht notwendig.[98] Mithin können auch deswegen geäußerte verfassungsrechtliche Bedenken dahinstehen. Im Sinne eines *fachärztlichen* Kunstmaßstabes muss ein fachgerecht handelnder Arzt sicherlich auch zu dem Ergebnis kommen können, dass eine bestimmte Leistung medizinisch indiziert, die Vornahme allerdings einem anderen Arzt, einem Spezialisten, zu überlassen ist.[99] Die angesprochene Schutzfunktion der Heilberufe-Kammergesetze gilt jedoch unabhängig von der Vergütung nach der GOÄ[100], die einen bestehenden Honoraranspruch nur inhaltlich auskleidet.[101] Dementsprechend wird die Höhe des ärztlichen Gebührenanspruchs im Falle der Nichtigkeit auch systematisch unerheblich. Wenn sich die Teilnichtigkeit des Behandlungsvertrages hinsichtlich der Vergütung fachfremder Leistungen schon aus § 134 BGB und den einschlägigen Heilberufe-Kammergesetzen ergibt[102], wird der eingeschränkte Gebührenanspruch mangels eines anspruchsbegründenden Vertrages belanglos. Dementsprechend bedarf es auch keiner Beschränkung durch die Annahme einer der GOÄ immanenten Schutzfunktion, die für fachfremde Leistungen die Abrechnung verbietet.[103]

Das hat den Vorteil, dass eine Auseinandersetzung mit deren zweifelhafter systematischer Zulässigkeit vermieden wird. Entsprechend ihrer Ermächtigungsgrundlage kann die Gebührenordnung ausschließlich die Regelung ärztlicher Honoraransprüche zum Gegenstand haben. Eine hinzutretende Schutzfunktion wäre hingegen nicht mehr von der Ermächtigungsgrundlage gedeckt, denn ihre verfassungsrechtliche Zulässigkeit ist das Resultat ihrer ordnungspolitischen Natur.[104] Die Qualitätssicherung der ärztlichen Berufsausübung ist vielmehr Gegenstand der Berufsordnungen und der jeweiligen Kam-

98 Vgl.: *Miebach*, in: Uleer/Miebach/Patt, § 1 GOÄ Rn. 13.

99 Zur grundlegenden Annahme: *Miebach*, in: Uleer/Miebach/Patt, § 1 GOÄ Rn. 13; *Spickhoff*, in: Spickhoff, Medizinrecht, § 1 GOÄ Rn. 14.

100 Vgl. *Hoffmann/Kleinken*, § 1 Rn. 29.

101 Dazu bereits in Abschnitt B.II.2.b) und B.II.2.c).

102 Vgl. *Spickhoff*, in: Spickhoff, Medizinrecht, § 1 GOÄ Rn. 14.

103 So zum Beispiel *K.-F. Brück*, § 1 Rn. 7.2.

104 Dazu näher im Abschnitt B.II.2.a)(1).

mergesetze.[105] In der Praxis ergäbe sich zwischen den Modellen indes kein nennenswerter Unterschied: Denn ob der Vertrag hinsichtlich einer Leistung bereits (teil-)nichtig ist und somit kein diesbezüglicher Honoraranspruch zustande kommt oder ein bestehender (Gesamt-)Honoraranspruch hinsichtlich fachfremder Leistungen kein Gebührenanspruch vorsieht, ist im Ergebnis gleich.

3. Vergütung bei fehlerhafter Behandlung?

Trotz der besonderen Bedeutung des Gesundheits- und Lebensschutzes und trotz der besonderen Vertrauensbeziehung zwischen Arzt und Patient entfällt der Vergütungsanspruch des Arztes bei fehlerhafter Behandlung zumindest dann grundsätzlich nicht, wenn nicht gerade von der Anwesenheit werkvertraglicher Elemente ausgegangen wird. Der Grund hierfür ist zuvörderst in der restriktiven Handhabung von Leistungsverweigerungsrechten bei schlecht erfüllten Dienstverträgen zu suchen. Nach nahezu einhelliger Auffassung greift bei diesen das Leistungsverweigerungsrecht wegen Nicht- oder Schlechtleistung im Sinne des § 320 BGB, die *exceptio non (rite) adimpleti contractus*, grundsätzlich nicht.[106]

Tragendes Merkmal des Dienstvertrages ist – im Vergleich zu anderen Vertragsarten – eine deutlich geringer ausgeprägte Rolle des Leistungserfolges bei gleichzeitiger Betonung des Handlungsmoments. Das zeigt die ‚klassische' Differenzierung beider Vertragstypen anhand des Erfolgsmoments.[107] Beim Dienstvertrag ist lediglich das ernsthafte Bemühen um den Erfolg im Sinne eines Arbeitsergebnisses geschuldet, nicht jedoch jenes Arbeitsergebnis selbst, beim Werkvertrag hingegen die erfolgreiche Herstellung des Werkes.[108] Folglich unterscheiden sich auch die Bezugspunkte für eine Schlechtleistung im Sinne einer nicht vertragsgemäßen Erbringung einer fälligen Leistung.[109] Beim Dienstvertrag kann entsprechend dem Vertragsinhalt eine Schlechtleistung nur das Nichtbemühen um den Erfolg meinen, während beim Werkvertrag und anderen ergebnisorientierten Verträ-

105 *Hoffmann/Kleinken*, § 1 Rn. 29.

106 *Grüneberg*, in: Palandt, § 320 Rn. 9; *Müller-Glöge*, in: MünchKommBGB, § 611 Rn. 7ff, 19; *Emmerich*, in: MünchKommBGB, § 320 Rn. 11; a.A. *Otto*, in: StaudingerBGB, § 320 Rn. 37.

107 Dazu Abschnitt B.II.2.b)(1).

108 *Richardi/Fischinger*, in: StaudingerBGB, Vorbem. Zu § 611 Rn. 27 m.w.N.

109 Vgl. *Otto/Schwarze*, in: StaudingerBGB, § 323 Rn. C 13; *Müller-Glöge*, in: MünchKommBGB, § 611 Rn. 19.

gen bereits das Ausbleiben des Erfolgs eine Schlechtleistung annehmen lässt.[110]

Dementsprechend ist es nur konsequent, bei nicht gegebener Ergebnisorientierung auf Gewährleistungsrechte zu verzichten. Wenn beim Dienstvertrag nur die Vornahme einer Handlung, nicht jedoch ein darüber hinausgehender Erfolg versprochen wird, widerspräche es dessen grundlegendem Gedanken, trotz alledem ein Gewährleistungsrecht unter Anwendung des § 320 BGB zu etablieren.[111] Gleiches gilt auch hinsichtlich einer Befreiung des Gläubigers von der Vergütungspflicht aufgrund einer Teilunmöglichkeit der Dienstleistung nach § 326 BGB. Auch in diesem Fall würde der Schuldner wieder das Risiko einer von ihm nicht verschuldeten Zielverfehlung tragen.[112] Das widerspräche dem Gedanken des Dienstvertrages, bei dem gerade angesichts unbeherrschbarer Risiken der Leistungserfolg explizit nicht vertraglich versprochen wird.[113] Nur wenn eine Nichtleistung vorliegt oder wenn bei einer mit der Nichtleistung vergleichbaren, völligen Unbrauchbarkeit der erbrachten Leistung ein Leistungsverweigerungsrecht nach § 320 BGB besteht[114], erbringt hier schließlich der Dienstverpflichtete nicht einmal das von ihm Verlangte. Darüber hinausgehend ist der Empfänger auf eventuelle Schadensersatzansprüche und die Möglichkeit zu verweisen, diese mit der zu zahlenden Vergütung aufzurechnen.[115].

Zusammenfassend bleibt nach allgemeiner Meinung der Vergütungsanspruch des Dienstleistungsverpflichteten also auch bei fehlerhaftem Ergebnis der Handlung weitestgehend bestehen, da jener nur die Vornahme einer Handlung, nicht jedoch deren Erfolg schuldet. Nur bei einem totalen Leistungsausfall oder einer damit vergleichbaren Situation kann der Dienstleistungsgläubiger die Einrede des nichterfüllten Vertrages erheben.

---

110 *Peukert*, AcP 205 (2005), 430–486 (460).

111 *Grüneberg*, in: Palandt, § 320 Rn. 9.

112 *Grüneberg*, in: Palandt, § 326 Rn. 4; *Otto*, in: StaudingerBGB, § 326 Rn. B 60.

113 *Peukert*, AcP 205 (2005), 430–486 (459f).

114 *Otto*, in: StaudingerBGB, § 320 Rn. 37; *Emmerich*, in: MünchKommBGB, § 320 Rn. 11.

115 Vgl. *Otto*, in: StaudingerBGB, § 320 Rn. 37 a.E. BAG NJOZ 2007, 3900; zu Schadensersatzansprüchen: OLG Köln MedR 1994, 198; OLG München OLGR 1998, 247

a) Kein Ausschluss nach bürgerlichem Recht

Sofern der Arztvertrag als besondere Ausprägung des Dienstvertrags eingeordnet und zur rechtlichen Beurteilung lediglich das BGB zugrunde gelegt wird, müssen die dargestellten Grundsätze auch bei diesem Geltung finden. Solange nicht werkvertraglich zu betrachtende Elemente in Rede stehen, muss der Zahlungsverpflichtete auch bei einem Behandlungsmisserfolg im Grundsatz das Honorarverlangen des Arztes erfüllen.[116] Begrifflich ist der Behandlungsmisserfolg nämlich von dem Behandlungsfehler zu unterscheiden.[117] Erstgenannter meint das bloße Fehlgehen der Behandlung, das bereits dann vorliegt, wenn sich der intendierte Erfolg der Behandlung – unabhängig von der Ursache – nicht einstellt. Der Behandlungsfehler bezeichnet hingegen die *schuldhafte* Unterschreitung der gebotenen und geschuldeten medizinischen Standards nach der anerkannten und gesicherten ärztlichen Wissenschaft zum Zeitpunkt der Behandlung.[118] Beide Begriffe haben also unterschiedliche Bezugspunkte. Der Behandlungsfehler thematisiert das Fehlverhalten des Arztes, Behandlungsmisserfolge benennen hingegen einen denkbaren Ausgang. Nicht jedes Fehlgehen der Behandlung ist aber auf einen vorwerfbaren Behandlungsfehler zurückzuführen und umgekehrt.[119] Etwa sind unvorhersehbare Defekte bei verwendeten medizinischen Gerätschaften denkbar, welche dem Arzt nicht angelastet werden können. Der Behandlungsfehler erfordert eine subjektive Komponente, die dem Behandlungsmisserfolg fremd ist.[120]

Die alleinige fehlgeschlagene Behandlung genügt somit nicht, ein Leistungsverweigerungsrecht gegenüber dem Mediziner nach den §§ 320 oder 326 BGB zu begründen. Der Arzt schuldet aufgrund des Dienstvertrages lediglich die Durchführung der Behandlung nach dem medizinischen Standard.[121] Tut er dies, kann im Falle eines eventuel-

116 OLG Koblenz VersR 2012, 728 (728); für die Bezahlung nach der GOZ: BGH NJW 2011, 1674 (1675) und bei der Behandlung durch einen Heilpraktiker: OLG Koblenz NJW-RR 2007, 997.

117 *Kern*, in: Laufs/Kern, § 75 Rn. 18; *Deutsch/A. Spickhoff*, Rn. 306.

118 BGH NJW 1987, 2291 (2292); *Katzenmeier*, Arzthaftung, S. 276f; *Laufs/Kern*, in: Laufs/Kern, § 97 Rn. 5; *Greiner*, in: Spickhoff, Medizinrecht, § 823 BGB Rn. 6; *Katzenmeier*, in: Lauf/Katzenmeier/Lipp, X. Rn. 3; zu den verschiedenen Typen des Behandlungsfehlers *Deutsch/A. Spickhoff*, Rn. 335ff.

119 Vgl. BGH NJW 1985, 1392 (1393); OLG Düsseldorf VersR 1986, 919 (920); *Katzenmeier*, Arzthaftung, S. 189; *Deutsch/A. Spickhoff*, Rn. 306; *Laufs/Kern*, in: Laufs/Kern, § 97 Rn. 7; *Schütz/Dopheide*, VersR 2006, 1440 (1440).

120 *Katzenmeier*, in: Lauf/Katzenmeier/Lipp, X. Rn. 13ff; *Deutsch/A. Spickhoff*, Rn. 296.

121 *Kern*, in: Laufs/Kern, § 38 Rn. 9.

les Fehlgehens, vor allem wenn dieses nicht in seiner Person zu suchen ist, nicht die Zahlung des Honorars verweigert werden.[122] Der vorwerfbare Behandlungsfehler kann allerdings als mangelndes Bemühen um eine Behandlung gemäß des medizinischen Standards gelten. Die ärztliche Nichtleistung sowie die vollständig unbrauchbare Behandlung sind Leistungsverweigerungsgründe im Sinne von § 320 BGB, da durch diese die Verwirklichung des Behandlungsziels in keiner Weise erreicht beziehungsweise gefördert wird[123], wobei unter letzterem – angesichts der nachvollziehbaren Bedenken gegenüber einer ‚Gesundheitsgarantie' – nicht jener „Zustand des vollständigen körperlichen, geistigen und sozialen Wohlergehens"[124], sondern der im Vorfeld geplante Endpunkt der vorgenommenen medizinischen Leistungen zu verstehen sein wird.[125] Das bedeutet allerdings auch, dass eine Vergütung zumindest dann gefordert werden kann, wenn Fehlschläge letztlich kaum einen oder keinen Einfluss auf die Umsetzung des konkreten Behandlungszieles haben. Auch die teilweise Nichtverwirklichung einer Leistung begründet einen Honoraranspruch, wenn die Behandlung erbracht und das Leistungsziel im Wesentlichen erreicht wird.[126]

Eventuelle Schadensersatzansprüche gegen den Arzt sind selbstverständlich unabhängig von dem Bestehen eines Leistungsverweigerungsrechtes zu beurteilen. Sie bedürfen allerdings, wie bereits angedeutet, nicht nur irgendeiner, sondern einer *subjektiv vorwerfbaren* Schlechtleistung; mithin eines Behandlungsfehlers.[127] Schadensposition kann bei aus dem Behandlungsfehler resultierender Unbrauchbarkeit auch die zu entrichtende Vergütung sein. Etwa im Falle des Interessenverlustes[128] oder wenn geringfügigere Behandlungsfehler durch treuwidriges Verhalten des Arztes herbeigeführt wurden.[129]

---

122 OLG Nürnberg GesR 2008, 363 (364); OLG Koblenz VersR 2012, 728 (728); ebenso *Kern*, in: Laufs/Kern, § 75 Rn. 18; *Deutsch/A. Spickhoff*, Rn. 306; *Otto*, in: StaudingerBGB, § 280 Rn. T 47; *Schütz/Dopheide*, VersR 2006, 1440 (1441ff).

123 OLG Nürnberg GesR 2008, 363 (364); OLG Köln MedR 1994, 198 (198).

124 Definition der Gesundheit nach der Verfassung der Weltgesundheitsorganisation in deutscher Übersetzung (Stand 25. Juni 2009).

125 Dazu Abschnitt B.II.2.b)(1).

126 *Hoffmann/Kleinken*, Vorbemerkungen Gebührenverzeichnis C II, S. 12; *Schütz/Dopheide*, VersR 2006, 1440 (1441).

127 *Kern*, in: Laufs/Kern, § 75 Rn. 18.

128 Vgl. *Vgl. Kern*, in: Laufs/Kern, § 75 Rn. 18; OLG Köln MedR 1994, 198; OLG München OLGR 1998, 247

129 Vgl. *Loosschelders/Olzen*, in: StaudingerBGB, § 242 Rn. 257ff m.w.N.

b) Vergütungsausschluss nach GOÄ?

Diese restriktive Handhabung des Leistungsverweigerungsrechts im Falle der fehlgeschlagenen Behandlung erfährt keine Änderung durch die Gebührenordnung. Da § 1 Abs. 2 Satz 1 GOÄ das Honorarverlangen auf solche Leistungen beschränkt, „die nach den Regeln der ärztlichen Kunst für eine medizinisch notwendige ärztliche Versorgung erforderlich sind"[130], lässt auf den ersten Blick anderes vermuten. Jedoch erstreckt sich diese Bezugnahme auf die Regeln ärztlicher Kunst *einzig* auf die Frage der Notwendigkeit einer medizinischen Behandlung, nicht jedoch auf deren Vornahme.[131] Die Regeln ärztlicher Kunst sind ausschließlich gebührenrechtlicher Maßstab für den sich aus der Therapiefreiheit ergebenden Ermessensspielraum des Arztes.[132]

Für den Wegfall der Liquidationsfähigkeit bedeutet das, dass von der Warte der Gebührenordnung ausgehend nicht der Behandlungsmisserfolg, sondern die Verletzung medizinischer Standards bei der Festlegung der einzelnen Diagnose- und Therapieschritte ausschlaggebend ist. Eine Leistung ist nicht deswegen liquidationsfähig, weil sie fehlerfrei ausgeführt wurde, sondern weil deren Vornahme *in der gegebenen Situation* „von einem aufmerksamen und gewissenhaften Arzt aus berufsfachlicher Sicht vorausgesetzt und erwartet"[133] wurde. Die GOÄ verlangt vom Mediziner nur, die ihm zustehenden Entscheidungsspielräume verantwortungsvoll zu nutzen, ähnlich wie es auch der Begriff der haftungsrechtlichen *Sorgfaltspflicht* nahelegt, und deswegen nicht ungefragt Leistungen vorzunehmen, die im konkreten Fall der Behandlung des Patienten nicht förderlich sind.[134] Hinsichtlich der Ausführung dieser Leistungen trifft § 1 Abs. 2 GOÄ hingegen keine Anordnung, sodass an dieser Stelle mitnichten der pauschale Ausschluss aller fehlerhaft erbrachten Leistungen von der Vergütung erfolgt.

Auch bei einem Behandlungsmisserfolg besteht prinzipiell ein Gebührenanspruch des Arztes, wie auch einige Gebührenpositionen im Gebührenverzeichnis zeigen: Bei bestimmten Leistungen, etwa der Wiederbelebung, ist bereits der reine Versuch der Leistungserbrin-

130 Dazu: *Hoffmann / Kleinken*, § 1 Rn. 29; *Spickhoff*, in: Spickhoff, Medizinrecht, § 2 GOÄ Rn. 14.

131 Dazu den Abschnitt C.II.1.

132 *Hoffmann / Kleinken*, § 1 Rn. 29.

133 *Dies.*, § 1 Rn. 29.

134 *Dies.*, § 1 Rn. 29.

gung gebührenbegründend.[135] Es können also auch Fehlschläge honoriert werden. Ferner können – wenn sich das Leistungsziel im Verlauf der Behandlung als nicht zu verwirklichen herauskristallisiert und es mithin vollständig verfehlt wird – unter Umständen bereits erbrachte Teilleistungen separat in Rechnung gestellt werden, wobei die Vergütung der ursprünglich angestrebten Leistungen entfällt.[136]

Damit entspricht die Gebührenordnung dem Gedanken des Dienstvertrages. Gerade die Ungewissheit medizinischer Behandlungsversuche ist ein Grund für die dienstvertragliche Einordnung des Behandlungsvertrages. Diesem Grundgedanken widerspräche es, dem Arzt das Honorar zu versagen, wenn ein Scheitern der Behandlung nicht Fehlern seinerseits geschuldet ist, sondern in anderen Umständen, etwa der Konstitution des Patienten, begründet liegt.[137]

Der Gebührenanspruch entfällt deswegen allerdings bei einer den Regeln ärztlicher Kunst widersprechenden Therapieentscheidung des Arztes, ohne dass die Schädigung des Patienten zwingende Folge sein muss. Anders als im Haftungsrecht bedarf es keiner subjektiven Vorwerfbarkeit, da sich die Regeln ärztlicher Kunst nach objektiven Gesichtspunkten bemessen. Allein der Umstand, *dass* die Regeln der Kunst und damit der medizinische Standard missachtet werden, ist für den Verlust des Gebührenanspruchs ausschlaggebend[138], wobei jedoch zu fragen ist, wann diese verhaltensbezogene Pflicht überhaupt verletzt werden kann, *ohne* dass dieses dem Arzt gleichzeitig auch subjektiv vorzuwerfen ist. Nicht nur, dass eine Haftung des Arztes bei Behandlungsfehlern regelmäßig schon bei Fahrlässigkeit begründet wird[139], ferner ist ihm eine umfassende Weiterbildungspflicht auferlegt[140] und fachbereichsübergreifendes Handeln weitestgehend untersagt.[141]

---

135 Vgl. *dies.*, Vorbemerkungen Gebührenverzeichnis C II, S. 11; Kommentar zu den Gebührenverzeichnisnummern 427-437 (C) Rn. 2; *K.-F. Brück*, Komm. Gebührenziffer Nr. 429 Rn. 1.

136 Am Beispiel der Umdeutung einer geplanten Tumorresektion in eine explorative Leistung bei fortgeschrittener Metastasierung des Bauchraums: *Hoffmann / Kleinken*, Vorbemerkungen Gebührenverzeichnis C II, S. 12.

137 Vgl. *dies.*, Vorbemerkungen Gebührenverzeichnis C II, S. 11.

138 Vgl. *dies.*, § 1 Rn. 29; *K.-F. Brück*, § 1 Rn. 7.1.

139 *Deutsch / A. Spickhoff*, Rn. 323ff, 353ff.

140 § 4 MBOÄ; zum Verhältnis von Weiterbildungspflicht und Haftung: *Scholz*, in: Spickhoff, Medizinrecht, Vorbem. zur MWBO Rn. 17; vgl. dazu auch zur Zeitgebundenheit des haftungsrechtlich relevanten Standards: *Deutsch / A. Spickhoff*, Rn. 360.

141 Vgl. *Hoffmann / Kleinken*, § 1 Rn. 29. Zur Frage des Gebührenanspruchs bei fachübergreifendem Tätigwerden weiter in Abschnitt C.II.2.

c) Zusammenfassung

In der Gesamtschau zeigt sich also, dass die alleinige Fehlerhaftigkeit einer Behandlung in der Regel nicht ausreicht, um das Honorarverlangen des Arztes zu suspendieren. Nach bürgerlichem Recht impliziert ein Misserfolg in der Behandlung regelmäßig keinen schlecht erfüllten Behandlungsvertrag, da dieser als Dienstvertrag nur auf die Behandlung entsprechend des medizinischen Standards gerichtet ist.[142] Zumindest wenn sich der Arzt der gebotenen Sorgfaltspflicht gemäß verhält und damit der Grund des Misserfolgs folglich nicht in seiner Therapieentscheidung zu suchen ist, entspricht auch die nicht fehlerhafte Behandlung dem vertraglich Geschuldeten. Die Einbeziehung der GOÄ, gemäß der einzig für kunstgerecht, das heißt entsprechend des medizinischen Standards, angeordnete Leistungen eine Vergütung verlangt werden darf, hat keinen Einfluss. Solange der Arzt seiner Pflicht zur verantwortungsvollen und rationalen Planung der Behandlung nachgekommen ist, besteht ein Gebührenanspruch.

4. Gebühr nur für eigenständig erbrachte Leistungen

Gebühren stehen dem Arzt nur für „eigene Leistungen" (§ 4 Abs. 2 GOÄ) beziehungsweise für solche zu, welche ein stellvertretender Dritter erbracht hat.[143] Die GOÄ nimmt damit grundsätzlich Rekurs auf die Pflicht zur im Zweifel persönlichen Leistungserbringung des Dienstvertrags (§ 613 BGB). Es handelt sich hierbei um eine Auslegungsregel, die im Lichte der Umstände und Besonderheiten des Vertrages zu beurteilen ist.[144] Bei Medizinern ist diesbezüglich vor allem das besondere Vertrauen von Bedeutung, das jene für sich in Anspruch nehmen. Es ist regelmäßig ein entscheidendes Kriterium für die Beauftragung eines Arztes. Die Leistung durch den Arzt in Person wird mithin regelmäßig erwartet.[145] Andererseits ist anerkannt, dass bei der Verrichtung andere Ärzte oder Hilfspersonal zur Unterstützung hinzugezogen werden können[146], beispielsweise wenn die Sicherstel-

142 Dazu näheres im Abschnitt B.II.2.b)(1).

143 Zur strafrechtlichen Relevanz dieser Vorgabe beim Abrechnungsbetrug: BGHSt 57, 95; BGH NJW 2012, 1377 mit Besprechungen bei *Lindemann*, NZWiSt 2012, 334; *Geiger / H. Schneider*, GesR 2013, 7; dazu ferner Hübner Fachanwaltskommentar Medizinrecht, § 4 GOÄ Rn. 18ff.

144 *Spickhoff*, in: Spickhoff, Medizinrecht, § 4 GOÄ Rn. 3; *Hoffmann / Kleinken*, § 4 Rn. 3.3; *Lang* u. a., § 4 Rn. 6; zum Verständnis von § 613 BGB *Richardi/Fischinger*, in: StaudingerBGB, § 613 Rn. 6.

145 *Deutsch / A. Spickhoff*, Rn. 143.

146 *Richardi/Fischinger*, in: StaudingerBGB, § 613 Rn. 9f.

lung der Versorgung die Einbindung anderer Mediziner notwendig macht.[147]

Diese Grundsätze zur persönlichen Leistungserbringung finden ihre Entsprechung in der GOÄ. Nach § 4 Abs. 2 GOÄ sind grundsätzlich nur *eigene* Leistungen liquidationsfähig. Das gebührenrechtliche Verständnis der eigenen Leistung reicht jedoch weiter, als vom Wortlaut her anzunehmen ist. In Abhängigkeit von der Person des tatsächlichen Leistungserbringers wird unterschieden zwischen Leistungen, die der Arzt in persona erbringt, die unter seiner Aufsicht und Anleitung erbrachten Fälle der *Delegation* sowie diejenigen Leistungen des *Stellvertreters*, bei denen ein anderer, eigenständig handelnder Mediziner den liquidierenden Arzt nahezu vollständig substituiert. Hinzu treten Ausnahmeregelungen für besondere Abrechnungskonstellationen. Die Liquidation ist gemäß § 4 Abs. 2 GOÄ bei allen vorgenannten Formen der Leistungserbringung prinzipiell möglich.

a) Die höchstpersönliche Leistungserbringung

Am deutlichsten wird die eigene Leistung des Mediziners natürlich dann, wenn er sie tatsächlich in eigener Person erbringt.[148] Er kann dabei auf die Hilfestellung Dritter zurückgreifen. Bereits die durch die menschliche Physiognomie begrenzte Zahl denkbarer Handlungsmöglichkeiten verdeutlicht, dass sicherlich nicht jedwede medizinische Leistung des Gebührenverzeichnisses *allein* durch eine einzige Person erbracht werden kann. Nicht umsonst stellt der Bundesgerichtshof fest, dass die Inanspruchnahme von „nichtärztliche[n] Hilfspersonen [...] aus der modernen Medizin und insbesondere aus dem heutigen Klinikwesen nicht wegzudenken"[149] ist.

b) Delegation

Neben eine Hilfestellung für den weiterhin selbst tätig werdenden Arzt treten jene Fälle, bei denen die handwerkliche Durchführung der Leistung gänzlich in der Hand einer Hilfsperson liegt, während der Arzt überwachend im Hintergrund bleibt. Selbst wenn der Arzt mit

147 Die Bereitschaft zur gegenseitigen Vertretung wird nach § 20 MBOÄ als Zeichen der Kollegialität von Ärzten prinzipiell erwartet. Dazu *Scholz*, in: Spickhoff, Medizinrecht, § 20 MBOÄ Rn. 1f; *Ratzel*, in: Ratzel/Lippert, MBO, § 20 Rn. 3.

148 Vgl. *Hoffmann/Kleinken*, § 4 Rn. 3.2; zur dabei notwendigen fachlichen Qualifikation: *K.-F. Brück*, § 4 Rn. 9f; *Hoffmann/Kleinken*, § 4 Rn. 3.5.

149 BGH NJW 1975, 2245 (2246); vgl. *§ 613 Rn. 10*, in: StaudingerBGB, Richardi/Fischinger.

der Durchführung damit effektiv einen anderen beauftragt, kann nach einhelliger Auffassung damit eine persönliche Leistung vorliegen. Nur eine *höchst* persönliche Leistung würde zwingend das Tätigwerden in persona erfordern.[150] Für eine hingegen nur persönliche Leistung reicht es im Regelfall schon aus, wenn die Leistung durch die Überwachung und die Leitung des Arztes ein ‚persönliches Gepräge' erhält. Das heißt, dass grundlegende Entscheidungen im Verlauf der Therapie durch den liquidierenden Arzt zu geschehen haben und dieser letztlich die fachgemäße Verrichtung der Behandlung durch eine an dem Wissen des Ausführenden ausgerichtete Überwachung sicherzustellen hat.[151] Eine tatsächlich höchstpersönliche Leistungserbringung durch den liquidierenden Arzt soll nur bei Kernelementen der Behandlung, wie beispielsweise Operationen, erforderlich sein.[152] Bei diesen nicht delegationsfähigen Kernleistungen wird die Person des Verrichtenden von solch gesteigerter Bedeutung für die Gesamtbehandlung, dass eine Delegation an dieser Stelle für ein ‚persönliches Gepräge' nicht mehr ausreicht. Dieser Umstand liegt in der hervorgehobenen Bedeutung dieser Kernleistung im Rahmen der Gesamtbehandlung, denn die Vornahme einer Kernleistung ist gleichsam Sinn und Zweck des Behandlungsvertrages. Ausgehend von der Annahme, dass das Vertrauen in die fachärztliche Kompetenz von signifikanter Bedeutung für die Arztwahl ist, besteht gerade an dieser Stelle ein gesteigertes Interesse an der Leistungsvornahme durch den Arzt, der besagte fachliche Kompetenz für sich in Anspruch nimmt.[153] Dementsprechend werden in jedem Fall die Beurteilung des Befundes und die Vornahme der Diagnose sowie die darauf aufbauenden Therapieentscheidungen als nicht delegationsfähige Kernleistungen begriffen.[154] Gerade bei diesen grundlegenden Entscheidungen ist nämlich die fachliche Kompetenz des Vornehmenden von besonderer Relevanz. Des Weiteren ist an Fälle zu

150 *Spickhoff*, in: Spickhoff, Medizinrecht, § 4 GOÄ Rn. 7ff; *Lang* u. a., § 4 Rn. 5; *Hoffmann / Kleinken*, § 4 Rn. 3.2.

151 *Spickhoff*, in: Spickhoff, Medizinrecht, § 4 GOÄ Rn. 8, 10; *Miebach*, in: Uleer / Miebach / Patt, § 4 GOÄ Rn. 40; *K.-F. Brück*, § 4 Rn. 9; *Lang* u. a., § 4 Rn. 5.

152 Vgl. *Spickhoff*, in: Spickhoff, Medizinrecht, § 4 GOÄ Rn. 9. Dazu ferner die Ausführungen der Kassenärztlichen Bundesvereinigung zu den zwingend höchstpersönlichen Leistungen des Arztes in „Bekanntmachungen – Persönliche Leistungserbringung: Möglichkeiten und Grenzen der Delegation ärztlicher Leistungen" (Stand: 29. August 2008), DÄB 2008, 105 (41): A-2173 / B-1865 / C-1817; abgedruckt bei *Hoffmann / Kleinken*, § 4 Rn. 3.3.

153 Vgl. *Biermann / Ulsenheimer / Weißauer*, MedR 2000, 107 (111).

154 *Spickhoff*, in: Spickhoff, Medizinrecht, § 4 GOÄ Rn. 9; *Lang* u. a., § 4 Rn. 6; für die Kernleistungen im Krankenhausbereich: *Hoffmann / Kleinken*, § 4 Rn. 4.2.

denken, bei denen aufgrund des Wesens der Behandlung die alleinige Kontrolle und Korrektur eines anderen eine Behandlungsqualität auf dem Niveau des liquidationsberechtigten Arztes nicht sicherstellen kann. Dies kann vor allem bei Operationen der Fall sein, allerdings wird hier zwischen reinen Standardeingriffen und anspruchsvolleren Methoden zu unterscheiden sein.[155]

Bei der Zulässigkeit der Delegation ist ferner zwischen der Person und deren Qualifikation zu differenzieren, an die die Leistung delegiert wird. Gebühren dürfen dem Wortlaut von § 4 Abs. 1 GOÄ nach lediglich für *ärztliche Leistungen* erhoben werden. Daraus resultiert eine grundsätzliche Beschränkung der Liquidationsfähigkeit auf tatsächlich von Ärzten ausgeführte Tätigkeiten, die allerdings insoweit Einschränkungen unterliegen, als ärztliche Tätigkeiten teilweise ebenso zum typischen Tätigkeitsbereich anderer Berufsbilder gehören.

Bei der Vornahme *genuin* ärztlicher Leistungen, also Verrichtungen, deren Ausführung ausschließlich Medizinern obliegt, können nur Ärzte taugliche Ausführende einer Delegation im Sinne von § 4 Abs. 2 GOÄ sein.[156] Erbringt ein Nichtmediziner auf Weisung eines liquidationsberechtigten Arztes eine nur von Ärzten zu verrichtende Tätigkeit, besteht kein Anspruch auf die Gebühr aufgrund der mangelnden Qualifikation des Ausführenden.[157] Ausgenommen hiervon sind nach § 4 Abs. 2 Satz 2, 4 GOÄ lediglich (Basis-)Laborleistungen sowie Maßnahmen der physikalischen Therapie.[158] Ob im Einzelfall ein Arztvorbehalt vorliegt, ergibt sich allerdings selten direkt aus dem Gesetz[159]; Richtschnur für den Bestand des Arztvorbehalts ist im Regelfall eher die Leistung selbst und die Frage, ob ihre Erbringung beziehungsweise die Beherrschung des von ihr ausgehenden Gefahrenpotenzials der Qualifikation des Arztes bedarf.[160] Maßstab besagter medizinischer Qualifikation ist der Facharztstandard, sodass bei der Delegation an Ärzte weiter einzuschränken ist: Es kann nicht jede beliebige Tätigkeit an jeden Mediziner delegiert werden, vielmehr muss dieser die im Ein-

155 Vgl. LG Hamburg MedR 2001, 314

156 *Spickhoff*, in: Spickhoff, Medizinrecht, § 4 GOÄ Rn. 11; *K.-F. Brück*, § 4 Rn. 9.

157 *dies.*, § 4 Rn. 9.2; *Hoffmann / Kleinken*, § 4 Rn. 5.3.

158 *Dies.*, § 4 Rn. 5.3; *Spickhoff*, in: Spickhoff, Medizinrecht, § 4 GOÄ Rn. 11.

159 z.B. § 48 Abs. 1 Satz 1 AMG: „Arzneimittel [...] dürfen nur bei Vorliegen einer ärztlichen, zahnärztlichen oder tierärztlichen Verschreibung an Verbraucher abgegeben werden." Vgl. *Lippert*, in: Deutsch / Lippert, AMG, § 48 AMG Rn. 1.

160 *K.-F. Brück*, § 4 Rn. 9.2; vgl. IV. und V. in der Bekanntmachung der KBV, abgedruckt bei *Hoffmann / Kleinken*, § 4 Rn. 3.3. Dazu bereits im Abschnitt 152.

zelfall erforderliche Qualifikation und gegebenenfalls Berufserfahrung aufweisen.[161]

Allerdings ist das ärztliche Tätigkeitsbild nicht scharf abgrenzbar gegenüber jenem anderer Berufe, insbesondere dem der Heilberufe. Klassische Beispiele sind Verrichtungen wie die venöse Blutentnahme und andere vergleichbare Pflegeleistungen, die ebenso zum typischen Tätigkeitsfeld qualifizierten Pflegepersonals gerechnet werden.[162] Zudem ist an Verrichtungen im rein technischen Bereich zu denken, zu deren Vornahme Naturwissenschaftler im Vergleich zu Medizinern mindestens gleichwertig qualifiziert sind. Solche Tätigkeiten erfüllen die Voraussetzungen des Abs. 1, können aber, weil sie keine genuin ärztlichen Leistungen sind, zugleich an fachlich entsprechend qualifiziertes Personal ohne Approbation delegiert werden, ohne dass damit ihre grundsätzliche Liquidationsfähigkeit erlischt.[163] Bei ihnen fehlt es an einem, das unbedingte ärztliche Tätigwerden notwendig machenden Gefahrenpotenzial. Das heißt allerdings nicht, dass die Kenntnisse des Ausführenden unbeachtlich sind. Auch nichtärztliche Mitarbeiter des Arztes müssen für die delegierte Tätigkeit entsprechend qualifiziert und in ihr erfahren sein. Nur ist das Spektrum des für die Verrichtung in Betracht kommenden Personals größer, da eine Approbation und gegebenenfalls abgelegte Facharztprüfung des Ausführenden nicht obligatorisch sind.[164]

Zusammenfassend zeigt sich: Entscheidendes Kriterium für die Beurteilung der Persönlichkeit der Leistungserbringer ist also nicht nur die Person des Vornehmenden selbst, sondern desjenigen, der steuernd die Abläufe im Rahmen einer Behandlung kontrolliert und notfalls korrigierend auf diese einwirken kann. Dabei kann letzterem ein solches Gewicht zukommen, dass dieser ohne direktes Einwirken das ‚persönliche Gepräge‘ herzustellen vermag.

---

161 *K.-F. Brück*, § 4 Rn. 9.2; *Genzel/Degener-Hencke*, in: Laufs / Kern, § 87 Rn. 17; *Spickhoff*, in: Spickhoff, Medizinrecht, § 4 GOÄ Rn. 10.

162 *K.-F. Brück*, § 4 Rn. 9.2; *Lang* u. a., § 4 Rn. 6.

163 *K.-F. Brück*, § 4 Rn. 9.2; *Lang* u. a., § 4 Rn. 6.

164 *K.-F. Brück*, § 4 Rn. 9.2; vgl. ferner zu den Voraussetzungen bei Anästhesieleistungen: *M. Spickhoff A. S.*, NZS 2008, 57 (59f); zur Delegation an nichtärztliches Personal im Allgemeinen umfassend: *Hoffmann / Kleinken*, § 4 Rn. 5.3.

c) Stellvertretung

Neben der Leistung in persona und der Delegation kennt die GOÄ eine dritte Form der abrechenbaren *eigenen Leistung*: die Vornahme durch einen „Stellvertreter". Gemeint ist – rechtsterminiologisch ungenau; es handelt sich mitnichten um eine Vertretung im Sinne der §§ 164ff BGB – die Leistungsvornahme durch einen im Vergleich zur Delegation weitestgehend autonom entscheidenden und handelnden Arzt.[165] Aufgrund dessen Autonomie gerät jene, der Delegation die ‚persönliche Prägung' verleihende, übergeordnete Kontrollfunktion des liquidierenden Arztes in Wegfall. Es existiert keine planmäßige Überwachung des Ausführenden. Denn Stellvertretung bedeutet für den Vertreter, insoweit kann auf die Begrifflichkeiten des bürgerlichen Rechts zurückgegriffen werden, Handeln in *eigener* Verantwortung.[166] Der Stellvertreter tritt in den Pflichtenkreis des liquidierenden Arztes ein[167], mithin kann dessen Überwachungspflicht nicht fortbestehen. Damit gerät auch die persönliche Leistungserbringung des liquidierenden Arztes im Sinne der §§ 630b, 613 BGB in Wegfall, sodass es einer gesonderten vertraglichen Vereinbarung bedarf. Beim Mediziner wird – wie bei nahezu allen freien Berufen auch – aufgrund der Vermutung des § 613 BGB von einer Leistungspflicht in Person als Regelfall ausgegangen.[168] Die Stellvertretung bedarf mithin einer gesonderten vertraglichen Abrede.[169]

(1) Abgrenzung zur Delegation

Der Wegfall der Überwachung durch den liquidierenden Arzt wirft die Frage nach der Grenzziehung zwischen Delegation und Stellvertretung auf. Ausgehend von der Überwachungspflicht des delegierenden Arztes kann an dieser Stelle wohl dessen Zugriffsmöglichkeit auf den Patienten als Orientierungsmarke herangezogen werden. Von einer ‚persönlichen Prägung' im Sinne der Delegation kann nur dann gesprochen werden, wenn dem Delegierenden bei der Durchfüh-

165 *Spickhoff*, in: Spickhoff, Medizinrecht, § 4 GOÄ Rn. 5,12.

166 Vgl. *Larenz/Wolf*, § 46 Rn. 71.

167 *Spickhoff*, in: Spickhoff, Medizinrecht, § 4 GOÄ Rn. 12.

168 BGH NJW 2008, 987 (987); *Müller-Glöge*, in: MünchKommBGB, § 613 Rn. 3; *Richardi/Fischinger*, in: StaudingerBGB, § 613 Rn. 6,9ff; *Weidenkaff*, in: Palandt, § 630 Rn. 1.

169 BGH NJW 2008, 987 (988); *Genzel/Degener-Hencke*, in: Laufs / Kern, § 87 Rn. 18; *Hoffmann / Kleinken*, § 4 Rn. 5.4; *Spickhoff*, in: Spickhoff, Medizinrecht, § 4 GOÄ Rn. 12; *Weidenkaff*, in: Palandt, § 630 Rn. 3.

rung der Behandlung die entscheidende Position zukommt und jene, die Delegation inhaltlich prägenden Aspekte von Aufsicht und fachlicher Weisung effektiv gegeben sind.[170] Genauso wenig wie aus diesem Grund Kernleistungen delegiert werden können, kann es deshalb ausreichen, wenn der Überwachende zwar Rückmeldung über den Behandlungsverlauf bekommt und gegebenenfalls entsprechende Anweisungen gibt, jedoch nicht auf den Patienten selbst einwirken kann. Eine effektive Überwachung erfordert es, etwa im Falle von Komplikationen, die Behandlung in die eigene Hand nehmen zu können.[171] Nur so kann Fachwissen im Zweifelsfall effektiv zur Anwendung kommen und dem Vertrauen in den Arzt Rechnung getragen werden. Damit wird in Fällen der Abwesenheit des Delegaten eine Delegation grundsätzlich nicht mehr angenommen werden können, wobei allerdings anhand der Schwere eines Eingriffs oder der ‚Überbrückbarkeit' der Abwesenheit eine Differenzierung möglich ist: Bei einfachen Routineleistungen wird eine Delegation auch dann vorliegen, wenn der Beaufsichtigende abwesend ist, jedoch in kürzester Zeit hinzukommen kann. Anders mag sich dies im Falle des Aufenthalts auf einer Tagung im Ausland verhalten.[172]

(2) Formen der Stellvertretung

Selbst wenn die §§ 630b, 613 BGB sowie § 19 Abs. 1 MBOÄ vom Arzt die Leistungserbringung in Person verlangen, ist die Möglichkeit, dass sich ein Mediziner durch einen Standeskollegen vertreten lässt, allgemein anerkannt. Entsprechend § 20 Abs. 1 MBOÄ sind niedergelassene Ärzte sogar dazu angehalten, zur Vertretung ihrer Standesgenossen bereit zu sein. Die Stellvertretung soll es dem Mediziner erlauben, anderweitigen Tätigkeiten und Verpflichtungen nachzukommen, ohne dass die durchgehende Betreuung des Patienten gefährdet ist.[173] Die Zulässigkeit der Stellvertretung in gebührenrechtlicher Hinsicht ergibt sich allerdings nicht aus dem Wortlaut der GOÄ selbst. Ganz im Gegenteil steht einer Stellvertretung augenscheinlich die Forderung nach Aufsicht und fachlicher Weisung in § 4 Abs. 2 Satz 1 GOÄ explizit entgegen. Bei Betrachtung der Systematik wird indes deutlich,

170 Vgl. *Hoffmann/Kleinken*, § 4 Rn. 3.5; *Lang* u. a., § 4 Rn. 5.

171 Vgl. *M. Spickhoff A. S.*, NZS 2008, 57 (80).

172 Vgl. *Spickhoff*, in: Spickhoff, Medizinrecht, § 4 GOÄ Rn. 10; *M. Spickhoff A. S.*, NZS 2008, 57 (60).

173 Vgl. *Scholz*, in: Spickhoff, Medizinrecht, § 20 MBOÄ Rn. 2.

dass in § 4 Abs. 2 Satz 3 GOÄ Einschränkungen hinsichtlich der Liquidation bestimmter Leistungen bestehen, wenn diese nicht vom „ständigen ärztlichen Vertreter" des Wahlarztes „im Rahmen einer wahlärztlichen stationären, teilstationären oder vor- und nachstationären Krankenhausbehandlung" erbracht werden. Ungeachtet des Umstandes, dass besagte Norm nur Sonderfälle der Stellvertretung betrifft, wird an dieser Regelung deutlich, dass im Rahmen der GOÄ prinzipiell auch die Leistungserbringung durch den Stellvertreter einen Gebührenanspruch begründet. Denn nach § 5 Abs. 5 GOÄ ist auf „wahlärztliche Leistungen, die weder von dem Wahlarzt noch von dessen [...] ständige[m] ärztlichen Vertreter persönlich erbracht werden", ein geringerer Steigerungssatz anzuwenden. Da im Falle der Delegation bereits aufgrund fachlicher Weisung eine *eigene Leistung* des Wahlarztes gegeben wäre, muss nach § 5 Abs. 5 GOÄ eine Stellvertretung durch Mediziner, die *nicht* ständiger ärztlicher Vertreter des Liquidierenden sind, ebenfalls abrechenbar sein. Ansonsten wäre die genannte Regelung sinnlos.[174]

(3) Stellvertretung bei der Wahlleistung

Typischer Anwendungsbereich der Stellvertretung ist der Krankenhausbetrieb mit seinen hierarchischen Strukturen, der nahezu exklusiv zum Diskussionsgegenstand von Literatur und Rechtsprechung geworden ist.[175] Der bei der Leistungserbringung vertretene, diese aber als eigene abzurechnen suchende Chefarzt gilt als das klassische Beispiel für die Stellvertretung.[176] Gebührenrechtlich relevant wird die Stellvertretung dabei allerdings nur bei der Vornahme von Wahlleistungen.

Die durch die wahlärztlichen Leistungen und die damit zur Anwendung gebrachte GOÄ hervorgerufene „mögliche erhebliche finanzielle Mehrbelastung"[177] lässt sich gegenüber dem Zahlungspflichtigen nur dann rechtfertigen, wenn tatsächlich eine Leistungserbringung durch den Wahlarzt vorliegt. Schließlich ist die Person des Wahlarztes ausschlaggebendes Motiv für den Abschluss der Wahlarztvereinbarung.

174 Vgl. BGH NJW 2008, 987 (987); *Spickhoff*, in: Spickhoff, Medizinrecht, § 5 GOÄ Rn. 12.

175 Vgl. *Hoffmann/Kleinken*, § 4 Rn. 5.1, 5.4; *K.-F. Brück*, § 4 Rn. 15.3; *Lang* u. a., § 4 Rn. 20ff; *Spickhoff*, in: Spickhoff, Medizinrecht, § 4 GOÄ Rn. 12; *Genzel/Degener-Hencke*, in: Laufs/Kern, § 87 Rn. 17.

176 Vgl. etwa *Spickhoff*, in: Spickhoff, Medizinrecht, § 5 GOÄ Rn. 12; BGH NJW 2008, 987; LG Hamburg NJW. 2001, 3415

177 *Genzel-/Degener-Hencke*, in: Laufs/Kern, § 82 Rn. 123.

Der Bundesgerichtshof spricht insoweit vom „‚[H]inzukaufen'"[178] ärztlicher Leistung. Mit diesem Gedanken würde die Stellvertretung des Wahlarztes kollidieren: Sie wäre vom Standpunkt des Zahlungspflichtigen unbefriedigend, da er – entgegen seiner Erwartungen – mit der vom Vertreter vorgenommenen Leistung vorliebnehmen muss, sie aber trotzdem wie die Behandlung durch den Wahlarzt zu vergüten hat.[179] Andererseits kann jedoch der Wahlarzt selbstverständlich aus vorhersehbaren oder unvorhersehbaren Gründen ausfallen. Bei Wahlleistungen die Stellvertretung vollständig zu untersagen, wäre deswegen keine Lösung, insbesondere da es sich bei den Wahlärzten meist um Ärzte in leitenden Positionen handelt, die nicht nur mit der Arbeit am Patienten, sondern zudem mit der Organisation der ihnen unterstehenden Abteilungen betraut sind.[180] In Anbetracht dieser Gegebenheiten beschreitet die GOÄ bei der Vergütung von Stellvertreterleistungen bei der Wahlarztbehandlung letztlich einen Mittelweg, indem sie die Liquidierung mittels der Figur des *ständigen ärztlichen Vertreters* nur im einschränkten Rahmen ermöglicht.[181]

Sofern ein Wahlarzt nicht in der Lage ist, die von ihm geforderte Leistung zu erbringen, soll die Vornahme regelmäßig an seiner statt durch einen oder mehrere Stellvertreter erfolgen.[182] In diesem Fall nicht persönlicher Leistungserbringung besteht ein Recht zur vollumfänglichen Liquidation allerdings nur dann, wenn es sich bei dem tätig gewordenen Stellvertreter um den *ständigen ärztlichen Vertreter* handelt. Anderenfalls wird die Leistung nicht (§ 4 Abs. 2 Satz 3 Nr. 1-3 GOÄ) beziehungsweise nur mit einer niedrigeren Gebühr (§ 5 Abs. 5 GOÄ) entlohnt. Die Verpflichtung des Wahlarztes beziehungsweise dessen ständigen Stellvertreters zur persönlichen Vornahme der Leistungen durch § 4 Abs. 2 Satz 3 GOÄ muss daher im Gegensatz zu § 613 BGB als Verpflichtung zur *höchst*persönlichen Leistungserbringung verstanden werden.[183] Die Möglichkeit zur Delegation besteht bei Verrichtungen des Wahlarztes nur eingeschränkt. Der Gebührenanspruch bleibt allein bei der Delegation an den ständigen ärztlichen

178 BGH NJW 1985, 2189 (2190)

179 Vgl. OLG Oldenburg, VersR 2012, 764 (765).

180 Vgl. zur Organisationsstruktur von Krankenhäusern und den Aufgabenbereichen leitender Ärzte: *Genzel/Degener-Hencke*, in: Laufs/Kern, § 84 Rn. 19ff, § 85 Rn. 28ff.

181 *Spickhoff*, in: Spickhoff, Medizinrecht, § 4 GOÄ Rn. 27.

182 *Ders.*, JZ 2008, 687 (688).

183 *Lang* u. a., § 4 Rn. 22.

Vertreter uneingeschränkt bestehen.[184] Das gilt vor allem für die in § 4 Abs. 2 Satz 3 Nr. 1-3 GOÄ genannten Leistungen, die zur Abgrenzung gegenüber den allgemeinen Krankenhausleistungen nur nach GOÄ abgerechnet werden, wenn die Vertretung durch den *ständigen ärztlichen Vertreter* erfolgt.[185] Bei den genannten Leistungen handelt es sich größtenteils um alltägliche Routineleistungen bei stationär aufgenommenen Patienten, wie etwa die regelmäßige Visite, das Anlegen von Verbänden, Injektionen sowie Infusionen und die Blutentnahme.[186] Der Schwierigkeitsgrad solcher Verrichtungen ist regelmäßig nicht besonders hoch, sodass in qualitativer Hinsicht die Leistung eines beliebigen Krankenhausarztes als Stellvertreter erbracht werden könnte, ohne dass dies qualitative Bedenken hervorriefe. Für den leitenden Krankenhausarzt, der zugleich Wahlarzt ist, scheint deswegen gerade bei solchen Routineleistungen die Anordnung einer Stellvertretung eine naheliegende Entlastung – insbesondere in Anbetracht des von der medizinischen und organisatorischen Gesamtverantwortung hervorgerufenen Zeitdrucks.[187]

Einen beliebigen Arzt zum Stellvertreter zu berufen, würde indes die personenbasierte Abgrenzung zu den allgemeinen Krankenhausleistungen verwischen und letztlich den ‚Mehrwertgedanken' der wahlärztlichen Leistungen konterkarieren.[188] Aus diesen Gründen können die in Nr. 1-3 aufgeführten Gebührenpositionen im Falle der Stellvertretung nur über die GOÄ zur Abrechnung gebracht werden, wenn es sich beim Stellvertreter um den ständigen ärztlichen Vertreter des Wahlarztes handelt. Das heißt indes nicht, dass eine Stellvertretung durch einen Arzt, der nicht dieser designierte Vertreter ist, in diesen Fällen generell unzulässig wird. Der Wahlarzt kann für die Leistung dieses Stellvertreters lediglich kein Honorar fordern.[189]

Der Ausschluss der Vergütung, wie ihn § 4 Abs. 2 Satz 3 Nr. 1-3 GOÄ statuiert, betrifft allerdings *ausschließlich* die dort genannten Gebührenpositionen. Die übrigen Leistungen des Gebührenverzeichnisses sind im Umkehrschluss dem Wahlarzt selbst dann zu vergüten, wenn dieser nicht höchstpersönlich beziehungsweise der ständige ärztliche

184 *K.-F. Brück*, § 4 Rn. 13.4; *Hoffmann/Kleinken*, § 4 Rn. 5,5.
185 Vgl. BR-Drs. 688/95, S. 6
186 *Spickhoff*, in: Spickhoff, Medizinrecht, § 4 GOÄ Rn. 27; *K.-F. Brück*, § 4 Rn. 13.2f.
187 Vgl. *Spickhoff*, in: Spickhoff, Medizinrecht, § 4 GOÄ Rn. 27.
188 Vgl. *Spickhoff*, in: Spickhoff, Medizinrecht, § 4 GOÄ Rn. 27.
189 *Hoffmann/Kleinken*, § 4 Rn. 5.5.

Vertreter tätig wird. Ansonsten wäre die in § 5 Abs. 5 GOÄ angeordnete Reduzierung des Steigerungssatzes gegenstandslos.[190] Erfolgt die Leistungserbringung weder durch den Wahlarzt noch durch den ständigen ärztlichen Vertreter, kann entsprechend besagter Reduzierung nur unter Anwendung eines geringeren Steigerungssatzes honoriert werden. Der Vergütungsanspruch bleibt bei geringerem Vergütungsniveau bestehen.[191]

Zum ständigen ärztlichen Vertreter kann nach § 4 Abs. 2 Satz 3 a.E. GOÄ indes nicht jeder beliebige Krankenhausarzt berufen werden, sondern nur diejenigen Ärzte, welche eine mit dem eigentlichen Wahlarzt vergleichbare Qualifikation aufweisen.[192] Das entspricht dem tragenden Gedanken, mit dem die gesonderte Vergütung von Wahlleistungen begründet wird. Es geht um die Inanspruchnahme einer besonders qualifizierten Person.[193] Eine besondere Qualifikation des Arztes reicht allerdings noch nicht aus, um das Maß der Stellvertretung bei Wahlarztbehandlungen entsprechend des sie tragenden Zwecks zu begrenzen. Angenommen ein Chefarzt beriefe alle entsprechend qualifizierten Ärzte der Abteilung zu seinen ständigen ärztlichen Vertretern, wäre das Resultat eine kaum vom Organisationsablauf bei allgemeinen Krankenhausleistungen zu unterscheidende Stellvertretung.

Eingedenk des in § 4 Abs. 2 Satz 3 GOÄ in Bezug auf den Stellvertreter verwendeten Singulars wird diskutiert, ob sich der Wahlarzt wirksam nur durch *eine einzige* Person vertreten lassen kann.[194] Eine Betrachtungsweise, die insofern abzulehnen ist, als sie die terminliche Belastung des Chefarztes in nahezu gleichem Maße auf dessen Vertreter übertrüge und die Figur des ständigen ärztlichen Vertreters damit weitestgehend sinnlos werden ließe.[195] Vorzugsweise erscheint hier der Mittelweg, dem Wahlarzt zwar die Benennung mehrerer Vertreter zu erlauben, deren ständige Auswechslung aber zu verbieten. Ihre Zuweisung müsste insofern transparent erfolgen, indem sich ihre Vertretungsleistung etwa nur auf jeweils spezialisierte Tätigkeitsfelder be-

---

190 *Lang* u. a., § 5 Rn. 36; *Spickhoff*, in: Spickhoff, Medizinrecht, § 4 GOÄ Rn. 5.

191 *K.-F. Brück*, § 5 Rn. 16; *Spickhoff*, in: Spickhoff, Medizinrecht, § 5 GOÄ Rn. 12.

192 *K.-F. Brück*, § 4 Rn. 13.5; *Hoffmann/Kleinken*, § 4 Rn. 5.4; *Lang* u. a., § 4 Rn. 23.

193 BGH NJW 1985, 2189 (2190); in Fortführung dieses Qualitätsgedankens verlangt der Bundesgerichtshof deswegen zudem einen engen Austausch der beiden Genannten über den Behandlungsablauf (BGH JZ 2008 685, (686).

194 Vgl. zum Streitstand: *Spickhoff*, in: Spickhoff, Medizinrecht, § 4 GOÄ Rn. 23; *Schroeder/Printzen*, in: Handbuch Medizinrecht, § 18 Rn. 63.

195 *Spickhoff*, in: Spickhoff, Medizinrecht, § 4 GOÄ Rn. 23.

schränkt.[196]

Da die Stellvertretung den Bereich persönlicher Leistungserbringung im Sinne von § 613 BGB verlässt[197], wird das Abweichen von der Auslegungsregel des § 613 Satz 1 BGB[198] mittels einer Einwilligung in die Behandlung durch den ständigen ärztlichen Vertreter dokumentiert.[199] Die an diese sogenannte Stellvertretervereinbarung zu stellenden rechtlichen Voraussetzungen waren und sind in Rechtsprechung und Literatur umstritten.[200] Konfliktpunkt ist vor allem die Frage nach dem formularvertraglichen Abschluss in den allgemeinen Geschäftsbedingungen, welche bereits bei Abschluss der Wahlarztvereinbarung erfolgt und dem Patienten für den konkreten Stellvertretungsfall lediglich die Möglichkeit lässt, den angebotenen Stellvertreter abzulehnen oder zu akzeptieren.[201] Ein solches Vorgehen wird vom Bundesgerichtshof jedenfalls dann als unzulässig erachtet, wenn über diesen Weg versucht wird, die Möglichkeit zur pauschalen Stellvertretung zu eröffnen, da dem Krankenhaus damit im Widerspruch zu § 308 Nr. 4 BGB ein letztlich unzumutbarer Änderungsvorbehalt hinsichtlich der geschuldeten ärztlichen Leistung eingeräumt wird.[202] Entsprechende Klauseln sollen nach dem BGH nur bei einer Beschränkung auf Fälle zulässig sein,

> in denen die Verhinderung im Zeitpunkt des Abschlusses der Wahlleistungsvereinbarung nicht bereits feststeht und wenn als Vertreter der namentlich benannte ständige ärztliche Vertreter [...] bestimmt ist.[203]

Zusammenfassend soll also ausschließlich für den unvorhersehbaren, etwa den plötzlichen krankheitsbedingten Ausfall des Wahlarztes

---

196 *Spickhoff*, in: Spickhoff, Medizinrecht, § 4 GOÄ Rn. 23.

197 *Spickhoff*, in: Spickhoff, Medizinrecht, § 4 GOÄ Rn. 15; *Weidenkaff*, in: Palandt, § 630 Rn. 3.

198 *Müller-Glöge*, in: MünchKommBGB, § 613 Rn. 1; *Richardi/Fischinger*, in: StaudingerBGB, § 613 Rn. 6.

199 Vgl. *Biermann / Ulsenheimer / Weißauer*, MedR 2000, 107 (110); *Spickhoff*, in: Spickhoff, Medizinrecht, § 4 GOÄ Rn. 12ff.

200 Zum Streitstand: *Spickhoff*, in: Spickhoff, Medizinrecht, § 4 GOÄ Rn. 13ff.

201 *ders.*, Aktuelle Rechtsfragen der medizinischen Behandlungsverhältnisses, S. 33; *Spickhoff*, in: Spickhoff, Medizinrecht, § 4 GOÄ Rn. 13.

202 BGH NJW 2008, 987, (987).

203 BGH NJW 2008, 987, (987); zu den inhaltlichen Anforderungen an die Stellvertretervereinbarung umfassend: *K.-F. Brück*, § 4 Rn. 13.5; *Spickhoff*, in: Spickhoff, Medizinrecht, § 4 GOÄ Rn. 29; *Hoffmann / Kleinken*, § 4 Rn. 5.4.

formularmäßig ein ständiger ärztlicher Vertreter benannt werden dürfen. Das gleiche Vorgehen bei vorhersehbaren Ausfällen resultiert in einer unwirksamen Klausel[204] mit der Folge, dass kein ständiger ärztlicher Vertreter benannt wird. Die erbrachten Leistungen können dann entweder gar nicht oder nach § 5 Abs. 5 GOÄ nur mit einem geringeren Steigerungssatz abgerechnet werden. Die wirksame Bestellung eines ständigen ärztlichen Vertreters macht für die vorhersehbaren Ausfälle also einen individuellen Abänderungsvertrag der Parteien erforderlich.[205] Der Vertragspartner des Krankenhauses ist dabei

> so früh wie möglich über die Verhinderung des Wahlarztes zu unterrichten und ihm das Angebot zu unterbreiten, dass an dessen Stelle ein bestimmter Vertreter zu den vereinbarten Bedingungen die wahlärztlichen Leistungen erbringt.[206]

(4) Sonstige Fälle der Stellvertretung

Nun ist die Stellvertretung nicht nur auf den Krankenhausbereich und dort auf die Wahlleistungen beschränkt, sondern genauso bei niedergelassenen Ärzten denkbar, für die der § 20 Abs. 1 MBOÄ ausdrücklich folgende Erwartungshaltung formuliert: „Niedergelassene Ärztinnen und Ärzte sollen grundsätzlich zur gegenseitigen Vertretung bereit sein".[207] Diese soll zwar nach einer Änderung der MBOÄ im Jahr 2011 hauptsächlich im Rahmen einer empfehlenden Überweisung an einen Kollegen erfolgen, was jedoch nicht heißt, dass auch die Vertretung in der Praxis damit per se unzulässig ist.[208]

Nur im letzten Fall stellt sich allerdings die Frage der Vergütung der Vertretungsleistungen. Wenn die Urlaubsvertretung des Praxisinhabers dessen Erfüllungsgehilfe und rechtlicher Vertreter sein soll, der Behandlungsvertrag also zwischen dem Zahlungspflichtigen und dem abwesenden Inhaber zustande kommt[209], dann muss letzterem

204 BGH NJW 2008, 987, (988); vgl. *Coester-Waltjen*, in: StaudingerBGB, § 308 Nr. 4 Rn. 9.

205 *Spickhoff*, in: Spickhoff, Medizinrecht, § 4 GOÄ Rn. 16.

206 BGH NJW 2008, 987 (988).

207 Dazu *Scholz*, in: Spickhoff, Medizinrecht, § 20 Rn. 1ff MBOÄ; *Kern*, in: Laufs/Kern, § 39 Rn. 3; *Ratzel*, in: Ratzel/Lippert, MBO, § 20 Rn. 1ff; zur Zulässigkeit der Vertretung des Vertragsarztes *Schroeder/Printzen*, in: Handbuch Medizinrecht, § 7 Rn. 543; *Steinhilper*, in: Laufs/Kern, § 25 Rn. 15.

208 Vgl. Kilian Fachanwaltskommentar Medizinrecht, § 20 MBÄO Rn. 1, 8ff.

209 OLG Düsseldorf VersR 1985, 370, (371); OLG Stuttgart NJW 1981, 2374, (2375); *Greiner*, in: Geiß/Greiner, A. Behandlungsverhältnisse Rn. 16; *Greiner*, in: Spickhoff, Medizinrecht, § 839 BGB

auch ein Forderungsrecht für die erbrachten Leistungen seines Stellvertreters zukommen.[210] Das setzt wiederum eine abrechenbare und damit eigene Leistung des Arztes voraus. Ohne ein solches Forderungsrecht wäre eine Honorierung der erbrachten Stellvertreterleistung nicht möglich.

Die in der GOÄ behandelte Stellvertretung des Wahlarztes ist deswegen als eine auf die Besonderheiten der Klinikleistungen zugeschnittene Sonderform zu verstehen, welche ihre Ursache in den unterschiedlichen Varianten der Krankenhausleistungen findet. Daneben tritt die nicht explizit in der GOÄ geregelte Form der allgemeinen Stellvertretung. Deren Zulässigkeit ist dabei kein Resultat des vorangehend beschriebenen systematischen Umkehrschlusses aus § 5 Abs. 5 GOÄ, sondern ist den Prinzipien allgemeinen Vertragsrechts geschuldet.[211] Nach Auffassung des Verordnungsgebers erstreckt sich die Verbindlichkeit der Gebührenordnung einzig auf die Vergütungsfrage, entzieht den Vertragsparteien indes nicht das Recht, einen anderen Arzt als Stellvertreter zum Leistungserbringer zu berufen. Erlaubt bleibt die „weitergehende Vertretung durch jeden beliebigen Arzt in den Grenzen des Vertragsrechts".[212]

Wenn nun die Stellvertretung des niedergelassenen Arztes als zulässig zu erachten ist, stellt sich die Frage, inwiefern sich diese von der Stellvertretung des Wahlarztes unterscheidet. Wie im Falle des Wahlarztes wird eine vertragliche Vereinbarung erforderlich, mit der der Behandlung durch den Stellvertreter zugestimmt wird. Die §§ 630b, 613 BGB gelten schließlich auch für den niedergelassenen Arzt.[213] Anders als bei der Behandlung im Krankenhaus entfällt bei Niedergelassenen aufgrund der stets geltenden GOÄ das Argument des nicht gerechtfertigten Mehrpreises. Der Gedanke von der Stellvertretervereinbarung als äquivalenzstörende und damit unzulässige Leistungsänderung entsprechend § 308 Nr. 4 BGB kann keine Geltung beanspru-

Rn. 301; *Scholz*, in: Spickhoff, Medizinrecht, § 20 MBOÄ Rn. 3; Kilian Fachanwaltskommentar Medizinrecht, § 20 MBÄO Rn. 8.

210 Die Vergütung des Vertreters ist eine Sache der vertraglichen Abrede mit dem Vertretenden. Dazu *Ratzel*, in: Ratzel/Lippert, MBO, § 20 Rn. 7; Kilian Fachanwaltskommentar Medizinrecht, § 20 MBÄO Rn. 8.

211 Dazu BGH NJW 2008, 987 (987); *Spickhoff*, in: Spickhoff, Medizinrecht, § 5 GOÄ Rn. 12.

212 BR-Drs. 688/95, S. 6; a.A. hinsichtlich einer weitergehenden Vertretung des *Wahl*arztes: *J. Miebach/Patt*, NJW 2000, 3377 (3381).

213 Vgl. Reichold Fachanwaltskommentar Medizinrecht, § 613 BGB Rn. 2.

chen.[214]

Prinzipiell unverändert allerdings der von persönlichen Gesichtspunkten getragene Aspekt der Arztwahl.[215] Angesichts dieses Umstandes wird in Abhängigkeit von den konkreten Umständen gegebenenfalls eine Unzulässigkeit dementsprechender Klauseln wegen Überraschung im Sinne von § 305c Abs. 1 BGB anzunehmen sein.[216] Dass sich die Ärzte einer Gemeinschaftspraxis vor allem in unvorhersehbaren Fällen gegebenenfalls gegenseitig vertreten, ist im Hinblick auf die Aufrechterhaltung der Betriebsabläufe innerhalb der Praxis vom Erwartungshorizont des Zahlungspflichtigen naheliegend und nachvollziehbar, zählt dieser Aspekt doch zu den offenkundigen Vorteilen einer Gemeinschaftspraxis und entspricht dem Ideal der Berufsordnung.[217] Soll allerdings eine in einer Gesellschaft organisierte Gemeinschaftspraxis als eigenständiges Rechtssubjekt Vertragspartner und im Vertragsschluss vom einzelnen Arzt vertreten und damit gegenüber den Zahlungspflichtigen in ihrer Gesamtheit berechtigt und verpflichtet werden[218], erscheint dies im Lichte des beschränkten Anwendungsbereichs der GOÄ, die ausschließlich für die beruflichen Leistungen des Arztes als natürliche Person gilt, als rechtlich nicht durchführbar.[219] Deswegen wird wohl – wie bereits ausgeführt – von der unmittelbaren Vertretung des einzelnen Arztes durch einen Kollegen der Gemeinschaftspraxis auszugehen sein[220], sodass infolgedessen eine auf den Vorbehalt der Vertretung gerichtete Klausel bei Gemeinschaftspraxen nicht als überraschend zu betrachten ist. Anders hingegen verhält es sich, sofern sich der allein praktizierende, niedergelassene Arzt ein pauschales Recht zur Stellvertretung formularmäßig vorbehält. Dort wird die Stellvertretung also – wie bei der Wahlarzt-

214 Vgl. *A. Spickhoff*, Aktuelle Rechtsfragen der medizinischen Behandlungsverhältnisses, S. 38.

215 *Deutsch / A. Spickhoff*, Rn. 123; *Ratzel*, in: Ratzel / Lippert, MBO, § 20 Rn. 2.

216 Vgl. *A. Spickhoff*, Aktuelle Rechtsfragen der medizinischen Behandlungsverhältnisses, 33ff; zum Überraschungseffekt von AGB-Klauseln im Allgemeinen: *Basedow*, in: MünchKommBGB, § 305c Rn. 5ff; *Schlosser*, in: StaudingerBGB, § 305c Rn. 13f; *Pfeiffer*, NJW 2011, 1.

217 Zur Vertretung als Sicherstellung ambulanter Versorgung *Scholz*, in: Spickhoff, Medizinrecht, § 20 MBOÄ Rn. 2; *Ratzel*, in: Ratzel / Lippert, MBO, § 20 Rn. 1f.

218 Vgl. BGHZ 142, 126 (135f); *Quaas*, in: Quaas / Zuck, Medizinrecht, § 15 Rn. 4; *Schlund*, in: Laufs / Kern, § 18 Rn. 16; Jaeger Fachanwaltskommentar Medizinrecht, § 630a BGB Rn. 41.

219 Hübner Fachanwaltskommentar Medizinrecht, § 1 GOÄ Rn. 7f; *Spickhoff*, in: Spickhoff, Medizinrecht, § 1 GOÄ Rn. 6; *Hoffmann / Kleinken*, § 1 Rn. 10; a.A. *Attermeyer*, S. 185, wohl auch *Katzenmeier*, MedR 1998, 113 (116).

220 Dem steht auch nicht die Rechtsprechung des Bundesgerichtshofs entgegen, deren Diktum auf die Abrechnung bei Kassenpatienten beschränkt ist. Vgl. BGHZ 142, 126 (126).

behandlung – eine Individualvereinbarung notwendig machen; wobei es in beiden Fällen allerdings nicht zwingend der Schriftform bedürfen soll.[221] Was die Anwendbarkeit der GOÄ auf Gemeinschaftspraxen und medizinische Versorgungszentren mit eigener Rechtspersönlichkeit angeht, wird alternativ die direkte Vereinbarung der Anwendbarkeit der GOÄ zwischen dem Zahlungspflichtigen und dem die Einrichtung vertretenen Arzt vorgeschlagen, wobei im Hinblick auf den Ersatz durch die private Krankenversicherung weiterhin Unsicherheit besteht.[222]

Soweit herrscht zwischen den beiden Formen der Stellvertretung eine weitestgehende Parallelität. Das ändert sich beim Blick auf die Honorierung nach der GOÄ: Die Gebührenordnung trifft ausdrückliche Regelungen nur in Bezug auf die Sonderform der Stellvertretung bei Wahlleistungen. Die Einschränkungen hinsichtlich der Honorierung bestimmter Leistungen, mit denen sich der Wahlarzt in den §§ 4 Abs. 2 Satz 3 und 5 Abs. 5 GOÄ konfrontiert sieht, gelten ausdrücklich nur für wahlärztliche Leistungen, welche durch § 17 Abs. 3 Satz 1 KHEntgG eine eindeutige Charakterisierung erfahren.[223] Für die übrigen Formen der Stellvertretung werden solche Festlegungen hingegen nicht getroffen. Ferner verbietet sich eine Analogie zu den genannten Normen. Im Bereich niedergelassener Ärzte ist eine Differenzierung zu den allgemeinen Krankenhausleistungen unnötig. Weil der Zahlungspflichtige die Leistungen stets nach der GOÄ entrichten müsste, entstünden ihm durch die Stellvertretung keinesfalls ungerechtfertigte Mehrkosten.[224] Letztlich muss deswegen bei Stellvertreterleistungen auf dem Gebiet der niedergelassenen Ärzte mangels entgegenstehender Regelungen von einer Gleichstellung mit der Leistungserbringung in persona ausgegangen werden.

d) Vertretung bei Laborleistungen

Eine über die Selbstständigkeit des Stellvertreters noch hinausgehende Entkoppelung vom tatsächlichen Leistungserbringer ist nur bei der Abrechnung von Laborleistungen möglich. Als eigene Leistungen des Liquidierenden gelten hier nach § 4 Abs. 2 Satz 2 GOÄ

221 *Spickhoff*, in: Spickhoff, Medizinrecht, § 4 GOÄ Rn. 19.

222 Hübner Fachanwaltskommentar Medizinrecht, § 1 GOÄ Rn. 7a. Zu den versicherungsrechtlichen Aspekten: *Rieger*, MedR, 77 (81ff).

223 Dazu ferner im Abschnitt C.I.2.a).

224 Vgl. *Spickhoff*, in: Spickhoff, Medizinrecht, § 5 GOÄ Rn. 12.

> von ihm berechnete Laborleistungen [...], die nach fachlicher Weisung unter der Aufsicht eines anderen Arztes in Laborgemeinschaften oder in von Ärzten ohne eigene Liquidationsberechtigung geleiteten Krankenhauslabors erbracht werden.

Die GOÄ berücksichtigt damit die aus Effizienz- und fachlichen Gesichtspunkten oft gegebene Auslagerung von Basislaborleistungen[225] an ein zentrales Labor und die damit einhergehende Distanz zwischen den behandelnden und den die Laborleistung erbringenden Ärzten.[226] Im Ergebnis erlaubt § 4 Abs. 2 Satz 2 GOÄ die Liquidierung vollständig fremder Leistungen. Diese Gebührenordnung durchbricht damit partiell das Prinzip der persönlichen Leistungserbringung.[227] Den Honoraranspruch begründet hier einzig das durch die Laborgemeinschaft beziehungsweise durch die Krankenhausstruktur gegebene organisatorische Näheverhältnis zwischen dem Liquidierenden und dem Labor. Die Zurechnung der laborärztlichen Leistungen ist allerdings naheliegend, da aus Sicht des Zahlungspflichtigen eine einheitliche Institution eine Leistung erbringt.

e) Zusammenfassung

Zusammenfassend ist die abrechenbare *eigene Leistung* im Sinne der GOÄ damit weiter aufzufassen als vordergründig anzunehmen. Neben der selbstverständlich als *eigene Leistung* aufzufassenden höchstpersönlichen Leistung können des Weiteren Leistungen Dritter dem Liquidierenden zugerechnet werden. Entsprechend der Pflicht zur persönlichen Leistungserbringung nach § 613 BGB muss hierbei aber mittels einer Überwachung des Ausführenden die Persönlichkeit der Leistungserbringung erhalten bleiben. Ausführliche Kontrolle ist in Fällen der *Delegation* notwendig, die zudem nicht im Kernbereich der Behandlung vorgenommen werden darf.[228] Größere Selbstständigkeit genießt der *Stellvertreter*, dessen Bestellung allerdings deswegen bereits eine Zustimmung erfordert.[229] Darüber hinausgehende Autono-

225 Zum Begriff der Basislaborleistungen: *Taupitz/Neikes*, MedR 2008, 121 (121); zur Abrechnung von Laborleistungen: *K.-F. Brück*, § 4 Rn. 10ff; *Hoffmann/Kleinken*, § 4 Rn. 4ff.

226 *Spickhoff*, in: Spickhoff, Medizinrecht, § 4 GOÄ Rn. 22; zum Begriff der Laborgemeinschaft: *Miebach*, in: Uleer/Miebach/Patt, § 4 GOÄ Rn. 46f.

227 *Spickhoff*, in: Spickhoff, Medizinrecht, § 4 GOÄ Rn. 20.

228 Zur Delegation vgl. den Abschnitt C.II.4.b).

229 Zur Stellvertretung siehe Abschnitt C.II.4.c).

mie ist nur bei der Abrechnung von Basislaborleistungen möglich, die bei Ausführung durch ein zentralisiertes Labor als *eigene Leistung* liquidiert werden dürfen.

III. Die Grobstruktur des Honoraranspruches

Das vorangehend thematisierte Liquidationsrecht behandelt den Vergütungsanspruch des Arztes einzig hinsichtlich seines Bestehens, also *ob* dem Arzt beziehungsweise dem Krankenhaus für eine erbrachte Leistung ein Entgelt zusteht, nicht jedoch, *wie* der konkrete Anspruch inhaltlich ausgestaltet ist. Grob umrissen wird diese inhaltliche Ausgestaltung in § 3 GOÄ, demzufolge sich der ärztliche Honoraranspruch aus drei Vergütungselementen, nämlich *Gebühren* nach den §§ 4ff GOÄ, *Entschädigungen* nach § 7 GOÄ sowie dem *Ersatz von Auslagen* nach § 10 GOÄ zusammensetzt.[230]

1. Funktionale Differenzierung im Honorar

Gebühren nach § 4 GOÄ vergüten die Vornahme der medizinischen Leistung als solche. Darüber hinaus sollen sie nach § 4 Abs. 3 GOÄ

> die Praxiskosten einschließlich der Kosten für den Sprechstundenbedarf sowie die Kosten für die Anwendung von Instrumenten und Apparaten

abgelten, soweit die GOÄ keine anderen Bestimmungen trifft, ferner die Inanspruchnahme nichtliquidationsberechtigter Dritter. Die Gebühr soll damit den Aufwand ersetzen, den der Arzt leisten muss, um die vertraglich vereinbarte Leistung vorzunehmen. Es gilt, entsprechende Räumlichkeiten, technische Ausstattung, Mitarbeiter und dergleichen bereit- und instand zu halten.[231] Davon grundsätzlich zu differenzieren, sind die mit der Erbringung einer konkreten medizinischen Leistung verbundenen Materialkosten, welche als Auslagen nach § 10 GOÄ ersatzfähig sind.[232] Das gilt sowohl für die zur Behandlung notwendigen medizinischen Materialien und Arzneimittel als auch für den administrativen und organisatorischen Aufwand

230 *Miebach*, in: Uleer/Miebach/Patt, § 3 GOÄ Rn. 1; *K.-F. Brück*, § 3; *Spickhoff*, in: Spickhoff, Medizinrecht, § 1 GOÄ Rn. 2.

231 *K.-F. Brück*, § 4 Rn. 15.1; *Lang* u. a., § 4 Rn. 50; *Spickhoff*, in: Spickhoff, Medizinrecht, § 4 GOÄ Rn. 41ff; *Hoffmann / Kleinken*, § 4 Rn. 7.1; *Schmatz/Goetz/Matzke*, S. 60.

232 *Spickhoff*, in: Spickhoff, Medizinrecht, § 10 GOÄ Rn. 2; *Lang* u. a., § 10 Rn. 2; *K.-F. Brück*, § 10 Rn. 1.

wie Versand- und Portokosten.[233] Ersatzfähig sind ferner die in § 10 Abs. 1 Nr. 3 GOÄ genannten „im Zusammenhang mit Leistungen nach Abschnitt O bei der Anwendung radioaktiver Stoffe durch deren Verbrauch entstandenen Kosten" sowie solche, deren gesonderte Abrechenbarkeit in den Gebührenziffern explizit erlaubt oder versagt wird.[234] Es gilt allerdings zu beachten, dass der Ersatz von Auflagen Einschränkungen unterliegt. Es darf kein Auslagenersatz für die gemeinhin als Sprechstundenbedarf bezeichneten[235] Arznei- oder Verbandsmittel sowie für sonstige Materialien, welche mit ihrer Anwendung verbraucht beziehungsweise dem Patienten zur weiteren Verwendung überlassen werden und somit aus dem Bestand des Arztes ausscheiden, wenn es sich bei dem infrage stehenden Einmalartikel um Material im Sinne von § 10 Abs. 2 GOÄ handelt, verlangt werden. Dort genanntes Kleinmaterial gilt typischerweise als Grundausstattung der Praxis beziehungsweise des Krankenhauses und rückt damit bei wirtschaftlicher Betrachtung in die Nähe des § 4 Abs. 3 GOÄ.[236] Im Übrigen sind die Auslagen allerdings *unabhängig* von dem Bestehen eines bestehenden Gebührenanspruchs abrechenbar.[237]

Entschädigungen im Sinne von § 7 GOÄ sind – gegenüber dem Ersatz von Auslagen – Ausgleich für eine Vornahme der ärztlichen Tätigkeit, die außerhalb des üblicherweise vom Arzt dafür vorgesehenen Ortes erfolgt.[238] Begrifflich vereinigt die Entschädigung Wegegeld und Reisekosten, die jeweils in Abhängigkeit von der von dem Arzt zu überbrückenden Distanz alternativ verlangt werden können.[239]

Schon terminologisch zeigt sich damit eine grundlegende, strukturelle Zweiteilung des Vergütungsanspruchs zwischen einer Ersatz- und einer Entlohnungsfunktion des Honorars, welche strukturell weitestgehend getrennt werden. Entschädigungen und der Ersatz von Auslagen sind als Kompensation für Kosten zu sehen, welche dem

233 Für eine umfassende Aufstellung der als Auslagen im Sinne von § 10 GOÄ abrechenbaren Kostenpunkte: *Spickhoff*, in: Spickhoff, Medizinrecht, § 10 GOÄ Rn. 5ff; *K.-F. Brück*, § 10 Rn. 2ff; *Hoffmann / Kleinken*, § 10 Rn. 2.

234 *Spickhoff*, in: Spickhoff, Medizinrecht, § 10 GOÄ Rn. 9; *Lang* u. a., § 10 Rn. 7f; *K.-F. Brück*, § 10 Rn. 12.

235 *Dies.*, § 10 Rn. 1.2; *Hoffmann / Kleinken*, § 10 Rn. 12; *Lang* u. a., § 10 Rn. 3.

236 Vgl. *Spickhoff*, in: Spickhoff, Medizinrecht, § 10 Rn. 3f; *K.-F. Brück*, § 10 Rn. 1.2; *Hoffmann / Kleinken*, § 10 Rn. 12; *Lang* u. a., 10 Rn. 10.

237 Kiesecker Fachanwaltskommentar Medizinrecht, § 10 GOÄ Rn. 23.

238 Vgl. *Spickhoff*, in: Spickhoff, Medizinrecht, § 7 GOÄ Rn. 1f m.w.N.

239 Zu der Berechnung des Wegegelds bzw. der Reisekosten: Kiesecker Fachanwaltskommentar Medizinrecht, § 8 GOÄ Rn. 4ff; § 9 GOÄ Rn. 3ff m.w.N.

Arzt bei der Verrichtung seiner Tätigkeit etwa durch Anfahrten oder durch die Praxisführung entstehen. Sie sollen deswegen nur im selben Maß angebracht sein, wie sie den Arzt belasten.[240] Das zeigt der Umgang mit der Pauschalisierung von Kosten im Regelungsbereich genannter Normen. Sicherlich ist die Pauschalisierung im Rahmen des Wegegelds und der Reiseentschädigung praktisch gebotenes Resultat differenzierender Betriebs- und Nutzungskosten in Abhängigkeit von der Distanz und den benutzten Verkehrsmitteln. Aber bereits bei Nutzung eines anderen Verkehrsmittels als des eigenen Kraftwagens sind nach § 9 Abs. 2 Nr. 1 GOÄ die tatsächlichen Aufwendungen zu veranschlagen. Beim Auslagenersatz ist nach § 10 Abs. 1 Satz 2 GOÄ die Pauschalisierung entstandener Kosten sogar gänzlich untersagt. Der Arzt hat die tatsächlich entstandenen Belastungen in Rechnung zu stellen.[241]

Darüber hinausgehend wird der Arzt jedoch nach einem Überschuss streben, welcher ihn zu dem Angebot seiner Dienste überhaupt veranlasst.[242] Entsprechend bedarf es neben den kompensierenden Faktoren eines (potenziell) profitbringenden Elements der Gebühr. Gebühren werden dem Arzt als *Vergütung für die im Gebührenverzeichnis genannten ärztlichen Leistungen* (§ 4 Abs. 1 GOÄ) allerdings nur für typische ärztliche Kerntätigkeiten gezahlt, nicht jedoch für sicherlich ebenso unerlässliches Begleithandeln, wie etwa der Anreise zu einem Patienten.[243] Konzeptionell verspricht mithin auch nur das ärztliche Handeln Einkünfte, die über den Ausgleich getätigter Vermögensopfer hinausgehen.[244] Es besteht damit eine strukturelle Zweiteilung des ärztlichen Honoraranspruchs, die aus einem Kanalisierungseffekt resultiert, der – zumindest de jure – den Arzt nur aus den wesensbildenden Tätigkeiten seines Berufs einen Gewinn schöpfen lässt.[245]

240 Vgl. *Miebach*, in: Uleer/Miebach/Patt, § 7 GOÄ Rn. 3f.

241 *Spickhoff*, in: Spickhoff, Medizinrecht, § 10 GOÄ Rn. 2; *Lang* u. a., § 10 Rn. 9; *K.-F. Brück*, § 10 Rn. 13.

242 Zum Gewinnstreben der Freiberufler weiter in Abschnitt E.III.1.b).

243 *Vgl. Spickhoff*, in: Spickhoff, Medizinrecht, § 4 GOÄ Rn. 11; *Hoffmann/Kleinken*, § 4 Rn. 12,3.

244 Vgl. zur Unterscheidung von Vergütungsverlangen und unentgeltlichen Leistungen *Seiler*, in: MünchKommBGB, § 662 Rn. 26f.

245 Vor allem die Bestimmung der Gebühr nach in der Höhe differenzierenden Gebührenziffern lässt deren Bezugnahme auf jene der ärztlichen Tätigkeit innewohnenden intellektuellen und handwerklichen Leistungsmomente deutlich hervortreten.

2. Strukturelemente der Gebührenbemessung

Die Ermächtigungsgrundlage § 11 BÄO legt fest, dass in der Gebührenordnung für die Vergütung von Leistungen ein System von Mindest- und Höchstsätzen zu verwenden, mithin eine flexible Gebühr zu statuieren ist. Angesichts dieser Vorgaben können in der GOÄ mitnichten feste Preise für eine Leistung festgelegt werden, sondern es ist vielmehr ein Rahmen zu formulieren, in dem sich die Gebührenhöhe im Einzelfall bewegt.[246] Ausgangspunkt jeder Gebührenbestimmung im Einzelfall ist die Einordnung der vorgenommenen beziehungsweise vorzunehmenden ärztlichen Leistung mittels der Ziffern des Gebührenverzeichnisses. Gegebenenfalls bedarf es dabei der Analogabrechnung nach § 6 Abs. 2 GOÄ. Besagte Gebührenziffern verknüpfen über eine beschreibende Leistungslegende bestimmte ärztliche Verrichtungen mit einer Bewertung in Punkten.[247] Gemeinsam mit den Normen des allgemeinen Teils geben sie also Auskunft darüber, für *welche* Leistungen der Arzt *welche* Punktzahl verlangen darf.

Multipliziert mit dem nach § 5 Abs. 1 Satz 3 GOÄ gültigen Punktwert in Cent, ergibt die Punktzahl einen abrechenbaren Geldbetrag – den *Gebührensatz*. Dieser würde jedoch, entgegen der Prämisse des § 11 BÄO, die Wertigkeit einer Leistung nur generalisiert wiedergeben, bliebe starr und entspräche für sich alleine genommen nicht den Vorgaben der Ermächtigungsnorm. Das geforderte System der Mindest- und Höchstsätze kommt erst durch die Vervielfachung des Gebührensatzes mit einem nach Maßgabe des § 5 Abs. 2 GOÄ entsprechend einzelfallabhängigen *Steigerungssatz*[248] genannten Multiplikator zustande.[249] Jener Steigerungssatz erlaubt in Abhängigkeit von der konkreten Behandlungssituation die ein- bis zu dreieinhalbfache Berechnung des Gebührensatzes. Der daraus resultierende Spielraum bei der Gebührenbemessung wird *Gebührenspanne* genannt.[250] Diese Spanne kann bei Laborleistungen oder in Fällen der Stellvertretung und Delegation geringer ausfallen.[251] Nach § 4 Abs. 3 und 4 GOÄ wird wegen stärkerer, kostensenkender Rationalisierungsmöglichkeiten durch überwiegen-

246 Vgl. *Spickhoff*, in: Spickhoff, Medizinrecht, § 5 GOÄ Rn. 1; *Göbel*, in: Bach/Moser, Anhang nach § 1 MB/KK Rn. 64.

247 Vgl. *Hoffmann/Kleinken*, § 4 Rn. 2.2.

248 Vgl. zum Ausdruck § 12 Abs. 2 Nr. 2 GOÄ; *Miebach*, in: Uleer/Miebach/Patt, § 12 GOÄ Rn. 19.

249 *Haberstroh*, VersR 2000, 538 (538).

250 *Spickhoff*, in: Spickhoff, Medizinrecht, § 5 GOÄ Rn. 1.

251 Zum Steigerungssatz im Allgemeinen: *Haberstroh*, VersR 2000, 538 (538).

den Sachkostenanteil der maximale Steigerungssatz bei medizinisch-technischen Leistungen auf den zweieinhalbfachen, bei Laborleistungen auf den 1,3-fachen Gebührensatz beschränkt.[252]

Daneben ist nach § 5b GOÄ die Gebührenspanne auf das im Regelfall 1,7-fache reduziert, wenn gegenüber Versicherten des brancheneinheitlichen Standardtarifs nach § 257 Abs. 2a SGB V a.F. abgerechnet wird. Damit sollen Beschränkungen der Prämienhöhe in jenem Tarif kompensiert werden.[253] Der Anwendungsbereich des § 5b GOÄ schwindet allerdings vor dem Hintergrund, dass der Versichertenkreis des Standardtarifs seit dem 1. Januar 2009 in den Basistarif im Sinne von § 12 Abs. 1a VAG überführt wird.[254] Für diese Basistarife gilt § 5b GOÄ schon aufgrund der genauen Definition des Standardtarifs unter Verweis auf § 257 Abs. 2a SGB V a.F. nicht; es findet sich in § 75 Abs. 3 SGB V jedoch eine vergleichbare Beschränkung der Gebührenspanne für die Anwendung der GOÄ auf die Abrechnung von Leistungen bei Versicherten im brancheneinheitlichen Basistarif nach § 12 Abs. 1a VAG beziehungsweise im Notlagentarif nach § 12h VAG. In Abhängigkeit von der Einordnung der Leistungen in das Gebührenverzeichnis wird hier der Steigerungssatz auf höchstens das 1,8-fache des Gebührensatzes beschränkt, wobei die Gründe letztlich ebenso wie bei § 5b GOÄ in der Begrenzung der im Basistarif zu zahlenden Versicherungsprämien auf den Höchstbeitrag der gesetzlichen Krankenversicherung nach § 12 Abs. 1c VAG zu suchen sind.[255]

Am Ende der Anpassung des Gebührensatzes durch den Steigerungssatz steht die *Gebühr*, die ein Bestandteil des ärztlichen Vergütungsanspruches wird.[256] Es ist also der Steigerungssatz als differen-

252 Zu den verordnungsgeberischen Motiven: BR-Drs. 295/82, S. 9, 11, 14; zur ‚kleinen' Gebührenspanne *K.-F. Brück*, § 4 Rn. 4; zur Reduzierung des Steigerungssatzes bei Stellvertretung: BGH JZ 2008, 686.

253 BGBl. I (1999) 2654; *Spickhoff*, in: Spickhoff, Medizinrecht, § 5b GOÄ Rn. 4; Hübner Fachanwaltskommentar Medizinrecht, § 5b GOÄ Rn. 1.

254 *K.-F. Brück*, § 5b Rn. 3.1; *Hoffmann / Kleinken*, § 5b Rn. 5.1; *Sodan*, in: Handbuch des Krankenversicherungsrechts, § 45 Rn. 5; Hübner Fachanwaltskommentar Medizinrecht, § 5b GOÄ Rn. 3ff.

255 Zum Anwendungsbereich von § 75 Abs. 3 SGB V auf Nicht-Vertragsärzte und einer aus der Übernahme des Sicherstellungsauftrags resultierenden Behandlungspflicht gegenüber Privatpatienten: *Hoffmann / Kleinken*, § 5b Rn. 3.3f; *K.-F. Brück*, § 5b Rn. 2,3. Zur Behandlungspflicht siehe ferner den Abschnitt E.II.3.b)(4).

256 Wobei im Fall des § 6a Abs. 1 GOÄ bei *vollstationären, teilstationären sowie vor- und nachstationären privatärztlichen Leistungen* dieser Endbetrag nochmals zu reduzieren ist, um eine Doppelhonorierung zu vermeiden, wenn Leistungsbestandteile sowohl im Rahmen einer Fallpauschale als allgemeine Krankenhausleistung als auch als Wahlleistung über die GOÄ abgerechnet werden. Dazu eingehender: *Spickhoff*, in: Spickhoff, Medizinrecht, § 6a GOÄ Rn. 1ff; *K.-F. Brück*, § 6a Rn.

zierender Faktor, welcher zu einer flexiblen, der konkreten Situation angepassten Gebührenhöhe führt und die GOÄ damit im Ergebnis zu keiner Preisliste macht, der die für eine Leistung zu entrichtende Gebühr ex ante entnommen werden kann. Zusammenfassend gilt also:

$$\text{Gebühr} = \overbrace{flexibler Steigerungssatz \times \underbrace{(Punktzahl \times Punktwert)}_{\text{Gebührensatz.}}}^{\text{Gebührenspanne.}}$$

Ob die (Grund-)Punktzahl zunächst mittels des Punktwertes in einen Geldbetrag umgerechnet wird, der durch den Steigerungssatz angepasst wird, oder ob umgekehrt erst die anfallende Gesamtpunktzahl berechnet und diese anschließend in einen Geldbetrag umgerechnet wird, bleibt unter mathematischen Gesichtspunkten gleich, solange keine Rundung der Zwischenergebnisse erfolgt. Dementsprechend sind jene, die Auf- beziehungsweise Abrundung sich ergebender Bruchteile betreffenden Festlegungen der Gebührenordnung in § 5 Abs. 1 Satz 3 GOÄ ausschließlich dahin gehend zu verstehen, dass die Rundung den Schlusspunkt der Gebührenberechnung bilden soll.[257] Selbst wenn die Gebührenordnung von der Rundung der Gebühr spricht, welche die in eine Geldsumme umgerechnete Punktzahl darstellt, ist der Rechenweg in Anbetracht des Kommutativgesetzes mathematisch zu vernachlässigen. In § 5 GOÄ wird nur die Rundung auf das Endergebnis der Berechnung beschränkt.[258] Ungeachtet dessen legt die Nennung des errechneten Gebührensatzes die normative und praktische Präferenz der erstgenannten Variante nahe.[259]

IV. Das Zielleistungsprinzip

Ihrem Zweck entsprechend muss die Gebührenordnung das berufliche Handeln des Arztes in gebührenrelevanten Tatbeständen beschreiben. Ein Unterfangen, das nicht unproblematisch ist. Bereits einfache ärztliche Handlungen regelmäßig mit einer Vielzahl von einzelnen Schritten

---

2ff; *Hoffmann / Kleinken*, § 6a Rn. 3.1; *Griebau*, in: Handbuch Medizinrecht, § 11 Rn. 111ff; Kiesecker Fachanwaltskommentar Medizinrecht, § 6a GOÄ Rn. 18ff. Zum systematischen Hintergrund: Kiesecker Fachanwaltskommentar Medizinrecht, § 6a GOÄ Rn. 6ff.

257 Vgl. *Hoffmann / Kleinken*, § 5 Rn. 4; Hübner Fachanwaltskommentar Medizinrecht, § 5 GOÄ Rn. 7.

258 Zum genauen Vorgehen siehe: *Hoffmann / Kleinken*, § 5 Rn. 4; Hübner Fachanwaltskommentar Medizinrecht, § 5 GOÄ Rn. 7.

259 Bei konstantem Punktwert bleiben die Gebührensätze unverändert, weil sie unabhängig von Behandlungssituation und Steigerungssatz sind. Sie können zum erleichterten Umgang direkt im Gebührenverzeichnis ausgezeichnet werden.

verbunden sind. Das Setzen einer Spritze erfordert etwa deren Vorbereitung, die Bestimmung und Desinfizierung des Einstichareals und die eigentliche Injektion. Dieser Vorgang könnte wiederum in Punktion und das Verbringen der Injektion in den Körper unterteilt werden. Würden alle diese einzelnen Vorgänge bei der Aufstellung der Taxe als einzeln vergütungswürdige Verrichtungen mit jeweils eigenständigen Gebührenpositionen aufgeführt, führte dies leicht zu einer überwältigenden Komplexität der Gesamtgebührenordnung. Es ist in gewisser Hinsicht ein allgemeines Problem der Rechtswissenschaft, dass in vielen Fällen Handlungsvorgänge theoretisch nahezu beliebig zerlegbar sind.[260]

Diese Problematik weckt das Bedürfnis nach einer Grenzziehung, nach der Definition fester Handlungskomplexe, die zumindest im Rechtssinne als eine einheitliche Handlung zu betrachten sind. Beispielsweise geht *von Heintschel-Heinegg* für das Strafrecht davon aus, dass ungeachtet einer weiterreichenden Differenzierbarkeit „auf Grund einer *wertenden* Betrachtung nur eine einzige Handlung im natürlichen Sinn" gegeben sein soll.[261] Die Gebührenordnung begegnet diesem Bedürfnis der Strukturierung ärztlicher Tätigkeit mit dem Gedanken der *Zielleistung*[262]. Nicht jeder einzelne zur Vornahme notwendige Behandlungsschritt des Arztes soll einen eigenständigen Honoraranspruch begründen. Gebührenrechtliche Erheblichkeit soll nur der am Ende stehenden Gesamtleistung zukommen, welche das medizinische Handeln des Arztes als eine Einheit abbildet. Selbst wenn es sich aus naturwissenschaftlicher Sicht als eine Abfolge mehrerer Handlungen darstellen mag, aus Wertungsgründen werden Teilschritte in einer Zielleistung zusammengefasst. Normativ greifbar wird das Zielleistungsprinzip neben seiner wortwörtlichen Nennung in den allgemeinen Bestimmungen des Abschnitts L des Gebührenverzeichnisses, in den §§ 4 Abs. 2 und 2a GOÄ. Nach § 4 Abs. 2 GOÄ ist das ärztliche Honorarverlangen auf die *selbstständige* Leistung beschränkt, welche begrifflich von der subsidiären, *unselbstständigen* Teilleistung differen-

260 Zur ähnlich gelagerten Problematik im Strafrecht vgl. *Baumann/Weber/Mitsch*, § 36 Rn. 15; *von Heintschel-Heinegg*, in: MünchKommStGB, § 52 StGB Rn. 19.

261 *von Heintschel-Heinegg*, in: MünchKommStGB, § 52 StGB Rn. 19; Hervorhebungen wie im Original.

262 *Spickhoff*, in: Spickhoff, Medizinrecht, § 4 GOÄ Rn. 31; *Miebach*, in: Uleer/Miebach/Patt, § 4 GOÄ Rn. 26; zur Begriffswahl vgl. die allgemeinen Bestimmungen zu Abschnitt L des Gebührenverzeichnisses.

ziert wird.[263]

Nur die selbstständige Leistung gilt als tauglicher Gegenstand einer gerechtfertigten Gebührenforderung des Arztes. Eine unselbstständige Leistung ist hingegen jeder für die Erbringung der selbstständigen Leistung notwendige Teilschritt, der als Bestandteil der selbstständigen Leistung vergütet werden soll.[264] Der Unterschied zwischen der selbstständigen und der unselbstständigen Leistung findet sich dabei im Durchgangscharakter letzterer. Ihre Vornahme ist nur deswegen notwendig, weil der nächste Arbeitsschritt dies erfordert.[265] In diesem Zweck erschöpft sich denn auch ihr medizinischer Grund. Erst mit der am Ende stehenden Zielleistung wird hingegen ein weitergehendes Therapieziel verfolgt.[266] Kurzum: Die unselbstständige Leistung ermöglicht, die selbstständige Leistung als Ganzes verwirklicht das Therapievorhaben. Die Differenzierung beider Leistungstypen erfolgt also anhand des Zwecks und ist folglich vom Behandlungskontext abhängig. Ein und dieselbe Verrichtung ist fallabhängig entweder als selbstständige Leistung oder nur als Durchgangshandlung einzuordnen.[267]

1. Das Gebührenverzeichnis

Da es indes angesichts des Sinn und Zwecks der Gebührenordnung müßig wäre, Leistungen aufzuführen, aus deren alleiniger Vornahme dem Arzt kein Honorar entstehen kann, gelten alle im Gebührenverzeichnis aufgeführten Gebührenpositionen als selbstständige Leistungen.[268] Die GOÄ unterbindet bereits hier eine erste Zersplitterung von Handlungsvorgängen in beliebige Einzelschritte. All diejenigen Verrichtungen, die für sich genommen keine medizinische Funktion erfüllen, etwa das Aufziehen einer Spritze, können bereits an dieser Stelle aus dem Raster der Gebührenordnung genommen werden. Die in den Leistungsbeschreibungen verwendete Formulierung einer Ab-

263 *Spickhoff*, in: Spickhoff, Medizinrecht, § 4 GOÄ Rn. 31; hinsichtlich der normativen Einbindung des Zielleistungsprinzips a.A., aber mit demselben Ergebnis *Wittmann*, ZGMR 2010, 67 (70); vgl. LG Karlsruhe MedR 2004, 63; *Hoffmann / Kleinken*, § 4 Rn. 3.1; zur Begriffsgeschichte *dies.*, § 4 Rn. 6.1.

264 *Dies.*, § 4 Rn. 3.1; *Spickhoff*, in: Spickhoff, Medizinrecht, § 4 GOÄ Rn. 32; *K.-F. Brück*, § 4 Rn. 4.

265 *dies.*, § 4 Rn. 4; LG Karlsruhe MedR 2004, 63 (64)

266 Vgl. BGH NJW-RR 2004, 1202, 1203; *dies.*, § 4 Rn. 4.

267 Vgl. BGHZ 159, 142 (145); *dies.*, § 4 Rn. 4; *Spickhoff*, in: Spickhoff, Medizinrecht, § 4 GOÄ Rn. 35.

268 BGHZ 59, 142 (143); *Wittmann*, ZGMR 2010, 67 (70); *Spickhoff*, in: Spickhoff, Medizinrecht, § 4 GOÄ Rn. 31.

rechnungsfähigkeit „als selbständige Leistung" darf dementsprechend nicht dahin gehend fehlverstanden werden, dass dies für die übrigen Gebührenziffern gerade nicht zutrifft. Besagter Textbaustein findet in weniger als hundert Gebührenpositionen Verwendung. Mithin würde die Annahme eines solchen Umkehrschlusses den Großteil ärztlicher Leistungen von der Abrechnung ausnehmen und zugleich § 4 Abs. 2a GOÄ redundant werden lassen. Vielmehr dient diese Phrase der Klarstellung derjenigen Fälle, welche *auch* als Teilleistung anderer selbstständiger Leistungen begriffen werden könnten.[269]

2. Die Leistungsbeschreibung

Im Rahmen der Leistungsbeschreibung der einzelnen Gebührenpositionen stellt das Gebührenverzeichnis hauptsächlich auf das zu erreichende, im Einzelfall unterschiedlich stark konkretisierte Leistungsziel ab. Als abrechenbare Gebührenposition wird jeweils ein durch die ärztliche Behandlung zu erreichender Handlungserfolg definiert. Nur teilweise wird bei der Leistungsbeschreibung nicht nur auf das zu erreichende Ziel eingegangen, sondern ferner die Vorgehensweise oder Methode festgelegt.[270] Die als nicht selbstständig erachteten, für die Verrichtung jedoch notwendigen Zwischenschritte finden keine Beachtung; die Behandlung veranlassende Erkrankungen nur insoweit sie von Relevanz für die Leistungserbringung sind.[271] Etwa wird eine ‚Rekonstruktive Operation an der Aorta abdominalis bei Stenose oder Verschluß' (Gebührennummer 2835, 4500 Punkte) von der ‚Rekonstruktive[n] Operation an der Aorta abdominalis bei Aneurysma' (Gebührennummer 2836, 5000 Punkte) unterschieden. Ferner finden sich direkte Bezugnahmen einzelner Gebührenpositionen auf betroffene Körperteile beziehungsweise Organe. Die Chirurgie- und Orthopädieleistungen des Abschnitts L differenzieren etwa des Öfteren nach den verletzten Extremitäten. Die Frakturbehandlung im Sinne einer *‚Einrichtung des gebrochenen Oberarms'* ist Gegenstand des Gebührenverzeichnisses Nr. 2327, die des Unterarms der Nr. 2328. Die GOÄ ist letztlich also weder vollumfänglich diagnose-, noch tätigkeitsbezogen, was sowohl eine Berücksichtigung vieler komplexer Krankheitsbilder

269 BGHZ 177, 43 (48ff); Zum Verständnis der Leistungslegende, *K.-F. Brück*, S. 232ff; *Miebach*, in: Uleer/Miebach/Patt, § 4 GOÄ Rn. 14.

270 *K.-F. Brück*, § 4 Rn. 7.

271 Zum Unterschied zwischen dem medizinisch Erforderlichen und dem methodisch von einer Gebührenziffer Erfassten vgl. *Hoffmann/Kleinken*, § 4 Rn. 6.6.

als auch unterschiedlicher Behandlungsmethoden erlaubt, ohne für jedes gesonderte Gebührenziffern vorhalten zu müssen.[272]

3. Verhältnis selbstständiger Leistungen zueinander

Diese Offenheit der Gebührenpositionen ist indes für die Anwendung der Gebührenordnung nicht unproblematisch. Sie lässt es regelmäßig nicht zu, Diagnose sowie Therapie eines konkreten Krankheitsbildes in einer einzigen Gebührenposition zusammenzufassen, vielmehr bedarf es dafür der Abrechnung mehrerer selbstständiger Leistungen. Komplettgebührenpositionen wie die ‚Diagnose *und* Therapie einer Malaria tropica' sind der Gebührenordnung unbekannt.[273] Etwa besteht die Frakturbehandlung nach den vorangehend genannten Gebührenziffern einzig in der Repositionierung des gebrochenen Knochens[274] und umfasst weder die, beispielsweise radiologische, Diagnosestellung[275] noch gegebenenfalls notwendige Ergänzungsmaßnahmen wie die Nagelung oder Drahtung des Knochens[276]. Hierbei handelt es sich jeweils um separate, selbstständige Leistungen, sodass die Honorierung der kompletten Behandlung eines gebrochenen Arms nur durch die Kombination mehrerer Gebührenpositionen erreicht wird. Der Arztvertrag wird damit zur Grundlage mehrerer selbstständiger Leistungen, deren Verhältnis zueinander es angesichts des Zielleistungsgedankens zu klären gilt.

Das ist insbesondere dann problematisch, wenn selbstständige Leistungen geringeren Umfangs *gleichzeitig* als Bestandteil einer umfangreicheren selbstständigen Leistung betrachtet werden können. Die Gebührenordnung kennt Komplexleistungen oder Leistungskomplexe, die sich als inhaltliche Vereinigung verschiedener selbstständiger, in der Gebührenordnung aufgeführter Leistungen darstellen.[277] Dieser Umstand ist der Gebührenordnung als Spiegel des medizinischen Leistungsspektrums sowie der Kontextabhängigkeit des Zielleistungsbegriffes geschuldet. Die GOÄ hat unterschiedliche medizinische Sze-

272 Vgl. *Harneit/Poetsch*, GesR 2004, 11 (11).

273 Vgl. LG Karlsruhe MedR 2004, 63 (64f).

274 Zum Leistungsumfang von Frakturbehandlungen: *Hoffmann/Kleinken*, Kommentar Gebührenverzeichnis Nrn. 2320-2358 (L) C II Rn. 1.

275 Das strahlendiagnostische Röntgen der Extremitäten findet sich in Abschnitt O, Gebührenziffern 5030f.

276 *Hoffmann/Kleinken*, Kommentar Gebührenverzeichnis Nrn. 2320-2358 (L) C II Rn. 1.

277 *dies.*, § 4 Rn. 6.2 a.E.

narien zu berücksichtigen und führt dementsprechend handwerklich gleiche Verrichtungen teilweise mehrfach und in verschiedenen Gebührenpositionen auf. Die Einordnung einer Verrichtung als selbstständige Leistung kann dementsprechend in Abhängigkeit vom Behandlungsfall variieren.

Ergebnis ist ein Gebührenverzeichnis, innerhalb dessen sich Gebührenpositionen als selbstständige Leistungen finden, die gleichzeitig – ausgehend von der reinen Tätigkeit des Arztes – als bloße Durchgangshandlung Bestandteil einer anderen, umfassenderen selbstständigen Leistung sind. Etwa ist der Wundverband aus medizinischer Sicht abschließender Bestandteil einer Operation, kann aber ebenso als finale Handlung, etwa im unfallchirurgischen Bereich, Anwendung finden.[278] Aus diesen Gründen wird der Wundverband nicht nur als Teilschritt eines operativen Leistungskomplexes, sondern zugleich als gesonderte Leistung im Gebührenverzeichnis aufgeführt. Ähnlich gelagert sind Fälle, bei denen die Medizin sowohl die totale als auch nur die teilweise Resektion eines Organs als Therapiemethode kennt. Die Totalresektion eines Organs beinhaltet zugleich dessen Teilresektion als Durchgangsstadium.[279]

Bei beiden Beispielen ergibt sich das Problem, dass – weil sich die Leistungsinhalte der Gebührenpositionen überschneiden – ausgehend vom Gebührenverzeichnis zwei abrechnungsfähige selbstständige Leistungen vorliegen.[280] Aus diesem Grund bedarf es einer Konkretisierung des ärztlichen Anspruchsumfangs. Denn dem Arzt die doppelte Abrechnung einer tatsächlich nur einmal erbrachten Leistung zu erlauben, widerspräche dem Zielleistungsgedanken. Teilleistungen sind als Bestandteil einer umfassenden Gesamtleistung zu vergüten.[281]

a) Differenzierung durch Textbausteine

Verhältnismäßig unkompliziert zu handhaben sind diesbezüglich diejenigen Fälle, bei denen sich das Verhältnis verschiedener Gebührenpositionen zueinander bereits aus ihrer Formulierung selbst ergibt.[282]

278 Vgl. *dies.*, § 4 Rn. 3.1; *Spickhoff*, in: Spickhoff, Medizinrecht, § 4 GOÄ Rn. 32; *Harneit / Poetsch*, GesR 2004, 11 (15).

279 Vgl. *Clausen*, in: Handbuch Medizinrecht, D4100-§ 4 GOÄ Rn. 91.

280 Vgl. *Clausen*, in: Handbuch Medizinrecht, D4100-§ 4 GOÄ Rn. 91.

281 *Spickhoff*, in: Spickhoff, Medizinrecht, § 4 GOÄ Rn. 31; *Clausen*, in: Handbuch Medizinrecht, D4100-§ 4 GOÄ Rn. 91.

282 *Schulte-Nölke*, NJW 2004, 2273 (2273); *Lang* u. a., § 4 Rn. 37.

Die Gebührenordnung kennt eine Reihe von Formulierungen, um eine exklusive oder parallele Abrechnungsmöglichkeit anzuzeigen.[283] Beispielsweise ist die separate Abrechnung von Wundverbänden (Gebührenverzeichnis Nummer 200-247) neben einer Operationsleistung nach dem allgemeinen Teil des Abschnitts C des Gebührenverzeichnisses expressis verbis ausgeschlossen[284]; die ‚Visite im Krankenhaus' (Gebührenverzeichnis Nummer 45) „neben anderen Leistungen des Abschnitts B nicht berechnungsfähig".[285] Besagte Formulierungen definieren ferner die räumliche und zeitliche Dimension einer selbstständigen Leistung. Beispielsweise kann eine selbstständige Leistung „in mehreren Sitzungen" erbracht werden.[286]

b) Die Generalklausel des § 4 Abs. 2a GOÄ

Eine solche Regulierung der Parallelabrechnung durch die Gebührenordnung erfolgt indes nicht durchgehend. Für diejenigen Gebührenpositionen, deren Verhältnis zu anderen selbstständigen Leistungen sich nicht aus der Leistungsbeschreibung erschließt, formulieren die Bestimmungen des § 4 Abs. 2a GOÄ das Zielleistungsprinzip für das gesamte Gebührenverzeichnis[287] wie folgt:

> Für eine Leistung, die Bestandteil oder eine besondere Ausführung einer anderen Leistung nach dem Gebührenverzeichnis ist, kann der Arzt eine Gebühr nicht berechnen, wenn er für die andere Leistung eine Gebühr berechnet. Dies gilt auch für die zur Erbringung der im Gebührenverzeichnis aufgeführten operativen Leistungen methodisch notwendigen operativen Einzelschritte.

Mit dieser Formulierung trifft der Verordnungsgeber zwei grundlegende Aussagen:

---

283 Eine umfassende Darstellung der einzelnen Möglichkeiten findet sich bei *Griebau*, in: Handbuch Medizinrecht, § 11 Rn. 45ff.

284 *Schulte-Nölke*, NJW 2004, 2273 (2273); *Lang* u. a., § 4 Rn. 35.

285 Für eine umfassende Zusammenfassung der verwendeten Formulierungen: *Hoffmann / Kleinken*, Vorbemerkungen Gebührenverzeichnis C II, passim; *K.-F. Brück*, § 4 Rn. 4.1ff; *Lang* u. a., § 4 Rn. 34ff.

286 *Hoffmann / Kleinken*, Vorbemerkungen Gebührenverzeichnis C II, S. 6; *K.-F. Brück*, § 4 Rn. 4.8; vgl. *Griebau*, in: Handbuch Medizinrecht, § 11 Rn. 51.

287 *Clausen*, in: Handbuch Medizinrecht, D4100-§ 4 Rn. 91a; *Spickhoff*, in: Spickhoff, Medizinrecht, § 4 GOÄ Rn. 35; *Wittmann*, ZGMR 2010, 67 (69); *Lang* u. a., § 4 Rn. 33; *Hoffmann / Kleinken*, § 4 Rn. 6.3.

1. Selbstständige Leistungen sind nicht abrechenbar, sofern sie zugleich Bestandteil einer anderen, abgerechneten selbstständigen Leistung sind (Satz 1 1. Alt. GOÄ). Gemeint ist die inhaltliche Parallelität von Leistungen in der Weise, dass eine Leistung als Teilmenge in einer anderen umfassenderen Leistung aufgeht.[288] Satz 2 erweitert diesen Abrechnungsausschluss auf *alle* methodischen Zwischenschritte im Verlauf einer Operation, unabhängig von einer inhaltlichen Überschneidung. Alle Maßnahmen, die zum Erreichen und Abschluss eines im Gebührenverzeichnis definierten Operationsziels notwendig sind, das heißt, Vorbereitungs-, Hilfs- und Begleitleistungen sind nicht gesondert abrechenbar, wenn bereits ein Honorar für die Operationsleistung selbst verlangt wird.[289] Schlösse das Gebührenverzeichnis die Parallelabrechnung von Wundverbänden also nicht bereits in den Leistungsbeschreibungen aus, führte die Anwendung von § 4 Abs. 2a Satz 2 GOÄ zum selben Ergebnis.

2. Ein partieller Abrechnungsausschluss soll nach Satz 1 2. Alt. GOÄ ferner für die Fälle gelten, bei denen eine im Gebührenverzeichnis aufgeführte Leistung auf eine andere als die in der Gebührenordnung zugrunde gelegte Weise durchgeführt wird und dieses Vorgehen nicht gesondert im Gebührenverzeichnis aufgeführt ist.[290] Da die GOÄ regelmäßig nicht den Weg festlegt, den der Arzt bei der Behandlung zu beschreiten hat, besteht bei vielen Leistungen die Möglichkeit, vom Leistungsumfang abzuweichen, den der Verordnungsgeber bei der Aufstellung der Gebührenpositionen kalkulatorisch zugrunde gelegt hat.[291] § 4 Abs. 2a GOÄ legt nun fest, dass solche Abweichungen unerheblich sind, wenn sie als „besondere Ausführung" weiterhin unter den Tatbestand bestehender Gebührenpositionen fallen. Das ist der Fall, wenn die Modifikationen gegenüber dem nach der Leistungs-

288 Mit Beispielen *Clausen*, in: Handbuch Medizinrecht, D4100-§ 4 GOÄ Rn. 93; *K.-F. Brück*, § 4 Rn. 4.

289 Vgl. *Miebach*, in: Uleer/Miebach/Patt, § 4 GOÄ Rn. 16; *K.-F. Brück*, § 4 Rn. 6.

290 Vgl. *Hoffmann/Kleinken*, § 4 Rn. 6.3; *Clausen*, in: Handbuch Medizinrecht, D4100-§ 4 GOÄ Rn. 94; *Spickhoff*, in: Spickhoff, Medizinrecht, § 4 Rn. 33.

291 Dass eine solche Vorstellung von einem Leistungsinhalt existent sein muss, erklärt sich schon aus dem Umstand, dass der Verordnungsgeber medizinische Leistungen bewertet hat. Ohne eine solche wäre die Bewertung einer Gebührenposition nach Punkten zwar nicht unbedingt ausgeschlossen, aber jedoch schwer vorstellbar, vor allem wenn zugleich der nach § 11 Satz 3 BÄO erforderliche Interessenausgleich bewirkt werden soll.

> beschreibung anzunehmenden Normalfall' so gering ausfallen, dass sie nicht durch weitere selbstständige Leistungen ausgedrückt werden können, die ihrerseits als Bestandteil oder methodisch notwendiger operativer Zwischenschritt von der Vergütung ausgenommen sind.[292]

Augenscheinlich nicht unzulässig wäre es – ausgehend vom Wortlaut des § 4 Abs. 2a GOÄ – auf die Inrechnungstellung der umfangreicheren Leistung zu verzichten und stattdessen eine Vergütung für die jeweils erbrachten Teilleistungen zu fordern. Ein solches Vorgehen wäre aber in hohem Maße systemwidrig, würde es doch die gezielte Bewertung von Leistungen durch den Verordnungsgeber unterlaufen. Die Akkumulation einer Vielzahl kleinerer Gebührenpositionen kann im Ergebnis zu einer höheren Punktzahl führen, als die Abrechnung der monolithischen Komplexleistung einbrächte, weil – wie der Bundesgerichtshof in diesem Zusammenhang feststellt – „die Bewertung der Leistungen im Gebührenverzeichnis nicht in der Art eines Baukastensystems strukturiert ist"[293]. Ein solches Vorgehen versucht der Bundesgerichtshof zu unterbinden, indem er für die Selbstständigkeit einer jeden abgerechneten Leistung eine eigene medizinische Indikation fordert.[294]

c) Strittige Reichweite

§§ 4 Abs. 2, 2a GOÄ formulieren im Ergebnis ein Regel-Ausnahme-Prinzip[295], dessen Ausgangspunkt die Abrechenbarkeit jeder selbstständigen Leistung ist, die nicht gleichzeitig notwendiger beziehungsweise methodischer Zwischenschritt oder besondere Ausführung einer anderen selbstständigen Gebührenziffer ist.[296] Inhaltliches Fundament dieses Regel-Ausnahme-Prinzips sind die im Gebührenverzeichnis aufgeführten Leistungen, die in jedem Fall als selbstständig gelten.[297] Wenn sich Leistungen inhaltlich überschneiden, muss jedoch gefragt werden, ab *wann* eine selbstständige Leistung als Teil-

292 BGH NJW-RR 2010, 1355 (1356); *K.-F. Brück*, § 4 Rn. 7; *Hoffmann/Kleinken*, § 4 Rn. 3.1; 6.3; *Lang* u. a., § 4 Rn. 41f.

293 BGH NJW-RR 2004, 1202, 1204

294 BGHZ 159, 142 (145).

295 *Wittmann*, ZGMR 2010, 67 (70); *Harneit/Poetsch*, GesR 2004, 11 (14).

296 *Dies.*, GesR 2004, 11 (14).

297 BGHZ 159, 142 (143); *Wittmann*, ZGMR 2010, 67 (70); *Spickhoff*, in: Spickhoff, Medizinrecht, § 4 GOÄ Rn. 31.

leistung oder als besondere Ausführung einer Gesamtleistung begriffen werden muss. Das ist nicht immer einfach, insbesondere wenn es an den erwähnten Erläuterungen in den Leistungsbeschreibungen fehlt.[298] Zugleich bestimmt diese Fragestellung maßgeblich die Interpretation des Gebührenverzeichnisses und damit letzten Endes die inhaltliche Reichweite einer selbstständigen Leistung[299], was wiederum Folgen für die Höhe der abrechenbaren Gebühr hat. Je mehr selbstständige Leistungen erbracht werden, umso höher wird die Rechnungssumme. Es verwundert deswegen nicht, dass bezüglich der Anwendung der hier skizzierten Grundsätze im Einzelfall in Literatur und Rechtsprechung eine rege Diskussion über die notwendige Grenzziehung zwischen selbstständigen Leistungen und Leistungsbestandteilen entstanden ist. Kernpunkt der Diskussion ist dabei die Frage, inwieweit die Leistungsbeschreibungen im Gebührenverzeichnis von einem medizinischen Standpunkt oder von einem spezifisch rechtlichen zu betrachten sind. Bei der von *Miebach* vorgeschlagenen Interpretation der Gebührenpositionen als konkret-individuelle[300], nach medizinischen Gesichtspunkten zu bestimmende Leistungsbeschreibungen soll sich die Reichweite einer Gebührenposition an dem in der konkreten Behandlungssituation gebotenen medizinischen Vorgehen orientieren.[301] Umfasst seien bei Operationen etwa nicht nur die stets notwendigen Eröffnungs- und Verschlussleistungen, sondern zugleich *jede* Maßnahme, deren Vornahme, ausgehend vom Stand der medizinischen Wissenschaft, im Einzelfall denkbar und gegebenenfalls geboten, aber für die Verwirklichung des Leistungsziels methodisch nicht zwingend erforderlich sei.[302] Der aufgrund einer solchen Interpretation zwangsläufig schwankende Leistungsumfang einer Gebührenziffer sei über differenzierende Steigerungssätze auszugleichen.[303] Zusammenfassend soll die inhaltliche Reichweite einer Gebührenposition also nicht für alle Behandlungsfälle gleich definiert, sondern flexibel und in Abhängigkeit von der medizinischen Notwendigkeit für jeden Einzelfall bestimmt werden.

Von einem konstanten Leistungsumfang der Gebührenziffern ge-

298 *Vgl. Spickhoff*, in: Spickhoff, Medizinrecht, § 4 GOÄ Rn. 36.

299 Vgl. BGH 177, 43, (49).

300 Zur Bezeichnung: *Schulte-Nölke*, NJW 2004, 2273 (2274).

301 *Miebach*, in: Uleer/Miebach/Patt, § 4 GOÄ Rn. 11ff; *J. Miebach*, MedR 2003, 88 (88).

302 *Miebach*, in: Uleer/Miebach/Patt, § 4 GOÄ Rn. 16; *J. Miebach*, MedR 2003, 88 (89).

303 *Miebach*, in: Uleer/Miebach/Patt, § 4 GOÄ Rn. 16; *J. Miebach*, MedR 2003, 88 (90).

hen dagegen der Bundesgerichtshof sowie Teile der Literatur aus.[304] Bei der Bestimmung der Reichweite einer einzelnen Leistung könne mitnichten einzig auf das Verständnis medizinischer Kunst zurückgegriffen werden. Mit in die Erwägungen einzubeziehen seien fernerhin deren Bewertung im Gebührenverzeichnis und Entstehungsgeschichte im Kontext der übrigen Gebührenziffer.[305] Das Gebührenverzeichnis sei wie jedes andere Gesetz auszulegen. Maßgeblich sei dabei – in Entsprechung zum abstrakt-generellen Charakter von Gesetzen und Verordnungen – ein ebenso abstrakt-genereller Maßstab. Gegenteilige Verlautbarungen des Verordnungsgebers fänden sich nicht.[306] Mithin müsse die Frage nach den Vorstellungen des Verordnungsgebers vom typischen Leistungsumfang einer Gebührenposition gestellt werden.[307] Der Fokus der Auslegung sei dementsprechend auf systematische und historische Aspekte zu legen. Etwa wäre es für den Verordnungsgeber sinnlos, Leistungen als eigenständige Gebührenpositionen einzuführen, wenn diese – nach seiner Überzeugung – bereits Bestandteil einer anderen selbstständigen Leistung seien.[308] Zudem sei die einer Leistung zugeordnete Punktzahl in die Erwägungen miteinzubeziehen. Eine selbstständige Leistung könne nicht solche Leistungen konsumieren, die bereits ähnlich hoch bewertet würden.[309] Das Lege-artis-Kriterium wird demgegenüber abgelehnt. Die Orientierung am fallabhängigen, medizinisch gebotenen Vorgehen entspreche nicht dem angesprochenen abstrakt-generellen Charakter der Gesetze.[310]

Der Gegensatz zwischen den soeben aufgezeigten Interpretationsmodellen der Gebührenordnung führt zu einem der großen Streitpunkte der praktischen Anwendung. Das liegt insbesondere an seiner Relevanz für die Gebührenhöhe. Das Verständnis der Leistungsbeschreibungen bestimmt die abrechenbare Gesamtpunktzahl, ist also im wahrsten Sinne des Wortes bares Geld wert. Diese Diskussion soll an dieser Stelle allerdings nicht fortgeführt werden. Vielmehr ist die

304 BGHZ 177, 43 (43); BGH NJW-RR 2006, 919 (920); zustimmend *Riedel*, GesR 2008, 580 (582); *Clausen*, in: Handbuch Medizinrecht, D4100-§ 4 Rn. 107; *Hoffmann / Kleinken*, § 4 Rn. 6.3; *Schulte-Nölke*, NJW 2004, 2273 (2275); *Spickhoff*, in: Spickhoff, Medizinrecht, § 4 GOÄ Rn. 36.

305 BGHZ 177, 43 (48ff); *K.-F. Brück*, § 4 Rn. 4.

306 BGHZ 177, 43 (49); *Hoffmann / Kleinken*, § 4 Rn. 6.3; *Schulte-Nölke*, NJW 2004, 2273 (2273).

307 Vgl. BGH NJW-RR 2007, 494 (497).

308 BGH NJW-RR 2006, 919 (920).

309 BGHZ 177, 43 (51) am Beispiel einer ‚Dekortikation der Lunge' (Nr. 2975, 4800 Punkte) und ‚Lobektomie und Lungensegmentresektion(en)' (Nr. 2997, 5100 Punkte).

310 Vgl. *Spickhoff*, in: Spickhoff, Medizinrecht, § 4 GOÄ Rn. 35.

vorangehende Darstellung als ein erster, einführender Problemaufriss zu verstehen.[311]

V. Die Punktzahl

Das Konzept einer verbindlichen Gebührenordnung setzt voraus, dass diese in der Lage ist, das komplette berufliche Handeln des Arztes abzubilden. Wird die Verwendung einer Gebührenordnung obligatorisch, muss sie den Vertragsparteien ermöglichen, erbrachte Leistungen zur Abrechnung zu bringen. Das erklärt das grundlegende Konzept der tendenziell ergebnisbezogenen Leistungsbeschreibungen. Sie legen den Arzt nicht auf die Wahl einer bestimmten Methode oder Vorgehensweise fest und ermöglichen es auf diese Weise, methodisch differenzierendes Vorgehen mit demselben Ergebnis unter eine Gebührenziffer zu fassen.[312] Die Bewertung einzelner Gebührenpositionen mit einer festen Punktzahl lässt vermuten, dass diese Punktzahl – in Relation zu den anderen Gebührenpositionen – die Wertigkeit einer Leistung ausdrücken soll. Denn für die Gebührenordnung muss entsprechend ihres Sinn und Zwecks als Vergütungsordnung der Versuch einer aufwandsgerechten Abbildung der medizinischen Verrichtungen in Punkten zumindest angenommen werden.

Indes ist das Gebührenverzeichnis weniger eine homogene, zu einem bestimmten Zeitpunkt vorgenommene Bewertung des ärztlichen Leistungsspektrums, sondern wurde evolutionär aus dem Einheitlichen Bewertungsmaßstab von 1978 entwickelt[313], welcher seinerseits in der E-Adgo von 1928 einen Grundstock des Leistungsverzeichnisses fand.[314] Die GOÄ umfasst ca. 2400-2500 einzelne medizinische Leistungen[315] in 17, nach Fachrichtungen[316] eingeteilten Abschnitten, die sich zudem in manuelle sowie Labor- und medizinisch-technische Leistun-

311 Für eine umfassende Auseinandersetzung mit dieser Problematik vgl. den Abschnitt F.IV.2.

312 *Harneit/Poetsch*, GesR 2004, 11 (14).

313 BR-Drs. 295/82, S. 10; *Schmatz/Goetz/Matzke*, Vorbemerkung Nr. 4a, 5. Aufgrund deren grundlegender Überarbeitung ist die GOÄ jedoch mit dem aktuellen EBM überwiegend nicht mehr vergleichbar: *K.-F. Brück*, § 4 Rn. 2.

314 Zur Entwicklung der verschiedenen Gebührenordnungen: *Liebold*, in: FS Narr, 207–229 (213); *Funke*, S. 11; *Schulenburg*, S. 28.

315 Die amtliche Begründung, BR-Drs. 295/82, S. 11 spricht von 2400 Gebührenpositionen. Neueren Angabe zufolge liegen inzwischen 2500 Gebührenziffern vor. Vgl. *K.-F. Brück*, Materialen, S. 46.

316 Aus der Einteilung in Fachgebiete kann keine Arztgebietsabgrenzung hergeleitet werden; diese erfolgt in der Berufs- bzw. der Weiterbildungsordnung. *dies.*, S. 229.

gen unterscheiden.[317] Weil der Verordnungsgeber zudem die GOÄ einer nach Abschnitten getrennten, schrittweisen Überarbeitung unterworfen hat[318], ist nicht davon auszugehen, dass alle aufgeführten Leistungen dahin gehend durchgehend nach vergleichbaren Kriterien bewertet wurden und folglich in ihrer Wertigkeit gegenüber den übrigen Gebührenziffern in einem einheitlichen Verhältnis stehen.[319] Allenfalls kann für die neueren Gebührenpositionen angenommen werden, dass eine Differenzierung anhand von Faktoren erfolgt, die jenen Bemessungskriterien des § 5 Abs. 2 GOÄ ähnlich sind; ansonsten ist der Ausschluss von „Bemessungskriterien, die bereits in der Leistungsbeschreibung berücksichtigt worden sind", in Satz 3 unnötig.[320]

Ferner kann die mangelnde Aktualität der Gebührenordnung dazu führen, dass diese mit den Entwicklungen der modernen Medizin nicht mehr mithalten kann.[321] Voranschreitender Forschung geschuldete, neuartige Untersuchungs- oder Behandlungsmethoden müssen in das bestehende Gebührenverzeichnis eingegliedert werden. Dabei hilft die Offenheit der Gebührenordnung hinsichtlich des Vorgehens des Arztes in der Behandlungssituation. Es wird zwar, insbesondere bei der Darstellung komplexer Leistungen, nach verschiedenen Verrichtungen differenziert, wobei sich die Gebührenordnung allerdings hauptsächlich am Ergebnis dieser Handlung orientiert. Die ‚Operative Korrektur einer Herzklappe' (Gebührennummer 3085) ist gebührenrechtlich anders zu behandeln als ein ‚Operativer Ersatz einer Herzklappe' (Gebührennummer 3086). Die Wahl der Operationsmethode, mit der der Arzt die operative Korrektur beziehungsweise den operativen Ersatz einer Herzklappe zu verwirklichen sucht, stellt die Gebührenordnung diesem indes – bis auf das Lege-artis-Erfordernis des § 1 GOÄ[322] – frei. Sie ist dementsprechend in ihrer Formulierung für die Abrechnung neuer Behandlungs- und Operationsmethoden offen,

317 Diese Einteilung erlaubt die Differenzierung der Steigerungssätze in § 4 Abs. 2 GOÄ und ist Ausdruck einer politischen Entscheidung zur Stärkung der ‚sprechenden Medizin' gegenüber der Gerätemedizin, bei welcher größere Rationalisierungsmöglichkeiten gesehen werden. Vgl. BR-Drs. 295/82, S. 9; BR-Drs. 118/88, S. 41; *Miebach*, in: Uleer/Miebach/Patt, Einleitung GOÄ Rn. 8.

318 BR-Drs. 295/82, S. 9; dazu *Miebach*, in: Uleer/Miebach/Patt, § 4 GOÄ Rn. 3.

319 Vgl. *K.-F. Brück*, § 4 Rn. 14.2.

320 *Vgl. Miebach*, in: Uleer/Miebach/Patt, § 5 GOÄ Rn. 30f.

321 Zielsetzung der GOÄ 1982 war unter anderem die Anpassung des Gebührenverzeichnisses an den damals gültigen medizinischen Kenntnis- und Methodenstand; BR-Drs. 295/82, S. 10.

322 Dazu Abschnitt C.II.1.

nen Vermögen bestritt.[191] Tatsächlich musste es schon bald zum einen den Bedürfnissen der in abhängigen Beschäftigungsverhältnissen tätigen Bevölkerung, welche im Vergleich zu Vorgenannten regelmäßig nur über ein geringes eigenes Vermögen verfügte, gerecht werden und zum anderen die Auswirkungen monopolisierten Wettbewerbs eindämmen.[192] Diese Wandlungen erforderten etwa ein umfassendes, über das Dienstvertragsrecht des Bürgerlichen Gesetzbuches hinausgehendes Arbeitsrecht und resultierten in der inzwischen umfassenden Sozialbindung des Mietrechts.[193]

c) BGB und Grundgesetz

Daneben trat später die verfassungsrechtliche Rechtsprechung, die von der Vertragsfreiheit als grundrechtlich geschützte Ausprägung des Selbstbestimmungsrechts ausgeht.[194] Bereits diese Anknüpfung an das allgemeine Selbstbestimmungsrecht bei der verfassungsrechtlichen Einordnung der Vertragsfreiheit macht deutlich, dass das verfassungsrechtliche Verständnis zuvörderst von einem materialen Vertragsfreiheitsverständnis ausgehen muss. Bei einem formalen Verständnis bleiben nämlich diejenigen Formen von Fremdbestimmung folgenlos, die nicht durch die rechtliche Einschränkung von Vertragsfreiheitsaspekten geschehen. Mit einer Auffassung von Privatautonomie als „Selbstbestimmung des Einzelnen im Rechtsleben"[195] wäre ein solches Verständnis indes inkompatibel.[196] Vertragsfreiheit im Verfassungssinn meint den Schutz der Willensgebundenheit des Vertrages, wie es die Einordnung als besondere Ausprägung des allgemeinen Selbstbestimmungsrechts nahelegt.[197]

Diese Einordnung heißt allerdings nicht, dass das Grundgesetz einem vollumfänglich materialen Verständnis das Wort redet. Schließlich muss das verfassungsrechtliche Verständnis ebenso den Bedürfnissen des Vertrages als ein eigenständiges Institut mit rechtlicher Bindungswirkung gerecht werden. Ansonsten verlöre der Vertrag seinen

191 *Larenz/Wolf*, § 2 Rn. 40; *Honsell*, in: StaudingerBGB, Einleitung zum Bürgerlichen Gesetzbuch Rn. 70.

192 Vgl. *Wolf*, S. 12ff; *Busche*, S. 49.

193 *Larenz/Wolf*, § 2 Rn. 43; *Wolf*, S. 12; *Busche*, S. 52.

194 BVerfGE 89, 214 (232); 103, 89 (101); 114, 1 (34). Dazu bereits im Abschnitt D.II.2.e).

195 BVerfGE 89, 214 (231).

196 *Erichsen*, in: HStR VI, § 152 Rn. 58; *Busche*, S. 82f.

197 Vgl. BVerfGE 89, 214 (232).

ureigensten Zweck. Seine freiheitsbeschränkende Rolle ist konzeptionell in ihm angelegt und dementsprechend ebenso wie der Selbstverwirklichungsaspekt durch die Verfassung geschützt.[198]. Es stellt sich das Problem der Vereinbarkeit der gegensätzlichen Konzepte von formaler und materialer Vertragsfreiheit und damit die Frage praktischer Konkordanz, wenn beide Aspekte als kollidierende Grundrechtspositionen der Vertragsparteien aufeinandertreffen.[199]

Beiträge zu Geltung und Einfluss des Verfassungsrechtes auf das bürgerliche Recht sind vielzählig[200], wobei allgemein anerkannt wird, dass es sich beim bürgerlichen Recht mitnichten um eine von der Verfassung losgelöste Rechtsordnung handelt.[201] Gleichzeitig erschöpft sich die Rolle der Grundrechte nicht in ihrer Abwehrfunktion; sondern sie sind Kern- und Ausgangspunkt eines Systems vielschichtigen, mehrdimensionalen Grundrechtsschutzes.[202] Grundrechte können in diesem System nicht nur subjektive Abwehrrechte gegen den Staat begründen, vielmehr sind sie das Fundament einer Werteordnung – der objektive Grundrechtsgehalt –, welche als zu verwirklichendes Paradigma der Verfassung indirekt staatliches Handeln und die Auslegung von Gesetzen beeinflusst.[203] Hinsichtlich der Verknüpfung von zivilrechtlicher Auslegungsebene und dem Wertesystem des Grundgesetzes formuliert das Bundesverfassungsgericht schließlich wie folgt:

> Wie neues Recht im Einklang mit dem grundrechtlichen Wertsystem stehen muss, so wird bestehendes älteres Recht inhaltlich auf dieses Wertsystem ausgerichtet. Von ihm her fließt ihm ein spezifisch verfassungsrechtlicher Gehalt zu, der fortan seine Auslegung bestimmt.[204]

Der von den Grundrechten transportierte Wertekanon soll auf das Zivilrecht einwirken und das Für und Wider bei Auslegungsfragen, ins-

198 Vgl. BVerfGE 89, 214 (232); 103, 89 (101); 114, 1 (34)

199 BVerfGE 89, 214 (232).

200 Vgl. Nachweise bei *Canaris*, Grundrechte und Privatrecht, S. 9.

201 Krit. aber hinsichtlich zur engen Verbindung von Verfassungs- und Zivilrecht *Medicus*, AcP 192 (1992), 35–70 (54ff); *Diederichsen*, AcP 198 (1998), 171–260 (214ff).

202 *Herdegen*, in: Maunz / Dürig, Art. 1 Abs. 3 Rn. 12.

203 *Kloepfer*, in: HGR II, § 43 Rn. 3ff; *Butzer*, in: HStR VI, § 74 Rn. 41f; zum Prinzip verfassungskonformer Auslegung: *Larenz*, Methodenlehre der Rechtswissenschaft, S. 339ff.

204 BVerfGE 7, 198 (205).

besondere bei für Wertentscheidungen offenstehenden Generalklauseln, determinieren.[205]

Bezüglich der Vertragsfreiheit, welche als normgeprägtes Grundrecht[206] zwingend der (Zivil-)Rechtsordnung bedarf, ist zudem die Rolle von Grundrechten als materialem Ankerpunkt grundrechtlicher Schutzpflichten[207] von besonderem Interesse. *Canaris* entwickelte diesbezüglich den Begriff vom Untermaßverbot als gedanklichem Gegenstück zum (abwehrrechtlichen) Übermaßverbot.[208] Seiner Auffassung nach kann neben einem Übermaß an staatlichem Handeln auch ein ‚Zuwenig' dem Bürger die adäquate Grundrechtswahrnehmung effektiv versagen.[209] Folge seien staatliche Schutzpflichten, denn Art. 1 Abs. 1 Satz 2 GG erkläre die Achtung und den Schutz der Menschenwürde zur „Verpflichtung aller staatlichen Gewalt". Weil durch das Gebot des „Achtens" bereits der Staat selbst verpflichtet sei, könne das Schutzgebot nur hinsichtlich der Bürger in ihrem Verhältnis untereinander zu verstehen sein.[210] Besagte Schutzpflichten sollen den Staat in Gesetzgebung und anderem Handeln in Bezug auf bestimmte Aspekte positiv determinieren[211]; er sei – über das Verbot des ungerechtfertigten Eingriffs in die grundrechtlich garantierten Freiheiten der Bürger hinausgehend – verpflichtet, aktiv die Grundrechtspositio-

205 Dazu ausführlich: *Canaris*, AcP 184 (1984), 201–246 (212ff); *Honsell*, in: StaudingerBGB, Einleitung zum Bürgerlichen Gesetzbuch Rn. 187ff; *Stürner*, S. 303; *Jarass*, AöR 110 (1985), 363–397 (376ff). Die Anwendbarkeit der Lehre von der mittelbaren Drittwirkung auf zivilrechtliche Fragestellungen ist nicht widerspruchslos geblieben. Insbesondere wird in Zweifel gezogen, dass den Grundrechten ein für die Beantwortung konkreter zivilrechtlicher Fragestellungen hinreichend definierter und zudem ausgewogener Wertekanon überhaupt entnommen werden kann (*Honsell*, in: StaudingerBGB, Einleitung zum Bürgerlichen Gesetzbuch Rn. 196 m.w.N.). *Diederichsens* kritisiert ferner, dass jene, den Grundrechten aufgrund ihrer Eigenart als freiheitssichernde Rechte des Einzelnen innewohnende Betonung der Personenbezogenheit zu einer Schlagseite in der maßgeblichen Wertordnung führe, die die kollektiven Interessen bei der Bewertung von zivilrechtlichen Fragestellungen unberücksichtigt ließe. Die alleinige Bezugnahme auf die Grundrechte resultiere in einer problematischen Diskrepanz zu dem nicht nur von rechtlichen sowie weitaus emotionaleren Erwägungen getragenen Wertekanon der Gesellschaft. Gefordert wird daher eine Beschränkung der Grundrechte im Zivilrecht auf ihre abwehrrechtliche Funktion (*Diederichsen*, AcP 198 (1998), 171–260 (215ff); dazu *Wolf*, S. 55).

206 Vgl. *Cornils*, S. 187f.

207 Dazu *Herdegen*, in: Maunz/Dürig, Art. 1 Abs. 3 Rn. 18; *Cremer*, S. 472ff; hinsichtlich der Verbindlichkeit *Kloepfer*, in: HGR II, § 43 Rn. 25ff.

208 *Canaris*, AcP 184 (1984), 201–246 (225).

209 Vgl. *ders.*, AcP 184 (1984), 201–246 (228f, 245); ferner *Grzeszick*, in: Maunz/Dürig, Art. 20 Rn. 126ff.

210 *Canaris*, AcP 184 (1984), 201–246 (227); *Stürner*, S. 305; *Butzer*, in: HStR VI, § 74 Rn. 42; zweifelnd hingegen: *Medicus*, AcP 192 (1992), 35–70 (46).

211 Zu den Einrichtungsgarantien umfassend: *Kloepfer*, in: HGR II, § 43.

nen des Bürgers vor Beeinträchtigungen durch Dritte zu schützen.[212] Für die Vertragsfreiheit resultiere aus dieser Verpflichtung das subjektive Recht auf staatliches Einschreiten in die Privatrechtsordnung, die über das abwehrrechtliche Moment gegen staatliche Beschränkung der Vertragsfreiheit hinausgehe.[213]

Das führt zu einem „integrierenden oder ‚synthetisierenden'"[214] Vertragsfreiheitsverständnis: Vertragsfreiheit vereinigt begrifflich nicht nur das Abwehrrecht gegen staatliche Beschränkungen sowie eine Institutsgarantie der Zivilrechtsordnung als positive Komponente, da der Vertrag in Abwesenheit eines normativen Unterbaus seine wesensbildende Eigenschaft verlöre und ein Verweis auf die bestehende Zivilrechtsordnung zu einem Zirkelschluss führen würde[215], sondern ist, das resultiert aus ihrem Charakter als Innominatfreiheit, zugleich objektives Prinzip der Grundrechte und beeinflusst damit das Verständnis des bürgerlichen Rechts, welches wie jede andere einfachgesetzliche Norm den Prägungen dieses Wertekanons der Grundrechte unterliegt.[216]

Für das Verhältnis verfassungsrechtlich verstandener Vertragsfreiheit und deren Interpretation in der einfachgesetzlichen Rechtsordnung im Allgemeinen und dem Zivilrecht im Besonderen ergibt sich damit Folgendes:

1. Das verfassungsrechtliche Modell von Vertragsfreiheit geht grundlegend vom Vertrag als Mittel der Selbstbestimmung aus. Es muss Vertragsfreiheit damit zuvörderst material verstanden, diese allerdings gleichzeitig – schließlich ist die Verbindlichkeit des Vertrages gerade dessen spezifische Eigenart – im Sinne des

212 *Canaris*, AcP 184 (1984), 201–246 (227ff); *ders.*, Grundrechte und Privatrecht, S. 38 m.w.N.; zur verfassungsrechtlichen Problematik, den Schutz vor sich selbst zur Grundlage von Schutzpflichten zu machen: *Cremer*, S. 487ff.

213 *Canaris*, AcP 184 (1984), 201–246 (227ff); *ders.*, Grundrechte und Privatrecht, S. 38.

214 Unter Bezugnahme auf *Floren*: *Cornils*, S. 199f.

215 *Wolf*, S. 21ff; *Cornils*, S. 215ff. Weil die Vertragsfreiheit zu Beginn unter dem „Vorbehalt der vom Zivilgesetzgeber vorzunehmenden Organisation des intersubjektiven schuldvertraglichen Verkehrs" (*Schmidt-Salzer*, NJW 1970, 8 (15)) stünde, wird teilweise von der nahezu ausschließlichen Natur der Vertragsfreiheit als Institutsgarantie ausgegangen. Problem dieser Reduzierung auf einen reinen ‚Ausgestaltungsanspruch' ist jedoch Folgendes: Der Schutzbereich der Vertragsfreiheit würde anhand der existenten Zivilrechtsordnung bestimmt, obwohl er zugleich Maßstab für die Frage deren Verfassungsmäßigkeit sein soll. Eine Wahrung der Vertragsfreiheit kommt nur zustande, wenn diese in ihrem Gehalt schon in der Verfassung immanent ist – diese muss gewissermaßen ein selbstständiges Konzept der Vertragsfreiheit hinsichtlich Inhalt und Reichweite vermitteln(vgl. *Cornils*, S. 194ff).

216 *Manssen*, S. 196.

Vertrauensschutzes formal gedacht werden.[217] Es findet sich damit keine Festlegung zugunsten einer bestimmten Interpretation, vielmehr sind beide Modelle in praktischer Konkordanz zusammenzuführen.

2. Die Vertragsfreiheit ist nicht nur als Abwehrrecht gegen staatliche Beeinflussung gerichtet, sondern daneben Quelle staatlicher Schutzpflichten; es ist insbesondere an die Vertragsfreiheit als normgeprägtes Grundrecht zu denken. Das führt dazu, dass der Staat nicht nur die Beeinträchtigung der Vertragsfreiheit zu unterlassen hat, sondern vor der Aufgabe steht, diese in ihrem formalen sowie materialen Sinngehalt positiv herzustellen.

d) Zusammenfassung

Das Bürgerliche Gesetzbuch als Hauptelement einfachgesetzlicher Umsetzung der Vertragsfreiheit hat also entgegen seiner originär formalen Konzeption dem Modell materialer Vertragsfreiheit gerecht zu werden. Dieses Erfordernis sieht das Bundesverfassungsgericht als erfüllt an, denn das zivilrechtliche Verständnis habe sich einem solchen Verständnis angenähert, weil erkannt wurde, dass nur Vertragsparität den zuvor genannten Zwecken des Vertrages gerecht wird. Der „Ausgleich gestörter Vertragsparität" gehöre inzwischen „zu den Hauptaufgaben des geltenden Zivilrechts".[218] Ein dementsprechendes ‚Umdenken' privatrechtlicher Prinzipien sei aufgrund der Generalklauseln des BGB ohne Probleme möglich.[219] Ferner erkennt das Bundesverfassungsgericht, dass es angesichts der Bedürfnisse der Rechtssicherheit und des Vertrauensschutzes zulässig sei, dem Gedanken formaler Vertragsfreiheit im Regelfall den Vorzug zu geben. Wenn sich allerdings bestimmte Fallkonstellationen als typischerweise anfällig für eine gestörte Verhandlungsparität zeigten, sei eine auf deren Ausgleich gerichtete Reaktion der Zivilrechtsordnung unerlässlich.[220]

Diese Auffassung verwundert nicht. Das Bestehen des Vertrages von dem Vorliegen tatsächlicher Selbstbestimmung abhängig zu machen, liefe darauf hinaus, die Willenssteuerung getätigter Äußerungen

217 Vgl. *Wolf*, S. 26.

218 BVerfGE 89, 214 (233).

219 BVerfGE 89, 214 (233).

220 BVerfGE 89, 214 (232), vgl. dazu die Besprechung des Beschlusses bei *Wiedemann*, JZ 1994, 411 (411); *Rittner*, NJW 1994, 3330 (3331).

zu hinterfragen. Die Wirksamkeit des Vertragsschlusses stünde unter dem Vorbehalt, tatsächlich gewollt zu sein, was umso problematischer wird, als über diese innere Tatsache nur das Individuum selbst Auskunft geben kann, was sich im Zweifel gar nicht bewusst ist, fremdbestimmt zu handeln.[221] Letzten Endes würde „die Belastbarkeit des gegebenen Wortes ein[ge]schränk[t] und von schwer feststellbaren Kautelen abhängig [ge]mach[t]", weil „es an verlässlichen und belastbaren Signalträgern dafür, dass ein Wille konkret wirklich frei gebildet würde, generell fehlt".[222] Deswegen wird der Gegensatz des zwischen formaler und materialer Interpretation hervorgerufenen Problems praktischer Konkordanz durch ein umgekehrtes Regel-Ausnahme-Prinzip aufgelöst.[223] Dieser Regelfall kann jedoch durch den Nachweis von Unfreiheit erschüttert werden.[224]

4. Ergebnis

Das angemessene und damit gerechte Verhältnis von vertraglich ausgetauschter Leistung und Gegenleistung soll sich nach dem Wertempfinden der Vertragsparteien bestimmen. Damit wird das Individuum in den Mittelpunkt der Gerechtigkeitsdiskussion gestellt. Die alternative Herangehensweise, bei der über den Wert eines Vertragsgegenstandes unter Außerachtlassung der Beteiligten und damit allgemeingültig für die gesamte Gesellschaft bestimmt wird, steht in einem Widerspruch zu dem vorherrschenden Wirtschaftssystem, denn dieses beruht fundamental auf der Akzeptanz individuellen Gewinnstrebens. Dieses würde erlahmen, wenn Ein- und Verkaufspreis einer Sache aufgrund eines für jedermann gleichen Nutzwertes identisch wären.[225]

Erforderlich wird damit die Bezugnahme auf die Vertragsparteien, wobei die weitere Auffassung vom gerechten Preis in Abhängigkeit von der Vertragstheorie differenziert. Wird der Vertrag als ein Ordnungsinstrument innerhalb der Gesellschaft verstanden, welches eine staatliche Lenkung unnötig macht, ist derjenige Vertrag gerecht, der sowohl den Interessen der Allgemeinheit als auch denen der Vertragsparteien entspricht, die sozusagen als deren Treuhänder tätig werden.

---

221 *Mankowski*, AcP 211 (2011), 153–194 (174).

222 *Ders.*, AcP 211 (2011), 153–194 (174).

223 Vgl. *ders.*, AcP 211 (2011), 153–194 (174): Regelfall bleibt das Leitbild formaler Vertragsfreiheit als Ausdruck von Vertrauensschutz und Rechtssicherheit.

224 *Ders.*, AcP 211 (2011), 153–194 (174); *Singer*, in: StaudingerBGB, § 119 Rn. 5.

225 Dazu ferner den Abschnitt D.II.1.

Demgegenüber steht die Auffassung eines aufgrund seiner voluntativen Elemente legitimierten Vertrages.[226] Die Parteien sind zumindest in der zugrunde gelegten Idealsituation nicht zum Vertragsschluss gezwungen, sondern entscheiden frei über dessen Gestaltung und Abschluss unter Einbeziehung der mit dem Vertragsschluss verbundenen Vor- und Nachteile und der möglichen Alternativen. Der Vertrag wird damit zum Element *beiderseitiger* Interessenwahrnehmung, was die Beteiligten zum gegenseitigen Nachgeben, zum Konsens zwingt.[227]

Das Wesen der Vertragsgerechtigkeit bestimmt sich nun danach, welchem dieser beiden Erklärungsansätze gefolgt wird. In der Sache legen beide Parteien die gleichen Prämissen der Funktionsweise zugrunde, betonen allerdings unterschiedliche Aspekte. Auch die Auffassung vom Vertrag als gesellschaftliches Ordnungselement nimmt auf den Verhandlungsgedanken Bezug, erfasst ihn für den Schutz von Verträgen allerdings nicht als wesentlich, sondern die an dessen Ende stehende Abmachung. In dieser würden mittels des Konsensprinzips die dem Allgemeininteresse entsprechenden und damit gerechten Leistungen festgelegt, sodass eine staatliche Einflussnahme überflüssig sei. Dementsprechend wird allerdings auch eine positive Kontrolle des Vertragsinhalts für möglich erachtet. Das gesamtgesellschaftlich nicht hinnehmbare und damit ungerechte Ergebnis gebiete ein Einschreiten. Demgegenüber erachtet der legitimistische Ansatz gerade die im Vertragsschluss Ausdruck findende Bereitschaft zur Selbstbindung als das wesentliche Element des Vertrages, welches einer nachträglichen Korrektur der vereinbarten Vertragsinhalte entgegensteht.[228] Gerecht sind die zwischen den Parteien vereinbarten Leistungen gerade deswegen, weil sie in der Form gewollt sind. Die Betonung des voluntativen Elements des Vertrages verbietet es, den durch den Willen der Parteien legitimierten Vertragsinhalt nachträglich zu korrigieren.[229]

Durchgesetzt hat sich im Lichte der verfassungsgerichtlichen Rechtsprechung im Grundsatz letztgenannte Betrachtungsweise: Der Vertrag genießt als Institut hauptsächlich deswegen Schutz durch die Verfassung, weil er Ausdruck und Mittel des Selbstbestimmungs-

226 Dazu weiter im Abschnitt D.II.2.c).

227 Dazu den Abschnitt D.II.2.b)

228 Dazu auch im Abschnitt D.II.2.c).

229 Dazu den Abschnitt D.II.2.f).

rechts der Parteien ist. Diese sollen frei über den Abschluss und über die Gestaltung der sie berechtigenden und vor allem verpflichtenden Vertragsverhältnisse entscheiden können.[230] Als Resultat ist deswegen nicht die ausgetauschte Leistung, sondern der Willensbildungsvorgang für die Gerechtigkeitsfrage von Interesse. Sie ist weniger auf das Zustandekommen eines bestimmten Wertes gerichtet, sondern eher als eine Prämisse zu verstehen, über deren Vorliegen prozedurale Gegebenheiten entscheiden.[231]

Nach herrschendem Verständnis vom Vertrag kann die in dem Vertrag vereinbarte Summe nicht deswegen gerecht sein, weil sie der Höhe nach als korrekt zu erachten ist. Sie ist dann gerecht, wenn sie das Ergebnis der beiderseitig frei gefassten und geäußerten Willensentscheidung der Parteien darstellt. Gerecht ist damit – ungeachtet seiner inhaltlichen Ausgestaltung – jener Vertrag, bei dem die Möglichkeit zu einer solchen freien Entscheidung bestand; ungerecht jener, bei dem dies nicht der Fall war. Entsprechend verändert sich die Aussage über Vertragsgerechtigkeit in Abhängigkeit von dem angewandten Vertragsfreiheitsverständnis. Aufgrund der Rechtsprechung des Bundesverfassungsgerichts wird die Vertragsfreiheit als Garantie individueller Entscheidungsmacht nicht nur im Sinne eines ausschließlich den rechtlichen Anspruch zum freien Vertragsschluss gewährleistenden Rechts verstanden. Sie reicht demgegenüber weiter und macht die tatsächliche Möglichkeit des Individuums, eine unbeeinflusste Willensentscheidung zu formulieren und zu artikulieren, zum Schutzgut der Verfassung.[232]

Dementsprechend kommt es bereits dann zu einer ungerechten Vertragsgestaltung, wenn die Zustimmung einer Partei zum Vertragsschluss eben nicht auf ihrer freien Willensentscheidung beruht, sondern wenn der Vertragsschluss durch externe Beeinflussung aufgezwungen wurde. Das entspricht dem verfassungsrechtlichen Verständnis von Vertragsfreiheit. Der Vertrag, der entgegen seiner Bestimmung nicht der Durchsetzung des Willens des Abschließenden dient, ist, wenn diese Durchsetzung gerade als wesensbildende Eigenschaft

230 Dazu ferner den Abschnitt D.II.2.e).

231 Dazu den Abschnitt D.II.2.f).

232 Dazu weiter den Abschnitt D.II.3.a).

verstanden wird, ungerecht.[233]

III. Die subjektiver Bewertung medizinischer Leistungen

Im gerechten Vertrag werden die vertraglich ausgetauschten Leistungen nach dem Dafürhalten der Vertragsparteien bestimmt, die frei über Abschluss, Gestaltung und Form eines Kontrakts entscheiden können. Das ist im Rahmen der Gebührenordnung, die den Parteien Inhalt und teilweise Form vorgibt, nicht möglich. Das unter Rückgriff auf die Gebührenordnung festgesetzte vertragliche Honorar des Arztes als Entgelt für dessen Leistung impliziert deswegen weder die persönliche Akzeptanz seitens beider Vertragsparteien noch das Vorausgehen einer konsensualen Einschränkung kollidierender Interessen. Es kann nur gesagt werden, dass die Parteien die Preisbestimmung durch die GOÄ hingenommen hätten. Andererseits ist zu fragen, ob den Grundsätzen subjektiver Preisbestimmung überhaupt entsprochen werden würde, wäre das ärztliche Honorar zur freien Disposition der Parteien gestellt. Aufgrund der Besonderheiten in der Beziehung zwischen Arzt und Patient liegt zumindest für den Regelfall die Vermutung nahe, dass die Umstände, auf denen das Modell subjektiv-formaler Preisfindung beruht, beim Behandlungsvertrag nicht gegeben sind.

1. Subjektive Bewertbarkeit medizinischer Leistungen

Der Idee subjektiver Preisbestimmung liegt die Annahme zugrunde, dass ein vernünftig handelndes Individuum einen für ihn nachteiligen Vertrag nicht annähme, sondern stattdessen zurückweisen würde; mit anderen Worten: wirtschaftlich rational handelt.[234] Verhielten sich beide Vertragsparteien entsprechend dieser Prämisse, käme ein Vertrag nur dann zustande, wenn sich die jeweiligen persönlichen Bewertungen sowohl von Leistung als auch von Gegenleistung innerhalb einer einen Konsens ermöglichenden Bandbreite befänden. Das Modell subjektiv-formaler Preisgerechtigkeit geht damit grundlegend von der Fähigkeit der Parteien zur Leistungsbewertung aus und kann dementsprechend als Beschreibung des marktwirtschaftlichen Mechanismus der Preisfindung mittels Angebot und Nachfrage verstanden

233 Dazu Abschnitt D.II.3.a).

234 Vgl. *H.-B. Schäfer/Ott*, S. 98f; *Dauner-Lieb*, S. 53. Dazu bereits der Abschnitt D.II.2.b)

werden.[235] Aufgrund der Auffassung von Vertragsfreiheit als Recht zur selbstbestimmten Regelung eigener Wirtschaftsverhältnisse durch vertragliche Vereinbarungen[236] schützt das Modell subjektiver Preisbestimmung unter anderem die wirtschaftlichen Interessen der Parteien. Schließlich sind diese Grundlage des Entscheidungsprozesses, dessen Ergebnis die Partei gegenüber ihrem Vertragspartner artikuliert. Den Willen als Ergebnis und Ausdruck der Selbstbestimmung zu schützen, heißt dementsprechend zugleich, der dahinterstehenden Interessenlage zur Durchsetzung zu verhelfen. Deswegen hat das auf dem durch den Willen legitimierten Preis aufbauende Modell subjektive Preisgerechtigkeit auch die wirtschaftlichen Belange der Vertragsparteien zum Bezugspunkt.[237] Wird die eigene ökonomische Expertise der Vertragspartei zur Grundlage der Willensbildung, bedeutet das im Umkehrschluss, dass diese für eine selbstbestimmte Entscheidung gegeben sein muss. Nun kann die Fähigkeit zur Leistungsbewertung bei medizinischen Leistungen indes gerade nicht unbedingt angenommen werden. Die Vertragspartner des Arztes befinden sich regelmäßig in einer von der Krankheit oder Verletzung ausgehenden Drucksituation, welche sie wie externe, heteronome Faktoren in ihrer Willensbildung beeinflussen kann. Auch der nicht erkrankte Dritte, der den Arzt zur Behandlung anderer verpflichtet, kann einen vergleichbaren Leidensdruck wie der Erkrankte verspüren, etwa wenn die Behandlung von engen Angehörigen Gegenstand des Vertrages ist. Für ihn gilt das im Folgenden zur Situation des Patienten Gesagte entsprechend.

Die Inanspruchnahme des Arztes ist üblicherweise das Resultat einer Krankheit.[238] Ausschlaggebend für das Zustandekommen des Arztvertrages ist damit der pathologische Zustand des Patienten. Eine Behandlung der Erkrankung erfordert den Abschluss eines Behandlungsvertrages mit dem Mediziner. Spätestens wenn angesichts des Schweregrades der Krankheit die Inanspruchnahme des Arztes nicht mehr nur fakultativ, sondern zur Bewahrung von Leib und Leben des Patienten absolut geboten ist, wirkt besagter pathologischer Zustand

235 *H.-B. Schäfer/Ott*, S. 97; *Ott*, in: FS Kübler, 21–46 (23); vgl. ferner *Rittner*, JZ 2011, 269 (272); *ders.*, AcP 188 (1988), 101–139 (126ff); *Wolf*, S. 89ff.

236 Vgl. *Flume*, in: FS 100 Jahre Juristentag, 135–238 (142). Dazu bereits im Abschnitt D.II.2.c).

237 Vgl. *ders.*, in: FS 100 Jahre Juristentag, 101–134 (133); *ders.*, in: FS 100 Jahre Juristentag, 135–238 (144f).

238 Nur in Ausnahmefällen, etwa bei kosmetischen Eingriffen, wird der Arzt aus anderen Gründen tätig. Vgl. BGH NJW 2006, 1879; *Kern*, in: Laufs/Kern, § 36 Rn. 16ff.

des Körpers gleich einem tatsächlichen Kontrahierungszwang, der den voluntativen Aspekt des Vertragsschlusses in den Hintergrund treten lässt.[239] Nicht umsonst gilt im Zusammenhang mit Wuchergeschäften, dass aus der gesundheitlichen Situation des Bewucherten eine Zwangslage erwachsen kann.[240]

Der Patient steht unter dem Eindruck gesundheitlicher Beschwerden und ist darüber hinaus zumindest bei gravierenden Erkrankungen in Sorge um Leben und Gesundheit. Bei Inanspruchnahme des Arztes besteht jedoch die Aussicht auf Genesung oder zumindest Linderung. Von der Warte eines persönlichen Selbsterhaltungstriebs und angesichts vorangehend beschriebener Gefühlslage wird denn auch die Auseinandersetzung mit dem für die Behandlung verlangten Preis als verhältnismäßig nebensächlich einzustufen sein.[241] Ziel und Zweck der Behandlung ist die Genesung beziehungsweise die Linderung mithilfe der medizinischen Kunst, nicht der Gewinn eines materialen wirtschaftlichen Vorteils, sodass die Bereitschaft zur Zahlung nahezu jedes aufgerufenen Preises zumindest nachvollziehbar erscheint.[242]

Anders als bei anderen Geschäften stehen bei Gesundheitsleistungen im Zweifel das Leben und damit die Existenz der Person selbst zur wirtschaftlichen Disposition der Parteien. Verweigert sich der Auftraggeber dem Vertragsschluss mit dem Arzt, riskiert er schlimmstenfalls den eigenen beziehungsweise den Tod des Patienten und damit die Existenzvernichtung, er muss in jedem Fall allerdings fortgesetzte Beschwerden in Kauf nehmen. In Anbetracht der Absolutheit der mit den Entscheidungen über den Vertragsschluss im Raum stehenden Güter verwundert es nicht, dass dem Individuum eine wirtschaftliche Bewertung der Gesundheit und erst recht des Lebens nicht zugetraut wird.[243] Solange es sich seiner eigenen Gesundheit erfreut, hält es deren Vor-

239 *Buchholz*, in: Der Arzt als Dienstleister - der Patient als Kunde, 70–87 (79); *Dietz*, S. 299; *Bohrmann*, S. 257.

240 *Sack/Fischinger*, in: StaudingerBGB, § 138 Rn. 232; *Armbrüster*, in: MünchKommBGB, § 138 Rn. 149; vgl. BGH NJW 1988, 759 (761).

241 *Schulenburg*, S. 102; *Breyer/Zweifel/Kifmann*, S. 42; zur Problematik der Berechnung: *Zweifel*, Zeitschrift für ärztliche Fortbildung und Qualiät im Gesundheitswesen 2007, 369 (370ff).

242 Vgl. *Buchholz*, in: Der Arzt als Dienstleister - der Patient als Kunde, 70–87 (81); *Dietz*, S. 299.

243 *Schulenburg*, S. 102; *Breyer/Zweifel/Kifmann*, S. 42; *Zweifel*, Zeitschrift für ärztliche Fortbildung und Qualiät im Gesundheitswesen 2007, 369 (370ff); *Buchholz*, in: Der Arzt als Dienstleister - der Patient als Kunde, 70–87 (78ff). Zur Schwierigkeit der ökonomischen Werterechnung ferner: *Breyer/Zweifel/Kifmann*, S. 19ff; *Dietz*, S. 111ff; *Greiner*, S. 89ff, 148ff. Vgl. auch die Rechtsprechung des Bundesverfassungsgerichts zum Leistungsumfang der gesetzlichen Krankenversicherung: BVerfGE 115, 25.

liegen für garantiert, ist kaum bereit, diesbezügliche Aufwendungen zu tätigen. Das ändert sich im Fall der Erkrankung schlagartig: Unter dem Eindruck des plötzlichen und unerwarteten Verlustes des zuvor als selbstverständlich erachteten Zustands steigt die Bereitschaft, zur Wiederherstellung erhebliche wirtschaftliche Aufwendungen zu tätigen – „Gesundheit hat höchste Priorität"[244].

Damit wird aufgrund der persönlichen Situation des zahlenden Patienten die von dem Konzept subjektiver Äquivalenz geforderte, rationale Leistungsbewertung verdrängt.[245] Die hier beschriebene Zwangssituation ist jedoch nicht mit dem – entgegen wirtschaftlicher Rationalität gezahlten – Liebhaberpreis zu vergleichen, denn die zum Abschluss führenden Motive gründen sich nicht auf Bedürfnissen, über deren Wahrnehmung das Individuum unter anderem in Abhängigkeit der entstehenden Kosten entscheidet. Höhere Gesundheitskosten können sich deswegen kaum auf die prinzipielle Nachfrageentwicklung auswirken; medizinische Leistungen haben einen *vollkommen unelastischer* Preis.[246]

Die wirtschaftliche Bewertung von Gesundheit wird ferner durch die mangelnde eigene Expertise des Zahlungspflichtigen verstärkt, der zwingend der Information durch den Arzt bedarf, um überhaupt über die Inanspruchnahme und die Folgen der Nichtwahrnehmung entscheiden zu können.[247] Es besteht in dieser Hinsicht ein Abhängigkeitsverhältnis, welches der Arzt im Rahmen eines überhöhten Preisdiktats auszunutzen geneigt sein könnte, was erklärt, warum Notfall- und akute Schmerzbehandlungen nicht von dem Abschluss einer Honorarvereinbarung abhängig gemacht werden dürfen.[248] Weil durch standesrechtliche Regulierung zudem ein Preiskampf unter den Medizinern effektiv ausgeschlossen würde[249], hätte die Ärzteschaft im hy-

244 *Schulenburg*, S. 102; ebenso *Breyer / Zweifel / Kifmann*, S. 41f.

245 Vgl. *Dietz*, S. 265.

246 *Breyer / Zweifel / Kifmann*, S. 92f; *Schulenburg*, S. 102; *Dietz*, S. 299.

247 *Buchholz*, in: Der Arzt als Dienstleister - der Patient als Kunde, 70–87 (76); *Felser*, in: Wahrnehmung von Preisen und Kosten aus psychologischer Sicht, 193–203 (200ff); *Bohrmann*, S. 286; *E. Jung*, § 7 IV.

248 Vgl. das Zitat *Hoppes* bei *Buchholz*, in: Der Arzt als Dienstleister - der Patient als Kunde, 70–87 (79); ferner VG Münster MedR 1999, 146 (147): Weil Patienten „aufgrund mangelnder eigener Fachkunde" Entscheidungen und Empfehlungen ihres Arztes regelmäßig nicht in Zweifel zögen, obliege diesen „eine in der gewerblichen Wirtschaft unübliche Verantwortung und Fürsorge gegenüber seinen Patienten". Krit. *Gesellensetter*, S. 176 m.w.N. Zu den Folgen für das Inanspruchnahmeverhalten der Patienten: *Andersen / Schulenburg*, S. 100ff.

249 § 1 Abs. 1 Satz 2 MBOÄ; vgl. zum Sinn und Zweck dieser Wettbewerbsbeschränkung ferner

pothetischen Falle freier Verhandelbarkeit des Honorars alle Vorteile auf ihrer Seite.[250]

2. Das Fehlen von Verhandlungspartität

Zusammenfassend wird angesichts dieser Konstellation eine ausgeglichene Verhandlungsmacht zwischen Arzt und dem sich selbst verpflichtenden Patienten schwerlich anzunehmen sein. Die Situation entspricht den Fällen typischerweise gestörter Vertragsparität, bei denen das Bundesverfassungsgericht ein staatliches Einschreiten zur Herstellung materialer Vertragsfreiheit fordert[251], beispielsweise indem die Mittel der Machtausübung dezidierten Regeln unterworfen werden, um deren Ausnutzung zum Nachteil des Vertragspartners zu verhindern.[252] Etwa ist die Inhalts- und Klauselkontrolle der §§ 305ff BGB als Reaktion des Gesetzgebers auf den Charakter allgemeiner Geschäftsbedingungen zu verstehen, welche konzeptionell den mehrfachen Verwender begünstigen und zur Grundlage von dessen struktureller Überlegenheit werden.[253]

Von den vorangehend genannten Fällen unterscheidet sich die Konstellation des Arztvertrages indes insoweit, als die strukturelle Unterlegenheit des Patienten auf seine eigene Person zurückzuführen ist. Es ist seine körperliche und emotionale Ausnahmesituation, die ihn nicht nur in ein Abhängigkeitsverhältnis zu der Tätigkeit des Mediziners führt, sondern es ihm ferner erschwert, die in Anspruch genommene Leistung wirtschaftlich einzuordnen. Es handelt sich um eine durch intrinsische Aspekte hervorgerufene, grundlegende Beeinträchtigung der Fähigkeit zur Willensbildung. Nicht die strukturelle Überlegenheit des Vertragspartners schaltet die Fähigkeit zur tatsächlich freien Willensbildung und -ausübung aus[254], es verhält sich genau umgekehrt.

Die Problematik, in der sich der Zahlungspflichtige befindet, verdeutlicht ein Blick auf die Theorie, die *Wolf* zur rechtsgeschäftlichen Entscheidungsfreiheit entwickelt hat:[255] Die Legitimationsmacht der

---

Scholz, in: Spickhoff, Medizinrecht, § 27 MBO Rn. 1.

250 Vgl. dazu die Ausführungen zu Markttransparenz und ausreichender Information aus Voraussetzung ökonomischen Individualverhaltens: *Dauner-Lieb*, S. 63ff, 66, 68.

251 BVerfGE 89, 214 (232).

252 *Looschelders/Olzen*, in: StaudingerBGB, § 242 Rn. 46 m.w.N.

253 Vgl. *Schlosser*, in: StaudingerBGB, Vorbemerkungen zu den §§ 305ff Rn. 4.

254 Vgl. die Differenzierung von wirtschaftlicher und psychologischer Unterlegenheit bei *Wolf*, S. 18.

255 *Ders.*

Selbstbestimmung für den Vertrag sei auf die Eigenverantwortung der Vertragspartei zurückzuführen, die für nachteilige Vertragsinhalte, deren Zustandekommen sie selbst beeinflussen konnte, niemand anderen zur Rechenschaft ziehen könne.[256] Voraussetzung dafür sei jedoch die Möglichkeit zur willensgesteuerten und damit selbstverantwortlichen Einflussnahme auf den Vertrag. Erst dann sei ein Zurechnungszusammenhang zwischen Willensbildung und Vertragsinhalt möglich.[257] Als selbstbestimmt sei dabei die Bewertung des Vertragsinhalts anhand der individuellen Interessenlage zu verstehen[258], wobei die Fähigkeit, die Entscheidung nicht von sachfremden Erwägungen abhängig zu machen, entscheidendes Kriterium sei.[259] Selbstverantwortung solle mithin nur dort gegeben sein, wo sich der Einzelne in seiner Willensentscheidung von sachfremden Beeinflussungen befreien könne. Das sei gegeben, wenn Wahlmöglichkeiten offenstünden[260], über deren Inanspruchnahme der Einzelne vernünftig, auf Grundlage einer Abwägung der vertragszweckerheblichen Vor- und Nachteile entscheiden könne.[261] Vernünftiges und damit selbstbestimmtes Entscheiden sei dann gegeben, wenn für den Vertragsschluss beziehungsweise dessen Ablehnung ausschließlich sachgerechte Erwägungen ausschlaggebend seien.[262] Die Entscheidung über eine Vertragsbedingung dürfe nicht von sachfremden Aspekten, das heißt von damit sachlich nicht zusammengehörigen Fragestellungen, abhängig gemacht werden.[263] Aus Gründen des Vertrauensschutzes könne eine rechtsstaatliche Reaktion auf sachfremde Einflüsse und die damit verbundene Entscheidung in Unvernunft nur dort erfolgen, wo sie für den Entscheidenden unzumutbar werden würde. Selten würden die Interessenlagen der Parteien gänzlich korrespondieren und einander ergänzen, sodass die Bezugnahme auf für das Gegenüber sachfremde Erwägungen grundsätzlich als sozialadäquat zu betrachten sei.[264] Es

256 Vgl. *Wolf*, S. 75F, 83ff.

257 *Ders.*, S. 80.

258 *Ders.*, S. 77.

259 *Ders.*, S. 82.

260 *Ders.*, S. 113.

261 *ders.*, S. 113, 115. *Wolf* nimmt insoweit auf die Geschäftsfähigkeit Bezug, die entsprechend § 104 Nr. 2 BGB nur jenen zugebilligt werde, die nach der Verkehrsauffassung zu einer vernunftgemäßen Willensbildung fähig seien (*ders.*, S. 116).

262 Vgl. *ders.*, S. 126; dazu auch *Knothe*, in: StaudingerBGB, § 104 Rn. 10f.

263 *Wolf*, S. 128.

264 Vgl. *ders.*, S. 131ff.

könne von den Vertragsparteien verlangt werden, sich solcher selbst zu erwehren[265] und dies zudem in ihre Bewertung einfließen zu lassen.[266]

Eine Schwelle werde jedoch dort überschritten, wo die Beachtung sachfremder Erwägungen für den Entscheidenden unzumutbar werde.[267] Das sei der Fall, wenn der Wert der in Kauf zu nehmenden, sachfremden Aspekte jenen der sachgerechten Erwägungen so massiv überwöge, dass die Bewertung letztgenannter nicht möglich beziehungsweise für den Vertragsschluss nicht mehr entscheidend sei.[268] Die Entscheidungsfreiheit sei beeinträchtigt, wenn für die Vertragspartei mit den sachfremden Vertragsbedingungen „Interessen von solchem Gewicht auf dem Spiel [stünden], daß sie die im Zusammenhang mit der Regelung der Einzelbedingungen zu treffende Wertung verdräng[en] [würden]"[269] . Das sei vor allem dann der Fall, wenn einzelne Erwägungsgründe nicht auf wirtschaftlicher Basis verglichen werden könnten.[270] Sachfremde, höherwertige Erwägungen würden allein aufgrund ihrer Höherwertigkeit den Vorzug erhalten.[271] In diesen Fällen sei ein Einschreiten geboten. Es entstünde ansonsten ein Wertungswiderspruch, da die Rechtsordnung dem Einzelnen die Wahrung von Werten abspräche, die sie außerhalb des Vertrages gegenüber dem Eingriff Dritter schütze.[272]

Die Höherwertigkeit sowie die Sachfremdbezogenheit eines Interesses sei einzelfallabhängig zu verstehen, folge allerdings bestimmten Kriterien.[273] Hinsichtlich des Ranges sei die verfassungsmäßige Ordnung entscheidend; ergänzt um eine individuelle Betrachtung des Einzelfalls.[274] Beispielsweise seien Leben und Gesundheit gegenüber vermögensrechtlichen Interessen stets überwiegend, eine im Einzelfall nur geringere Lebensgefahr könne aber gegenüber dem Gesundheitsinteresse zurückstehen.[275] Im Hinblick auf die Sachbezogenheit eines

265 *Ders.*, S. 138.
266 *Ders.*, S. 145ff, 149.
267 *Ders.*, S. 139.
268 *Ders.*, S. 142.
269 *Ders.*, S. 154.
270 *Ders.*, S. 157ff.
271 *ders.*, S. 164. Deutlich werde dies nach *Wolf* an der Idee des Kontrahierungszwangs (*ders.*, S. 159f).
272 *Ders.*, S. 161.
273 Vgl. *ders.*, S. 165, 175.
274 *Ders.*, S. 174f.
275 *Ders.*, S. 175.

Interesses sei – um einen Eingriff in das Selbstbestimmungsrecht zu vermeiden – zu fragen, „ob zwischen den Interessen und dem angestrebten Zweck eine sinnvolle Beziehung besteh[e], die es einsichtig mach[e], dieses Interesse überhaupt in die Abwägung miteinzubeziehen“[276]. Sachfremd seien im Umkehrschluss solche Erwägungen, bei denen es an einer sinnvollen Beziehung fehle.[277]

Im Fall des ärztlichen Honorars stellt sich die Sache nun wie folgt dar: Zweck des Vertrages ist – vom Standpunkt des Zahlungspflichtigen – die Wiederherstellung der eigenen Gesundheit oder der eines Dritten. Im Hinblick auf dieses Ziel ist das ärztliche Honorar keine sachlich zusammengehörige Frage und umgekehrt die Gesundheit für die Berechnung des Honorars ein sachfremder Aspekt im Sinne vorangehender Ausführungen.[278] *Wolf* differenziert bei der Frage nach der Sachgerechtigkeit zwischen den verschiedenen, mit dem Vertrag verfolgten Zielsetzungen, die dazu führen, dass den einzelnen Vertragsbestandteilen unterschiedliche Funktionen zukommen.[279] Für das Vorliegen von Sachgerechtigkeit genüge es mithin nicht, dass ein fraglicher Aspekt aufgrund einer Folgenbetrachtung vernünftigerweise als Argument für einen Vertragsschluss herangezogen werde. Vielmehr habe er den vom Individuum benannten Vertragszweck unmittelbar sachlich zu fördern.[280] Die Verknüpfung im Rahmen einer Gesamtabwägung genügt nicht.

Doch nur in diesem Zusammenhang stehen Honorarhöhe und Gesundheit. Zweck des Behandlungsvertrages ist die medizinische Leistung, die ohne Vertragsschluss nicht erreicht wird. Sie ist die treibende Kraft hinter dem Vertragsschluss, bei dessen Ausbleiben auf die Behandlung verzichtet werden muss. Auf der Seite des Leistungsempfängers verdrängt das Interesse an der Vornahme mithin eventuelle Bedenken aufgrund eines zu hohen Honorars. Ein Sachzusammenhang mit der Honorarhöhe besteht vom Standpunkt des Zahlungspflichtigen nur dort, wo die Frage der Leistungserbringung unmittelbar davon abhängt. Etwa wird der Arzt berechtigterweise nur gegen ein Entgelt behandeln, sodass das *Ob* einer Bezahlung nicht infrage gestellt werden wird. Fernerhin ist an die wirtschaftlichen Zwänge und Er-

276 *Wolf*, S. 169.
277 *Ders.*, S. 170.
278 Vgl. die Ausführungen zum Kühlschrankkauf: *ders.*, S. 127f.
279 *ders.*, S. 128.
280 *Ders.*, S. 128.

fordernisse des Arztes zu denken. Diesen bei der Honorarberechnung gerecht zu werden, um eine Behandlung zu ermöglichen, ist im Hinblick auf die Gesundheit als übergeordnetes Ziel ebenfalls sachgerecht. Jedoch wird es Zahlungspflichtigen regelmäßig an den notwendigen Kenntnissen mangeln, um die wirtschaftlichen Zusammenhänge der von ihm verlangten Tätigkeit zu kalkulieren. Er kann mithin nicht unterscheiden, ob die von ihm getätigten Aufwendungen sachgerecht sind, weil sie unter wirtschaftlichen Gesichtspunkten zur Leistungserbringung erforderlich sind, oder ob die Grenze überschritten wurde, sodass die Gesundheit als sachfremder Grund für die Aufwendung ausschlaggebender Gesichtspunkt ist.

Die Abwesenheit besagter Fähigkeiten trägt mithin erst zur überlegenen Verhandlungsposition des Arztes bei. Dem zahlenden Patienten vergleichbare Zwangssituationen mögen sich bis zu einem gewissen Grad bei nahezu allen Geschäften zur Deckung des täglichen Bedarfs konstruieren lassen[281] – zu denken wäre etwa an die ebenso lebensnotwendige Versorgung mit Lebensmitteln, welche ein Großteil der Bevölkerung in der arbeitsteiligen Gesellschaft praktisch nur im Wege des Kaufs erledigen kann.[282] In der Regel verhindert die Breite des Marktes jedoch ein Preisdiktat zuungunsten des Konsumenten, dem dank eines gesicherten und vielseitigen Angebots eine rationale Bewertung möglich ist und der deswegen keiner vergleichbaren Drucksituation ausgesetzt wird.[283] Darüber hinaus ist gegenüber solchen Verbrauchsgütern eine ganz generell andere Einstellung zu erwarten, da deren Verlust bereits bei Erwerb eingeplant oder zumindest als möglich erachtet wird.

In Anbetracht vorgenannter Umstände verbietet sich der Rückgriff auf das Prinzip subjektiv-formaler Preisfindung für den Arztvertrag. Der Konsensmechanismus als Korrektur der geäußerten subjektiven Einschätzungen durch den Vertragspartner bliebe dann ein stumpfes Schwert, wenn eine Vertragspartei keine Vorstellung über den Wert der empfangenen Leistung entwickeln würde beziehungsweise dieser Wert aus ihrer Sicht für das *Ob* des Vertragsschlusses nicht von Relevanz wäre. Der Vertragsmechanismus bedarf konzeptionell der Selbst-

281 Vgl. *Buchholz*, in: Gesundheit als Wirtschaftsgut, 45–65 (47); *Wolf*, S. 127f; 159.

282 Vgl. *Dauner-Lieb*, S. 112.

283 Vgl. *dies.*, S. 68; *Canaris*, Archiv für die civilistische Praxis 200 (2000), 273–364 (293); *Rittner*, JZ 2011, 269 (272); *Wolf*, S. 180ff.

bestimmung *beider* Parteien.[284] Selbst wenn die willentliche Ausnutzung seiner strukturellen Überlegenheit durch den Arzt unterbliebe, wäre seine nach eigenem Empfinden realistische Bewertung der eigenen Leistung eine subjektive Einzelmeinung, welche in Bezug auf den richtigen Preis falsch sein kann.[285] Gerade deswegen wird die doppelte Legitimation des Preises durch beide Seiten als notwendig erachtet.[286]

Dass für den Ausfall subjektiv-formaler Preisfindung – anders als in den üblichen Fällen gestörter Vertragsparität – keine externe Beeinflussung einer Partei, sondern ein in ihr selbst angelegter Umstand ursächlich ist, ist unerheblich. Ansonsten bestünde auch kein Grund, bei einer nicht nur vorübergehenden, die freie Willensbestimmung ausschließenden krankhaften Störung der Geistestätigkeit dem Individuum entsprechend § 104 Nr. 2 BGB die Geschäftsfähigkeit zu versagen beziehungsweise bei nur vorübergehender Störung die in diesem Zustand abgegebene Willenserklärung nach § 105 Abs. 2 2. Alt BGB für nichtig zu erklären. Denn Grundlage dieser Regelungen ist nicht die Annahme, dass eine psychologische oder neurologische Erkrankung voluntatives Handeln unmöglich macht. Eine solche Bezugnahme auf den Willensbildungsprozess würde nur zu der Diskussion führen, ob das Individuum überhaupt vollkommen frei entscheiden kann, wenn bedacht wird, dass die neurologischen Vorgänge des Hirns nicht von den Naturgesetzen entkoppelt und deswegen bis zu einem gewissen Grad determiniert sind.[287] Die Norm wird vielmehr von der Vertragstheorie getragen.

Grundannahme ist die Erwartung, dass eine Durchschnittsperson in ihren Entscheidungen „maßgeblich von vernünftigen Überlegungen'[288] geleitet wird, sodass ihr diese Entscheidungen zugerechnet werden dürfen.[289] Wer die nach gesellschaftlicher Auffassung vernünftige Handlungsoption erkennt und zu deren Umsetzung fähig ist, kann für die Konsequenzen seiner Entscheidung auch die Verantwortung zugewiesen bekommen.[290] Deshalb ist nach der Rechtspre-

284 *Wolf*, S. 60.
285 Vgl. *Schmidt-Rimpler*, AcP (1941), 130–197 (151).
286 *Wolf*, S. 60ff.
287 Vgl. *Mankowski*, AcP 211 (2011), 153–194 (180f); *Knothe*, in: StaudingerBGB, § 104 Rn. 10.
288 *Knothe*, in: StaudingerBGB, § 104 Rn. 10.
289 *Mankowski*, AcP 211 (2011), 153–194 (181, 188); *Knothe*, in: StaudingerBGB, § 104 Rn. 10, § 105 Rn. 13.
290 Vgl. *Wolf*, S. 75ff; *Mankowski*, AcP 211 (2011), 153–194 (191).

chung für den Ausschluss der freien Willensbestimmung im Sinne von § 104 Nr. 2 BGB weniger von Belang, ob der Betroffene infolge seiner Krankheit rechtliche Fragestellungen intellektuell zu durchdringen vermag.[291] Entscheidend ist die Möglichkeit, gegen die krankheitsbedingten Vorstellungen und Empfindungen zu handeln, also gegen den inneren Zwang, eine von der übrigen Gesellschaft als vernünftig erachtete Entscheidung zu treffen.[292] Die freie Willensbildung soll dann ausgeschlossen sein, wenn „der Betroffene fremden Willenseinflüssen unterliegt oder die Willensbildung durch unkontrollierte Triebe und Vorstellungen ähnlich einer mechanischen Verknüpfung von Ursache und Wirkung ausgelöst wird".[293] Der für den Ausschluss der Geschäftsfähigkeit relevante Ursachenzusammenhang besteht also nicht zwischen der Erkrankung und der Fähigkeit, einen Willen selbst zu fassen, sondern zwischen der Krankheit und der daraus resultierenden Beeinträchtigung der vermuteten Fähigkeit zu vernünftigen Entscheidungen.

Im Behandlungsvertrag besteht eine vergleichbare Situation mit dem Zahlungspflichtigen, der aufgrund der von der Erkrankung ausgehenden Drucksituation wider seine möglicherweise vernünftige Bewertung der ärztlichen Leistung handelt. Auch bei ihm liegt die Ursache der Unfähigkeit, gemäß vernünftiger Einschätzungen zu handeln, in ihm selbst, äußere Gründe wirken nicht auf ihn ein und können infolgedessen nicht ohne Weiteres abgestellt werden. Das heißt jedoch nicht, dass der Zahlungspflichtige deswegen bereits zwangsläufig geschäftsunfähig wird oder seine Willenserklärung entsprechend § 105 Abs. 2 2. Alt BGB – dieser stellt bis auf die Dauer der Störung die gleichen Anforderungen an die Beeinflussung der Willensbildung wie § 104 Nr. 2 BGB –, als nichtig zu betrachten ist.[294] Denn mit der Leistungsbewertung ist nur ein Teilaspekt des Vertrages betroffen. Sofern mittels der Gebührenordnung die als kritisch zu erachtende Bewertungsfrage aus dem Vertrag ausgeklammert wird, ist es gar nicht erforderlich, der Störung des Vertragsmechanismus mit einer partiellen Ge-

291 *Knothe*, in: StaudingerBGB, § 104 Rn. 11.

292 *J. Schmitt*, in: MünchKommBGB, § 104 Rn. 15, § 105 Rn. 40; *Hefermehl*, in: Soergel, § 104 Rn. 4, § 105 Rn. 5f.

293 BGH NJW 1970, 1680 (1681) unter Bezugnahme auf RGZ 103, 339; 130, 69; dazu [*Knothe*, in: StaudingerBGB, § 104 Rn. 11 m.w.N.

294 *Knothe*, in: StaudingerBGB, § 105 Rn. 13; *J. Schmitt*, in: MünchKommBGB, § 105 Rn. 40; *Hefermehl*, in: Soergel, § 105 Rn. 5f.

schäftsunfähigkeit in Gesundheitsfragen beziehungsweise einer entsprechenden Nichtigkeitserklärung der Vereinbarung zu begegnen.[295]

Des Weiteren unterliegt die Vermutung, dass die Unfähigkeit zur Leistungsbewertung im Arztvertrag führt, Einschränkungen. Sicherlich übt nicht jede Erkrankung einen solchen Leidensdruck aus, dass zur deren Beseitigung jedwedes verlangte Honorar gezahlt werden würde.[296] Das zeigt bereits die Uneinigkeit über die begriffliche Definition von Krankheit.[297] Ferner dürfen diejenigen Fälle der Inanspruchnahme eines Arztes nicht vergessen werden, bei denen mangels eines pathologischen Zustands besagter Leidensdruck gar nicht erst besteht.[298] Die Absage an die subjektive Preisbestimmung bezieht sich somit auch nur auf die Grundannahme, die einer anderen Bewertung einzelner Vertragskonstellationen nicht entgegensteht. Die Möglichkeit der Honorarvereinbarung als eine Art Öffnungsklausel ist angesichts dessen nur konsequent.[299]

3. Die GOÄ als Antwort auf die Preisfindungsproblematik

Die Unmöglichkeit, das ärztliche Honorar mittels des üblichen Preisfindungsmechanismus zu bestimmen, ist indes nicht gleichbedeutend mit dem generellen Abrücken von der Idee der Äquivalenz. Bei anderen Fällen strukturell benachteiligter Parteien wird für diese grundsätzlich ein ökonomisches Denken und damit ein generelles Interesse an Äquivalenz angenommen.[300] Ansonsten bestünde gar kein Korrekturbedürfnis. Zeigt sich, dass jenes in der konkreten Vertragssituation nicht zum Tragen kommt, resultiert daraus nicht die Aufgabe des Äquivalenzideals, sondern das Bestreben, den gestörten Preisfindungsmechanismus wiederherzustellen. Die vom Bundesverfassungsgericht für die Fälle gestörter Verhandlungsparität angemahnte Korrektur zugunsten materialer Vertragsfreiheit verkäme zum Selbst-

295 Zu den Folgen in Abschnitt E.I.; zu der Möglichkeit partieller Geschäftsunfähigkeit / Nichtigkeit: BVerfG NJW 2003, 1382; *Knothe*, in: StaudingerBGB, § 104 Rn. 14, § 105 Rn. 13; *J. Schmitt*, in: MünchKommBGB, § 105 Rn. 42.

296 Vgl. zur Inanspruchnahmeschwelle, ab der ein Arzt aufgesucht wird: *Andersen / Schulenburg*, S. 96ff. Dazu ferner *Buchholz*, in: Der Arzt als Dienstleister - der Patient als Kunde, 70–87 (78); *Zweifel*, Zeitschrift für ärztliche Fortbildung und Qualiät im Gesundheitswesen 2007, 369 (371); *Dietz*, S. 147; *Bohrmann*, S. 257.

297 Vgl. *Dietz*, S. 145ff m.w.N.

298 Vgl. *ders.*, S. 147.

299 Vgl. zur entgegengesetzten Grundanlage des BGB: *Wolf*, S. 86.

300 *Busche*, in: MünchKommBGB, Vorbem. zu § 145 Rn. 5.

zweck, wenn sie nicht auf die Möglichkeit persönlicher Einflussnahme auf die Vertragsgestaltung und damit letztlich auf eine subjektive Äquivalenzbildung abzielte.[301] Fernerhin erfolgt die Aberkennung der Geschäftsfähigkeit bei Störungen der Geistestätigkeit gerade deswegen, weil den Betroffenen unterstellt wird, zu wirtschaftlich vernünftiger Entscheidung nicht fähig zu sein.[302] Deren Schutz vor deren Konsequenzen wäre allerdings überhaupt nicht geboten, wenn ihnen nicht zugleich ein Interesse an einer ‚vernünftigen' Ordnung ihrer Verhältnisse zugebilligt würde.

Letztlich bedarf es eines Ausweichens auf ein anderes Modell der Äquivalenzbestimmung, welches – schließlich fällt die Fähigkeit zur eigenständigen Bewertung der medizinischen Leistung zumindest seitens des zahlenden Patienten aus – nicht von den Vertragsparteien ausgehen kann. Äquivalenz ist auf anderem Wege zu verwirklichen.[303] Das Konzept subjektiver Preisbestimmung ist eine relative Wertung, über die das Prinzip formaler Gerechtigkeit nicht vernachlässigt werden soll. Sie fußt auf der Herrschaftsmacht der Vertragsparteien über den Vertrag und dessen Inhalt und formuliert damit einen konkreten Schutzzweckzusammenhang von beobachteter Situation und Wertung. Im Vertrag manifestiert sich die Selbstbestimmung der Parteien. Als Ausdruck dieser Selbstbestimmung ist der vereinbarte Preis zu akzeptieren. Diese Aussage gilt indes nur dann, wenn der Vertrag in einer konkreten Vertragssituation tatsächlich als Ausdruck von Selbstbestimmung zu betrachten ist. Ist das nicht der Fall, müsste nach dem Grundsatz formaler Gerechtigkeit anders verfahren werden.[304]

a) Umkehr des üblichen Korrekturmechanismus

Das geschieht mit der Gebührenordnung für Ärzte. Der fehlerhafte Mechanismus der Preisfestsetzung durch die Parteien wird durch eine hoheitliche Leistungsbewertung ersetzt. Das eliminiert nach Mög-

301 Dementsprechend sieht *Olzen* im Äquivalenzprinzip den „Ausgangspunkt zum Ausgleich einer ungleichen Kräfteverteilung zwischen Vertragsparteien"(*Olzen*, in: StaudingerBGB, Einleitung zum Schuldrecht Rn. 66).

302 *Mankowski*, AcP 211 (2011), 153–194 (181, 188); *Knothe*, in: StaudingerBGB, § 104 Rn. 10.

303 Vgl. *Rittner*, AcP 188 (1988), 101–139 (132)*Fastrich*, S. 55ff, 216ff, die sich im Fall mangelnder Selbstbestimmung für eine positive Inhaltskontrolle aussprechen, die im Vertragsrecht eigentlich unzulässig sei (dazu ferner den Abschnitt D.II.2.e)).

304 Vgl. dazu die Kritik *Andersons* an der Gleichbehandlung in Notsituationen (*Anderson*, Ethics 109 (1999), 287–337 (295ff)) sowie die Ablehnung typologisierender Vertragsleitbilder als Quelle des Pflichtenkatalogs bei *Oechsler*, S. 296ff.

lichkeit einen aus der Störung der Vertragsparität resultierenden Missbrauch des Vertrages zulasten des bei der Bewertung eingeschränkten Zahlungspflichtigen, denn die Leistungsbewertung wird als Verhandlungsgegenstand ausgeklammert.

Der Vorteil dieser Herangehensweise liegt darin, dass der einzelne Behandlungsvertrag keiner positiven Überprüfung bedarf. Die Gebührenordnung kehrt das übliche Schutzregime des Zivilrechts um, welches hinsichtlich der Vereinbarkeit tatsächlicher Selbstbestimmung mit der Bindungswirkung des Vertrages durch praktische Konkordanz skizziert wurde.[305] Für den Regelfall gilt die Annahme, dass das Honorar nicht im Wege subjektiver Preisfindung bestimmt werden kann. Die im Vertragsrecht ansonsten übliche Bestimmung des Preises durch die Beteiligten ist der Ausnahmefall, der im Rahmen der Honorarvereinbarung weiterhin möglich bleibt. Die Krankheit des Patienten ist jedoch nur ein nicht nachgewiesener Anhaltspunkt, der die Beeinträchtigung der Willensbildung vermuten lässt.[306] Bei Beibehaltung der subjektiven Preisbestimmung als Leitbild des BGB wäre deswegen eigentlich stets zu überprüfen, ob der Patient trotz seiner Erkrankung zu einem freien Willensentschluss in der Lage war.[307] Diese Überprüfung wird durch die Möglichkeit der Honorarvereinbarung entbehrlich, da sie den Parteien selbst erlaubt, eigenständig über die Ausübung der Willensherrschaft zu entscheiden.

b) Notwendigkeit einer alternativen Preisfestsetzung

Mit der hoheitlichen Preisbestimmung verbunden ist der Verlust des Vertrags als prozedurales Element bei der Preisbestimmung. Der Ausfall des Konsensmechanismus ist in Bezug auf das Honorar ebenso offensichtlich wie der Mangel an Selbstbestimmung, wenn das Honorar nicht mehr durch die Parteien, sondern von einer hoheitlichen Preisliste festgesetzt wird. Gleichzeitig ist das Modell subjektiver Preisfindung durch seine Verankerung in der Vertragsfreiheit für das Vertragsmodell dermaßen fundamental, dass es mehr als nur als typisch zu erachten ist. Eine Unterscheidung im Sinne einer Typologisierung von Verträgen *mit* und Verträgen *ohne* parteiautonome Leistungsbestimmung verspricht dementsprechend keinen Erkenntnisgewinn.

305 Dazu im Abschnitt D.II.3.c).

306 Dazu weiter den Abschnitt D.III.2.

307 Vgl. *Mankowski*, AcP 211 (2011), 153–194 (174); *Terbille*, in: MAH MedR, § 1 Rn. 511.

Das Modell *Oechslers*, das mittels einer vorangehenden Risikoanalyse anhand der Vertragsnatur eine Lösung sucht[308], scheint für den Sonderfall der GOÄ erfolgversprechender.

Die veränderte Rolle des Gesetzgebers bei der Regulierung des Vertrages führt zu einer neuen Interessenlage: Durch die Anordnung eines Gebührenrechts gerät der Normgeber aus der Rolle des Reagierenden in die des Agierenden. Er selbst ist berufen, das als angemessen erachtete Entgelt für eine ärztliche Leistung festzulegen. Damit verschiebt sich zugleich die Interessenlage der Parteien.[309] Solange die Parteien selbst über den Preis bestimmen können, entspricht es ihrem Interesse, dass ihr Wille im Vertrag Niederschlag findet.[310] Folglich gilt es für den Gesetzgeber, die materiale Vertragsfreiheit sicherzustellen, damit sie in tatsächlicher Selbstbestimmung entscheiden können.[311] Wird die Preisfestsetzung durch eine Gebührenordnung außerhalb der Sphäre der Vertragsparteien verlagert, tritt die Beachtlichkeit des Willens bei der Preisfindung in den Hintergrund. Für die Parteien ist es nunmehr von Interesse, dass der Gesetzgeber bei der Preisbestimmung ihre wirtschaftlichen Belange berücksichtigt.

Daraus resultiert ein augenscheinlich gänzlich anderes Verständnis vom gerechten Preis, als es im Zivilrecht mit dem Gedanken subjektiver Preisbestimmung zu finden ist. Durch das Modell subjektiver Preisfindung gilt derjenige Preis als gerecht, der dem Willen der Parteien entspricht.[312] Ungeachtet dessen muss Preisgerechtigkeit als Wertung zugunsten der wirtschaftlichen Belange der Parteien verstanden werden: Bereits die Ausrichtung des aristotelischen Gerechtigkeitsmodells am Gebrauchswert offenbart die Orientierung an den wirtschaftlichen Interessen der Vertragsparteien, wenn sie verhindern soll, dass eine Person mehr zahlt, als sie wirtschaftlichen Nutzen erhält. Da damit ein letztlich als legitim erachtetes Profitstreben negiert wird, kommt es zur kritisierten Inkompatibilität mit dem gegebenen Wirt-

308 *Oechsler*, S. 315ff.

309 *Oechsler* spricht in diesem Zusammenhang von dem spezifischen *Problempotenzial* einer Vertragskonstellation. In Abhängigkeit von der Natur einer Vereinbarung und dem mit ihrem Abschluss verfolgten Zweck bestimme sich das Gefahrenpotenzial des Leistungsaustauschs und damit der notwendige Regelungsbedarf (*ders.*, S. 280). Zum Schutzzweckzusammenhang als Verknüpfung von Beobachtung und Wertung den Abschnitt B.I.2.d).

310 Vgl. *Schmidt-Rimpler*, AcP (1941), 130–197.

311 Dazu im Abschnitt D.II.3.a).

312 Dazu den Abschnitt D.II.2.a) sowie die Einschränkung bei *Busche*, S. 83.

schaftssystem.[313] Anders das Modell von Preisgerechtigkeit, welches, auf der Vertragsfreiheit basierend, die Preisbestimmung und Legitimation in die Hände *beider* Vertragsparteien legt. Grundlage ist der Gedanke der Willensherrschaft und der Eingrenzung gegenseitiger Egoismen durch Konsens. Keiner Seite soll ein Vertrag aufgezwungen werden, den sie zumindest in dieser Form nicht eingehen möchte, weil sie dadurch letztlich nur Nachteile erwartet.[314]

c) Die Gestaltungsfreiheit des Verordnungsgebers

Die obligatorische Rücksichtnahme auf die Belange der Parteien wird ferner in der Erlassgrundlage für die GOÄ statuiert. § 11 Satz 3 BÄO hält den zur Bewertung der Leistungen berufenen Verordnungsgeber dazu an, bei der Aufstellung der Gebührenordnung „den berechtigten Interessen der Ärzte und der zur Zahlung der Entgelte Verpflichteten Rechnung zu tragen“. Diese relevanten Interessen sind im Gesetz nicht benannt, sodass sie letztlich durch den Verordnungsgeber zu bestimmen sind.

Ermächtigungsgrundlagen sind regelmäßig keine bis ins letzte Detail ausformulierten Gestaltungsvorgaben an den Verordnungsgeber, sondern legen vielmehr in Grundzügen jene vom Gesetzgeber vorgesehene Regelung dar.[315] Es ergibt sich – innerhalb besagter Grundzüge – ein Spielraum des Verordnungsgebers, welcher berufen ist, die Ermächtigungsgrundlage in einem anwendbaren Normenkomplex umzusetzen. Dementsprechend wird eine mehr oder weniger stark ausgeprägte Gestaltungsfreiheit des Verordnungsgebers allgemein angenommen.[316] Das Bundesverwaltungsgericht spricht in diesem Zusammenhang von Aspekten des „Wertens, Bewertens und auch Abwägens“[317].

Schon aus Gründen der Gewaltenteilung kann ein solches Gestaltungsrecht allerdings nicht grenzenlos gelten. In seinen Grundzügen ist es zwar mit jenem der Legislative vergleichbar, als Umsetzung übergeordneten Rechts durch die Exekutive allerdings weitaus stärker

313 *Heinrich*, S. 364. Dazu den Abschnitt D.II.1.

314 Dazu im Abschnitt D.II.2.b)

315 Eine dem Verordnungsgeber jedwede Interpretation abnehmende, vollumfänglich und detailliert ausformulierte Ermächtigungsgrundlage würde die Delegation der Normsetzung schlichtweg unnötig machen. Der Gesetzgeber könnte einfach ein entsprechendes Gesetz erlassen.

316 *Danwitz*, S. 161.

317 BVerwGE 60, 25 (45).

Begrenzungen unterworfen.[318] Beschränkt ist nicht nur die Entschließungsfreiheit des Verordnungsgebers, überhaupt von einer Ermächtigungsgrundlage Gebrauch zu machen[319], sondern vor allem die inhaltliche Dimension als „zentrale Kategorie der Kontroverse um die Konturierung der verordnungsgeberischen Einschätzungsprärogative".[320]

Besagte Beschränkungen resultieren aus der Bindung des Verordnungsgebers als Exekutivorgan an Recht und Gesetz nach Art. 20 Abs. 3 GG; insbesondere die Grundrechte als Abwehrrechte gegen staatliche Beeinflussung[321] sowie die grundlegenden Prinzipien des Rechtsstaates schränken die Gestaltungsmacht ein.[322] Hinzu treten die im Rang übergeordneten, einfachen Gesetze. Da die Exekutive an geltendes Recht gebunden ist, dürfen Verordnungen formalem Recht nicht widersprechen.[323] Als solches gilt unter anderem das zur Verordnungsgebung ermächtigende Gesetz. Die Gestaltungsfreiheit findet ihre Grenze damit in den dort festgelegten Gestaltungsvorgaben.[324] Der Verordnungsgeber ist der mit der Umsetzung des in der Ermächtigungsgrundlage zum Ausdruck gebrachten Gestaltungsauftrags betraute Rechtsanwender, der sich dementsprechend an diesem Gestaltungsauftrag zu orientierten hat.[325] Ein „Freiraum eigengestalterischer Maßstabssetzung"[326] existiert nur dort, wo der gesetzlich gefasste Gestaltungsauftrag eine Interpretation erlaubt; nicht jedoch dort, wo bereits in der Ermächtigungsnorm dem Verordnungsgeber die inhaltliche Gestaltung vorgeschrieben wird.[327] Ferner sind im Rahmen einer Gesamtschau die organschaftlichen Beziehungen des Verordnungsgebers, der Konkretisierungsgrad der erlassenen Verordnungen sowie die Frage demokratischer Legitimation durch einen Zustimmungsvorbehalt als nachgeordnete Billigung der Verordnung durch den Gesetzgeber von Bedeutung.[328]

---

318 *Danwitz*, S. 167f, 177; zur Einordnung als abstrakt-generelle Rechtssetzung sui generis und zur Abgrenzung gegenüber dem verwaltungsrechtlichen (Planungs-)Ermessen: *ders.*, S. 169ff, 177.

319 *Ders.*, S. 179ff.

320 *Ders.*, S. 185.

321 Umgekehrt können Schutzpflichten einen Grund für Verordnungsgebungen darstellen; *ders.*, S. 185.

322 *Ders.*, S. 185.

323 *Ders.*, S. 186.

324 *Ders.*, S. 186.

325 *Ders.*, S. 188.

326 *Ders.*, S. 189.

327 *Ders.*, S. 189f.

328 *Ders.*, S. 191.

d) Der Gestaltungsauftrag als Interessenabwägung

Dieser von der Ermächtigungsgrundlage definierte Gestaltungsraum ist im Hinblick auf die GOÄ auf den ersten Blick verhältnismäßig weit gefasst. In der Bundesärzteordnung (§ 11 BÄO) findet sich hier nur die grob umrissene programmatische Vorgabe für die inhaltliche Ausgestaltung der GOÄ: Verpflichtend ist die Verwendung eines Systems von Mindest- und Höchstsätzen. Ansonsten besteht bezüglich der Entscheidung über die Verbindlichkeit der Gebührenordnung bis zur Bewertung einzelner Leistungen mangels weitergehender Vorgaben ein Interpretationsspielraum des Verordnungsgebers. Er hat primär darüber zu befinden, inwieweit die von ihm erlassene Gebührenordnung entsprechend der Maßgabe des § 11 Satz 3 BÄO sowohl den berechtigten Interessen des Arztes als auch denen der zur Zahlung verpflichteten Kostenträger gerecht wird, sodass eine – wie sie der Verordnungsgeber selbst als Ziel der GOÄ-Novellierungen ausgibt – „angemessene Vergütung“ des Arztes zustande kommt.[329].

Es liegt jedoch auf der Hand, dass bei der dazu erforderlichen Abwägung, ungeachtet des auf den ersten Blick weiten Gestaltungsspielraums, kein beliebiger Wert gewählt werden darf. Eine solche Entscheidung geschähe willkürlich. Insbesondere ist der Verordnungsgeber abseits der Ermächtigungsgrundlage selbst an das übrige höherrangige Recht gebunden. Diesbezüglich wäre insbesondere an zwei Punkte zu denken:

1. Die GOÄ ist, das wird aus § 1 Abs. 1 GOÄ deutlich, nicht die einzige Vergütungsordnung betreffend die Honorierung von Medizinern. Das führt zu der Frage, inwieweit der Verordnungsgeber nach dem Grundsatz formaler Gerechtigkeit verpflichtet ist, innerhalb der verschiedenen Vergütungsordnungen für einen Gleichlauf zu sorgen, um eine grundlose Benach- oder Bevorteilung in den verschiedenen Systemen zu verhindern.

2. Wenn die Vertragsfreiheit grundgesetzlichen Schutz genießt, könnte deren Einschränkung einen Eingriff in verfassungsrechtlich geschützte Rechte darstellen, der zu rechtfertigen ist.

329 Vgl. BR-Drs. 295/82, S. 10

e) Vergleichbare Vergütungsvorschriften

Vergleichbar mit der ärztlichen Honorierung in ihrer Grundkonstellation sind zunächst alle Verträge im Rahmen der allgemeinen Daseinsvorsorge anzunehmen, die eine ähnliche sozialstaatliche Implikation wie die Gesundheitsversorgung aufweisen. In diesem Zusammenhang können ähnliche – bedingt etwa durch spezifische Infrastrukturen – gestörte Verhandlungsparitäten entstehen, die eine staatliche Regulierung notwendig werden lassen.[330] In den meisten Fällen ist die gestörte Verhandlungsparität jedoch mitnichten auf die Person eines oder beider Kontrahierenden, sondern auf eine gestörte Marktstruktur zurückzuführen. Sie kann dementsprechend durch Kontrahierungszwänge oder eine Preiskontrolle anhand eines fiktiven „Als-ob-Wettbewerbspreises"[331] erfolgen. Die Vergleichbarkeit mit dem Zahlungspflichtigen, der angesichts der Bedrohung von Leib und Leben bereit ist, jeden Preis für seine oder die Genesung eines Dritten zu zahlen, ist begrenzt. Ihm fehlt es in jedem Fall an der notwendigen Selbstbestimmung, welche die Grundlage des vertraglichen Konsensprinzips ist.[332]

Als Vergleichsgrundlage bleiben die Vergütungsordnungen anderer Leistungserbringer im Gesundheitssystem. Zu denken ist diesbezüglich an die anderen Gebührenordnungen, die, der GOÄ vergleichbar, eine grundlegende Vergütungsstruktur für andere Leistungserbringer konstituieren. Gemeint sind die Gebührenordnung für Zahnärzte sowie die Gebührenordnung für Psychologische Psychotherapeuten und Kinder- und Jugendlichenpsychotherapeuten (GOP). Während erstere die Vergütung des Zahnarztes inhaltlich regelt, verweist letztere nur auf die Anwendbarkeit der GOÄ. Die diesbezüglichen Ermächtigungsgrundlagen der genannten Gebührenordnungen – § 15 Zahnheilkundegesetz[333] für die Gebührenordnung der Zahnärzte beziehungsweise § 9 Psychotherapeutengesetzes[334] für die GOP – sind nahezu wort-

330 Vgl. *Rittner*, JZ 2011, 269 (272).

331 *Fuchs/Möschel*, in: Immenga / Mestmäcker, § 19 GWB Rn. 259 m.w.N.; zur Einordnung in die Vertragstheorie: *Wolf*, S. 109f.

332 Vgl. *ders.*, S. 92 m.w.N.

333 § 15 ZHG: „Die Bundesregierung wird ermächtigt, durch Rechtsverordnung mit Zustimmung des Bundesrates die Entgelte für zahnärztliche Tätigkeit in einer Gebührenordnung zu regeln. In dieser Gebührenordnung sind Mindest- und Höchstsätze für die zahnärztlichen Leistungen festzusetzen. Dabei ist den berechtigten Interessen der Zahnärzte und der zur Zahlung der Entgelte Verpflichteten Rechnung zu tragen."

334 § 9 PsychThG:„Das Bundesministerium für Gesundheit wird ermächtigt, durch Rechtsverord-

gleich mit jener in § 11 BÄO. Auch sie erklären den Interessenausgleich zwischen Leistungserbringer und Zahlungspflichtigen zum Ziel der Gebührenordnung, es wechselt lediglich die Berufsbezeichnung. Eine eventuelle Gestaltungsvorgabe an die GOÄ, damit sich diese nicht in Widerspruch zum höherrangigen Gesetz setzt, ist damit nicht gegeben. Was die Interessenlage der Parteien betrifft, stehen sie vor dem gleichen Problem wie die GOÄ.[335] Die vorangehend beschriebene Zwangslage kann grundsätzlich bei jeder Erkrankung eintreten.

Aus diesen Gründen bestehen zwischen den einzelnen Vergütungsordnungen auch kaum Unterschiede. Die GOÄ und die GOZ sind fast wortgleich formuliert und bedienen sich desselben Systems der Gebührenfindung und -berechnung.[336] Als weiteres mögliches Vergleichsobjekt für die Vergütung nach der GOÄ bleibt deswegen die Entlohnung bei vertragsärztlicher Tätigkeit nach Maßgabe des im Gesetzesrang übergeordneten, fünften Buches des Sozialgesetzbuches (SGB V) hervorzuheben. Das dort statuierte Vergütungssystem gilt nicht nur für die Leistungen der gesetzlichen Krankenversicherung, sondern kommt fernerhin durch die Bezugnahme anderer Normen in anderen Bereichen der Sozialversicherung zur Anwendung. Etwa verweisen § 52 Abs. 1 SGB XII für die Gesundheitshilfe im Rahmen der Sozialhilfe und § 40 SGB VIII für die Krankenhilfe bei der Kinder- und Jugendhilfe auf die Vergütungsregeln der gesetzlichen Krankenversicherung. Eine Ausnahme stellt demgegenüber die Unfallversicherung dar, bei der entsprechend § 34 Abs. 3 SGB VII die Unfallversicherungsträger zusammen mit der Kassenärztlichen Bundesvereinigung eine eigene Unfallversicherungsgebührenordnung auszuhandeln haben. Diese mag inhaltlich den Normen der GOÄ entsprechen[337], jedoch ist die Risikosituation nicht mit letzterer zu vergleichen, da die Ärzte – anders als in der Verordnungsgebung – bei der Leistungsbemessung institutionell zu beteiligen sind.[338]

Im Hinblick auf die Vergütung nach dem System der gesetzlichen

nung mit Zustimmung des Bundesrates die Entgelte für psychotherapeutische Tätigkeiten von Psychologischen Psychotherapeuten und Kinder- und Jugendlichenpsychotherapeuten zu regeln. In dieser Rechtsverordnung sind Mindest- und Höchstsätze für die psychotherapeutischen Leistungen festzusetzen. Dabei ist den berechtigten Interessen der Leistungserbringer und der zur Zahlung der Entgelte Verpflichteten Rechnung zu tragen."

335 Vgl. Hübner Fachanwaltskommentar Medizinrecht, § 2 GOÄ Rn. 2f.

336 Vgl. *Zuck*, in: Zuck, GOZ, Einleitung Rn. 2.

337 Vgl. *K.-F. Brück*, § 1 Rn. 6.

338 Vgl. *Schmitt*, in: Schmitt, SGB VII, § 34 Rn. 25f; *Ricke*, in: KassKomm, § 34 SGB VII Rn. 12.

Krankenversicherung ist festzuhalten, dass zwar ebenfalls die angemessene Vergütung angestrebt wird[339], diese jedoch anders verstanden wird. Beide Systeme sind strukturell nicht miteinander zu vergleichen: Die vertragsärztliche Honorierung und jene des Privatarztes nach GOÄ sind von grundlegenden konzeptionellen Differenzen geprägt, die einer Übertragung von Rechtsprinzipien und Gestaltungsideen weitestgehend entgegenstehen. Das wird bereits deutlich am Konzept der Gesamtvergütung der Vertragsärzte (§ 85 Abs. 1 SGB V). Bereits vor der Leistungserbringung stehen die zwischen den Leistungserbringern zu verteilenden Finanzmittel fest.[340] Eine solche Begrenzung des Honorars ist der privatärztlichen Honorierung unbekannt. Es gilt – wie bei anderen zivilrechtlichen Konstellationen auch – die Grundannahme einer unbegrenzten finanziellen Leistungsfähigkeit des Schuldners.[341] Zwar kann eine Forderung aufgrund ihrer Höhe, etwa wegen Wuchers, unzulässig sein, Grund dafür ist jedoch nicht die begrenzte Geldmenge, sodass theoretisch zu wenig Geld vorhanden wäre, um die Forderung zu begleichen, sondern ein als verwerflich erachtetes Verhalten.[342]

Dieses Prinzip der Gesamtvergütung hat dazu geführt, dass im Rahmen des Vertragsarztsystems unter dem ‚Grundsatz der Honorarverteilungsgerechtigkeit' etwas anderes als nur eine besondere Ausprägung von Äquivalenz oder Preisgerechtigkeit zu verstehen ist.[343] Die Honorierung im Rahmen der gesetzlichen Krankenversicherung soll sich nicht nur an Art und Umfang der erbrachten Leistungen orientieren[344], sondern zugleich die ausreichende Beteiligung jedes Vertragsarztes an der Gesamtvergütung sicherstellen.[345] Honorargerechtigkeit umfasst damit ein Aufgabenspektrum inhaltlich divergierender Zielsetzungen, die es im Rahmen praktischer Konkordanz zusammenzuführen gilt.[346] Im Rahmen dieses Systems kann, beispielsweise

339 *Huster*, in: Becker / Kingreen, § 72 Rn. 6.

340 *Reuther*, S. 35; *Nebenfahl*, in: Spickhoff, Medizinrecht, § 87a SGB V Rn. 21; *Scholz*, in: Becker / Kingreen, § 85 Rn. 3, 9ff; *Hess*, in: KassKomm, § 85 SGB V Rn. 11.

341 *Ernst*, in: MünchKommBGB, § 275 Rn. 141; unstr. seit RGZ 75, 335 (337).

342 Vgl. BGHZ 69, 295 (300); *Sack/Fischinger*, in: StaudingerBGB, § 138 Rn. 175ff; *Larenz/Wolf*, § 41 Rn. 40.

343 Vgl. *Reuther*, S. 148; *Clemens*, in: Laufs / Kern, § 34 Rn. 17.

344 Vgl. *Scholz*, in: Becker / Kingreen, § 85 Rn. 27.

345 Für eine umfangreiche Beschreibung der Honorarverteilungsgerechtigkeit: *Clemens*, in: Laufs / Kern, § 34 Rn. 17ff; *Scholz*, in: Becker / Kingreen, § 85 Rn. 29ff; dazu *Reuther*, S. 148ff.

346 *Clemens*, in: Laufs / Kern, § 34 Rn. 18; *Gesellensetter*, S. 97f.

zum Schutz der Funktionalität der vertragsärztlichen Versorgung, unter anderem die Bezahlung einer Einzelleistung unter Wert gerechtfertigt sein. Dies widerspräche zwar im Hinblick auf die Einzelleistung dem Gebot der Leistungsäquivalenz, Bezugspunkt der Honorarverteilungsgerechtigkeit sei allerdings das Gesamthonorar, sodass einzelne unterbezahlte Leistungen nicht zwingend ins Gewicht fallen müssten.[347] Die Statuierung eines Gesamthonorars sowie die damit verbundene Institutionalisierung der Vergütung sind weitere Punkte, in denen sich die vertragsärztliche Honorierung entscheidend von der privatärztlichen abhebt. Anders als bei der Honorarverteilung nach § 87b Abs. 1 SGB V durch die Kassenärztlichen Vereinigungen ist im Rahmen der GOÄ keine übergeordnete Stelle vorgesehen, die die Honorierung vornimmt oder zumindest überwacht, damit sie etwaige Ungleichgewichte bei der Vergütung des individuellen Arztes ausgleichen kann.

Dies ist die Folge unterschiedlicher Anwendungsbereiche: Anders als das SGB V gilt die GOÄ grundsätzlich für die Berechnung jeden ärztlichen Honorars und ist nur dann nicht anwendbar, wenn ein anderslautendes Bundesrecht entgegensteht (§ 1 Abs. 1 GOÄ). Eine administrative Zwischenebene zur Gebührenverteilung könnte damit zum Problem werden, da sie mit allen potenziellen Vergütungskonstellationen kompatibel sein müsste. Die Abwesenheit eines solchen Systems ist mithin nachvollziehbar. Sie führt aber dazu, dass es – sofern die GOÄ innerhalb eines Systems sozialer Sicherung verwendet wird – eines anderen Weges bedarf, um das ärztliche Honorar von der kostentragenden Absicherungsinstitution zum Leistungserbringer zu transferieren. Die privaten Krankenversicherung sowie die Beihilfe als Hauptanwendungsfälle der GOÄ arbeiten nach dem Prinzip der Kostenerstattung. Der Versicherte beziehungsweise der Beihilfeberechtigte ist als Vertragspartner Schuldner des Arztes oder des Krankenhauses, hat infolgedessen aber gegenüber der Versicherung beziehungsweise der Beihilfestelle einen Anspruch auf Ausgleich der dadurch entstandenen Unkosten.[348]

---

347 *Vgl. Clemens*, in: Laufs/Kern, § 24 Rn. 10ff, 12.

348 Für die private Krankenversicherung gilt das Prinzip der Kostenerstattung entsprechend § 192 Abs. 1 VVG; vgl. BGH NJW 2003, 1596 (1596); *Boetius*, in: MünchKommVVG, Einführung in die Krankenversicherung Rn. 84; *Sodan*, in: Handbuch des Krankenversicherungsrechts, § 1 Rn. 28. In der Beihilfe wird es durch das jeweils anwendbare Beamtenrecht, etwa § 80 Abs. 3 Bundesbeamtengesetz, statuiert.

Bereits diese kurze Gegenüberstellung der GOÄ mit dem System vertragsärztlicher Vergütung zeigt, dass die Prinzipien und Gestaltungsentscheidungen letztgenannter auf die GOÄ zu übertragen sind. Eine im Kern unterschiedlichen Organisation der Vergütung

Der mit der Findung der angemessenen Vergütung befasste Verordnungsgeber kann mithin nicht aus Gründen formaler Gerechtigkeit auf die Beachtung der höherrangigen SGB V verwiesen werden. Er ist insoweit in seiner Gestaltungsfreiheit nicht eingeschränkt. Des Weiteren ist zu bedenken, dass der niedergelassene Arzt im Rahmen seiner Tätigkeit regelmäßig sowohl gesetzlich Versicherten als auch solchen Patienten gegenübertritt, deren Behandlung auf Grundlage der GOÄ abzurechnen ist.[349] Eine seitens des Gesetzgebers intendierte Mischkalkulation kann daher nicht ausgeschlossen werden, bei der ein niedrigeres Vergütungsniveau im Rahmen der kassenärztlichen Versorgung durch eine höhere Vergütung nach der GOÄ ausgeglichen werden soll.[350] Schließlich erfasst diese unter anderem die Privatversicherten, bei denen entsprechend § 6 Abs. 1 Nr. 1 SGB V regelmäßig eine im Vergleich de facto höhere finanzielle Leistungsfähigkeit vermutet wird, was wiederum ein allgemein höheres Preisniveau der GOÄ rechtfertigen könnte.[351]

f) Verfassungsrechtliche Gesichtspunkte

Der Verordnungsgeber wird in seiner Entscheidung über die Ausgestaltung der Gebührenordnung im einfachen Recht damit ausschließlich von § 11 BÄO eingeschränkt. Er wird dadurch allerdings nur zur Beachtung der beiderseitigen Interessenlagen angehalten, die wiederum durch ihn selbst zu bestimmen sind. Das heißt jedoch nicht, dass ihm dabei ein unbegrenzter Ermessensspielraum zufällt. Denn aus verfassungsrechtlicher Sicht stellt sich die hoheitliche Preisfestsetzung für Leistungen des Arztes als ein Eingriff in die verfassungsrechtlich geschützte Vertrags- beziehungsweise Berufsfreiheit der Parteien dar, welcher einer Rechtfertigung bedarf. Dies gilt es, bei der Bestimmung

349 Nach Angabe des Bundesministeriums für Gesundheit sind über 90 Prozent der Bevölkerung in der gesetzlichen Krankenversicherung versichert (Stand. 1. August 2011). Zu den Zahlen vgl. *Waltermann*, Rn. 132; zur Marktverteilung: *Boetius*, in: MünchKommVVG, Einführung in die Krankenversicherung Rn. 31ff.

350 Vgl. *Clemens*, in: Laufs/Kern, § 24 Rn. 10ff, 12.

351 Zum Wegfall der Versicherungspflicht in der gesetzlichen Krankenversicherung wegen finanzieller Leistungsfähigkeit: *Nebendahl*, in: Spickhoff, Medizinrecht, § 6 SGB V Rn. 1,3.

der Interessenlage und einer darauf aufbauenden inhaltlichen Ausgestaltung der GOÄ zu beachten.

(1) Eingriffscharakter der GOÄ

Die Freiheit des Einzelnen in Vertragsangelegenheiten ist nicht nur grundlegendes Postulat der Zivilrechtsdogmatik, sondern verfassungsrechtlich garantiertes Freiheitsrecht, das inhaltlich alle Aspekte der Vertragsbeziehungen umfasst.[352] Neben der Entscheidung über den Vertragsabschluss sind die inhaltliche und formelle Ausgestaltung eines Vertrages der autonomen Entscheidungsmacht der beteiligten Rechtssubjekte unterworfen.[353] Die inhaltliche Bestimmung einer vertraglichen Leistungspflicht durch die Gebührenordnung für Ärzte berührt damit den Kern der Vertragsfreiheit und stellt sich angesichts dessen als offensichtlicher Eingriff dar.[354] Denn anders als die vorherigen Gebührenordnungen ist die GOÄ bei der Abrechnung ärztlicher Leistungen bindend.[355] Dem hilft die Möglichkeit zur Honorarvereinbarung nicht ab, denn mittels der Honorarvereinbarung kann lediglich die Höhe des Gesamthonorars festgelegt, nicht die Bindung an die GOÄ als solche, insbesondere die Formvorschriften, aufgehoben werden.[356]

Die mögliche Förderung der Privatautonomie durch den festen Gebührenrahmen, welcher den Parteien erlaubt, sich auf medizinische Fragestellungen zu konzentrieren, führt zu keinem anderen Ergebnis. Mit Verweis auf diesen Gedanken den erheblichen Eingriff abzulehnen, wäre Zeichen eines „inhaltlich präformiert[en]"[357] Verständnisses des Schutzbereichs, bei dem ausschließlich die *materiale* Vertragsfreiheit verfassungsrechtlichen Schutz genösse. Das würde allerdings bedeuten, jede staatliche Maßnahme zur Verwirklichung einer tatsächlichen Autonomie akzeptieren zu müssen. Wäre die formale Autonomie, also das Recht zum freien Vertragsschluss, kein Schutzgut der Verfassung, stünde sie zur freien Disposition des Gesetzgebers. Mög-

352 Dazu den Abschnitt D.II.2.e).

353 *Brenner*, in: HGR V, § 115 Rn. 26ff.

354 Vgl. *Peine*, in: HGR III, § 57 Rn. 57ff.

355 Zwingenden Charakter entfalten in dieser Hinsicht zudem die Normen des Krankenhausentgeltgesetzes, sodass diesbezüglich Entsprechendes gilt.

356 Vgl. BVerfG NJW 1992, 737 (737).

357 *Cornils*, S. 202.

lich würde damit ein Schutz des Individuums „vor sich selbst"[358], wie ihn *Canaris* als unvereinbar mit dem bindenden Effekt des Vertrages beschrieben hat.[359] Derjenige, der aufgrund seiner wirtschaftlichen Probleme Teile seines Hab und Guts verkauft, handelt nicht frei, da ihm seine wirtschaftliche Lage dazu drängt. Gleichzeitig ist die rechtliche Anerkennung der geschlossenen Verträge aufgrund des ihnen innewohnenden Zwecks prinzipiell in seinem Interesse. Nur diejenigen Verträge zu akzeptieren, bei denen vollständige Autonomie gegeben ist, würde das Willensmoment des Vertrages verdrängen.[360] In der Konsequenz müssten weite Teile der privatrechtlichen Dogmatik aufgegeben werden, denn entscheidend für das wirksame Rechtsgeschäft wäre nicht der Wille der Parteien, sondern allein die Möglichkeit zur autonomen Entscheidung.[361] Materiale Vertragsfreiheit ist aus verfassungsrechtlicher Sicht deswegen auf Grundlage formaler Vertragsfreiheit erst auf der Rechtfertigungsebene zu konstruieren: Jede staatliche Verknappung formaler Vertragsfreiheit ist, unabhängig von den sie leitenden Motiven, ein Eingriff in die Freiheitsrechte des Bürgers. Dieser kann allerdings durch das Ziel, materiale Vertragsfreiheit zu bewirken, gerechtfertigt werden [362], welche unabhängig vom Schutzbereich inhaltlicher Maßstab der objektiven Wertentscheidungen des Grundgesetzes und damit staatlicher Gewährleistungspflichten bleibt.[363]

Des Weiteren soll für den Arzt dessen Betroffenheit in Art. 12 Abs. 1 GG zumindest nach verfassungsgerichtlicher Rechtsprechung nicht unerwähnt bleiben.[364] Das Bundesverfassungsgericht versteht die Berufsfreiheit unter anderem als das „Grundrecht auf freie Entfaltung der Persönlichkeit im Bereich individueller Leistung und Existenzerhaltung"; das umfasse „auch die Freiheit, das Entgelt für berufliche Leistungen selbst festzulegen oder mit dem Interessenten *auszuhandeln*".[365] Hoheitliche Preisfestsetzungen und damit die Gebührenordnung für Ärzte müssen von seiner Warte also einen Eingriff in die Be-

358 Ausdruck nach: *Singer*, JZ 1995, 1131.

359 Vgl. *Canaris*, Archiv für die civilistische Praxis 200 (2000), 273–364 (277).

360 Vgl. *Cornils*, S. 203f m.w.N.; ferner *Wolf*, S. 139ff.

361 *Cornils*, S. 204; *Singer*, in: StaudingerBGB, § 119 Rn. 5; *Singer*, JZ 1995, 1131 (1137).

362 Vgl. *Cornils*, S. 206.

363 Vgl. *Singer*, JZ 1995, 1131; *Di Fabio*, in: Maunz/Dürig, Art. 2 Rn. 107.

364 Dazu bereits im Abschnitt D.II.2.e).

365 BVerfGE 101, 331 (347); Hervorhebungen durch den Verfasser. Dazu ferner BVerfGE 54, 301 (313); 68, 143 (228); 88, 145 (159),*Scholz*, in: Maunz/Dürig, Art. 12 Rn. 132.

rufsfreiheit darstellen.[366] Dieser besondere Schutz des Art. 12 Abs. 1 GG soll den Schutz des Kontraktes durch die Vertragsfreiheit überflüssig machen.[367] Dieser Ansicht ist, insoweit sie dazu führt, dass der Vertrag als Schutzgut der auf derselben Ebene wie die benannten Freiheitsrechte stehenden und in der Sache spezielleren Vertragsfreiheit durch die Berufsfreiheit suspendiert wird, mit Skepsis zu begegnen.[368] Ungeachtet dessen wird an der Verknüpfung von Vertragsgestaltung und beruflicher Freiheit jedoch deutlich, dass verfassungsrechtlich nicht nur das voluntative Element des Vertrages Schutz genießt, sondern *auch* das mit dem Vertrag verfolgte wirtschaftliche Interesse.[369] Der Wirtschaftsordnung des Grundgesetzes ist die hoheitliche Preisbestimmung grundsätzlich fremd, es darf „jeder Unternehmer seine Preise frei kalkulieren und festsetzen“[370]. Die Gebührenordnung schränkt den Arzt mithin nicht nur in seiner verfassungsmäßig garantierten Freiheit ein, Verträge nach eigenem Befinden zu gestalten und einzugehen, sondern versagt ihm ferner, im Rahmen seiner Berufsausübung nach selbst definierten wirtschaftlichen Prämissen zu handeln. Daraus erwächst die Verpflichtung des Staates, die Folgen des Eingriffs in wirtschaftlicher Hinsicht zu beachten, wie die Betrachtung der Rechtfertigungsebene zeigt.[371]

(2) Rechtfertigung

Mit der Einordnung der Gebührenordnung als Eingriff in die verfassungsmäßig garantierte Vertrags- und Berufsfreiheit ist jedoch kein Urteil über die Zulässigkeit dieser Beschränkung verbunden. Diese wäre vielmehr gerechtfertigt, sofern ihr Erlass auf Grundlage einer tauglichen Grundrechtsschranke geschähe und in der Sache mit den

366 Vgl. BVerfG NJW 1992, 737 (737); NJW 2004, 3172 (3173). Vgl. für den Vertragsarzt *Reuther*, S. 137.

367 BVerfGE 89, 1 (13); 126, 286 (300).

368 Dazu im Abschnitt D.II.2.e). Im Übrigen kann die Differenzierung für die Frage der verfassungsrechtlichen Betrachtung aus zwei Gründen dahinstehen: Zum einen ist der Schrankenvorbehalt der Vertragsfreiheit als eigenständige Ausprägung des Art. 2 Abs. 1 GG mit jenem Art. 12 Abs. 1 des GG identisch, sodass Eingriffe an denselben Maßstäben gemessen werden müssten (vgl. BVerfGE 50, 290 (364); *Degenhart*, JuS 1990, 161 (165)); des Weiteren gälte die Berufsfreiheit nur einseitig für den Arzt, nicht jedoch für den ihm gegenüberstehenden Zahlungspflichtigen. Bei einer Gesamtbetrachtung durch die GOÄ wären aber stets die Betroffenheiten beider Seiten zu beachten (vgl. *Cremer*, S. 189 (Fn. 52)).

369 *Scholz*, in: Maunz/Dürig, Art. 12 Rn. 132; *Scholz*, ZHR 1977, 520 (541).

370 BVerfGE 21, 292 (297).

371 Ungeachtet dessen ist für den Vertrag ein Schutz wirtschaftlicher Interessen anzunehmen: Vgl. *Flume*, in: FS 100 Jahre Juristentag, 101–134 (133); *ders.*, in: FS 100 Jahre Juristentag, 135–238 (144f).

grundlegenden Schranken – das heißt unter anderem mit dem Prinzip der Verhältnismäßigkeit – vereinbar wäre.[372] In die Vertragsfreiheit als unbenanntes Freiheitsrecht darf prinzipiell auf Grundlage jeder verfassungsgemäßen Rechtsnorm zulässig eingegriffen werden.[373] Das entspricht dem Schrankenkatalog der allgemeinen Handlungsfreiheit – verfassungsmäßige Ordnung, Rechte anderer sowie Sittengesetze –, bei dem die beiden letztgenannten Kategorien in der verfassungsmäßigen Ordnung als „Summe aller Rechtsnormen, die formell und materiell der Verfassung gemäß sind"[374], aufgehen.[375] Bestandteil dieser in Einklang mit der Verfassung stehenden Gesamtrechtsordnung ist auch die Gebührenordnung für Ärzte[376], die als Rechtsverordnung auf Grundlage von § 11 BÄO im Übrigen den Schrankenvoraussetzungen der Berufsfreiheit (Art. 12 Abs. 1 GG) entspricht, in die nur durch ein Gesetz oder auf Grundlage eines Gesetzes verfassungskonform eingegriffen werden darf.[377] Die Frage nach einer differenzierenden grundrechtlichen Zuordnung zwischen Arzt und Vertragspartner bleibt damit folgenlos.[378]

Ausschlaggebend ist in beiderlei Hinsicht die Verhältnismäßigkeitsfrage als eines der zentralen Postulate der Grundrechtsdogmatik: Der Staat darf in Grundrechte gerechtfertigterweise nur dann eingreifen, wenn er einen dem eingeschränkten Grundrecht zumindest gleichwertigen *legitimen Zweck* verfolgt, die verursachten Freiheitseinbußen *nicht unnötig* sind und diese in einem *angemessenen Verhältnis* zu den Vorteilen des verfolgten Zweckes stehen.[379]

372 Zur Rechtfertigung von Grundrechtseingriffen: *Herdegen*, in: Maunz / Dürig, Art. 1 Abs. 3 Rn. 42ff; *Mertens*, in: HGR III, § 56 Rn. 17.

373 *Starck*, in: v.Mangoldt / Klein / Starck, GG, Art. 2 Rn. 147; *ebenso di Fabio*, in: Maunz / Dürig, Art. 2 Rn. 104.

374 BVerfGE 6, 32 (32).

375 *di Fabio*, in: Maunz / Dürig, Art. 2 Rn. 39; *Starck*, in: v.Mangoldt / Klein / Starck, GG, Art. 2 Rn. 33.

376 Sie genügt sowohl den Kompetenzanforderungen der Art. 72ff GG als auch den Bestimmtheitsanforderungen des Art. 80 GG. Dazu ferner den Abschnitt B.II.2.a).

377 Vgl. *Scholz*, in: Maunz / Dürig, Art. 12 Rn. 311ff m.w.N.

378 Vgl. BVerfGE 50, 290 (364). Dazu bereits im Abschnitt D.II.2.e).

379 *di Fabio*, in: Maunz / Dürig, Art. 2 Rn. 31. Besagtes Verhältnismäßigkeitsprinzip kann entweder als Ausprägung des Rechtsstaatsprinzips oder als den Grundrechten wesensimmanent verstanden werden (*Starck*, in: v.Mangoldt / Klein / Starck, GG, Art. 1 Rn. 285 m.w.N.), wobei das Bundesverfassungsgericht wohl zu letzterer Auffassung tendiert, wenn es zum Grundsatz der Verhältnismäßigkeit bemerkt: „Er ergibt sich aus dem Rechtsstaatsprinzip, im Grunde bereits aus dem Wesen der Grundrechte selbst, die als Ausdruck des allgemeinen Freiheitsanspruchs des Bürgers gegenüber dem Staat von der öffentlichen Gewalt jeweils nur so weit beschränkt werden dürfen, als es zum Schutz öffentlicher Interessen unerläßlich ist." (BVerfGE 19, 342, (348f)).

Das gilt ebenso für hoheitliche Preisbestimmungen. Hinsichtlich der Bindung des Arztes an die GOÄ hat das Bundesverfassungsgericht das Bestehen eines solchen Eingriffsgrunds grundsätzlich bejaht. Die Gebührenordnung sei eine Berufsausübungsregel, die vernünftige Gründe des Allgemeinwohls trage.[380] Entsprechend des Prinzips der Verhältnismäßigkeit kann das Allgemeininteresse allerdings nur solche Eingriffe rechtfertigen, die für ihre Wahrung unerlässlich sind.[381] In diesem Zusammenhang ist das seitens des Bundesverfassungsgerichts dargelegte Verständnis von Berufsfreiheit, welche das Profitstreben von Marktteilnehmern grundsätzlich anerkennt[382], von besonderem Interesse. Die Verpflichtung zur unentgeltlichen und entschädigungslosen beruflichen Tätigkeit ist deswegen unzulässig.[383] Ausnahme ist nur die vereinzelte Unterdeckung bei der Vergütung einer einzelnen Tätigkeit, solange durch eine Mischkalkulation ein ausreichendes Auskommen insgesamt gewahrt bleibt.[384] Zusammenfassend zeigt der Blick auf die vorliegende Rechtsprechung, dass bei hoheitlichen Gebührenordnungen oder Vergütungsregeln die Gewähr eines auskömmlichen Gehalts regelmäßig entscheidendes Kriterium für die Verhältnismäßigkeit einer Maßnahme ist. Etwa erachtete der Bundesgerichtshof in Sachen der insolvenzrechtlichen Vergütungsverordnung

> die in § 2 II InsVV für massearme Regelinsolvenzverfahren vorgesehene Gebühr von 500 Euro angesichts des durchschnittlichen Bearbeitungsaufwands eines Insolvenzverwalters [als] bei weitem nicht mehr auskömmlich[385]

380 BVerfGE NJW 1992, 737 (737); zu den Berufsausübungsregeln umfassend BVerfGE 7, 378 (378): „Die Freiheit der Berufsausübung kann beschränkt werden, soweit vernünftige Erwägungen des Gemeinwohls es zweckmäßig erscheinen lassen; der Grundrechtsschutz beschränkt sich auf die Abwehr in sich verfassungswidriger, weil etwa übermäßig belastender und nicht zumutbarer Auflagen."

381 *di Fabio*, in: Maunz/Dürig, Art. 2 Rn. 31.

382 Vgl. BVerfGE 80, 103 (109).

383 Vgl. *Peine*, in: HGR III, § 57 Rn. 59.

384 Vgl. BVerfG NJW 2007, 2098 (2105) in Bezug auf die Rechtsanwaltsvergütung: „Auch braucht nicht jedes einzelne Mandat im geschilderten Sinne auskömmlich zu sein; ausreichend ist vielmehr, dass das gesetzgeberische Ziel einer angemessenen Gesamtvergütung, die der Rechtsanwalt durch eine sogenannte Mischkalkulation erreichen kann, bestimmend bleibt [...]." Vgl. ferner BVerfGE 83, 1 (14); 107, 133 (144); 85, 337 (349); BVerfG NJW-RR 2002, 67 (68). Dazu für das Vertragsarztrecht *Schmiedl*, MedR 2002, 116 (118) m.w.N. und schließlich für die GOÄ die Andeutung verfassungsgemäßer Auslegung in BGHZ 159, 142 (150); BGH NJW-RR 2010, 1355 (1357).

385 BGH NJW-RR 2004, 551 (551)

Die Regelung stelle damit „einen unverhältnismäßigen Eingriff in die Berufsfreiheit dar."[386]

Entsprechende Annahmen des Bundesgerichtshofs finden sich auch hinsichtlich des Honorars, welches nach der GOÄ gezahlt wird.[387] Die Gebührenordnung soll daher – zur Vermeidung eines nicht auskömmlichen Honorars – im Zweifel im Wege verfassungskonformer Auslegung zu korrigieren sein.[388] Es wird also bei der Verhältnismäßigkeit des von Gebührenordnungen ausgehenden Eingriffs unter anderem auf die Höhe des Einkommens abgestellt, das bei Anwendung der staatlichen Preisbindung zu erwarten wäre.

Wenn der Staat anstatt der Parteien den Preis einer Leistung bestimmt, hat er mithin die wirtschaftlichen Interessen des Leistungserbringers in seine Abwägungsentscheidung einfließen zu lassen. Das geht soweit, dass von der leistungsäquivalenten Preisfestsetzung im Einzelfall abgewichen werden und der Vertragspartner verpflichtet werden kann, einen bei Betrachtung des Einzelfalls überhöhten Preis zu zahlen. Etwa erachtet das Bundesverfassungsgericht die Nichtbeachtung des Äquivalenzprinzips bei der anwaltlichen Honorarfestlegung als hinnehmbar, sofern dieses mit dem Erwerbsinteresse aus der Gesamttätigkeit begründet wird.[389]

g) Interessenabwägung und Preisgerechtigkeit

Wenn der Verordnungsgeber mit der Gebührenordnung die Grundrechte der Betroffenen zu beachten hat, hat er mithin den legitimen Profitinteressen des Arztes Rechnung zu tragen. Damit wird die Preisgerechtigkeit zu einem validen Interesse im Sinne von § 11 Satz 3 BÄO. Sie ist allerdings anders zu verstehen als im Zivilrecht üblich. Im Vordergrund steht nicht die subjektive Bestimmung des Preises durch die Parteien, sondern die Beachtung ihrer wirtschaftlichen Interessen im Abwägungsvorgang des Normgebers.[390] Preisgerecht im Sinne der GOÄ kann nicht derjenige Preis sein, den die Parteien selbst bestimmt haben, sondern es ist derjenige, bei dem das wirtschaftliche Interesse der Parteien, insbesondere jenes des Arztes, gewahrt wird.

386 BGH NJW-RR 2004, 551 (551); vgl. BGH NJW 2004, 941 (943) unter Bezugnahme auf BVerfGE 54, 251 (271).

387 BGH NJW-RR 2010, 1355 (1357); *Spickhoff*, in: Spickhoff, Medizinrecht, § 4 GOÄ Rn. 38.

388 BGHZ 159, 142 (150).

389 BVerfG 80, 103 (109).

390 Dazu den Abschnitt D.III.3.b).

Das bestätigt die thematische Nähe von Vertrags- und Wirtschaftsfreiheit im grundrechtlichen Schutzbereich nach der Rechtsprechung des Bundesverfassungsgerichts.

Die Bezugnahme auf die wirtschaftlichen Interessen hilft in der Sache jedoch nur bedingt weiter, da sie zum einen nicht weiter definiert werden und zum anderen gegebenenfalls hinter vernünftigen Gründen des Allgemeinwohls zurückzustehen haben. Beide Aspekte bedürfen der Klärung. Die Betrachtung der Fälle, bei denen Eingriffe in die Berufsfreiheit durch hoheitliche Preisregelungen als gerechtfertigt erachtet wurden, zeigt, dass die Gewährleistung einer angemessenen oder auskömmlichen Gesamtvergütung stets als maßgebliches Gültigkeitskriterium gilt. Daraus wird die grundsätzliche Akzeptanz des Profitinteresses des Berufstätigen deutlich, der durch seine Arbeit seinen Lebensunterhalt bestreitet. Der Aspekt der Auskömmlichkeit stellt allerdings nur den Kernpunkt des wirtschaftlichen Interesses des Arztes dar, der durch die Belange des Gegenübers und des Allgemeinwohls weiter spezifiziert werden muss. Die Frage der Auskömmlichkeit führt unweigerlich zu der Frage, *was* überhaupt auskömmlich ist. Das erfordert wiederum die Betrachtung von Aspekten der GOÄ, denen sich in den folgenden Abschnitten zugewandt werden soll. Der naheliegendste Ansatz für die Bestimmung der Auskömmlichkeit ist – ohne weitere Vorkenntnisse – das Existenzminimum. Nun darf allerdings nicht vergessen werden, dass das Honorar eine Anreizfunktion erfüllt. Als Vergütung beruflicher Leistungen bestimmt die Gebührenordnung über die finanzielle Motivation des Arztes, überhaupt medizinische Leistungen anzubieten. Damit erfolgt der Brückenschlag zu der, *vom Standpunkt des Zahlungspflichtigen*, akzeptablen Gebührenhöhe. Der Patient kann nämlich weder ein Interesse an einer Gebührenhöhe haben, die so niedrig bemessen ist, dass sie den Arzt zur Verweigerung der Behandlung veranlasst und ihn damit von medizinischen Leistungen ausschließt, noch an einer Gebührenhöhe, die das ärztliche Honorar zu einer finanziell untragbaren Belastung werden lässt.

IV. Ergebnis

Die zu Anfang aufgeworfene Frage, inwieweit im Rahmen der GOÄ das Ideal der Preisgerechtigkeit überhaupt gelten kann, ist positiv zu beantworten, soweit darunter das Interesse der Parteien an einer ihrer wirtschaftlichen Lage entsprechenden Bewertung vertraglich ausgetauschter Leistungen verstanden wird. Denn das Ideal der Preisgerechtigkeit als übergeordneter Idee nimmt – unabhängig vom Weg der Preisfestsetzung – auf die wirtschaftlichen Interessen der Parteien Bezug.[391] Diese Bezugnahme wird in Anbetracht einer herrschenden Auffassung vom Vertrag als Mittel der Selbstbestimmung und konsensualen Entscheidungsfindung von dem Aspekt des willensgesteuerten Vertragsinhalts allenfalls überlagert.[392]

Als gerecht gilt im Zivilrecht der Preis, den die Parteien aushandeln und durch ihre Zustimmung zum Vertragsschluss legitimieren. Voraussetzung für dieses Modell ist dabei eine Entscheidung in *tatsächlicher* Selbstbestimmung. Aufgrund verfassungsrechtlicher Implikationen ist für das bürgerliche Recht der Gedanke einer materialen Vertragsfreiheit das im Zweifelsfall entscheidende Maß. Die Möglichkeit der Parteien, in rechtlicher Hinsicht ihren Willen im Vertrag zu artikulieren, wird unbeachtlich, wenn eine unzumutbare Beeinflussung der Willensbildung erfolgt.[393] Diese Auffassung wird zur Grundlage eines Preisgerechtigkeitsverständnisses, welches den Weg der Preisfindung einem differenzierenden Gerechtigkeitsurteil unterzieht, nicht jedoch das Ergebnis. Dieses gilt aufgrund seiner Festlegung durch das konsensgetriebene Prinzip des Vertrages sowie aufgrund der Legitimation durch den frei ausgeübten Willen als nicht zu korrigieren.[394] Korrekturbedarf besteht nur auf der prozeduralen Ebene, wenn davon auszugehen ist, dass eine Partei im Vertragsschluss nicht frei entscheiden kann.

Die Betrachtungen haben für den Behandlungsvertrag indes zu dem Ergebnis geführt, dass dieses Modell dort nicht funktionieren kann, da der Vertragspartner des Arztes aufgrund der zur behandelnden Krankheit einem innerlichen Zwang zum Vertragsabschluss unterliegt und des Weiteren nicht in der Lage ist, die Leistung des Arztes wirtschaftlich rational zu bewerten.[395] Diese Schwächesituation könnte der Arzt ausnutzen. Ferner bliebe der durch ihn verlangte Preis stets nur eine einseitige Bewertung der Leistung, die dem Konsensgedanken

391 Dazu den Abschnitt D.III.3.b).

392 Dazu im Abschnitt D.II.2.f) und zum Vertragszweck vgl. ferner den Abschnitt D.II.2.c).

393 Dazu weiter im Abschnitt D.II.3.c).

394 Dazu weiter im Abschnitt D.II.2.f).

395 Dazu im Abschnitt D.III.

nicht gerecht würde.[396] Indes werden die wirtschaftlichen Interessen des Zahlungspflichtigen oder jene des Arztes dadurch mitnichten gegenstandslos. In seiner gesamten Anlage rekurriert das heutige Verständnis von Preisgerechtigkeit auf die Fähigkeit, in Vertragsverhandlungen die Leistungsgegenstände wirtschaftlich zu bewerten und damit im eigenen Interesse zu handeln.[397]

Um diesen Interessen zumindest auf der Seite des Zahlungspflichtigen gerecht zu werden, wird die Preisfestsetzung von außen unerlässlich.[398] Dies geschieht durch die Gebührenordnung für Ärzte. Der Verordnungsgeber bewertet anstelle der Parteien, wobei ihm ein Gestaltungsspielraum zukommt.[399] Dieser ist indes nicht unbeschränkt. Insbesondere gilt es, auf einfachgesetzlicher Ebene dem Programmsatz des § 11 Satz 3 BÄO und auf Ebene des Grundgesetzes dem Umstand gerecht zu werden, dass die GOÄ einen zu rechtfertigenden Eingriff in die verfassungsrechtlich geschützten Rechte der Parteien darstellt.[400] Beide Aspekte zwingen den Verordnungsgeber zu einer Abwägungsentscheidung zwischen den Belangen des Arztes und denen seines Vertragspartners, wenn es um die Höhe des von ihm festgesetzten Honorars geht. Im Rahmen der Bundesärzteordnung als Ermächtigungsgrundlage ergibt sich dies direkt aus der Norm selbst, denn bei der Festlegung der Gebühren sind den Interessen des Arztes auf der einen und des Zahlungspflichtigen auf der anderen Seite Beachtung zu schenken. Die verfassungsrechtliche Betrachtung führt zu demselben Ergebnis. Der Erlass einer verbindlichen Gebührenordnung stellt einen Eingriff in die Vertragsfreiheit des Zahlungspflichtigen und – abhängig von der Zuordnung des Schutzgutes – in die Berufsfreiheit oder ebenfalls in die Vertragsfreiheit des Arztes dar.[401] Um diesen zu rechtfertigen, bedarf es im Rahmen der Verhältnismäßigkeitsprüfung einer Abwägung der verschiedenen, gegebenenfalls widerstreitenden Interessenlagen. Diesbezüglich wurde bereits festgestellt, dass der Arzt im Wege der Vergütung durch die GOÄ zumindest ein auskömmliches Honorar erhalten muss.[402] Was darunter zu verstehen ist, bestimmt

396 Dazu den Abschnitt D.III.
397 Dazu ferner den Abschnitt D.III.3.b).
398 Vgl. dazu den Abschnitt D.III.3.a).
399 Dazu den Abschnitt D.III.3.c).
400 Dazu Abschnitt D.III.3.f)(1).
401 Dazu weiter Abschnitt D.II.2.e).
402 Vgl. ebenso BGHZ 159, 142 (150); BGH NJW-RR 2010, 1355 (1357).

sich indes nach der übrigen Interessenlage[403], die bisher allenfalls angerissen wurde. Ihrer gilt es, sich im Folgenden zu widmen.

403 Dazu den Abschnitt D.III.3.g).

E. Patientenautonomie, Sozialstaat und Freiberuflichkeit

Das endgültige Verdikt sowohl über die verfassungsrechtliche Zulässigkeit der Gebührenordnung als auch über deren Vereinbarkeit mit der Ermächtigungsgrundlage bedarf der Kenntnis außerhalb des Vertragsaspektes stehender Gesichtspunkte. Diesbezüglich ist bereits zu Anfang auf die Relevanz einer Gebührenordnung für das Gesundheitssystem im Ganzen und für die Rolle des Arztes als Freiberufler hingewiesen worden. Diese Punkte sollen im Folgenden näher betrachtet werden, wobei im Hinblick auf den Eingriffscharakter der GOÄ der Prämisse, inwieweit sie valide Interessen des Allgemeinwohls darstellen, besondere Beachtung geschenkt werden soll.

I. Das Selbstbestimmungsrecht das Patienten

Medizinische Behandlungen sind für den betroffenen Patienten von besonderer Eingriffsintensität. Sie erlaubt dem Mediziner, auf seinen Gesundheitszustand einzuwirken und in seine Intimsphäre vorzustoßen. Deswegen bedarf die Vornahme der Behandlung im Regelfall der Einwilligung des Patienten, der einsichtig und vernunftbegabt allzeit über den Ablauf der Behandlung bestimmen sollte.[1] Diese Entscheidung wird wiederum entscheidend durch das Vertrauen in den Arzt geprägt. Nicht umsonst wird das besondere Vertrauensverhältnis zwischen Arzt und Patient stets betont.[2] In dieser Hinsicht ist eine Gebührenordnung, die die Preisfrage für die Parteien grundsätzlich ausklammert, von Vorteil. Denn der Patient ist häufig ebenso Vertragspartei und damit Zahlungspflichtiger im Sinne der GOÄ. Diese gibt nun ein Honorar vor, welches die Parteien ohne weitere Erörterung zum Inhalt ihres Vertrages machen können.[3] Das Vertrauensverhältnis wird auf diese Weise nicht durch offen zum Ausdruck gebrachte wirtschaft-

1 *Deutsch / A. Spickhoff*, Rn. 406f; *Kern*, in: Laufs / Kern, § 38 Rn. 1ff.

2 Vgl. BGHZ 29, 46 (53); vgl. *Gesellensetter*, S. 39, 177ff. Dazu bereits ferner den Abschnitt B.II.2.b)(1).

3 Dazu den Abschnitt B.II.2.c).

liche Standpunkte beschädigt. Die GOÄ ermöglicht den Parteien damit, sich auf die anderen Vertragsaspekte zu konzentrieren.[4] Der Patient, dem das Recht auf freie Arztwahl zusteht[5], ist etwa nicht gezwungen, seine Auswahlentscheidung von wirtschaftlichen Gesichtspunkten abhängig zu machen, die er diese letztlich sowieso nicht vollends zu durchdringen vermag.[6]

Auf die prinzipielle Vergleichbarkeit der Entscheidungssituation des Zahlungspflichtigen mit der nach den §§ 104 Nr. 2, 105 BGB die Geschäftsunfähigkeit beziehungsweise die Nichtigkeit der Willenserklärung begründenden, krankhaften Störung der Geistestätigkeit wurde an anderer Stelle bereits hingewiesen.[7] Als Konsequenz müsste – sofern die krankhafte Störung weit verstanden wird[8] – auch die Wirksamkeit des Behandlungsvertrages zur Disposition stehen, da bereits kurzzeitige Störungen die Nichtigkeit des Vertrages nach § 105 Abs. 2 2. Alt BGB herbeiführen können.[9] Ferner ist inzwischen die Möglichkeit einer partiellen, das heißt eine auf bestimmte Themengebiete beschränkte, Geschäftsunfähigkeit oder Nichtigkeit anerkannt[10], sodass die nicht beeinträchtigte Fähigkeit zum vernunftgeleiteten Handeln in anderen Bereichen nicht als Einwand entgegengehalten werden könnte. Doch aufgrund der Gebührenordnung erübrigen sich solche Diskussionen, zumindest insoweit sie aufgrund einer wirtschaftlichen Benachteiligung des Zahlungspflichtigen geführt werden.[11] Solange die Parteien nicht mittels einer Honorarvereinbarung ihre Souveränität über die zu zahlende Gebühr wiederherstellen, droht dem Zahlungs-

4 *Quaas*, in: Quaas/Zuck, Medizinrecht, § 14 Rn. 41; *Taupitz*, Die Standesordnungen der Freien Berufe, S. 48.

5 § 7 Abs. 2 MBOÄ: „Ärztinnen und Ärzte achten das Recht ihrer Patientinnen und Patienten, die Ärztin oder den Arzt frei zu wählen oder zu wechseln." Zum Recht auf freie Arztwahl: *Schlund*, in: Laufs/Kern, § 18 Rn. 16 m.w.N.

6 Vgl. *Bohrmann*, S. 286ff.

7 Dazu bereits im Abschnitt D.III.2.

8 Was allerdings nach der h.M. wohl insoweit nicht der Fall ist, als es sich dabei um eine konkrete psychologische oder neurologische Beeinträchtigung der Hirnfunktionen handeln muss, die zu einem pathologischen Zustand führt. Vgl. *Knothe*, in: StaudingerBGB, § 104 Rn. 8f, § 105 Rn. 13; *J. Schmitt*, in: MünchKommBGB, § 105 Rn. 41.

9 *Knothe*, in: StaudingerBGB, § 105 Rn. 13; *J. Schmitt*, in: MünchKommBGB, § 105 Rn. 42; *Hefermehl*, in: Soergel, § 105 Rn. 5.

10 BVerfG NJW 2003, 1382; *Knothe*, in: StaudingerBGB, § 104 Rn. 14, § 105 Rn. 13; *J. Schmitt*, in: MünchKommBGB, § 105 Rn. 42.

11 Die Frage, inwieweit etwa ein Vertrag nichtig ist, weil der Arzt dem Patienten unter Ausnutzung von dessen Beeinträchtigung eine Behandlung aufdrängt, soll an dieser Stelle nicht zum Gegenstand der Diskussion gemacht werden.

pflichtigen aus seiner Beeinflussung gar keine wirtschaftliche Gefahr zu erwachsen. Die Gebührenordnung entkoppelt die Vergütungsfrage vom übrigen Vertrag und beseitigt damit den als kritisch zu erachtenden Punkt. Eine Frage nach der Nichtigkeit wegen einer Störung der Geistestätigkeit sollte sich damit nur noch im Fall einer Honorarvereinbarung ernsthaft stellen.

II. Der Gewährleistungsauftrag des freiheitlichen Sozialstaats

Die Beschäftigung mit den Problemen der Gesundheitsversorgung und ihrer Organisationen, nichts anderes sind die Fragen ärztlicher Vergütung, führt unweigerlich zum in Art. 20 Abs. 1 und Art. 28 Abs. 1 Satz 1 GG verorteten Sozialstaatsprinzip. In jenem wird unter anderem die verfassungsrechtliche Verpflichtung des Staates erkannt, für das gesundheitliche Wohlergehen seiner Bürger Sorge zu tragen. Dazu gehört nach weit überwiegender Auffassung ein funktionierendes Gesundheitssystem.[12] Die Relevanz dieses Programmsatzes, gerade weil er die Funktionalität im Auge hat, geht über reine Qualitätsfragen weit hinaus. Der finanzielle Aspekt darf nicht außer Acht gelassen werden. Denn die qualitativ beste Gesundheitsversorgung bleibt für denjenigen nutzlos, der deren Inanspruchnahme nicht finanzieren kann – ganz gleich, ob es ihm als Selbstzahler unmittelbar an entsprechender Liquidität mangelt oder ob die indirekte Finanzierung der ärztlichen Leistung, etwa durch Steuern oder über eine Versicherung, unmöglich ist. Im Ergebnis sind Vergütungsfragen auch hinsichtlich ihrer Auswirkungen auf das Gesundheitssystem und damit unter Beachtung des Sozialstaatsprinzips zu diskutieren.

1. Der Sozialstaat

Beim Sozialstaat gehören „neben den Fundamentalentscheidungen für die republikanische Staatsform, das demokratische Prinzip und die Bundesstaatlichkeit"[13] zu den im Grundgesetz dezidiert geäußerten Vorstellungen über das Wesen des auf seiner Grundlage verfassten Staatswesens.[14] Mit diesem Programmsatz erteilt das Grundgesetz

12 BVerfGE 68, 193 (204); *Gröschner*, in: Dreier, GG, Art. 20 (Sozialstaat) Rn. 44.

13 *Herzog/Grzeszick*, in: Maunz/Dürig, Art. 20 VIII Rn. 1.

14 *Herzog/Grzeszick*, in: Maunz/Dürig, Art. 20 VIII Rn. 1; *Zacher*, in: HStR II, § 28 Rn. 1; *Dreier*, in: Dreier, GG, Art. 20 (Einführung) Rn. 5.

dem gesellschafts- und wirtschaftspolitisch nahezu passiven, sich auf die Garantie äußerer und innerer Sicherheit beschränkenden „*liberalen Nachtwächterstaat*“[15] eine Absage. Gefordert wird stattdessen eine aktive Mitgestaltung gesellschaftlicher Vorgänge.[16]

a) Staatstheoretische Grundlagen

Dieser Auftrag zur Einmischung fußt, vom staatstheoretischen Standpunkt gesehen, vor allem auf der Auffassung, dass die Rolle des Bürgers als Inhaber und Ursprung aller Staatsgewalt nicht von dessen Status innerhalb der Gesellschaft zu trennen ist.[17] Die strenge Differenzierung zwischen einer staatlichen und einer gesellschaftlichen, bürgerlichen Sphäre wird durch die Beteiligung der Gesellschaft an der Ausübung staatlicher Hoheitsmacht gegenstandslos.[18] Der Staatsbürger ist einerseits Mitglied der Gesellschaft und andererseits nach Art. 20 Abs. 2 GG Teil des Souveräns. Mithin sind Staat und Gesellschaft nach dem Grundgesetz mitnichten voneinander getrennte Antagonisten, sondern stehen – über den Bürger in seiner Doppelrolle – miteinander in Verbindung und unterliegen gegenseitig den Einflüssen des jeweils anderen. Sind sie nach *Kingreen* lediglich „funktional zu unterscheidende Organisations- und Koordinationsprinzipien ein- und derselben menschlichen Gesellschaft“[19], sei doch der Unterschied zwischen Staat und Gesellschaft rein funktionaler Natur und liege in dem staatlichen Gewaltmonopol die Macht, für die Allgemeinheit verbindliche Entscheidungen zu treffen und durchzusetzen, als differenzierendes Moment begründet.[20] Jenes sei notwendig, um den Staat in seiner Existenz zu legitimieren, die er nach heutiger Auffassung nicht mehr aus sich selbst beziehen könne. Der Staat erfülle ob seiner genuinen Eigenarten, also vor allem aufgrund des Gewaltmonopols, in bestimmten Situationen Aufgaben, zu deren vergleichbarer, zufrieden-

15 *Heinig*, S. 296; Hervorhebungen im Original.

16 *Herzog/Grzeszick*, in: Maunz/Dürig, Art. 20 VIII Rn. 7; *Zacher*, in: HStR II, § 28 Rn. 21; *Gröschner*, in: Dreier, GG, Art. 20 (Sozialstaat) Rn. 2ff.

17 *Torsten Kingreen*, S. 18ff.

18 *Heinig*, S. 296f, der allerdings der Bedeutung der Dichotomie für die Ausgestaltung des modernen Sozialstaats kritisch gegenübersteht, *ders.*, S. 308. Ferner *Gröschner*, in: Dreier, GG, Art. 20 (Sozialstaat) Rn. 23ff m.w.N.; a.A. *Zacher*, in: HStR II, § 28 Rn. 26.

19 *Torsten Kingreen*, S. 19; zustimmend *Isensee*, in: HStR VI, § 71 Rn. 25ff; *Gröschner*, in: Dreier, GG, Art. 20 (Sozialstaat) Rn. 25; *Sodan*, in: Handbuch des Krankenversicherungsrechts, § 2 Rn. 13.

20 *Torsten Kingreen*, S. 19; *Isensee*, in: HStR VI, § 71 Rn. 21.

stellender Bewältigung die Gesellschaft so nicht in der Lage sei.[21] Da es des Allgemeinverbindlichen lediglich dann bedürfe, wenn auch Allgemeininteressen berührt seien, gelte es, besagtes Gewaltmonopol im Allgemeininteresse einzusetzen.[22]

Damit ist der Bogen zum Sozialstaatsprinzip geschlagen. Denn die voranstehende Aufgabe, staatliche Eigenarten im Allgemeininteresse zu nutzen, ist letztlich gleichbedeutend mit dem erwähnten „Auftrag zum Einmischen"[23]. Unabhängig von der Frage der genauen Ausgestaltung des Sozialstaatsprinzips ist nach diesem Postulat eine gesellschaftliche Passivität des Staates nicht denkbar. Diese darf allerdings nicht dahingehend fehlverstanden und ausgedehnt werden, dass der Staat die Deutungshoheit monopolisiert und entgegen der Gesellschaft eine Definition des Sozialen vornimmt.[24] Es gilt das Primat der gesellschaftlichen Selbstverantwortung. Dem Staat kommt nur eine reagierende Auffangfunktion im Fall fehlgeschlagener gesellschaftlicher Prozesse zu.[25]

Zusammenfassend formuliert, rührt das Sozialstaatsprinzip aus staatstheoretischer Sicht also aus der Verflechtung von modernem Staat und Gesellschaft. Jener kann sich nicht der Interaktion mit der Gesellschaft enthalten, ohne damit nicht gleichzeitig seine eigene Daseinsberechtigung aufzugeben. *Wallrabenstein* sieht in der grundgesetzlichen Konzeption des Sozialstaates dementsprechend die Überwindung „der Dichotomie von Staat und Gesellschaft"[26], *Gröschner* untrennbare „Modi derselben Interaktion"[27], die es allerdings zu differenzieren gilt.

b) Konkretisierung in der Verfassung

Im Gegensatz zu den Grundrechten, die den Staat in erster Linie bestimmtes Handeln untersagen, handelt es sich beim Sozialstaatsprinzip um ein verfassungsmäßig definiertes Ziel, auf das der Staat durch

21 *Torsten Kingreen*, S. 19; im Ergebnis zustimmend: *Zacher*, in: HStR II, § 28 Rn. 26; *Wipfelder*, DRiZ 1988, 362 (362, 365f).

22 *Torsten Kingreen*, S. 19; ebenso *Sodan*, in: Handbuch des Krankenversicherungsrechts, § 2 Rn. 13; *Isensee*, in: HStR VI, § 71 Rn. 121.

23 *Isensee*, in: HStR VI, § 71 Rn. 122.

24 *Gröschner*, in: Dreier, GG, Art. 20 (Sozialstaat) Rn. 25; *Zacher*, in: HStR II, § 28 Rn. 26.

25 Vgl. *Zacher*, in: HStR II, § 28 Rn. 31.

26 *Wallrabenstein*, Versicherung im Sozialstaat, S. 236.

27 *Gröschner*, in: Dreier, GG, Art. 20 (Sozialstaat) Rn. 24.

positives Handeln hinzuarbeiten hat, ohne dass jedoch ein Anspruch auf staatliches Handeln bestünde.[28] Das Sozialstaatsprinzip ist jedoch mehr als ein unverbindlicher Programmsatz der Verfassung. Es handelt sich bei diesem um ein, neben die anderen in Art. 20 GG aufgeführten Grundsätze (*Republik, Bundesstaat* und *Rechtsstaat*) tretendes, alle Hoheitsgewalt unmittelbar verpflichtendes Gebot von Verfassungsrang. *Herzog* und *Grzeszick* sprechen von dem Sozialstaatsprinzip als eine „alle Staatsgewalten bindende Staatsleitlinie".[29]

Im Gegensatz zu den schon vom Wortlaut klar umrissenen übrigen Staatszielbestimmungen ist das Sozialstaatsprinzip begrifflich nicht feststehend und erlaubt deswegen einen breiten Interpretationsspielraum, den es auszufüllen gilt.[30] Dieser Umstand ist in erster Linie bis auf wenige Ausnahmen – zu denken ist hier etwa an die Sozialbindung des Eigentums – nahezu vollständig einer unterbliebenen inhaltlichen Ausgestaltung seitens der Verfassung geschuldet.[31] Während beispielsweise die Ausführungen der Verfassung über die Gestaltung, Zusammensetzung und das Verhältnis der Bundesorgane ein relativ präzises Bild von Republik und Bundesstaat zeichnen, verstummt die Verfassung, wenn es um die konkrete Ausgestaltung des Sozialstaats geht und legt diese Ausgestaltung damit in wesentlichen Punkten in die Hände des einfachen Gesetzgebers[32] – die „Sozialstaatsklausel vermag das staatliche Tätigwerden [...] zwar zu legitimieren, aber nicht zwingend zu determinieren".[33]

c) Historische Entwicklung des Sozialstaats

Es kann allerdings auf Grundlage der historischen Entwicklung der Sozialversicherungssysteme eine Art inhaltlicher Grundkonsens gezeichnet werden, der im politischen Diskurs als taugliche Ausfüllung des Sozialstaatsprinzips gilt.[34] Dieser Konsens darf dabei allerdings nicht mit einer Auslegung des Verfassungsbegriffes verwechselt werden,

28 *Sommermann*, in: v.Mangoldt/Klein/Starck, GG, Art. 20 Rn. 97.

29 *Herzog/Grzeszick*, in: Maunz/Dürig, Art. 20 VIII Rn. 6.

30 *Torsten Kingreen*, S. 15; *Herzog/Grzeszick*, in: Maunz/Dürig, Art. 20 VIII Rn. 3f; *Zacher*, in: HStR II, § 28 Rn. 20ff.

31 *Torsten Kingreen*, S. 17.

32 *Herzog/Grzeszick*, in: Maunz/Dürig, Art. 20 VIII Rn. 4; *Torsten Kingreen*, S. 17.

33 *ders.*, S. 18; vgl. *Zacher*, S. 673ff.

34 Zum Begriff des Sozialstaats: *Zacher*, in: HStR II, § 28 Rn. 20ff; *Sommermann*, in: v.Mangoldt/Klein/Starck, GG, Art. 20 Rn. 93ff m.w.N.

selbst wenn die geschichtliche Entwicklung ersteren sehr wohl beeinflusst haben wird.[35]

Konzeptionell handelt es sich bei dem Sozialstaatsprinzip um eine Facette der „Grundsatzdebatte"[36] über das Verhältnis zwischen Gesellschaft und Individuum. Es findet seine gedanklichen Ursprünge in dem im Laufe der französischen Revolution entstandenen Staatsverständnis und dessen Rezeption der Lehren des Gesellschaftsvertrags[37], weist aber zugleich eine gewisse Nähe zum Konzept des absolutistischen Wohlfahrtstaates auf, der im Vergleich jedoch jeglichen Freiheitsaspekt leugnet.[38] Zur tatsächlichen Umsetzung des Sozialstaatsprinzips kam es jedoch erst in Verbindung mit der sogenannten Sozialen Frage, die als Reaktion auf die unter dem Einfluss von fortschreitender Industrialisierung und Liberalismus auseinanderdriftenden Vermögensverhältnisse innerhalb der Gesellschaft zum Ausgang des 19. Jahrhunderts aufkam und in die Anfänge der Sozialgesetzgebung mündete.[39] Merkmal dieser Sozialpolitik war das Vorgehen gegen Verarmung und Verelendung großer Bevölkerungsschichten als Folge von Industrialisierung und Wirtschaftskrisen.[40]

Ziel war die Herstellung eines Mindestmaßes „sozialer Gerechtigkeit" im Sinne einer staatlich organisierten Absicherung.[41] Auch wenn die Anlässe differenzierten, Sozialpolitik war in dieser Hinsicht jedoch eines gemein: Staatliches Handeln war stets Resultat bestehender Verhältnisse, Sozialpolitik war „reagierende Sozialpolitik".[42] Mit der *Daseinsvorsorge* trat ein weiterer Aspekt zum Gedanken des Sozialstaats

35 Die einfachgesetzliche Umsetzung des Sozialstaatsprinzips erlaubt keinen Rückschluss auf dessen Kerngehalt, da ansonsten rangniederes Recht zum Auslegungsmaßstab von Verfassungsrecht würde; vgl. *Heinig*, S. 106; *Herzog/Grzeszick*, in: Maunz/Dürig, Art. 20 VIII Rn. 6. Zum Einfluss der historischen Entwicklung: *Zacher*, in: HStR II, § 28 Rn. 22.

36 *Torsten Kingreen*, S. 23.

37 *Sommermann*, in: v.Mangoldt/Klein/Starck, GG, Art. 20 Rn. 93; sofern der Staat als vertraglich begründete Schutzgemeinschaft für Leib, Leben und Eigentum betrachtet wird, ist eine Ausweitung des Schutzkatalogs auf die soziale Sicherheit nicht ganz fernliegend; vgl. *Heinig*, S. 114; *Zacher*, in: HStR II, § 28 Rn. 10. Zum philosophischen Hintergrund: *Torsten Kingreen*, S. 22ff.

38 *Kingreen* spricht insoweit von einer „Etappe auf dem Weg zum freiheitlich-demokratischen Sozialstaat des Grundgesetzes", *ders.*, S. 49; zum begrifflichen Unterschied von Wohlfahrts- und Sozialstaat: *Heinig*, S. 50ff; *Robbers*, in: BK, Art. 20 Rn. 1291.

39 *Herzog/Grzeszick*, in: Maunz/Dürig, Art. 20 VIII Rn. 10; *Sommermann*, in: v.Mangoldt/Klein/Starck, GG, Art. 20 Rn. 94.

40 *Heinig*, S. 94ff; *Zacher*, in: HStR II, § 28 Rn. 35ff; *E. Jung*, §§ 3, 4. Zu geschichtlichen Entwicklungsstufen: *Robbers*, in: BK, Art. 20 Rn. 1292ff.

41 *Herzog/Grzeszick*, in: Maunz/Dürig, Art. 20 VIII Rn. 10.

42 *Herzog/Grzeszick*, in: Maunz/Dürig, Art. 20 VIII Rn. 9.

hinzu: Der Staat sollte sich nunmehr nicht nur auf die Reaktion und damit auf die Abwehr negativer Aspekte innerhalb der Gesellschaft beschränken, sondern stattdessen im Voraus agierend, gestaltend und lenkend in gesellschaftliche Prozesse eingreifen und die Gesellschaft so mittels einer Infrastrukturpolitik in Richtung vorher definierter Ziele fortentwickeln.[43]

Die Übernahme des Sozialstaatsgedankens in das Grundgesetz ist somit nicht der Startschuss, sondern vielmehr ein „verfassungsrechtlicher Schlußstein"[44] einer evolutionären Entwicklung. Das Grundgesetz betritt mit der Staatszielbestimmung kein Neuland[45], sodass Kernaussagen und Ziele der vorangehenden Sozialgesetzgebung für dessen Bestimmung grundsätzliche Gültigkeit beanspruchen können.[46] Ein Rückschluss mithilfe von existierenden Instrumenten der Sozialgesetzgebung auf die verfassungsrechtlich gebotene, *konkrete* Ausgestaltung bleibt allerdings unmöglich. Nicht nur, weil ansonsten Verfassungsrecht anhand einfachen Rechts ausgelegt würde, sondern weil darüber hinaus die „durch Unterziele konkretisierte *Sozialstaatlichkeit* [...] keine statistische Größe, sondern *ein sich entwickelnder, zukunftsoffener Begriff*"[47] ist

Zwar teilen die historischen Vorstellungen vom Wesen des Sozialstaates und der verfassungsrechtliche Begriff zweifelsohne denselben Bezugspunkt, ungeachtet dessen muss die verfassungsrechtliche Sichtweise schon alleine aufgrund einer differenzierenden politischen Sichtweise geschuldeten Kompatibilität weitaus stärker auf das Wesentliche des Sozialstaates beschränkt bleiben.[48] Sollen die Ausgestaltungen des Sozialstaats primär Gegenstand und Ergebnis der politischen Diskussion sein, darf der Handlungsspielraum des einfachen Gesetzgebers nicht durch die Verfassung bereits im Voraus erstickt werden.[49] Mithin spricht das Bekenntnis zum Sozialstaat im Grund-

---

43 *Herzog/Grzeszick*, in: Maunz/Dürig, Art. 20 VIII Rn. 12ff; *Robbers*, in: BK, Art. 20 Rn. 1495f. Zur damit verbundenen Problematik im Verhältnis zwischen Staat und Gesellschaft: *Zacher*, in: HStR II, § 28 Rn. 26ff; *Wipfelder*, DRiZ 1988, 362 (365f).

44 *Herzog/Grzeszick*, in: Maunz/Dürig, Art. 20 VIII Rn. 8.

45 *Zacher*, in: HStR II, § 28 Rn. 10.

46 Vgl. *Zacher*, in: HStR II, § 28 Rn. 23.

47 *Sommermann*, in: v.Mangoldt/Klein/Starck, GG, Art. 20 Rn. 100; Hervorhebungen im Original. Vgl. dazu ferner *Zacher*, in: HStR II, § 28 Rn. 13ff.

48 Vgl. *Zacher*, S. 704ff. Zum damit verbundenen Risiko „ideologisch ausgerichtete[r] Umwertung": *Herzog/Grzeszick*, in: Maunz/Dürig, Art. 20 VIII Rn. 3, 25.

49 *Herzog/Grzeszick*, in: Maunz/Dürig, Art. 20 VIII Rn. 25; *Zacher*, S. 674. Zum Verhältnis von de-

gesetz nach Auffassung des Bundesverfassungsgerichts zusammenfassend – negativ definiert – lediglich ein explizites Verbot offensichtlich unsozialer Politik aus.[50] Gefordert ist ein Staat, „der den Intentionen der historischen Sozialbewegung gemäß den bestehenden gesellschaftlichen, insbes. dem für die persönliche Bedürfnisbefriedigung wesentlichen ökonomischen Verhältnissen kritisch und verantwortlich gegenübersteht".[51]

d) Gesellschaftliche Solidarität als Wesenskern

Mit dieser Feststellung allein beantwortet das Bundesverfassungsgericht jedoch noch nicht die Frage nach dem konkreten Sinngehalt des Sozialstaats. Erforderlich bleibt die Unterscheidung zwischen sozialer und unsozialer Politik.[52] Problematisch erweist sich in dieser Hinsicht vor allem die terminologische Mehrdeutigkeit und Offenheit des ‚Sozialen', welches sowohl im Sinne einer Verantwortung des Staates „für die Befindlichkeit der Gesellschaft"[53] als auch als die persönliche Verpflichtung des Individuums gegenüber der Gesellschaft verstanden werden kann.[54] Durchgesetzt hat sich auf Grundlage der historischen Entwicklung und des Allgemeinverständnisses von sozialem Handeln ein synthetisierendes Verständnis. Als kennzeichnend für den Sozialstaat gilt ein Fürsorgegedanke, der sowohl den Staat als auch das Individuum zu Solidarität verpflichtet[55] und der soziale Gerechtigkeit zu einem Ziel des Staatswesens erklärt.[56] Dementsprechend muss unter unsozialer Politik wohl die Negierung eben jenes Fürsorgegedankens verstanden werden.

---

mokratischer Entscheidungsfindung und Sozialstaatsprinzip: *Zacher*, in: HStR II, § 28 Rn. 101ff m.w.N.

50 BVerfGE 27, 253 (283, 285); zustimmend *Herzog/Grzeszick*, in: Maunz/Dürig, Art. 20 VIII Rn. 25.

51 *Zacher*, S. 699.

52 Zu Inhalt und Interpretation des Sozialstaatsprinzips ausführlich: *Zacher*, in: HStR II, § 28 Rn. 20ff.

53 *Zacher*, in: HStR II, § 28 Rn. 21.

54 *Zacher*, in: HStR II, § 28 Rn. 21; *Zacher*, S. 701.

55 *Zacher*, in: HStR II, § 28 Rn. 21. Zum Gebot der Solidarität umfassend: *Heinig*, 120ff; zustimmend *Sommermann*, in: v.Mangoldt/Klein/Starck, GG, Art. 20 Rn. 98f m.w.N.

56 Vgl. *Heinig*, S. 148, der allerdings darauf hinweist, dass, ähnlich wie bei der Frage der Vertragsgerechtigkeit gezeigt, Gerechtigkeit viele, teilweise konträre Aspekte kennt. Vgl. zu den mangelnden egalitären Tendenzen des Sozialstaatsprinzips in Verbindung mit dem allgemeinen Gleichheitssatz: *Herzog/Grzeszick*, in: Maunz/Dürig, Art. 20 VIII Rn. 36ff; *Zacher*, in: HStR II, § 28 Rn. 39.

e) Sozialstaatsprinzip und Grundrechte

Kontur enthält das Sozialstaatsprinzip des Weiteren durch die Freiheitsrechte[57], ungeachtet des augenscheinlichen Widerspruchs zu diesen. Während das gesellschaftsbezogene Sozialstaatsprinzip die Rolle des Einzelnen in der Gesellschaft thematisiert und diesem gewisse Pflichten auferlegt, sollen die Freiheitsrechte seine persönliche Freiheitssphäre wahren und vor Beeinflussung schützen. Diese differenzierende konzeptionelle Ausrichtung kann allerdings im Wege praktischer Konkordanz zusammengeführt werden:[58] Die Freiheitssphäre des Einzelnen darf zur Umsetzung des Sozialstaatsprinzips vollständig aufgegeben werden, der Sozialstaat nicht in das Totalitäre umschlagen. Die Freiheitsrechte garantieren in dieser Hinsicht den *freiheitlichen Sozialstaat*. Sie bewahren dem Individuum trotz gesellschaftlicher Verpflichtungen dessen Freiheitsrechte[59], entbinden es aber nicht von individueller Selbstverantwortung.[60] Zudem greifen sie teilweise Gedanken des Sozialstaates auf und determinieren deren Gestaltung. Beispielsweise ist dies die Gewährung des Existenzminimums. Auch wenn das Grundgesetz dem Individuum eine grundrechtlich geschützte Betätigung rein rechtlich erlaubt, kann dieses seine Grundrecht eventuell aufgrund sozio-ökonomischer Umstände, etwa Armut, nicht wahrnehmen. Wie im Fall der Vertragsfreiheit kann die Wahrnehmung eines Grundrechts durch tatsächliche Gegebenheiten versagt werden.[61] Dann ist nur formale, mitnichten jedoch tatsächliche Freiheit gegeben. Dem entgegenzuwirken und durch die Schaffung wirtschaftlicher und infrastruktureller Voraussetzungen jedermann möglichst breite Entfaltungsmöglichkeit zu gewähren, wird zur Aufgabe des Staates.[62] Jener wird aufgrund des Sozialstaatsprinzips zumindest teilweise zum Garant grundrechtlicher Freiheiten.[63]

---

57 Vgl. *Heinig*, S. 359ff m.w.N.

58 *Sommermann*, in: v.Mangoldt / Klein / Starck, GG, Art. 20 Rn. 101.

59 *Zacher*, in: HStR II, § 28 Rn. 113.

60 Vgl. *Zacher*, in: HStR II, § 28 Rn. 42; *Wipfelder*, DRiZ 1988, 362 (366).

61 Dazu den Abschnitt D.II.3.a).

62 *Sommermann*, in: v.Mangoldt / Klein / Starck, GG, Art. 20 Rn. 105; *Wipfelder*, DRiZ 1988, 362 (367).

63 *Sommermann*, in: v.Mangoldt / Klein / Starck, GG, Art. 20 Rn. 106; *Gröschner*, in: Dreier, GG, Art. 20 (Sozialstaat) Rn. 21; *Torsten Kingreen*, S. 129. Diesbezüglich ist allerdings nicht unumstritten, inwiefern diese Verstärkerfunktion das Wesen der Freiheitsrechte selbst ändert. Nach klassischem Verständnis gelten diese als Abwehrrechte gegen den Staat, fraglich ist nun, ob sie zugleich wegen ihrer entscheidenden Rolle für das Wesen des Sozialstaates konkrete, einklagbare Ansprüche gegen den Staat begründen können, also Leistungsrechte sind. Eine Übersicht zum sozialstaatli-

Zusammenfassend gibt das Zusammenspiel von Sozialstaat und Freiheitsrechten damit den Mittelweg zwischen gesellschaftlicher Verpflichtung und persönlicher Freiheit vor, welcher in der Literatur als *freiheitlicher Sozialstaat* bezeichnet wird.[64] Die Konkurrenz von Sozialstaat und Freiheitsrechten ist im Ergebnis ein scheinbares, sich bei einer Gesamtbetrachtung und Einbettung des Sozialstaats in die Systematik des Grundgesetzes auflösendes Problem. Beide Prinzipien stehen nicht im Gegensatz, vielmehr beeinflussen und inspirieren sie sich gegenseitig[65], wobei sich im Ergebnis verschiedene Kernpunkte des Sozialstaates herauskristallisiert haben, von denen für die Gebührenordnung für Ärzte vor allem folgende von Interesse sind:[66]

Menschenwürdiges Existenzminimum Hauptanliegen des freiheitlichen Sozialstaates ist aufgrund der Menschenwürdegarantie und des Rechts auf Leben und Gesundheit die Sicherstellung eines für jedermann menschenwürdigen Existenzminimums.[67] Mit jenem wird die zur Wahrnehmung von Grundrechten notwendige, tatsächliche Basis geschaffen.[68] Das Existenzminimum ist – abhängig vom Lebensstandard der Gesellschaft im Allgemeinen – inhaltlich als relativ zu verstehen und gleichbedeutend mit einem Leben in Normalität: Das meint infolgedessen in gewisser Hinsicht mehr als ein staatliches Hilfsangebot in Fällen ärgster Not und Armut.[69] Angesichts der betroffenen Menschenwürde geht das Existenzminimum über die Sicherstellung des reinen körperlichen Überlebens hinaus. Es umfasst ob der sozialen Natur des Menschen des Weiteren die „Möglichkeit zur Pflege zwischenmenschlicher Beziehungen und zu einem Mindestmaß an Teilhabe am gesellschaftlichen, kulturellen und politischen Leben"[70].

chen Grundrechtsverständnis findet sich bei: *Heinig*, S. 365ff, 374ff.

64 *Zum Verhältnis von Sozialstaat und Freiheitsrechten und dessen Ausprägungen ausführlich: Sommermann,* in: v.Mangoldt/Klein/Starck, GG, Art. 20 Rn. 102ff.

65 *Sommermann*, in: v.Mangoldt/Klein/Starck, GG, Art. 20 Rn. 101.

66 Für eine umfassende Aufstellung: *Zacher*, in: HStR II, § 28 Rn. 25ff*Sommermann*, in: v.Mangoldt/Klein/Starck, GG, Art. 20 Rn. 99; *Robbers*, in: BK, Art. 20 Rn. 1491ff.

67 Unter Bezugnahme auf BVerfGE 1, 92: *Zacher*, in: HStR II, § 28 Rn. 25, 33f.

68 In: v.Mangoldt/Klein/Starck, GG, Art. 20 Rn. 104.

69 *Zacher*, in: HStR II, § 28 Rn. 33.

70 Unter Bezugnahme auf BVerfG NZS 2010, 270 (270); *Hannes*, in: Gagel, SGB II § 20 Rn. 104; vgl. ferner *Hohte/Greiner*, in: Kreikebohm/Spellbrink/Waltermann, § 20 SGB II Rn. 44f.

Absicherung vor Wechselfällen des Lebens Als eine weitere typische Aufgabe des Sozialstaates wird die Absicherung vor, wie *Zacher* sie nennt, „Wechselfällen des Lebens", also meist unvorhergesehen eintretenden und damit unplanbaren schlagartigen Änderungen der Lebensverhältnisse des Individuums erachtet.[71] Zu denken ist vor allem an die Fälle von Krankheit, Invalidität, Arbeitslosigkeit und Alter. Die mit diesen thematisch korrespondierenden Säulen der Sozialversicherung gelten als ein besonders prägender Ausdruck des Sozialstaatsprinzips[72], so waren und sind solche ‚Wechselfälle' häufiger Grund für die Verarmung einer Person und deswegen Anlass für die ersten Maßnahmen sozialer Sicherung.[73] Mit der Gewährleistung sozialer Sicherheit übernimmt der Staat in einem gewissen Umfang eine Garantie für den bestehenden Lebensstandard des Individuums. Das mag augenscheinlich dem Gedanken der Selbstverantwortung und dem Gebot sozialer Gleichheit widersprechen, steht die Idee von Erhalt und Sicherung doch eigentlich diametral der Idee eventueller Umverteilung gegenüber.[74] Allerdings darf nicht vergessen werden, dass Gleichheit im Sinne von Chancengleichheit zu verstehen ist, welche der individuellen Entwicklung Raum lässt. Wenn der Sozialstaat nun Wechselfälle ausgleicht, erfolgt hier nur die Wiederherstellung beziehungsweise die Aufrechterhaltung des vom individuellen Geschick geprägten Status quo.[75]

f) Minimum und Maximum des Sozialstaates

Der freiheitliche Sozialstaat soll zusammenfassend also die tatsächliche Wahrnehmbarkeit von Grundrechten ermöglichen, *ohne* dabei jedoch die Freiheitssphäre des Individuums über Gebühr zu beeinträchtigen. Ergebnis ist ein Mittelweg zwischen einem zu gering und einem zu stark ausgeprägten Sozialstaat. Bestimmte Ausprägungen können über dieses Ziel hinausschießen, andere hingegen hinter jenem

71 Unter Bezugnahme auf BVerfGE 21, 364 (375) *Zacher*, in: HStR II, § 28 Rn. 25; *Robbers*, in: BK, Art. 20 Rn. 1513f.

72 BVerfGE 28, 324 (343); vgl. BVerfGE 88, 203 (313);*Gröschner*, in: Dreier, GG, Art. 20 (Sozialstaat) Rn. 42ff zur verfassungsgerichtlichen Definition der Sozialversicherung.

73 *Zacher*, in: HStR II, § 28 Rn. 43 m.w.N.

74 Vgl. *Zacher*, in: HStR II, § 28 Rn. 47; *Robbers*, in: BK, Art. 20 Rn. 1492.

75 *Zacher*, in: HStR II, § 28 Rn. 47.

zurückbleiben. Das Verständnis vom freiheitlichen Sozialstaat resultiert damit einerseits in sozialstaatlichen Minimalstandards im Sinne eines zwingend vorzuhaltenden, nicht zu unterschreitenden, minimalen Leistungsniveaus; andererseits begrenzen die nicht zu negierenden Freiheitsrechte den Leistungsumfang des Sozialstaates nach oben.

Grundsätzlich besteht trotz des Sozialstaatsprinzips kein Anspruch auf staatliche Leistungen als Derivat der Grundrechte.[76] Jene sind aufgrund ihres Abwehrcharakters regelmäßig weit gefasst; umgekehrt sind sie hinsichtlich dezidierter Ansprüche unbestimmt und könnten jenen uferlosen Sozialstaat begründen, der im diametralen Gegensatz zu ihrem freiheitssichernden Charakter steht.[77] Zudem hat der Grundgesetzgeber wissentlich von der Schaffung sozialer Grundrechte abgesehen.[78] Konkrete Teilhaberechte werden nur in engen Grenzen und nur im Sinne eines Minimalstandards dann angenommen, wenn die Garantiefunktion des Sozialstaates berührt wird, das heißt, wenn soziale Leistungen unentbehrlich sind, um die tatsächliche Inanspruchnahme eines Grundrechtes zu ermöglichen.[79] Dementsprechend lässt sich der sozialstaatliche Minimalstandard als jenes Leistungsniveau begreifen, das Voraussetzung einer freiheitlichen Lebensgestaltung ist und dessen Unterschreitung in letzter Konsequenz die Wahrnehmung von Grundrechten in tatsächlicher Hinsicht unmöglich macht, sodass dem Bürger lediglich das formale, theoretische Recht zur Inanspruchnahme verbleibt. Es besteht jedenfalls ein Anspruch auf das *„freiheitsbefähigende Minimum“*[80], bei dessen Ausgestaltung ist allerdings die im freiheitlichen Sozialstaat vorrangige Selbstverantwortlichkeit der Person zu berücksichtigen. Es genügt, lediglich subsidiäre Auffangleistungen bereitzustellen.[81] Ferner stehen Leistungsrechte unter dem Vorbehalt, dass ihre Gewährung im Hinblick auf die gesellschaftliche Entwicklung und die Haushaltslage des Staates, vor allem in Anbetracht übriger Staatsaufgaben, vertretbar erscheint.[82]

76 Vgl. BVerfGE 27, 253 (283).

77 Vgl. *Zacher*, in: HStR II, § 28 Rn. 114; ausführlich dazu am Beispiel eines Rechts auf Arbeit *Schmitt Glaeser*, S. 61.

78 *Herzog/Grzeszick*, in: Maunz/Dürig, GG Art. 20 VIII Rn. 28.

79 *Schmitt Glaeser*, S. 62ff; als weitere Möglichkeit sozial-staatlich induzierter Teilhaberechte wird das Recht auf gleiche Förderung, also in Verbindung mit dem allgemeinen Gleichbehandlungssatz, erkannt.

80 *Heinig*, S. 381; Hervorhebungen im Original.

81 *Ders.*, S. 382.

82 *Ders.*, S. 333f, 381ff.

Grundrechte definieren den Sozialstaat jedoch nicht nur in Bezug auf einen einzuhaltenden Minimalstandard, sondern schränken diesen zugleich ein, wenn es um die Gewährung sozialer Leistungen geht. Das mag verwundern, denn (unbedingt gewährte) Sozialleistungen erscheinen schwerlich als jene staatlichen Angriffe auf die Freiheitssphäre des Individuums, zu deren Abwehr die Grundrechte formuliert wurden. Der nutznießende Bürger erlange – zumindest augenscheinlich – keine Nach-, sondern ausschließlich Vorteile. Doch bereits die Vorteilsgewährung zugunsten des einen kann mit einem handfesten Freiheitsverlust des anderen einhergehen, sodass eine abwehrrechtliche Grundrechtsrelevanz sozialstaatlicher Leistungen nicht ohne Weiteres von der Hand gewiesen werden kann.[83] Entscheidend wird aber letztendlich der bereits angesprochene Vorbehalt des Möglichen. Die Umsetzung des Sozialstaates ist beileibe nicht die einzige Staatsaufgabe von Relevanz. Der Staat hat bei der Haushaltsplanung den Bedürfnissen anderer Fachbereiche ebenfalls Sorge zu tragen. Dabei stehen ihm – das ergibt sich bereits aus der Natur der Sache – nur begrenzte finanzielle Mittel zur Verfügung, die zudem auf verschiedene Aufgabenbereiche verteilt werden müssen und bei denen der Sozialstaat nicht unbedingte Priorität beanspruchen kann.[84] Des Weiteren sind die bereits bei der Akquise (potenziell) verfügbaren Ressourcen von Verfassungs wegen eingeschränkt. Der totale Umverteilungsstaat, innerhalb dessen sämtliche Ressourcen eingezogen und egalitär in der Gesellschaft verteilt werden, ist denkbar, aber nicht mit dem Freiheitsschutz der Verfassung zu vereinbaren.[85] Differenzierungen in der Gesellschaft sollen im Sozialstaat bestehen bleiben, sodass sich der Einzelne vermögensvernichtenden Steuern und Abgaben mit dem Hinweis auf seine Grundrechte verweigern kann. Das wiederum schränkt die potenziell verteilbare Ressourcenbasis ein. Besonders deutlich wird dies, wenn im Lichte der Sozialstaatsverpflichtung der Benachteiligung sozial Schwächergestellter entgegengewirkt werden soll, um möglichst Vielen eine möglichst vielfältige Teilhabe an der Gesellschaft zu ermöglichen.[86] Die Beseitigung ursächlicher Wohlstandsdifferenz bedarf der Umverteilung, die jedoch nicht in einer Nivellie-

83 Vgl. *Heinig*, S. 545f.

84 *Ders.*, S. 555ff.

85 Zum „Freiheitsschutz im Steuerstaat“: *ders.*, S. 557ff.

86 *Zacher*, in: HStR II, § 28 Rn. 25.

rung der Lebensverhältnisse aller Bürger münden sollte, welche die *„Lähmung der Freiheitsbetätigung des Einzelnen zur Folge“*[87] hätte. Das Ziel ist nicht die egalitäre Gesellschaft, sondern die Chancengleichheit bei der individuellen Lebensplanung und -gestaltung.[88] Hinzu kommt die konstitutionelle Selbstbindung hinsichtlich der Nettokreditaufnahme nach Art. 109 Abs. 3 GG.

g) Zusammenfassung

Zusammenfassend ist also festzustellen, dass der Staat aufgrund seines verfassungsrechtlichen Auftrages dazu verpflichtet ist, auf soziale Missstände, die durch die Gesellschaft nicht behoben werden können, zu reagieren und diese aus der Welt zu schaffen.[89] Aber auch der Bürger ist dazu berufen, sich solidarisch an der Abwehr jener zu beteiligen. Wann solche vorliegen, bestimmt sich maßgeblich nach dem Empfinden der Gesellschaft, allerdings formulieren die Grundrechte einen minimalen Anforderungskatalog.[90] Im freiheitlichen Sozialstaat steht dem Bürger das Abwehrrecht zur Grundrechtsausübung nicht nur theoretisch zu, der Staat ist vielmehr dazu berufen, ihm die tatsächliche Ausübung zu ermöglichen. Gleichzeitig darf er den Sozialstaat nicht zu weit ausdehnen und Freiheitsrechte negieren.[91]

Ergebnis ist ein Spannungsverhältnis zwischen einem Teilhabeanspruch auf der einen und einem Recht gegen übermäßige Inanspruchnahme auf der anderen Seite. Daraus folgt – im Hinblick auf sozialstaatliche Maßnahmen – ein Korridor der Zulässigkeit. Der Sozialstaat muss ein freiheitsbefähigendes Existenzminimum gewährleisten, findet seine Grenze allerdings dort, wo er aufgrund der mit ihm verbundenen Umverteilung den Bürger zu stark in seinen Grundrechten einschränkt oder zu der Vernachlässigung anderer Staatsaufgaben führt.[92]

---

87 *Sommermann*, in: v.Mangoldt/Klein/Starck, GG, Art. 20 Rn. 108; Hervorhebungen im Original.

88 Vgl. *Zacher*, in: HStR II, § 28 Rn. 41f; *Wipfelder*, DRiZ 1988, 362 (367); *Gröschner*, in: Dreier, GG, Art. 20 (Sozialstaat) Rn. 39f.

89 Dazu den Abschnitt E.II.1.a).

90 Dazu ferner den Abschnitt E.II.1.d).

91 Vgl. dazu den Abschnitt E.II.1.e).

92 Dazu im Abschnitt E.II.1.f).

2. Sozialstaatsprinzip und Gesundheitssystem

Die gegenseitige Beeinflussung von Grundrechten und Sozialstaatsprinzip erklärt, warum die Gewährleistung eines Gesundheitssystems zur Absicherung der Bevölkerung als eine der essentiellen Ausprägungen des Sozialstaates erachtet werden kann.[93] Der Staat steht im Lichte des Sozialstaatsgebots vor der Aufgabe, eine ausgeglichene Sozialordnung zu bewahren.[94] Diese in der Sache recht grobe Richtungsvorgabe des Verfassungsprinzips legitimiert eine einfachgesetzliche Sozialgesetzgebung eher, als es sie inhaltlich prägt.[95] Ein staatliches Hinwirken auf die Errichtung und den Erhalt eines funktionierenden Gesundheitssystems wird dadurch zwar verfassungsrechtlich zulässig, allerdings noch nicht obligatorisch. Determinierende Wirkungen entfalten erst Wechselwirkungen zwischen dem Sozialstaatsprinzip und den Grundrechten[96], welche zu den voranstehend beschriebenen Leitlinien der Sozialordnung führen. Im Hinblick auf die Gesundheitsversorgung ist insbesondere auf die Akzentuierung des Sozialstaatsprinzips durch die Menschenwürde beziehungsweise durch die Lebens- und Gesundheitsgarantie hinzuweisen, die – in Relation zum Sozialstaatsprinzip gewissermaßen unabhängig – zur verpflichtenden *Gewährleistung eines menschenwürdigen Existenzminimums* durch den Staat führen.[97] Diese Grundrechte konstituieren einen grundlegenden Anspruch auf staatliche Unterstützung im Krankheitsfall.[98] Das Bundesverfassungsgericht erklärt den Schutz der Gesundheit zu einer der sich aus dem Sozialstaatsprinzip ergebenden Grundaufgaben des Staates[99], wobei es allerdings die „Grenzen der direktiven Kraft der Verfassung"[100] zu beachten gilt. *Dass* die Gesundheit durch ein medizinisches Versorgungssystem gewährleistet sein muss, entscheidet nicht über Art und Weise der Gewährleistung. Diesbezügliche Entscheidungen sind dem Gesetzgeber vorbehalten, der mit einfachen Gesetzen

93 BVerfGE 68, 193 (204); *Gröschner*, in: Dreier, GG, Art. 20 (Sozialstaat) Rn. 44; *Schmidt-Aßmann*, S. 23ff. Zur geschichtlichen Entwicklung dieser Auffassung: *E. Jung*, §§ 2-4.

94 *Papier*, in: FS 50 Jahre BSG, (24).

95 So *Greiner*, in: Spickhoff, Medizinrecht, Art. 20 GG Rn. 6.

96 *Papier*, in: FS 50 Jahre BSG, (24).

97 Kritisch zur Menschenwürde als Bestimmungsgrund sozialstaatlicher Mindeststandards: *Heinig*, 318ff.

98 *Di Fabio*, in: Maunz/Dürig, Art. 2 Rn. 94; vgl. die Darstellung der Diskussion über den Leistungsanspruch aus Grundrechten in Bezug auf das sozialstaatliche Minimum: *Heinig*, S. 359ff.

99 BVerfGE 115, 25 (43); BVerfGE 123, 186 (242).

100 *di Fabio*, in: Maunz/Dürig, Art. 2 Rn. 94.

den Aufgaben der Verfassung nachkommt.[101]

Darin kann dieser allerdings nicht vollumfänglich frei sein. Auf die unbedingt zu gewährleistenden Leistungen des Sozialstaats als Ausdruck eines ‚freiheitsbefähigenden Minimums' wurde bereits hingewiesen.[102] Von Verfassungs wegen muss hinsichtlich der Gesundheitsleistungen ein Versorgungsniveau bestehen, das auf jeden Fall vom Bürger erwartet werden kann. Worin diese Minimalversorgung mit Gesundheitsleistungen bestehen soll, ist allerdings umstritten. Die in der Literatur vertretenen Ansichten[103] reichen diesbezüglich von der Annahme einer reinen Institutsgarantie unter der Negierung eines individuellen Leistungsanspruches über die Bereitstellung lebensnotwendiger Versorgung im Sinne eines mehr oder minder weit definierten Existenzminimums[104] bis hin zur Gewährung einer üblichen Normalversorgung.[105] Grund dieser Differenzen ist dabei regelmäßig nicht die Negierung der essentiellen Bedeutung eines Gesundheits- beziehungsweise Lebensschutzes, sondern die Frage der Vereinbarkeit des Gesundheitsgewährungspostulats mit den finanziellen Zwängen staatlicher Haushaltsordnungen und den Bedürfnissen der Wirtschaftsordnung.[106] Jedweder Minimalstandard hat nicht nur die tatsächliche Wahrnehmbarkeit des induzierenden Grundrechtes zum Ziel und ist demzufolge danach zu bemessen, es sind zugleich die Möglichkeiten des Staates zu beachten.[107] Diese Grundsätze gelten hinsichtlich der Bestimmung aller Leistungsrechte, also gleichermaßen in Bezug auf die Gewährung von Gesundheitsleistungen.

a) Die Sonderrolle der Gesundheit

Indes besteht ein fundamentaler Unterschied zwischen den übrigen Grundrechten und denen von ihnen ausgehenden Leistungsrechten und dem Recht auf Leben und Gesundheit. Dieses tritt beim Blick auf die qualitative Differenzierbarkeit der jeweiligen Rechte zutage: Fast alle Grundrechte können – das verdeutlicht der in der Wesens-

101 *Heinig*, S. 432; *Di Fabio*, in: Maunz/Dürig, Art. 20 Rn. 94.

102 Dazu den Abschnitt E.II.1.f).

103 Eine umfassende Übersicht zu den vertretenen Meinungen findet sich bei *Schmidt-Aßmann*, S. 25ff.

104 Vgl. *Taupitz*, in: Ressourcenknappheit in der Medizin, 113–133 (119).

105 *V. Neumann*, NZS 1998, 401 (410).

106 Vgl. *Taupitz*, in: Ressourcenknappheit in der Medizin, 113–133 (S. 118ff); *Schmidt-Aßmann*, S. 25ff.

107 Dazu weiter den Abschnitt E.II.1.f).

gehaltsgarantie des Art. 19 Abs. 2 GG zum Ausdruck kommende Gedanke – insoweit als relativ bezeichnet werden, als deren *partielle* Einschränkung denkbar und möglich ist. Die Berufsfreiheit des Individuums wird nicht etwa in ihrer Gänze negiert, wenn der Staat die Ausübung bestimmter Professionen untersagt oder einschränkt: Sie besteht, wenn auch im geringeren Maße, fort.[108] Im Gegensatz dazu ist bei Gesundheit und erst recht beim Leben kaum eine beziehungsweise keine qualitative Binnendifferenzierung möglich. Ein in diesen Punkten erlittene Einschränkung ist (nahezu) absolut. Eine Person ist entweder gesund / lebendig oder krank / tot.[109] Der Zustand einer Person wird sich, weil ein ‚halber' Gesundheits- beziehungsweise Lebensschutz kaum möglich ist, letztlich nur durch die jeweiligen Extreme beschreiben lassen. Hinzu kommt, dass Gesundheit und Leben das Fundament bilden, auf dem die Wahrnehmung aller anderen Grundrechte fußt. Ihr Vorhandensein ist Voraussetzung aller weiteren Grundrechtswahrnehmung; das Leben stellt dementsprechend „einen Höchstwert innerhalb der grundgesetzlichen Ordnung dar".[110] Angesichts dieser vorgenannten Unteilbarkeit und des hohen Schutzranges spricht vieles dafür, zu einem hohen Mindeststandard zu tendieren.[111] Praktisch wäre dies mit einem vollumfänglichen Anspruch auf alle diejenigen Gesundheitsleistungen verbunden, die notwendig sind, um die Gesundheit beziehungsweise das Leben zu erhalten.[112] Ausgeschlossen wäre dann nur die medizinisch nicht notwendige Behandlung.

b) Die Erfordernisse einer begrenzten Ressourcenlage

Es bleiben allerdings die Zwänge begrenzter Ressourcen: Für jede erbrachte Gesundheitsleistung fallen Kosten an. Diese nehmen – bedingt durch moderne, kostenintensive Behandlungsmethoden und eine al-

108 Wie sich im Folgenden andeutet, differenziert der Wesensgehalt je nach Grundrecht. Zu den Schwierigkeiten der Bestimmung: *Remmert*, in: Maunz / Dürig, Art. 19 Abs. 2 Rn. 36ff.

109 Sicherlich kann nach dem Grad der Gesundheit differenziert werden, allerdings wären dann Wertungen hinsichtlich der Schwere der Krankheit anzustellen, sodass an dieser Stelle im Sinne der Vermeidung einer nicht weiterführenden (kontroversen) Diskussion davon abgesehen werden soll. Vgl. dazu *Heinig*, S. 417; *Dietz*, S. 154ff.

110 BVerfGE 115, 25 (45) unter Bezugnahme auf BVerfGE 39, 1 (42); *Heinig* spricht in diesem Zusammenhang von *„transzendenten Güter[n]"Heinig*, S. 417, Hervorhebungen wie im Original. Vgl. *di Fabio*, in: Maunz / Dürig, Art. 2 Abs. 2 Satz 1; *D. Lorenz*, in: BK, Art. 2 Rn. 24ff.

111 *Heinig*, S. 416f.

112 *Ders.*, S. 418.

ternde, gesundheitlich anfälligere Bevölkerung – stetig zu.[113] Der medizinische Fortschritt ermöglicht nicht nur aufwendigere und damit in der Regel teurere Behandlungen und Diagnosen, er erhöht des Weiteren die durchschnittliche Lebenserwartung und damit die Dauer des Versicherungsschutzes.[114] Die Steigerung der Leistungsfähigkeit moderner Medizin geht mithin fast zwingend mit einem höheren Finanzbedarf der sie tragenden Gesundheitssysteme einher.

An dieser Stelle soll an die verfassungsrechtliche Unzulässigkeit der Überstrapazierung der Sozialstaatsidee erinnert werden: Der Sozialstaat wird in seinem spezifischen Ausbau unzulässig, wenn zu seiner Verwirklichung die Freiheitsrechte des Bürgers auf nicht zu rechtfertigende Weise verletzt werden, die sich wiederum unter anderem in dem Schutz vor übermäßigen Abgabenforderungen des Staates äußern. Dem Bürger muss ein signifikanter Selbstbehalt an erwirtschaftetem Einkommen bleiben. Dem Staat ist der Zugriff auf alle (theoretisch) verfügbaren Ressourcen verwehrt. Zudem sind die anderen Staatsaufgaben zu berücksichtigen. Die Bewältigung sozialstaatlicher Aufgaben darf nicht gegenüber anderen Aufgaben in unzulässiger Weise überbetont werden. Der Sozialstaat ist eine Staatsaufgabe unter vielen. Er ist seiner Rolle entsprechend bei der Haushaltsplanung *angemessen* zu berücksichtigen. Das heißt im Umkehrschluss, dass die anderen Fachbereiche ebenfalls angemessene Geltung beanspruchen können und dementsprechend mit Mitteln zu bedenken sind.[115]

Neben den Gedanken einer von Verfassungs wegen staatlich zu gewährleistenden minimalen Gesundheitsversorgung tritt damit der Aspekt einer verfassungsrechtlich (noch) zulässigen Maximalversorgung. Die Frage nach dem (medizinischen) Minimalstandard kann damit fast ausschließlich[116] unter dem Gesichtspunkt anfallender Kosten begriffen werden. Im Hinblick auf die verfassungsrechtlich akzeptable Abgabenhöhe existiert ein ‚Abgabenkorridor', dessen untere Grenze sich durch den Minimalstandard, die obere Grenze durch die finanzi-

113 Vgl. *Fiedler*, in: Die Einnahmesituation der gesetzlichen Krankenversicherung, 681–694 (683); zur Kostenentwicklung in gesetzlicher und privater Krankenversicherung seit 2001: *Verband der Privaten Krankenversicherung e. V.*, Zahlenbericht der Privaten Krankenversicherung 2012/2013, S. 58.

114 Vgl. *ders.*, Zahlenbericht der Privaten Krankenversicherung 2012/2013, S. 71ff. Zur Herausforderung des Gesundheitssystems durch die technologische Entwicklung und das Altern der Bevölkerung aus wirtschaftswissenschaftlicher Sicht: *Breyer/Zweifel/Kifmann*, S. 509ff.

115 Dazu weiter im Abschnitt E.II.1.f).

116 Zu denken ist etwa an eine staatlich angebotene Sozialleistung, welche Gewerbetreibende vom Markt verdrängt und damit in deren Berufsfreiheit eingreift.

elle Leistungsfähigkeit des Bürgers ergibt: Es müssen zumindest die Kosten einer notwendigen Minimalversorgung gedeckt werden, zugleich sollte dem finanzierenden Bürger ein signifikanter Selbstbehalt belassen werden.

Der minimale Leistungsstandard bestimmt also die Kostenuntergrenze, die Leistungsfähigkeit des Bürgers umgekehrt die höchste noch zulässige Ausprägung des Leistungsspektrums. Die Verteilung von Verfassungs wegen begrenzter (finanzieller) Ressourcen einerseits und der steigende Finanzbedarf einer stetig leistungsfähigeren Medizin andererseits entwickeln sich damit immer mehr zu einem Problem für das Gesundheitssystem und die Gestaltung des Minimalstandards. Letztendlich ist die Frage zu stellen, ob das Gesundheitssystem weiterhin jedwede für eine Gesundung notwendige und aus medizinischer Sicht mögliche Behandlung übernehmen soll oder ob bei der Bestimmung der übernommenen Leistungen angesichts budgetärer Zwänge vom zuvor skizzierten Idealstandard des unbedingten Lebens- und Gesundheitserhalts abgewichen werden muss.[117] Dem medizinischen Leistungsspektrum des Gesundheitssystems werden zusammenfassend durch die Finanzierbarkeit Grenzen gesetzt.[118]

c) Verfassungsgerichtliche Rechtsprechung

Das Bundesverfassungsgericht vermied es lange Zeit, jenem Art. 2 Abs. 2 Satz 1 GG gerecht werdenden, medizinischen Minimalstandard inhaltlich zu konkretisieren. Ein gesundheitsrechtlicher Leistungsanspruch sollte sich zugunsten staatlicher Gestaltungsfreiheit lediglich gegen vollkommen ungeeignete beziehungsweise unzulängliche Versorgung richten.[119] Damit wurde allenfalls ein rudimentärer Anspruch gegenüber dem Staat begründet, der sich inhaltlich auf kein konkretes medizinisches Leistungsspektrum als von Verfassungs wegen garantiert bezog, sondern ausschließlich den Komplettausfall medizinischer Versorgung abwenden sollte.[120] Diese Spruchpraxis änderte

117 *Heinig*, S. 418ff; vgl. ferner *Groß / G. Schäfer / Westermann*, in: Möglichkeiten und Grenzen von Rationierung und Priorisierung im Gesundheitswesen, (136, 140ff); *Schmidt-Aßmann*, S. 29, 31f m.w.N. Zur Bedeutung ökonomischer Gesichtspunkte für die Akteure des Gesundheitswesens im Allgemeinen: *Kluth*, MedR 2005, 65 (65ff).

118 Vgl. zu den „moralischen Spannungen der Gesundheitspolitik“ als Resultat einer Unvereinbarkeit gegensätzlicher Zielvorgaben: *Engelhardt*, in: Ethik und öffentliches Gesundheitswesen, 35–43 (39ff).

119 BVerfG, MedR 1997, 318.

120 Vgl. *Schmidt-Aßmann*, S. 24f; *Heinig*, S. 412f.

sich mit dem sogenannten *Nikolaus-Beschluss*, bei dem sich das Gericht mit dem Leistungsanspruch im Rahmen der gesetzlichen Krankenversicherung zu beschäftigen hatte.[121] Im genannten Beschluss nahm das Gericht einen Minimalstandard an, der sich inhaltlich primär an dem zur Wiederherstellung der Gesundheit Notwendigen orientiert.

Nach Ansicht des Bundesverfassungsgerichts impliziere bereits die momentane Ausgestaltung der gesetzlichen Krankenversicherung eine Vollversorgung:[122] Weil der Staat den Bürger zur Mitgliedschaft in der gesetzlichen Krankenversicherung verpflichte, sei dieser gezwungen, einen signifikanten Teil seines privaten Einkommens für diese aufzuwenden. Es liege damit ein Eingriff in die allgemeine Handlungsfreiheit des Betroffenen vor. Dieser könne nur dann gerechtfertigt werden, wenn als Gegenleistung ein Versorgungsniveau erreicht werde, welches den infolge der Beitragszahlungen weitestgehend vorsorgeunfähigen Versicherungsnehmer von der Notwendigkeit weiterer Ausgaben zu Gesundheitszwecken befreie.[123]

Ferner verweist das Gericht auf die staatliche Pflicht, „sich schützend und fördernd vor die Rechtsgüter des Art. 2 Abs. 2 Satz 1 GG zu stellen".[124] Es bestünde eine staatliche Schutzpflicht für Leben und Gesundheit des Einzelnen. Auf deren Grundlage könne zwar keine *bestimmte* Behandlung gefordert werden, sodass auch die Einbeziehung (finanz-)wirtschaftlicher Erwägungen in die Aufstellung des Leistungskataloges nicht grundsätzlich unzulässig werde[125], Ausnahmen bestünden jedoch bei (potenziell) lebensbedrohlichen Krankheiten, welche den „Kernbereich der Leistungspflicht"[126] berührten. Mit dem System der gesetzlichen Krankenversicherung sei eine Garantie für Leben und Gesundheit der Versicherten übernommen worden, angesichts derer es verfassungsrechtlich unzulässig sei, Hilfe gerade dann zu verwehren, wenn das Leben als höchstes Schutzgut unmittelbar gefährdet sei.[127] Bei lebensbedrohlichen oder sogar sicher zum Tod führenden Erkrankungen genüge nicht schon die

121 BVerfGE 115, 25.
122 Vgl. *Heinig*, S. 425.
123 BVerfGE 115, 25 (49). *Robbers*, in: BK, Art. 20 Rn. 1672.
124 BVerfGE 115, 25, (45); m.w.N.
125 BVerfGE 115, 25 (44f) m.w.N.
126 BVerfGE 115, 25, (49).
127 BVerfGE 115, 25 (49).

taugliche Behandlung allein, vielmehr dürfe der Betroffene jede nicht ganz entfernt liegende Aussicht auf Genesung oder Linderung des Krankheitsverlaufs in Anspruch nehmen. Dann sei die Bereitschaft des Versicherten zu erwarten, notfalls selbst die Leistung zu bezahlen. Dies sei ihm allerdings nicht zuzumuten, wenn sein Einkommen aufgrund der Organisation der Gesundheitsversorgung bereits zur Finanzierung der gesetzlichen Krankenversicherung herangezogen werde.[128]

Damit kommt es im Ergebnis zu einer „Zweiteilung des verfassungsgebotenen Standards"[129], abhängig von der medizinischen Notwendigkeit einer bestimmten Behandlung. Solange eine Krankheit nicht die akute Lebensgefahr nach sich zieht und damit den erwähnten Kernbereich der Schutzfunktion berührt, soll dem Gesetzgeber die Berücksichtigung wirtschaftlicher Zwänge erlaubt sein. Mithin ist ein Zurückbleiben des gewährleisteten Minimalstandards für die Behandlung solcher Krankheiten hinter der denkbaren medizinischen Idealversorgung verfassungsrechtlich unbedenklich, solange es nicht zu einer völligen Unbrauchbarkeit der medizinischen Leistung kommt.[130]

Im Ergebnis betont das Bundesverfassungsgericht in dieser Entscheidung eine ‚sozialversicherungsrechtliche' Äquivalenz von Beiträgen und den im Austausch gewährten Gesundheitsschutz. Die Kosten, die dem Einzelnen durch die verpflichtende Beteiligung an der Finanzierung des Gesundheitssystems entstünden, müssten sich gegen diejenigen Leistungen aufwiegen, die er durch das System im Gegenzug erhalte. Maßstab solle dabei nicht die rechnerische, objektive Gleichwertigkeit von Leistung und Gegenleistung sein, vielmehr sei die Motivation des Einzelnen, für die Wiederherstellung der Gesundheit nicht übernommene Behandlungsmethoden auf eigene Kosten in Anspruch zu nehmen. Die Versicherung habe gegenüber dem Versicherten für diejenigen Behandlungen einzustehen, deren Veranlassung, notfalls auf eigene Kosten, nachvollziehbar sei.[131] Mithin geht das Gericht von einer (einseitig) subjektiven Bestimmung der Äquivalenz aus und tendiert damit – gerade weil nicht das objektive Verhältnis von finanzieller Belastung des Versichertem und Krankenkassenleistung im Fo-

128 BVerfGE 115, 25 (43f, 49). Zu diesem *Konsequenzgebot* auch *Robbers*, in: BK, Art. 20 Rn. 1680ff.

129 *Heinig*, S. 429.

130 *Ders.*, S. 430f.

131 Vgl. BVerfGE 115, 25 (49).

kus steht – in Richtung einer dem subjektiven Preisgerechtigkeitsverständnis vergleichbaren Sozialversicherungsäquivalenz. Grund dafür ist der Gedanke des freiheitlichen Sozialstaats. Der Einzelne soll durch die Maßnahmen zu dessen Umsetzung finanziell nicht über Gebühr belastet werden. Das wäre jedoch der Fall, wenn neben den bereits signifikanten Ausgaben für die institutionalisierte Absicherung weitere Aufwendungen für eine qualitativ zufriedenstellende Versorgung erforderlich würden. Weil der Versicherte allerdings auch die Kosten der Absicherung trägt, kann ihn aber auch die Gewährleistung besagter Versorgung durch das Absicherungssystem überfordern, was erklärt, warum das Bundesverfassungsgericht die Notwendigkeit kostendämpfender Maßnahmen grundsätzlich anerkennt. Vom Staat wird damit zusammenfassend verlangt, durch Kontrolle der Ausgabenseite die finanzielle Überlastung des Beitragzahlers zu vermeiden, dabei allerdings einen Leistungskatalog zu gewährleisten, der bei schweren und lebensbedrohlichen Erkrankungen keine zusätzlichen Aufwendungen erforderlich macht.

3. Relevanz der Verfassungsrechtsprechung für die GOÄ

Damit wird die Frage nach dem Minimal- und Maximalstandard *auch* zur Kostenfrage. Jene steht wiederum mit dem Honorar des Arztes in einem engen Zusammenhang. In der Kostenstruktur des Gesundheitssystems sind die Aufwendungen für die Leistungserbringung durch das medizinische Fachpersonal, zusammen mit den Ausgaben für Medikation und die Versorgung mit sonstigen Heil- und Hilfsmitteln, die bestimmenden Kostenpunkte.[132] Die Höhe dieser Kostenpunkte wird – das liegt in der Natur der Sache – maßgeblich von den honorarbestimmenden Normen bestimmt. Die für Leistungserbringungen aufgewendeten Beträge sind schließlich die Vergütung der (Zahn-)Ärzte für deren berufliche Tätigkeit. Das gezahlte Honorar als Erlös des Mediziners ist also spiegelbildlich ein Kostenpunkt in der Bilanz des Kostenträgers. Dementsprechend haben

132 Im Jahr 2013 wurden von den gesetzlichen Krankenversicherung für ambulante Arztleistungen (ohne Zahnärzte) 17,48%, für Arznei- sowie Heil- und Hilfsmittel 23,22% und für Krankenhausleistungen 35,48% der Budgetsumme ausgegeben (*GKV-Spitzenverband Stabsbereich Kommunikation*, Kennzahlen der gesetzlichen Krankenversicherung, Stand Dez. 2014, S. 4). Die privaten Krankenkassen verwendeten von ihren Gesamtleistungen im Jahr 2013 44,61% auf ambulante Leistungen (Honorare; Arznei-, Heil- und Hilfsmittel), wovon wiederum 54,50% auf die Arztbehandlung entfiel (*Verband der Privaten Krankenversicherung e.V.*, Zahlenbericht der Privaten Krankenversicherung 2012/2013, S. 54).

Vergütungsordnungen wie die GOÄ Einfluss auf die Kosten der Gesundheitsversorgung. Der Umstand, dass das Versicherungsverhältnis abseits der öffentlich-rechtlich organisierten gesetzlichen Krankenversicherung privatrechtlicher Natur ist[133], hat deswegen keine Folgen für die Verantwortlichkeit des Staates, der ungeachtet dessen mit seiner Normgebung auf die Gesundheitskosten einwirken kann.[134]

Auch der im Rahmen der privaten Krankenversicherung und der Beihilfe mit dem System der Kostenerstattung stattfindende Zwischenschritt bei der Abwicklung der Bezahlung über den gegenüber dem Arzt zur Zahlung des Honorars verpflichteten Versicherten führt zu keiner relevanten Änderung der grundlegenden Zusammenhänge.[135] Letztlich ist es unwesentlich, ob das Honorar an den Arzt direkt ausgezahlt wird oder ob der Versicherte in Vorleistung tritt und das Honorar als Schadensfall geltend macht. Stets hätte eine geringere Vergütung der Ärzte eine geringere finanzielle Belastung von Krankenversicherung beziehungsweise Beihilfe zur Folge. Im Vergleich zu einem höheren Vergütungsniveau könnten diese folglich mehr Leistungen bei konstanter Ausgabenlage finanzieren.

a) GOÄ und Krankenfürsorgesysteme

Die Gebührenordnung für Ärzte darf angesichts oben beschriebener Relevanz für das Leistungsspektrum der Systeme sozialer Sicherung also nicht isoliert betrachtet werden, vielmehr sind Verbindungen zu den Krankenfürsorgesystemen in die Betrachtung einzubeziehen. Insofern kann in systematischer Hinsicht ein Vergleich zur Struktur des fünften Sozialgesetzbuches gezogen werden, welches nicht nur die Beziehungen zwischen gesetzlicher Krankenversicherung und deren Versicherungsnehmern und sonstigen Berechtigten knüpft, sondern darüber hinaus die Grundzüge der Honorarverteilung regelt. Die Verbindung von Krankenfürsorgesystemen und Vergütungsordnungen wird hier schon in der Normenstruktur sichtbar.

Vergleichbare Verbindungen bestehen ebenso hinsichtlich der Ge-

---

133 Vgl. *Rudolph*, in: Bach/Moser, Einleitung Rn. 14; *Boetius*, in: MünchKommVVG, Einführung in die Krankenversicherung Rn. 24; *Hauck*, in: MAH SozR, § 18 Rn. 4.

134 Zur zwingenden Geltung der GOÄ bereits den Abschnitt B.II.2.c)(2).

135 Zum Prinzip der Kostenerstattung:*Kalis*, in: Handbuch des Krankenversicherungsrechts, § 44 Rn. 12ff; *Boetius*, in: MünchKommVVG, Einführung in die Krankenversicherung Rn. 84.

bührenordnung für Ärzte. Sie werden aber nicht sofort deutlich, weil die GOÄ zur Preisfestsetzung für all diejenigen Fälle dient, bei denen *keine* korrespondierende und im Sinne von § 1 Abs. 1 GOÄ die Anwendung der Gebührenordnung ausschließende, weil Vorrang beanspruchende bundesrechtliche Vergütungsbestimmung vorliegt. Neben der Einbindung in das System der privaten Krankenversicherung sowie der beamtenrechtlichen Beihilfe[136] fungiert die GOÄ als Auffanggebührenordnung, sodass eine deutliche, strukturelle Verbindung zu den genannten Absicherungssystemen vergleichbar dem SGB V nicht möglich ist.

Ungeachtet dessen ist die GOÄ angesichts einer inzwischen umfassenden Versicherungspflicht zugleich zu einem festen Bestandteil eines umfassenden Sicherungssystems geworden. Für den Fall, dass keine anderweitige Absicherung besteht, verpflichten die inhaltlich korrespondierenden Regelungen der §§ 193 Abs. 3, 4 VVG und § 6 Abs. 1 SGB V jedermann mit Wohnsitz im Inland zum Abschluss einer substitutiven Krankheitskosten-Vollversicherung.[137] Gleichzeitig legt § 193 Abs. 5 VVG den privaten Versicherungsträgern einen entsprechenden Kontrahierungszwang auf.[138] Ausnahmen von der Versicherungspflicht in die private Krankenversicherung bestehen hinsichtlich der gesetzlich Versicherten, der im öffentlichen Dienst Beschäftigten mit Anspruch auf Fortzahlung der Bezüge und Beihilfe oder Heilfürsorge sowie hinsichtlich der Asylbewerber und Empfänger bestimmter sozialrechtlicher Leistungen. Die Versicherungspflicht gilt hingegen bei hauptberuflich selbstständiger Tätigkeit, für die entsprechend § 5 Abs. 5 SGB V grundsätzlich keine Versicherungspflicht in der gesetzlichen Krankenversicherung begründet.[139] Stattdessen ist die private Absiche-

136 *Spickhoff*, in: Spickhoff, Medizinrecht, § 1 GOÄ Rn. 8; *K.-F. Brück*, § 1 Rn. 6.1.

137 *Boetius*, in: MünchKommVVG, § 195 VVG Rn. 78; zur Versicherungspflicht: *J. Eichelberger*, in: Spickhoff, Medizinrecht, § 193 VVG Rn. 17ff; *Brand*, VersR 2011, 1337 (1343ff); *Schüffner/Franck*, in: Handbuch des Krankenversicherungsrechts, § 43 Rn. 43ff; zum Unterschied zwischen einer die GKV ersetzenden, substitutiven und einer ergänzenden, nicht-substitutiven Krankenversicherung: *J. Eichelberger*, in: Spickhoff, Medizinrecht, § 195 VVG Rn. 5ff; *Boetius*, in: MünchKommVVG, Einführung in die Krankenversicherung Rn. 77ff; *Langheid*, in: Römer/Langheid, § 195 VVG Rn. 29.

138 Zum Kontrahierungszwang: *Eichelberger/Pannke*, in: Spickhoff, Medizinrecht, § 193 VVG Rn. 18, 21.

139 *Just*, in: Becker/Kingreen, § 5 SGB V Rn. 71ff; *Plagemann*, in: MAH SozR, § 8 Rn. 2ff; *Muckel/Ogorek*, § 8 Rn. 31, zum Ausnahmefall des § 5 Abs. 1 Nr. 13 SGB V *Nebendahl*, in: Spickhoff, Medizinrecht, § 5 SGB V Rn. 68.

rung im sogenannten Basistarif nach § 193 Abs. 3 VVG obligatorisch.[140]

Abhängig Beschäftigte, für die angenommen wird, dass sie über ein Einkommen verfügen, welches sie in die Lage versetzt, für ihre Gesundheitsversorgung selbst aufzukommen und damit nicht zwingend auf die Solidargemeinschaft der gesetzlich Versicherten angewiesen sind, ist nach § 6 Abs. 1 Nr. 1 SGB V die Mitgliedschaft in der gesetzlichen Krankenversicherung freigestellt.[141] Im Falle des Verzichts müssen sie sich aber entsprechend § 193 VVG privat versichern. Insoweit ergänzen sich beide Normen inhaltlich.[142] Befreit von der Mitgliedschaft in der gesetzlichen Krankenversicherung sind ferner die Personengruppen, bei denen eine Eingliederung nur redundant wäre, weil sie bereits anderweitig gegen Krankheit abgesichert sind.[143] Insoweit sind dies vor allem Beamte und in vergleichbaren öffentlichen Dienstverhältnissen Stehende[144], die gemäß den §§ 6 Abs. 1 Nr. 2, 4-8 SGB V von der Versicherungspflicht befreit sind,

> wenn sie nach beamtenrechtlichen Vorschriften oder Grundsätzen bei Krankheit Anspruch auf Fortzahlung der Bezüge und auf Beihilfe oder Heilfürsorge haben.[145]

Im Hinblick auf die GOÄ ist diesbezüglich allein die Beihilfe von Interesse, da sich die Vergütungsvorschriften der freien Heilfürsorge entsprechend § 75 Abs. 3 Satz 2 SGB V an jenen der Ersatzkassen und damit an der ärztlichen Vergütung in der gesetzlichen Krankenversicherung orientieren.[146] Nur für die Beihilfe gilt mangels einer eigenständigen Vergütungsordnung die GOÄ.[147] Zudem fällt die Gewährung von Beihilfe in der Regel mit einer Absicherung in der privaten Krankenversicherung zusammen. Denn selten erfolgt eine vollständige Kostenübernahme durch die Beihilfe,

140 *J Eichelberger*, in: Spickhoff, Medizinrecht, § 193 VVG Rn. 6; *Langheid*, in: Römer/Langheid, § 193 VVG Rn. 34.

141 *Zimmermann*, in: Handbuch des Krankenversicherungsrechts, § 4 Rn. 49; *Nebendahl*, in: Spickhoff, Medizinrecht, § 6 SGB V Rn. 1; *Muckel/Ogorek*, § 8 Rn. 34ff.

142 Vgl.*Schüffner/Franck*, in: Handbuch des Krankenversicherungsrechts, § 43 Rn. 52.

143 *Nebendahl*, in: Spickhoff, Medizinrecht, § 6 SGB V Rn. 1; *Zimmermann*, in: Handbuch des Krankenversicherungsrechts, § 4 Rn. 55; *Muckel/Ogorek*, § 8 Rn. 38ff.

144 Richter, Berufs-, oder Zeitsoldaten

145 Dazu umfassend und mit Beispielen: *Nebendahl*, in: Spickhoff, Medizinrecht, § 6 SGB V Rn. 16ff; *Zimmermann*, in: Handbuch des Krankenversicherungsrechts, § 4 Rn. 55ff.

146 Dazu: *Hess*, in: KassKomm, § 75 SGB V Rn. 37; *Miebach*, in: Uleer/Miebach/Patt, § 11 GOÄ Rn. 2.

147 *Spickhoff*, in: Spickhoff, Medizinrecht, § 1 GOÄ Rn. 15.

die partielle Absicherung ist der Regelfall.[148] Hinsichtlich des übrigen Teils gilt die Versicherungspflicht des § 193 Abs. 3 Nr. 2 VVG fort.[149]

In der Gesamtschau ergibt sich damit ein umfassendes System der Gesundheitsversorgung, in dem eine vollständige Versicherungsfreiheit rechtlich nicht vorgesehen ist. Es herrscht eine Versicherungspflicht entweder in der gesetzlichen oder in der privaten Krankenversicherung, die zum Teil durch vollstaatliche Versorgungssysteme ergänzt wird. Die GOÄ wird in diesem Zusammenhang zu einem fundamentalen Bestandteil zweier Versicherungssysteme, dem der privaten Krankenversicherung und jenem der staatlichen Beihilfe.

Die obligatorische Inanspruchnahme der Krankenfürsorgesysteme hat zur Folge, dass die originär bezüglich gesetzlich Versicherter ergangenen verfassungsgerichtlichen Wertungen auf die anderen Systeme ausgedehnt werden können. Nicht umsonst versteht das Bundesverfassungsgericht die gesetzgeberische Regulierung der Tätigkeit privater Krankenversicherungsunternehmen – hauptsächlich durch Versicherungsvertrags- und Versicherungsaufsichtsgesetz – als eine Ausprägung des Sozialstaatsprinzips, welches die privaten Krankenversicherung und deren Versicherungsnehmer letztlich auf die gleiche verfassungsrechtliche Stufe wie die gesetzlichen Kassen stellt.[150] Zudem besteht im Hinblick auf die Zahlungspflicht für die Versicherten beider Systeme letztlich kaum ein Unterschied: So entstehen dem gesetzlich Krankenversicherten durch die Inanspruchnahme eines Arztes keine Eigenkosten[151], während der privatversicherte oder beihilfeberechtigte Zahlungspflichtige im Gegensatz dazu das Honorarverlangen des Arztes begleichen muss. Diese Differenz ist allerdings ein vernachlässigbares Resultat der konzeptionellen Differenz zwischen dem Sachleistungsprinzip der gesetzlichen Krankenversicherung und dem Kostenerstattungsprinzip der privaten Versicherung und der Beihilfe.[152]

Die Leistungspflicht der privaten Krankheitskostenversicherung

148 Vgl. etwa die §§ 6 Abs. 2, 3 Satz 4 BBhV und die entsprechenden Anlagen 1 und 2.

149 *Langheid*, in: Römer/Langheid, § 193 VVG Rn. 28, 32.

150 Vgl. BVerfGE 123, 186 (242f); *Sodan*, in: Handbuch des Krankenversicherungsrechts, § 2 Rn. 47. Zur verfassungsrechtlichen Verantwortung der privaten Krankenversicherung umfassend: *Sodan*, in: Handbuch des Krankenversicherungsrechts, § 2 Rn. 75ff.

151 Vgl. *Hauck*, in: Handbuch des Krankenversicherungsrechts, § 8 Rn. 14.

152 Vgl. *Sodan*, in: Handbuch des Krankenversicherungsrechts, § 1 Rn. 28, 31; *Muckel/Ogorek*, § 8 Rn. 63; *Hauck*, in: MAH SozR, § 18 Rn. 2f

umfasst nach § 192 Abs. 1 VVG die medizinisch notwendige Heilbehandlung, welche damit den Versicherungsfall nach § 1 Abs. 2 Satz 1 MB/KK markiert.[153] Ebenso ist sie Voraussetzung für das Bestehen eines Beihilfeanspruches.[154] Infolge des Abschlusses eines Behandlungsvertrages und des damit einhergehenden Entgeltanspruchs des Arztes steht dem zu Zahlung dieses Entgelts verpflichteten Versicherten ein Ersatzanspruch gegenüber der Beihilfekasse beziehungsweise der Versicherung zu, der ihn effektiv von der aus der Honorarforderung resultierenden Kostenbelastung befreit. Was allerdings nicht bedeutet, dass die Inanspruchnahme des Arztes vollkommen kostenfrei bleibt.

Denn für einen Versicherungsschutz muss der Versicherte – wie in der gesetzlichen Krankenversicherung nach § 223 SGB V[155] – Versicherungsprämien entrichten; das stellt § 1 VVG ausdrücklich klar. Diese Beiträge stellen damit die tatsächlichen Unkosten dar, die von den Privatversicherten zur Absicherung gegen Krankheiten und Verletzungen zu entrichten sind. Zwar kommt zwischen dem Privatversicherten und dem Versicherungsträger ausschließlich ein privatrechtliches Versicherungsverhältnis auf Grundlage des Versicherungsvertrages zustande, während das Versicherungsverhältnis in der gesetzlichen Krankenversicherung öffentlich-rechtlicher Natur ist[156], rein faktisch betrachtet wird jedoch der Privatversicherte durch das VVG allerdings gleich einem gesetzlich Versicherten zur Zahlung verpflichtet.

Die Erwägungen des Bundesverfassungsgerichts zum verfassungsrechtlich gebotenen Leistungsumfang müssen an dieser Stelle entsprechend Geltung beanspruchen können. Die aus der Versicherungspflicht resultierende, unfreiwillige Aufwendung eines bedeutenden Teils des eigenen Einkommens zur Gesundheitsvorsorge berechtigt im Gegenzug, eine umfassende Versorgung im Krankheitsfall erwarten zu dürfen. Die Befreiung von der Versicherungspflicht nach § 6 Abs. I SGB V aufgrund fehlender sozialer Schutzbedürftigkeit[157] ver-

153 *J. Eichelberger*, in: Spickhoff, Medizinrecht, § 192 VVG Rn. 5, 31; *Kalis*, in: Bach/Moser, § 1 MB/KK Rn. 29.

154 Vgl. etwa § 12 Satz 1 Bundesbeihilfeverordnung: „Aufwendungen für ambulante ärztliche Untersuchungen und Behandlungen sind nach Maßgabe des § 6 in Krankheitsfällen grundsätzlich beihilfefähig."

155 Zur Beitragspflicht und deren Ausnahmen: *Rixen*, in: Handbuch des Krankenversicherungsrechts, § 37 Rn. 19ff m.w.N.

156 Vgl. *Rudolph*, in: Bach/Moser, Einleitung Rn. 14; *Boetius*, in: MünchKommVVG, Einführung in die Krankenversicherung Rn. 24; *Hauck*, in: MAH SozR, § 18 Rn. 4.

157 Vgl. *Nebendahl*, in: Spickhoff, Medizinrecht, § 6 SGB V Rn. 1.

mag diese Zusammenhänge nach der Einführung des sogenannten Basistarifs in die private Krankenversicherung nicht mehr zu erschüttern. Nach § 193 Abs. 5 VVG haben die Krankenversicherungsunternehmen den dort Genannten einen vom Leistungsumfang der gesetzlichen Krankenversicherung vergleichbaren Schutz zu „zumutbaren Konditionen"[158] zu bieten, bei dem die zu entrichtenden Prämien – anders als bei den übrigen Versicherungsverträgen üblich – nicht durchgehend risikobestimmt sind, sondern auf den Höchstbeitrag der gesetzlichen Krankenversicherung begrenzt werden (§ 12 Abs. Ic VAG).[159] Zweck des besagten Basistarif ist es, Versicherten der von einer erhöhten Risikoeinstufung ausgehenden Gefahr überfordernder Prämien zu schützen und damit jeder Bevölkerungsgruppe „zu einer bezahlbaren Gesundheitsversorgung [zu] verhelfen".[160] Ferner überzeugt der Einwand mangelnder sozialer Schutzbedürftigkeit auch nicht in Bezug auf diejenigen Personengruppen, die keiner Versicherungspflicht zur gesetzlichen Krankenversicherung unterliegen. Etwa ist selbstständig Tätigen der Weg in die gesetzliche Krankenversicherung regelmäßig verschlossen.[161]

Zum Verhältnis des verfassungsrechtlichen Diktums und des Systems der Beihilfe der Beamten als zweitem Hauptanwendungsfall der Gebührenordnung für Ärzte sei einleitend gesagt, dass die Beihilfe als Verpflichtung des Staates bereits aus dessen beamtenbezogener Fürsorgepflicht nach Art. 33 Abs. 5 GG erwächst.[162] Das macht eine Bezugnahme auf letztere entbehrlich, steht allerdings einer Übertragung des verfassungsgerichtlichen Gedankens ebenso wenig entgegen.[163] Im System der beamtenrechtlichen Besoldung tritt die vorgenannte Fürsorgepflicht des Dienstherrn neben dessen Alimentationspflicht.[164] Während letztere die angemessenen Bezüge zur Sicherung des Lebensunterhalts des Beamten zum Gegenstand hat, bezieht sich das Fürsor-

158 *J. Eichelberger*, in: Spickhoff, Medizinrecht, § 193 VVG Rn. 17.

159 Dazu *Langheid*, in: Römer/Langheid, § 193 VVG Rn. 62f; *Sodan*, in: Handbuch des Krankenversicherungsrechts, § 45 Rn. 14, 28ff.

160 *Musil*, NZS 2008, 113 (116); vgl. *Sodan*, in: Handbuch des Krankenversicherungsrechts, § 45 Rn. 15; zum Leistungsumfang: *Kaulbach*, in: FKBP, § 12 Rn. 22ff.

161 *Just*, in: Becker/Kingreen, § 5 SGB V Rn. 71ff; *Zimmermann*, in: Handbuch des Krankenversicherungsrechts, § 4 Rn. 42.

162 BVerfGE 58, 68 (76, 78); BVerfGE 17, 377 (355); zur verfassungsrechtlichen Fürsorgepflicht: *Battis*, in: Battis, BBG, § 78 Rn. 2f; *Wilhelm*, in: GKÖD, O vor § 1 BeamtVG Rn. 6f.

163 *Robbers* versteht Art. 33 Abs. 5 GG als eine „spezielle *Konkretisierung* der Sozialstaatsklausel" (*Robbers*, in: BK, Art. 20 Rn. 1291; Hervorhebungen im Original).

164 *Battis*, in: Battis, BBG, § 78 Rn. 4; zum Umfang vgl. *Hartung*, in: GKÖD, L § 78 BBG Rn. 9.

geprinzip auf ergänzende Maßnahmen. Die Alimentation des Beamten setzt sich also aus den Bezügen und den gewährten Ergänzungsleistungen zusammen. Um eine solche Ergänzungsleistung handelt es sich bei der „eine Alimentationslücke schließende[n] Beihilfe“[165]. Das Bedürfnis des Beamten zur Gesundheitsvorsorge schlägt sich nicht in höheren Bezügen nieder, sondern in der gewährten Beihilfe. Zwar hält § 1 der Bundesbeihilfeverordnung zu einer Eigenvorsorge an[166], die allerdings gerade nicht auf die Beihilfe als Ergänzungsleistung bezogen verstanden werden darf. Die dem Beamten gezahlten Bezüge sind nicht in Gänze für die Inanspruchnahme von Gesundheitsleistungen vorgesehen. Denn ansonsten bedürfte es der Gewährung der Beihilfe als *unpfändbare* Ergänzungsleistung nicht.[167] Vielmehr erklärt dieser Vorbehalt die üblicherweise praktizierte Beihilfegewährung nur zu gewissen Anteilen an anfallenden Kosten. Damit wird die Situation des Beamten mit jener des gesetzlich Versicherten vergleichbar. In Entsprechung des Urteils des Bundesverfassungsgerichts müssen denn Maßnahmen gegen schwere, gegebenenfalls lebensbedrohliche Erkrankungen, die der Beamte ansonsten vernünftigerweise selbst finanzieren würde, vom Leistungsumfang der Beihilfe abgedeckt werden. Sofern der Beamte nur anteilig beihilfeberechtigt ist, gelten diese Feststellungen für den von der Beihilfekasse übernommenen Kostenteil.

b) Die Verbindung von Leistungs- und Kostenfrage

Die Einbindung der Gebührenordnung in ein übergeordnetes System sozialer Sicherung beantwortet allerdings noch nicht, inwiefern ein verfassungsrechtlich geschuldeter Minimalstandard bei gleichzeitigem Kostendruck von Relevanz für die Honorarbestimmung ist. Diesbezüglich soll im Folgenden der Blick zum einen auf die Berechnung der Versicherungsprämie nach der Methode der Risikoäquivalenz, zum anderen auf die konkreten Folgen von steigenden Gebühren für den Bürger gerichtet werden.

---

165 *Battis*, in: Battis, BBG, § 78 Rn. 4; *Griebau*, in: Handbuch Medizinrecht, § 12 Rn. 3.

166 § 1 Satz 2 BBhV: „Die Beihilfe ergänzt die gesundheitliche Eigenvorsorge, die in der Regel aus den laufenden Bezügen zu bestreiten ist.“

167 *Hartung*, in: GKÖD, L § 78 BBG Rn. 45; vgl. auch *Griebau*, in: Handbuch Medizinrecht, § 12 Rn. 3.

(1) Risikoäquivalente Prämienberechnung

Der zivilrechtliche Äquivalenzgedanke ist aufgrund seiner Natur nicht ohne Weiteres auf das Versicherungsverhältnis übertragbar[168], ungeachtet dessen ist er als zivilrechtlicher Grundsatz genauso auf Versicherungsverträge anzuwenden.[169] Typischerweise besteht die „Geschäftstätigkeit von Versicherungsunternehmungen [...] im planmäßigen Transfer der Risiken von Wirtschaftseinheiten auf das Versicherungsunternehmen gegen Entgelt".[170] Der Versicherer übernimmt das Risiko eines Schadenseintritts gegen Zahlung eines Versicherungsbeitrages. Seine Leistungspflicht hängt vom ungewissen Eintritt des Schadensfalles ab, wobei die Kosten einer Schadensregulierung die Summe der gezahlten Beiträge übersteigen können. Die Versicherungsleistung ist hinsichtlich Bestehen und Höhe unbestimmt.[171] Dementsprechend kann eine leistungsgerechte Versicherungsprämie nicht auf Grundlage einer tatsächlich erfolgten oder nicht erfolgten Regulierung festgelegt werden, sondern es ist vielmehr hypothetisch zu fragen, welches Risiko für die beiden Parteien besteht, die von ihnen getätigten beziehungsweise die in Aussicht gestellten Leistungen zu verlieren.[172] Äquivalenz im Versicherungsverhältnis meint dementsprechend nicht die Gleichwertigkeit von Leistung und Gegenleistung, sondern das auf beiden Seiten gleiche Verhältnis von Leistung und der Wahrscheinlichkeit, diese Leistung zu verlieren. Diese Verlustwahrscheinlichkeit bemisst sich dabei nach dem individuellen Risiko des Versicherten.[173]

Eine solche Kalkulation gilt nach § 12 Abs. 1 Nr. 1 VAG – mit Ausnahme des Basistarifs – als maßgebliche Berechnungsgrundlage für die Versicherungsbeiträge in der privater Krankenversicherung.[174] An-

168 *Wallrabenstein*, Versicherung im Sozialstaat, S. 122ff m.w.N.

169 *Kalis*, in: Handbuch des Krankenversicherungsrechts, § 44 Rn. 109.

170 *Schradin*, in: MünchKommVVG, Betriebswirtschaftslehre der Versicherung Rn. 11.

171 *Wallrabenstein*, Versicherung im Sozialstaat, S. 122.

172 *dies.*, Versicherung im Sozialstaat, S. 123; zum Zwittercharakter der privaten Krankenversicherung als Schadensversicherung in Bezug auf die Therapiekosten und Summenversicherung hinsichtlich übriger Leistungen sowie deren Abgrenzung: *Kalis*, in: Bach/Moser, § 194 VVG Rn. 9ff.

173 *Wallrabenstein*, Versicherung im Sozialstaat, S. 123; *Boetius*, in: MünchKommVVG, § 203 Rn. 127ff. Es gilt: $Versicherungsbeitrag = Versicherungsleistung \times Risikowahrscheinlichkeit$.

174 Vgl. *Boetius*, in: MünchKommVVG, Einführung in die Krankenversicherung Rn. 644f; *Wallrabenstein*, Versicherung im Sozialstaat, S. 125f; *Kaulbach*, in: FKBP, § 12 Rn. 7 m.w.N. Zum Solidaritätsgedanken als entgegengesetztem Kerngedanken der Beitragsberechnung bei der gesetzlichen Krankenversicherung: *Wieland*, in: Verfassungsrechtliche Grenzen der Beitragserhebung in der gesetzlichen Krankenversicherung, 663–680 (668f); *Schacks*, in: Handbuch des Krankenversicherungsrechts, § 16 Rn. 17ff.

ders als bei der gesetzlichen Krankenversicherung spielt das Arbeitsentgelt und die Einkommenssituation des Versicherten damit keine Rolle.[175] Maßgeblich ist allein das Kostenrisiko des Versicherten.[176] In der Versicherungsprämie spiegelt sich mithin auf der Basis von Durchschnittswerten die Erwartung wider, ob, woran und wie häufig der Versicherte erkranken wird und vor allem, welche Kosten der Versicherung infolge dieser Krankheiten voraussichtlich entstehen werden.[177]

Diese sind wiederum von dem an den Arzt zu zahlenden Honorar abhängig: Würde dementsprechend die Honorarhöhe reduziert, nähmen im gleichen Maße die finanziellen Leistungsanforderungen an die Krankenversicherung ab. Im Hinblick auf das Verfahren der Risikoberechnung wäre deswegen eine gleichzeitige Anpassung der Risikokalkulation und damit der Versicherungsprämien geboten. Eine Absenkung des Vergütungsniveaus *ohne* Anpassung würde hingegen das Gebot der Risikoäquivalenz missachten, denn die gesunkenen Kosten für die Behandlung eines bestimmten Krankheitsbildes wären nicht in die Prämienkalkulation miteinbezogen. Das tatsächlich versicherte Kostenrisiko und das prämienbestimmende Krankheits- und Behandlungsrisiko würden voneinander abweichen. Entsprechendes gilt für den Fall eines gestiegenen Honorars.

Doch auch ein veränderter Leistungsbedarf der Versicherten hätte Folgen für die Prämienhöhe: Aufgrund des Prinzips der Risikoäquivalenz muss der erhöhte Leistungsbedarf bei gleichbleibendem Vergütungsniveau in die Anhebung der Versicherungsbeiträge münden. Umgekehrt nähmen diese ab, wenn in Zukunft ein geringerer Bedarf zu erwarten wäre. Tatsächlich sind die privaten Krankenkassen – gerade weil sie das vertraglich geschuldete Leistungsniveau nicht einseitig ändern können – entsprechend *des Prinzips der dauernden Erfüllbarkeit* zu einer steten Anpassung des Beitragssatzes gezwungen.[178] Indes hier

175 In der gesetzlichen Krankenversicherung gilt die Prämisse des § 226 SGB V. Dazu *Mecke*, in: Becker/Kingreen, § 226 SGB V Rn. 2; *Boetius*, in: MünchKommVVG, Einführung in die Krankenversicherung Rn. 58ff.

176 *Hauck*, in: MAH SozR, § 18 Rn. 18.

177 Zur Kalkulation der Prämien und deren genauem Aufbau aus Risikobeitrag, Sparanteil sowie den diversen Zuschlägen zur Abgeltung versicherungsinterner Verwaltungskosten oder Absicherung gegen Kalkulationsfehler umfassend: *Boetius*, in: MünchKommVVG, § 203 VVG Rn. 125ff; *Brand*, VersR 2011, 1337 (1338). Zu den statistischen Grundlagen: *Verband der Privaten Krankenversicherung e.V.*, Zahlenbericht der Privaten Krankenversicherung 2012/2013, S. 71ff.

178 *Boetius*, VersR 2008, 1431 (1438); *ders.* In: MünchKommVVG, Einführung in die Krankenversiche-

gibt es praktische und verfassungsrechtliche Grenzen. Ein kontinuierliches Anheben der Versicherungsbeiträge droht in eine die finanzielle Freiheit des Einzelnen erstickende Beitragspflicht zu münden; zumal die Folgen für den Arbeitsmarkt nicht vergessen werden dürfen.[179]

Den Einzelnen auf diese Weise zum Gegenstand einer „paternalistischen Zwangsbeglückung“[180] zu machen, liefe dem Gedanken des freiheitlichen Sozialstaates zuwider. Grundrechtswahrnehmung würde nicht mehr ermöglicht, sondern verhindert, wobei sich lediglich die Ursache für die tatsächliche Unmöglichkeit der Grundrechtswahrnehmung verschöbe. Anstatt gesundheitlicher Gründe wären nun wirtschaftliche Beweggründe, die Einengung des finanziellen und damit wirtschaftlichen Bewegungsspielraums des Versicherten für die Reduktion eines Grundrechtes auf die rechtlich formale Gewährung ausschlaggebend. Dieser Umstand würde bei der ausschließlich hinsichtlich des Kostenrisikos des Versicherten kalkulierenden privaten Krankenversicherung besonders virulent, da diese infolge der Versicherungspflicht ein breites Spektrum von Versicherten mit verschiedensten Einkommen abdecken würde. Ohne eine Ausrichtung der Prämien am Einkommen kann die anhand des individuellen Krankheitsrisikos errechnete Prämienhöhe für einen Versicherten tragbar, für den anderen über Gebühr belastend sein. Damit wird die Frage verfassungswidrig hoher Versicherungsbeiträge deutlich eher aufgeworfen als im Rahmen der gesetzlichen Krankenversicherung. Eine Maßnahme zur Förderung des Sozialstaates, die entgegen dessen Zielsetzung die Wahrnehmung von Grundrechten erschwert, muss jedoch das Urteil der Verfassungswidrigkeit ereilen.[181]

Aus diesen Gründen wurde vom Gesetzgeber der sogenannte Basistarif eingeführt.[182] Die erwähnte „paternalistische Zwangsbeglückung“[183] kann nämlich nur dann vorliegen, wenn die Kostensteigerung für den Versicherten obligatorisch wird. Privatversicherte haben die Möglichkeit, steigenden Beitragsforderungen der Krankenversicherung auszuweichen, indem sie in den Basistarif nach § 12 Abs. I a

rung Rn. 644f.

179 Vgl. exemplarisch zur Kürzung des Krankengeldes: BVerfG NZS 1997, 226 (227). Zum Verhältnis von Lohnnebenkosten und Sozialstaatsprinzip: *Lenze*, 112ff.

180 *Heinig*, S. 336.

181 *ders.*, S. 446 m.w.N.

182 *J. Eichelberger*, in: Spickhoff, Medizinrecht, § 193 VVG Rn. 17.

183 *Heinig*, S. 336.

VAG wechseln.[184] Im Rahmen dieses Basistarifs ist die Versicherungsprämie nach § 12 Abs. 1c Satz 2 VAG auf den durchschnittlichen GKV-Höchstbeitrag begrenzt. Allerdings würden sie dabei Gefahr laufen, ihrer Altersrückstellungen verlustig zu gehen[185]; zumal sich die Frage der Dauerhaftigkeit einer solchen Ausweichbewegung stellt. Es ist anzunehmen, dass steigende Gesundheitskosten in gleicher Weise zu einer Anhebung des Basistarifs – zumindest im genannten Rahmen – führen werden. Bei den Basistarifen ist darüber hinaus eine risikoäquivalente Bemessung der Prämien sowohl aufgrund der vorgenannten Obergrenze als auch in Anbetracht eines nach § 203 Abs. 1 Satz 2 VVG untersagten Risikozuschlags nicht umsetzbar.[186] Würden die Versicherten größtenteils in den Basistarif wechseln, könnte diese Bewegung aufgrund der Beschränkungen der Prämienberechnung das Problem einer nicht mehr risikogerechten Unterdeckung der Versicherung im Ganzen hervorrufen und das System kollektiver Risikoübernahme in seinem Bestand bedrohen.[187] Deswegen ist nach dem Dafürhalten des Bundesverfassungsgerichts die gesetzliche Anordnung des Basistarifs fernerhin nur bei Ausschluss einer solchen bestandsgefährdenden Wirkung zulässig. Den Gesetzgeber trifft diesbezüglich eine Überwachungs- und Korrekturpflicht.[188]

184 Versicherungsunternehmen haben nach Maßgabe des § 12 Abs. 1a Satz 1 VAG einen branchenweit einheitlichen Basistarif anzubieten, wobei gemäß § 193 Abs. 5 VVG ein Kontrahierungszwang besteht. Bestandskunden steht nach § 204 Abs. 1 Nr. 1 VVG darüber hinaus ein Versicherungswechselrecht zu. Zum Basistarif: *J. Eichelberger*, in: Spickhoff, Medizinrecht, § 192 VVG Rn. 98ff; *Kaulbach*, in: FKBP, § 12 Rn. 20ff.

185 *Boetius*, in: MünchKommVVG, Einführung in die Krankenversicherung Rn. 661; *Sodan*, in: Handbuch des Krankenversicherungsrechts, § 46 Rn. 28. Anders als die umlagefinanzierten gesetzliche Krankenversicherung sind die privaten Versicherungsunternehmen dazu verpflichtet, aus den Versichertenbeiträgen Rückstellungen für die im Alter zu erwartenden kostspieligen Behandlungen zu bilden. Es soll vermieden werden, dass die Versicherungsbeiträge aufgrund des Äquivalenzprinzips mit steigendem Alter stetig ansteigen. Dazu *Boetius*, in: MünchKommVVG, Einführung in die Krankenversicherung Rn. 92ff; *Kalis*, in: Handbuch des Krankenversicherungsrechts, § 44 Rn. 110; *Sodan*, in: Handbuch des Krankenversicherungsrechts, § 46 Rn. 5ff.

186 *Brand*, VersR 2011, 1337 (1341); *Sodan*, in: Handbuch des Krankenversicherungsrechts, § 45 Rn. 36.

187 Vgl. BVerfGE 123, 186 (266). Das von § 12g VAG vorgesehene System des Risikoausgleichs kann die hier skizzierte Gefahr auf alle Privatversicherungen verteilen, nicht jedoch aufheben, wenn sich eine solche Bewegung in allen Versicherungen zeigen sollte. Vgl. die Ausführungen von *Boetius* zur dauerhaften Funktionsfähigkeit der PKV: *Boetius*, in: MünchKommVVG, Einführung in die Krankenversicherung Rn. 657ff.

188 BVerfGE 123, 186 (266); *Brand*, VersR 2011, 1337 (1341); *Sodan*, in: Handbuch des Krankenversicherungsrechts, § 45 Rn. 44.

(2) Relevanz für die Beihilfe?

Die Abhängigkeit der Versicherungsbeiträge von den Behandlungskosten hat für den Beihilfeberechtigten augenscheinlich keinen Belang, denn dieser erhält die Leistungen der Beihilfe neben seinen Bezügen. Eine direkte finanzielle Beteiligung in der Form von Zahlungsverpflichtungen ist nicht vorgesehen. Allerdings ersetzt die Beihilfe nicht jedem Beamten die Behandlungskosten in voller Höhe, sodass dieser in der Regel noch einer ergänzenden Privatversicherung bedarf.[189] Zudem hat die Beihilfe, deren Finanzierung über staatliche Haushalte erfolgt, Einfluss auf das Einnahme- und Ausgabeverhalten des Staates. Je höher die Summe der Honorarforderungen sind, die die Beihilfekasse zu begleichen hat, desto höher gestaltet sich deren Finanzierungsbedarf. Um diesen zu decken, könnten nun entweder die Abgaben oder aber der Anteil der Beihilfe bei der Verteilung der Einnahmen erhöht werden, was auf Kosten anderer Politikbereiche geschähe. Denkbar ist ferner die Ausweitung eingeschränkter Beihilfegewährung, wie sie etwa in § 6 Abs. 2 BBhV (Bundesbeihilfeverordnung) angelegt ist. Die genannten Möglichkeiten sind aus Sicht des freiheitlichen Sozialstaates nicht unbedenklich.[190] Die Steigerung der Abgabenlast engt den finanziellen Spielraum des Einzelnen weiter ein, während Einsparungen zuungunsten anderer Aufgaben zu deren Vernachlässigung führen könnten. Den Leistungsbeschränkungen sind durch die verfassungsrechtliche Rechtsprechung Grenzen gesetzt. Einziger Unterschied zur privaten Krankenversicherung, deren Kosten nur die Versicherten selbst trifft, ist, dass bei der Beihilfe eine von der GOÄ ausgehende Kostenbelastung für all diejenigen von Relevanz ist, die zur Finanzierung des Staates beitragen.

(3) Notwendigkeit der Kostenkontrolle

Die Höhe der Prämien privater Krankenversicherer ist aus sozialstaatlicher Sicht also nicht unerheblich. Infolge einer umfassenden Versicherungspflicht werden dem Einzelnen die von dem Honorar ausgehenden finanziellen Belastungen abgenommen; diese werden jedoch durch eine Dauerbelastung ersetzt, die nicht von dem Vorliegen ei-

189 Vgl. § 195 Abs. 3 VVG: „Die [Versicherungs-]Pflicht nach Satz 1 besteht nicht für Personen, die [...] Anspruch auf freie Heilfürsorge haben, beihilfeberechtigt sind oder vergleichbare Ansprüche haben *im Umfang der jeweiligen Berechtigung*", Hervorhebungen durch den Verfasser.

190 Dazu den Abschnitt E.II.1.f).

nes Versicherungsfalls, also einer Krankheit, abhängt. Der gesetzlich obligatorische Versicherungsschutz entkoppelt die konkreten Krankheitskosten von der Vermögenssituation des Versicherten. Er resultiert jedoch in einer andauernden Belastung, die – das ist in demselben Maße Ausdruck des Versicherungsprinzips – alle Versicherungsnehmer gleichermaßen trifft.

Da die nötigen Aufwendungen durch die Versicherung ersetzt werden, ist der unmittelbare Einfluss des ärztlichen Honorars auf die Vermögenslage des Einzelnen aus sozialstaatlicher Sicht also weniger von Interesse als der Umstand, dass die ärztliche Vergütung die Beitragsbelastung der Versicherten beeinflusst. Verfassungsrechtlich relevant wird letztlich das Vergütungsniveau im Ganzen.

In diesem Zusammenhang wiegt die anzunehmende Unfähigkeit des Zahlungspflichten zur wirtschaftlich rationalen Bewertung des ärztlichen Leistungsgegenstandes besonders schwer. Dieser steht in einer krankheitsbedingten Drucksituation und wäre darüber hinaus dem Informationsvorsprung des Arztes ausgesetzt. In dieser Situation ist das Zustandekommen eines Honorars, in dem sich die wirtschaftliche Realität, das heißt die Kosten des Arztes, aber auch die versicherungstechnischen Belange des Zahlungspflichtigen widerspiegeln, kaum anzunehmen, zumal der Versicherte aufgrund der Kostenübernahme durch die Versicherung kein Bild von den wirtschaftlichen Folgen des verlangten Honorars für die finanzielle Gesamtsituation der Versicherung erhält.[191] Da der Sozialstaat nicht geeignet ist, jedwede Gebührenbelastung des Bürgers zum Zwecke seiner Finanzierung zu rechtfertigen, bedarf es der Kostenkontrolle, um die in Abhängigkeit von den voraussichtlichen Krankheitskosten berechneten Prämien im verfassungsrechtlich zulässigen Rahmen zu halten. Diese Kostenkontrolle erfolgt durch die GOÄ, welche den Parteien des Behandlungsvertrages die Vergütungshöhe vorgibt. Sie ist das Mittel der hoheitlichen Einflussnahme auf den Preis und kann dazu genutzt werden, das Honorar an die Bedürfnisse des Sozialstaates anzupassen. Dieses Motiv ist mithin geeignet, die Eingriffe in die Vertragsparteien zu rechtfertigen.[192]

Eine Regulierung des Honorars durch die Gebührenordnung muss

---

191 Dazu bereits im Abschnitt D.III.

192 Vgl. zu den Gemeinwohlbelangen als Rechtfertigung der GOÄ: BVerfG NJW 1992, 737 (737). Zur Relevanz des Sozialstaats bei der verfassungsrechtlichen Beurteilung der Vertragsfreiheit *Zacher*, S. 826f; *Cremer*, S. 493.

jedoch auch den Zielen des Sozialstaates entsprechen. Es liegt auf der Hand, dass von einer Regulierung im Sinne des Sozialstaates nur dann gesprochen werden kann, wenn das Honorar in der Höhe dessen Zielen zumindest nicht abträglich ist. Würde der Verordnungsgeber etwa ein Honorar festsetzen, welches in Versicherungsprämien münden würde, die von durchschnittlichen Versicherten nicht mehr zu tragen wären, würde der Gedanke einer notwendigen Kostenkontrolle verfehlt. Es stellt sich also die Frage, welches Honorarniveau dem Gedanken einer umfassenden Versorgung der Bevölkerung mit medizinischen Leistungen entspricht. Diesbezüglich ist – im Lichte einer steigenden Kostenbelastung – insbesondere der Aspekt einer Kostendämpfung hervorzuheben, für den sich folgende Möglichkeiten anbieten: Zum einen könnte der Leistungskatalog reduziert werden. Je geringer die Anzahl der medizinischen Leistungen, die einen Versicherungsfall begründen, desto niedriger fallen die Ausgaben der Versicherung aus. Alternativ bietet sich eine Absenkung des Vergütungsniveaus an.[193] Damit würden die mit einem Krankheitsfall verbundenen Behandlungskosten und damit die risikoäquivalenten Versicherungsbeiträge niedriger ausfallen. Die möglichen Einsparungen wären nicht unerheblich, wenn in Betracht gezogen wird, dass der Anteil der ärztlichen Vergütung an den Gesamtkosten der privaten Krankenversicherung fast ein Viertel beträgt.[194]

Die Möglichkeit, entstehende Mehrkosten durch Reduzierung des Honorars zu kompensieren, ist vor allem deswegen von Interesse, weil der Versicherungsträger an den mit dem Versicherten geschlossenen Vertrag gebunden ist. Anders als der Sozialgesetzgeber, der „jederzeit mit sofortiger Wirkung für alle Versicherten die Leistungen reduzieren kann"[195], können Versicherungen keine einseitige Anpassung des Leistungsumfangs vornehmen und etwa die Kostenübernahme für einige Krankheiten gänzlich ausschließen. Dies würde eine Abweichung vom vertraglich Geschuldeten und damit einen Vertragsbruch seitens der Versicherungsunternehmens darstellen.[196] Hinzu kommt die Frage nach der praktischen Effizienz eines solchen Schrittes. Zwar wird dem Grundgesetz angesichts gesellschaftlicher Dynamik und der Res-

193 Vgl. *V. Neumann*, NZS 1998, 401 (404f, 409); *Kluth*, MedR 2005, 65 (68).

194 Vgl. dazu Fn. 132, S. 245.

195 *Boetius*, in: MünchKommVVG, Einführung in die Krankenversicherung Rn. 645.

196 *Boetius*, in: MünchKommVVG, Einführung in die Krankenversicherung Rn. 645; *Boetius*, VersR 2008, 1431 (1432).

sourcenabhängigkeit des Sozialstaates sicherlich kein Rückschrittsverbot zu entnehmen sein[197], jedoch werden die hochrangigen Rechtsgüter Leben und Gesundheit bei Abwägungsentscheidungen oftmals den Ausschlag zugunsten des Gesundheitsschutzes bewirken und mithin einen hohen Minimalstandard implizieren, von dem schwerlich zugunsten von Kostenersparnissen abgewichen werden kann.[198] Zudem haben die Versicherungsunternehmen im Rahmen der privaten Krankenversicherung, sofern ihre Inanspruchnahme nicht nur den Versicherungsschutz der gesetzlichen Krankenversicherung ergänzt, entsprechend § 192 Abs. 1 Satz 1 VVG[199] die Heilbehandlungskosten unabhängig von der ursächlichen Erkrankung zu übernehmen. Die Kostenerstattung für die Behandlung eines bestimmten Krankheitsbildes kann damit nicht gänzlich ausgeschlossen werden, sondern nur bestimmte Therapieformen. Das macht das Übermaßverbot des § 192 Abs. 2 VVG deutlich.[200] Ein solcher Schritt kann zudem mit der ärztlichen Therapiefreiheit konfligieren[201] und wäre zudem mit der tätigkeitsbezogenen, von der Therapieauswahl beziehungsweise dem Krankheitsbild relativ freien Gebührenordnung schwer zu realisieren.[202]

Die Rücksichtnahme der Gebührenordnung auf die finanziellen Belange der Kostenträger würde auch nicht per se mit dem Programmsatz des § 11 Satz 3 BÄO kollidieren, der expressis verbis die Gebührenordnung zur Beachtung der Interessen des behandelnden Arztes und des zur Zahlung des Entgelts Verpflichteten, also der Parteien des Behandlungsvertrages, anhält[203], obwohl eine Anpassung der Vergütungshöhe an das Kostenrisiko eher der Kalkulation der Versicherungen entgegenkommt. Es ist zu bedenken, dass es der (teilweise) privatversicherte Bürger ist, welcher mit seinen Beiträgen den Finanzbedarf der Versicherung aufbringt. Die seinerseits gezahlte Versicherungsprämie bildet die erwartete Kostenbelastung der Versicherung ab.

---

197 Vgl. *Schmidt-Aßmann*, S. 31ff m.w.N.; *V. Neumann*, NZS 1998, 401 (409f, passim).

198 Vgl. *Schmidt-Aßmann*, S. 29; *V. Neumann*, NZS 1998, 401 (410); *Robbers*, in: BK, Art. 20 Rn. 1678.

199 Vgl. *Kalis*, in: Bach/Moser, § 192 VVG Rn. 6ff.

200 Zum Regelungsgehalt des § 192 Abs. 2 VVG *Boetius*, VersR 2008, 1431; *Rogler*, VersR 2009, 573.

201 Die Einschränkung ärztlicher Therapiefreiheit zum Zweck der Kostenbegrenzung wird grundsätzlich anerkannt, allerdings müssen „die unverzichtbaren Entscheidungsfreiräume für Diagnostik und Therapie erhalten bleiben". *Katzenmeier*, in: Lauf/Katzenmeier/Lipp, X. Rn. 81.

202 Zu den Leistungsbeschreibungen den Abschnitt C.IV.2.

203 Dazu ferner den Abschnitt B.II.3.a).

(4) Keine einseitige Betonung der Kostenfrage

Aber selbst wenn das Kostenrisiko der Versicherung als Interesse des Zahlungspflichtigen betrachtet wird, bleibt es nicht der einzige gebührenrelevante Faktor. Sicherlich besteht bei diesem ein finanzielles Interesse an möglichst geringen Gesundheitskosten. Die Funktionsfähigkeit der Gesundheitssysteme ist „ein überragend wichtiges Gemeinschaftsgut"[204], das zeigt die Rechtsprechung des Bundesverfassungsgerichts, welches bei der Bestimmung des sozialstaatlichen Gewährungsgehalts dem Aspekt der Versorgungsqualität eine maßgebliche Rolle einräumt.[205] Für die Gesundung eines Kranken kommt es nicht nur darauf an, *ob* eine bestimmte Behandlung durchgeführt wird, sondern zudem *wie* und – zumindest bei zeitkritischen Behandlungsfällen unter Umständen auch – *wo* sie erfolgt.[206]

Diesbezüglich wird der Kostenaspekt in folgender Hinsicht relevant: Der Arzt erbringt seine Leistungen, um seinen Lebensunterhalt zu sichern. Dementsprechend liegt seinem Tun eine berechtigte Vergütungserwartung zugrunde.[207] Käme es nun zu einer Reduzierung des Vergütungsniveaus, stünde zu befürchten, dass der Arzt geneigt sein könnte, das privatärztliche Engagement zurückzufahren – etwa indem er nur diejenigen Patienten akzeptiert, deren Behandlung einen Gewinn verspricht – oder aufgrund von Unwirtschaftlichkeit gänzlich einzustellen.[208] In Abhängigkeit von der Anzahl der verzichtenden Ärzte könnten die Folgen eines solchen Verhaltens von einer abnehmenden Versorgungsdichte bis zu einem vollständigen Zusammenbruch der ambulanten Versorgung von Privatversicherten und Beihilfeberechtigten reichen.[209] Kurzum: Der funktionierende Sozialstaat bedarf der Sicherstellung einer wirtschaftlich ausreichenden Grundlage der Leistungserbringer.[210]

---

204 *Robbers*, in: BK, Art. 20 Rn. 1532.

205 BVerfGE 103, 172 (185ff); 115, 25 (44f).

206 Nicht nur die Behandlungsqualität, sondern auch die Versorgungsdichte, also die Verteilung medizinischer Leistungserbringer muss als verfassungsrelevantes Qualitätskriterium der Gesundheitsversorgung betrachtet werden, wie sich unter anderem an den Vorgaben der §§ 99ff SGB V für das Vertragsarztrecht zeigt. Dazu umfassend *Bauer-Schade*, 68ff; ferner *Hess*, in: KassKomm, § 98 SGB V Rn. 15f; *Hess*, in: KassKomm, § 99 SGB V Rn. 2f.

207 Dazu im Abschnitt D.III.3.f)(1).

208 Vgl. *Breyer/Zweifel/Kifmann*, S. 381ff, 404ff.

209 Zu dieser Annahme und zu einem diesbezüglich wirtschaftlich optimalen Vergütungsmodell: *dies.*, S. 404ff.

210 *Zacher*, S. 1035.

Diesen Gesichtspunkt gilt es im Hinblick auf die Vergütung nach der GOÄ zu beachten. Anders als im Vertragsarztrecht besteht, ungeachtet des Umstandes, dass

> der Arzt in vielfältiger Weise in die staatliche Gesundheitsfürsorge eingebunden ist, einer staatlichen Berufsgerichtsbarkeit untersteht und in Ärzteordnungen eine Regelung seiner Berufsausübung getroffen wurde[,][211]

im Verhältnis zu Privatversicherten oder Beihilfeberechtigten allenfalls eine eingeschränkte Behandlungspflicht.[212] Weder kommt hier die aus dem vertragsärztlichen Sicherstellungsauftrag abgeleitete Verpflichtung zur Teilnahme an der vertragsärztlichen Versorgung als Basis einer grundlegenden Leistungspflicht zum Tragen, noch begründet die Stellung des Arztes eine öffentlich-rechtliche Behandlungsverpflichtung[213] beziehungsweise einen Kontrahierungszwang nach den §§ 826 oder 145 BGB[214]. Einzig in Notfällen ist der Arzt stets zur Hilfeleistung verpflichtet.[215] Teilweise wird das ärztliche Standesrecht dahin gehend verstanden, dass ein Arzt einen an ihn getragenen Behandlungswunsch zumindest nicht aus unsachlichen oder willkürlichen Gründen ausschlagen kann und damit erbetene Behandlungen übernehmen soll.[216] Grund soll eine moralische und ethische Erwartungshaltung der Gesellschaft sein, die ihn in der Wahrnehmung seiner grundsätzlich bestehenden Vertragsfreiheit determiniert.[217] Im Hinblick auf die standesrechtlichen Verpflichtungen scheint die angedachte Ablehnung einer Behandlung aus wirtschaftlichen Gründen allerdings nicht per se als unsachlich oder verwerflich:[218] Selbst in Bezug auf den Vertragsarzt hat das Bundessozialgericht es für prinzipiell zu-

211 *Hecker*, MedR 2001, 224 (224).

212 *Deutsch / A. Spickhoff*, Rn. 125; *Hecker*, MedR 2001, 224 (224); *Lipp*, in: Lauf / Katzenmeier / Lipp, IV. Rn. 1; *Krieger*, MedR 1999, 519 (519); *E. Jung*, § 8 III. 1. krit. *Brennecke*, S. 76f. Zur Behandlungspflicht des Vertragsarztes *Steinhilper*, in: Laufs / Kern, § 25 Rn. 9ff; *Hecker*, MedR 2001, 224 (225ff); *Krieger*, MedR 1999, 519 (520ff); *Clemens*, in: Quaas / Zuck, Medizinrecht, § 20 Rn. 92ff.

213 *Lipp*, in: Lauf / Katzenmeier / Lipp, IV. Rn. 1; differenzierend *Laufs*, Arztrecht, Rn. 138.

214 *Hecker*, MedR 2001, 224 (224); zur Vertragsfreiheit des Arztes gegenüber dem Privatpatienten und den Ausnahmefällen: *Kern*, in: Laufs / Kern, § 40 Rn. 3ff.

215 *Kern*, in: Laufs / Kern, § 16 Rn. 4; § 40 Rn. 11; *Deutsch / A. Spickhoff*, Rn. 956; *E. Jung*, § 8 III. 2.

216 *Lipp*, in: Lauf / Katzenmeier / Lipp, III. Rn. 22; *Kern*, in: Laufs / Kern, § 40 Rn. 4; *Laufs*, NJW 1987, 2257 (2262); *Hecker*, MedR 2001, 224 (224); für eine umfassende Darstellung der Diskussion: *Brennecke*, S. 71ff.

217 *Kern*, in: Laufs / Kern, § 40 Rn. 4; *Laufs*, NJW 1987, 2257 (2262).

218 Vgl. *Schiller / Steinhilper*, MedR 2001, 29 (29).

lässig erachtet, wenn sich der Arzt bei der Auswahl der seinerseits angebotenen diagnostischen und therapeutischen Verfahren daran orientierte,

> ob bestimmte Leistungen im Hinblick auf die vorhandene bzw. erreichbare Zusammensetzung der Patientenschaft sowie unter Berücksichtigung der anfallenden Kosten und der erzielbaren Einnahmen wirtschaftlich erbracht werden können[.][219]

Dass auch bei Anwendung der GOÄ die Behandlung von vergleichbaren Motiven abhängig gemacht werden kann, wird an der Möglichkeit zum Abschluss einer Honorarvereinbarung sowie den diesbezüglichen Einschränkungen im Hinblick auf Notfall- und akute Schmerzbehandlungen deutlich.[220] Durch das Recht, nach § 2 GOÄ ein abweichendes Honorar vertraglich festsetzen zu können, sind die Parteien des Behandlungsvertrages nicht fest an das Vergütungsniveau der Gebührenordnung gebunden. Sie haben die Möglichkeit, eine abweichende Gebührenhöhe zur Grundlage ihrer vertraglichen Beziehungen zu machen. Dabei ist die Rücksichtnahme auf eigene wirtschaftliche Interessen im Regelfall durchaus als legitim zu erachten. Denn ansonsten bedürfte es nicht des Verbots nach § 2 Abs. 1 Satz 4 GOÄ, das besagt, Notfall und akute Schmerzbehandlungen nicht von dem Abschluss einer Honorarvereinbarung abhängig zu machen. Dieses soll maßlosen Honorarforderungen des Arztes vorbeugen, welche dem Patienten in seiner Notsituation abgepresst werden könnten, indem die Vornahme der Behandlung von dem Abschluss einer Honorarvereinbarung abhängig gemacht würde.[221] Wenn ein solches Vorgehen allerdings nur für den Ausnahmefall als verbotswürdig erachtet wird, wird daran deutlich, dass es für die übrigen Fälle als legitimes Mittel gilt.

Doch es bedarf nicht erst einer Behandlungsverweigerung: Es ist ein Gebot wirtschaftlicher Logik, dass sinkende Honorare die Ärzte einem gesteigerten Kostendruck aussetzen – an die Verbindung von

219 BSG Urt. v. 17.09.1997, 6 RKa 36 / 97; dazu *Krieger*, MedR 1999, 519 (522); *Schiller / Steinhilper*, MedR 2001, 29 (30); *Clemens*, in: Quaas / Zuck, Medizinrecht, § 20 Rn. 93. Wegen des gesetzlichen Sicherstellungsauftrages unzulässig ist ein solches Verhalten allerdings dann, wenn ein Vertragsarzt Leistungen gegenüber gesetzlich Versicherten ausschließlich gegen Privatliquidation anbieten will (BSG MedR 2002, 47 mit Anmerkungen Steinhilper).

220 Zur Honorarvereinbarung bereits den Abschnitt C.VIII.

221 *Spickhoff*, in: Spickhoff, Medizinrecht, § 2 GOÄ Rn. 9.

Gebühr und Praxiskosten durch § 4 GOÄ sei erinnert.[222] Sofern dieser sich mit unveränderten Unkosten konfrontiert sieht, wären Einsparversuche seinerseits eine betriebswirtschaftlich nachvollziehbare Konsequenz.[223] Solche Maßnahmen können den Patienten ebenfalls einer ernstlichen Gefährdung von Gesundheit und Leben aussetzen oder zumindest seiner Genesung abträglich sein.[224] Selbst wenn der Arzt in solchen Fällen unter Umständen für verursachte Schäden aufzukommen hätte, die erlittene Gesundheitsschädigung oder Tötung wäre irreversibel. Mithin hat auch der Staat von Verfassungs wegen „Vorsorge zu treffen, dass die ärztliche Tätigkeit das Rechtsgut der körperlichen Unversehrtheit – und mit dieser gegebenenfalls das Leben – auch inhaltlich wahrt".[225]

Umgekehrt kann der Arzt, dem es erlaubt ist, den Vertragsschluss von ökonomischen Gesichtspunkten abhängig zu machen, die Behandlung an den Abschluss einer auf ein höheres Entgelt gerichteten Honorarvereinbarung koppeln. Folge sind Mehrkosten für den Zahlungspflichtigen, die diesem nicht ersetzt werden. Nach der Bundesbeihilfeverordnung sind nur wirtschaftlich angemessene Aufwendungen beihilfefähig (§ 6 Abs. 1 Satz 1 BBhV). Als nicht wirtschaftlich angemessen gelten nach § 6 Abs. 3 Satz 2 BBhV Aufwendungen aufgrund einer Vereinbarung nach § 2 Abs. 2 der Gebührenordnung für Ärzte, also Honorarvereinbarungen. Im Rahmen der privaten Krankenversicherung kann die Honorarvereinbarung zum einen als unverhältnismäßige Vergütung im Sinne von § 5 Abs. 2 MB/KK erachtet werden; zum anderen wird bei ihrem Abschluss ein Verstoß des Versicherten gegen die Schadensminderungsobliegenheit nach § 9 Abs. 4 MB/KK in Betracht zu ziehen sein, der nach § 10 Abs. 1 MB/KK ebenfalls dem Erstattungsanspruch des Versicherten entgegenstehen würde.[226] Neben der Pflichtmitgliedschaft in der privaten Krankenversicherung und den damit verbundenen Ausgaben kämen also auf den zahlungspflichtigen Patienten weitere Kostenbelastungen zu. Solange diese von ihm nicht obligatorisch erbracht werden müssen, um eine medizini-

222 Dazu bereits unter C.III.1.

223 Vgl. *Breyer/Zweifel/Kifmann*, S. 404.

224 Vgl. zur strafbaren Körperverletzung mit Todesfolge aufgrund der Verwendung eines angebrochenen Anästhetikums entgegen den Umgangsbestimmungen des Herstellers: BGH NStZ 2008, 278.

225 *D. Lorenz*, in: BK, Art. 2 Rn. 566 unter Bezugnahme auf BVerfGE 57, 70 (99).

226 *Sauer*, in: Bach/Moser, § 10 MB/KK Rn. 23.

sche Behandlung zu erhalten, ist das unproblematisch. Verfassungsrechtlich unhaltbar kann die Situation jedoch dann werden, wenn sie von ihm verlangt würde, um überhaupt in den Genuss einer Behandlung zu gelangen. Insbesondere dann, wenn diese zur Therapie einer potenziell fatalen Krankheit unerlässlich wäre.[227] In diesem Fall wäre der Betroffene dazu gezwungen, weitere Geldmittel für die Behandlung aufzuwenden, obwohl seine Leistungsfähigkeit bereits durch die verpflichtende Mitgliedschaft in der privaten Krankenversicherung reduziert ist. Die Versicherung wäre für ihn in der gegebenen Situation allerdings nur teilweise von Nutzen, weil sie ihm nur die nach GOÄ üblichen, nicht jedoch alle anfallenden Behandlungskosten ersetzt. Für die Beihilfeberechtigten ergäbe sich eine vergleichbare Situation, da ihnen die Beihilfe *neben* den Bezügen als weitere Alimentationsleistung gewährt worden wäre. Sie wären genötigt, Teile ihrer Vergütung auf die Inanspruchnahme medizinischer Leistungen zu verwenden, was bis auf die ergänzende Mitgliedschaft in der privaten Krankenversicherung nicht vorgesehen ist.

Die Vergütung des Mediziners darf also nicht nur im Sinne der eingangs behandelten Kostenfrage gedacht werden. Vielmehr sind gleichermaßen die negativen Folgen eines übermäßigen Kostendrucks auf die Versorgungsqualität zu beachten. Dem von Kostensenkungen ausgehenden Gefährdungspotenzial würde Vorschub geleistet, orientierte sich die Gebührenfrage doch einzig an den finanziellen Folgen des Honorars für Versicherung, Beihilfe und den dort Abgesicherten. Es fände eine einseitige Ausrichtung zur Abwehr einer den Bürger in seinen Freiheitsrechten verletzenden Abgabenlast statt, über die der Qualitätsaspekt aus den Augen zu verloren gehen drohen würde, obwohl diesem angesichts seiner Relevanz für die Gesundheit des Patienten eine zumindest ebenso starke Aufmerksamkeit zukommen sollte.[228] Ausdrücklich hat die Bundesverfassung die Bedeutung „einer leistungsfähigen Ärzteschaft" für die Funktionsfähigkeit des Gesundheitssystems hervorgehoben.[229] Die Gewährleistung ärztlicher Leistungsbereitschaft wird mithin als berechtigtes Ziel gesetzgeberischer Tätigkeit erachtet, demgegenüber der Kostengedanke nicht zwingend

227 Vgl. dazu den Abschnitt E.II.2.c)

228 Vgl. die Differenzierung bei BVerfGE 115, 25 (45ff) zwischen lebensbedrohlichen und übrigen Erkrankungen.

229 BVerfGE 103, 172 (186) unter Bezugnahme auf BVerfGE 97, 12 (31).

überwiegt.[230]

Zudem würde ein solcher Schritt die Kernidee des äquivalenten Leistungsaustausches umkehren. Leistung und Gegenleistung sollten sich nach Maßgabe eines bisweilen umstrittenen Beurteilungsstandpunktes in ihrer Wertigkeit entsprechen.[231] Die Vergütung einer Leistung hängt dementsprechend unter anderem vom Leistungsumfang des Erbrachten ab. Diese Verbindung ginge verloren, wenn das Honorar einzig nach den Kostenfolgen für das Gesundheitssystem bestimmt würde. Dann wäre letztlich ein externer Faktor für die Höhe der Vergütung, nicht jedoch die Wertigkeit der Leistung ausschlaggebend. Zudem gäbe die Ausrichtung am Kostenrisiko Versicherungen und Beihilfekassen den Schlüssel für die Bestimmung des ärztlichen Honorars in die Hand. Es stünde zu befürchten, dass der Programmsatz des § 11 Satz 3 BÄO missachtet würde: Die institutionellen Kostenträger könnten versucht sein, die Kalkulation ihres Kostenrisikos zu eigenen Gunsten zu beeinflussen.

4. Fazit

Aus der staatlichen Verpflichtung zur Inanspruchnahme eines bestimmten Gesundheitssystems resultiert ein Anspruch des Betroffenen auf eine funktionierende Gesundheitsversorgung. Derjenige Bürger, der durch staatliche Vorgaben gezwungen wird, signifikante Teile seiner eigenen wirtschaftlichen Leistungsfähigkeit für ein mandatorisches System der Gesundheitsversorgung aufzuwenden, kann dessen prinzipielle Tauglichkeit erwarten. Vor allem bei der Behandlung schwerer und lebensbedrohlicher Krankheiten sind ihm weitere Ausgaben in Anbetracht der bereits obligatorischen Inanspruchnahme nicht mehr zuzumuten. Der Staat ist zusammenfassend dazu berufen, das System, zu dessen Zahlung der Bürger verpflichtet wird, so auszugestalten, dass es im Falle schwerer Krankheit jedwede Behandlung übernimmt, deren Anwendung in der Behandlungssituation nachvollziehbar erscheint. Im Übrigen kann der Bürger zumindest eine taugliche Versorgung erwarten, die allerdings auch aus Kostengründen eingeschränkt werden kann.[232]

Dies hat Folgen für die Gestaltung der Gebührenordnung für Ärz-

230 BVerfGE 103, 172 (185f); ebenso *Zacher*, S. 1035.

231 Dazu im Abschnitt D.II.

232 Dazu weiter im Abschnitt E.II.2.c)

te, denn jene regelt die Vergütung des Leistungserbringers sowohl im Rahmen der privaten Krankenversicherung als auch der Beihilfe. Diese beiden Gesundheitsfürsorgesysteme sind wiederum Bestandteil einer mehrgliedrigen, im Ganzen unausweislichen institutionalisierten Absicherung der Bevölkerung vor anfallenden Krankheitskosten. Die Versicherungsfreiheit einer Person ist nicht vorgesehen. Sofern sie nicht bereits gesetzlich oder über ihre Tätigkeit im öffentlichen Dienst abgesichert ist, hat eine Versicherung in der privaten Krankenversicherung zu erfolgen.[233] Die privaten Krankenversicherer und Beihilfekassen arbeiten grundsätzlich nach dem Kostenerstattungsprinzip. Das heißt, sie ersetzen dem Berechtigten diejenigen Kosten, die ihm durch die Beauftragung eines Arztes entstehen.[234] Diese bestimmen sich wiederum in Abwesenheit speziellerer Gebührenordnungen nach Maßgabe der GOÄ. Das führt in der Gesamtschau zur Anwendung der Gebührenordnung in einer der gesetzlichen Krankenversicherung vergleichbaren Situation, in der die Aufwendungen für die private Krankenversicherung beziehungsweise die nur ergänzend zu den Bezügen gewährte Beihilfe weitere Ausgaben für die eigene Gesundheitsversorgung unzumutbar machen. Ebenso wenig dürfen die Beiträge zu der privaten Krankenversicherung – die Beihilfe ist eine Leistung des Dienstherrn neben dem Lohn – nicht zu einer die Wahrnehmung der Freiheitsrechte erstickenden finanziellen Belastung des Bürgers erwachsen.[235]

Vor allem letztgenannter Punkt ist für die Betrachtung der Gebührenordnung von Relevanz, die in Anbetracht des geltenden Versicherungsvertragsrechts zumindest mittelbar für die Erfüllung sozialstaatlicher Aufgaben relevant wird. Zwar werden den Berechtigten jene durch die Honorarforderung hervorgerufenen Ausgaben durch die privaten Krankenversicherungen beziehungsweise durch die Beihilfekassen ersetzt, das Honorar hat allerdings Einfluss auf die Höhe der risikoäquivalent, in Abhängigkeit von den voraussichtlichen Behandlungskosten, kalkulierten Versicherungsbeiträge sowie auf den Finanzbedarf der Beihilfekassen, welcher aus dem allgemeinen Staatshaushalt bestritten wird.[236]

233 Dazu ferner Abschnitt E.II.3.a).

234 Dazu weiter im Abschnitt E.II.3.

235 Dazu Abschnitt E.II.3.a)

236 Dazu ferner im Abschnitt E.II.3.b).

Deswegen wird der Verordnungsgeber bei der Festlegung der Gebühren die Bedeutung der Gebührenordnung für die Versicherungsprämie nicht aus den Augen verlieren dürfen und mithin – aufgrund der Erfordernisse des Sozialstaates und des Mechanismus der Risikoäquivalenz – verpflichtet sein, die Gebührenordnung entsprechend den Bedürfnissen der Versicherten zu gestalten.[237] Die Gebührenordnung erlaubt ihm, auf die Ausgaben der Versicherung und der Beihilfekassen und damit auf die von diesen ausgehende Kostenbelastung des Bürgers Einfluss zu nehmen. Ungeachtet dessen kann besagtes Kostenrisiko nicht als allein gültige Blaupause für die Gebührengestaltung, sondern allenfalls als Indiz dienen. Denn von Verfassungs wegen darf der zur Finanzierung seiner Gesundheitsversorgung verpflichtete Bürger zufriedenstellende Versorgung zumindest bei lebensbedrohlichen Erkrankungen erwarten, die im Übrigen stets zumindest tauglich bleiben muss.[238] Ein solches Ziel würde nicht erreicht, wenn die Ärzteschaft durch eine zu niedrig angesetzte Vergütung zu gesundheitsgefährdenden Einsparungen oder zur Verweigerung einer spezifischen Behandlung aus wirtschaftlichen Gründen verleitet würde.[239] Angesichts dessen kann das Kostenrisiko nicht jedwede Absenkung der Vergütungsniveaus rechtfertigen. Die alleinige Konzentration auf ein möglichst geringes Vergütungsniveau ist unzulässig, vielmehr muss der Verordnungsgeber gewährleisten, dass die nach der GOÄ gezahlten Honorare ausreichen, um die durch die Vornahme einer Behandlung hervorgerufene Kostenbelastung des Arztes zu kompensieren.[240]

Die nach einer sozialstaatlichen Gesamtschau ideale Vergütung nach der GOÄ stellt sich letzten Endes als Mittelweg zwischen einer verfassungsrechtlich tragbaren Finanzbelastung des Bürgers und einem Vergütungsniveau dar, das eine qualitativ ausreichende Leistungserbringung sicherstellt.[241] Für die von § 11 Satz BÄO geforderte und aufgrund des Eingriffs in Vertrags- und Berufsfreiheit notwendige Interessenabwägung als Ausgangspunkt der Betrachtungen[242] resultiert daraus Folgendes: Der durch die GOÄ hervorgerufene Eingriff

237 Vgl. BGHZ 159, 142 (150); BGH NJW-RR 2010, 1355 (1357). Dazu ferner bereits im Abschnitt E.II.3.b)(3).

238 BVerfGE 115, 25 (49).

239 Dazu den Abschnitt E.II.3.b)(4).

240 Vgl. BVerfGE 103, 172 (186). Dazu ferner im Abschnitt E.II.3.b)(4).

241 Dazu den Abschnitt E.II.4.

242 Dazu weiter im Abschnitt D.III.3.g)

in die Freiheitsrechte kann aufgrund sozialstaatlicher Erwägungen gerechtfertigt werden. Allerdings nur dann, wenn die Ausgestaltung der GOÄ den aufgezeigten Mittelweg beschreitet. Die Rechtfertigung einer hoheitlichen Gebührenbestimmung entfiele, wenn die Finanzierung der Versicherungskosten den Versicherten einen übermäßigen Beitrag von seinem Einkommen abverlangen würde. Gleiches gilt für ein Honorar, das nicht genügt, um die Ärzteschaft zu einer gewissenhaften Ausübung ihrer Tätigkeit gegenüber Privatpatienten zu bewegen.[243] Aus der staatlichen Verpflichtung zum Abschluss eines Krankenversicherungsvertrages und der daraus folgenden Bindung des zur Verfügung stehenden Einkommens beziehungsweise aus der Gewährung von Beihilfe als nicht-monetärem Bestandteil der Bezüge erwächst der Anspruch des Berechtigten, im Gegenzug eine im Fall potenziell tödlicher Erkrankungen umfassende und im Übrigen zumindest nicht untaugliche medizinische Versorgung zu erhalten. Die Berufsausübung des Arztes findet deswegen im Allgemeininteresse statt, welches wiederum geeignet ist, einen Eingriff in dessen Berufsausübungsfreiheit zu rechtfertigen.[244]

III. Die Freiberuflichkeit des Arztes

Die Ärzteschaft ist nicht die einzige Berufsgruppe, deren Vergütung hauptsächlich von einer staatlichen Gebührenordnung bestimmt wird. Solche finden sich beispielsweise bei den fachlich verwandten Zahnärzten, aber auch bei Architekten (HOAI) und Rechtsanwälten (RVG). Diesen in ihren fachlichen Tätigkeiten so differenten Berufsgruppen ist gemein, dass sie in wirtschaftlich selbstständiger Weise unter einem Berufsethos tätig sind, das – Wettbewerb und Gewinnstreben ablehnend – eine von altruistischen Motiven geleitete Berufsausübung zum Leitbild ihres Standes erhebt.[245] Bei den vorgenannten Berufsgruppen handelt es sich ausnahmslos um freie Berufe, als deren Prototyp, trotz der Probleme einer exakten Begriffsbestimmung[246], unter anderem der

243 Zu einer eventuell von Verfassungs wegen gebotenen Korrektur der Anwendung der GOÄ bei zu niedrigem Honorar vgl. BGHZ 159, 142 (150); BGH NJW-RR 2010, 1355 (1357).

244 *Zacher*, S. 1035.

245 *Pitschas*, in: Öffentliches Wirtschaftsrecht BT 2, § 9 I Rn. 17.

246 Vgl. BVerfGE 10, 354 (364);*Pitschas*, in: Öffentliches Wirtschaftsrecht BT 2, § 9 I Rn. 5; *Scholz*, in: Maunz/Dürig, Art. 12 Rn. 269; *Taupitz*, Die Standesordnungen der Freien Berufe, S. 18f; *Bomba*, S. 52.

Arzt gilt.[247] Nach klassischem Verständnis heben sich die freien Berufe von anderen Formen der Erwerbsarbeit dahin gehend ab, dass ihre Berufsausübung dem eigenen Selbstverständnis nach im Allgemeininteresse und zugunsten der Gesellschaft erfolgt.

Als äußere Kennzeichen besagter Gemeinwohlorientierung gilt dabei unter anderem die Ablehnung von Profitstreben und Wettbewerb unter einzelnen Freiberuflern.[248] Das Standesethos hält den Freiberufler nicht unbedingt zu einer Tätigkeit pro bono an, seine Vergütung soll jedoch zurückhaltend erfolgen. Die Relevanz des freiberuflichen Ideals für die Gebührenbestimmung liegt angesichts eines solchen Selbstverständnisses auf der Hand. Ergibt sich die sozialstaatliche Bedeutung der Gebührenordnung aus dem Umstand, dass diese die Erbringung medizinischer Leistungen zum Inhalt hat, begründet die von ihr ausgehende Regelung der beruflichen Tätigkeit des Arztes die Relevanz ärztlichen Standesrechts sowie der Grundsätze des freiberuflichen Standesethos. Wird etwa aufgrund einer immanenten Allgemeinwohlorientierung der freien Berufe ein Verbot des gegenseitigen Wettbewerbs angenommen, kann die weitestgehende Harmonisierung ärztlicher Honorierung durch die GOÄ als staatlicher Eingriff zur Verwirklichung des freiberuflichen Selbstverständnisses verstanden werden. Dieses wäre zugleich geeignet, die mit dem Honorar verbundene Gewinnerwartung des Arztes einer Beschränkung zu unterwerfen. Sicherlich darf der Mediziner erwarten, aus seiner Vergütung seinen Lebensunterhalt bestreiten zu können. Ungeachtet dessen unterliegt sein Gewinnstreben aufgrund standesrechtlicher Erwägungen gewissen Einschränkungen. Das verdeutlicht bereits die allgemein übliche Bezeichnung der ärztlichen Vergütung als Honorar, als Ehrengeschenk, welches bei der eigentlich als unentgeltlich gedachten Tätigkeit des Freiberuflers an die Stelle des Lohnes tritt.[249] Es handelt sich bei dem Arzt mitnichten um einen gewöhnlichen Gewerbetreibenden. Diesem Umstand gilt es, bei der Interpretation der Gebührenordnung Rechnung zu tragen.

---

247 Vgl. § 1 Abs. 2 BÄO, § 1 I MBOÄ, § 18 I Nr. 1 EStG; *Taupitz*, Die Standesordnungen der Freien Berufe, S. 86; *Quaas*, in: Quaas/Zuck, Medizinrecht, § 13 Rn. 9; *Scholz*, in: Maunz/Dürig, Art. 12 Rn. 268 m.w.N.; krit. *F. Kirchhof*, ZGMR 2010, 210 (211f).

248 Vgl. *Taupitz*, Die Standesordnungen der Freien Berufe, S. 63ff m.w.N.

249 *Bomba*, S. 64.

1. Der Arzt als freier Beruf

Doch welche Auswirkungen hat die Freiberuflichkeit des Arztes auf die Interpretation der Gebührenordnung? Die schlichte Feststellung, *dass* es sich bei Ärzten um Freiberufler handelt, ist diesbezüglich nicht weiterführend. Es stellt sich die Frage, was den freien Beruf auszeichnet und ihn von anderen Berufsgruppen unterscheidet.

a) Der Begriff des freien Berufes

Dem Bundesverfassungsgericht zufolge handelt es sich bei dem Begriff des ‚freien Berufes' um einen eher soziologischen denn rechtlichen Terminus, welcher vor dem Hintergrund seiner Entstehung zur Zeit des Liberalismus zu verstehen ist und permanenten Änderungen unterliegt.[250] Als Oberbegriff steht der freie Beruf für den gemeinsamen Grundkanon der prägenden Wesensmerkmale der gemeinhin als freiberuflich verstandenen Professionen und spiegelt damit deren Berufsrealität und Rolle in der Gesellschaft.[251] Aus diesem Grund ist das Verständnis vom Wesen freier Berufe wie die Gesellschaft selbst im steten Wandel begriffen. Eine feststehende Definition freie Beruf ist nicht möglich.[252]

Ungeachtet dessen kann die Tätigkeit des Freiberuflers zusammenfassend als die persönliche Erbringung ideeller, also geistig-schöpferischer Leistungen, in eigenbestimmter und eigenverantwortlicher wirtschaftlicher Selbstständigkeit unter Beachtung eines aus altruistischen Motiven konstituierten Berufsethos umrissen werden.[253] Hinsichtlich der Gebührenordnungen hervorzuheben sind vor allem jene Wesensmerkmale, die auf eine Gemeinwohlverpflichtung zurückgeführt werden. Gemeint sind die Begrenzung freiberuflichen Profitstrebens und Wettbewerbsverhaltens sowie das Gebot wirtschaftlicher

---

250 BVerfGE 10, 354 (364); so *Taupitz*, Die Standesordnungen der Freien Berufe, S. 20; *Sodan*, Freie Berufe als Leistungserbringer im Recht der gesetzlichen Krankenversicherung, S. 66.

251 BVerfGE 33, 367 (380); BVerfGE 9, 339 (351); *Scholz*, in: Maunz/Dürig, Art. 12 Rn. 269; *Taupitz*, Die Standesordnungen der Freien Berufe, S. 23; *Pitschas*, in: Öffentliches Wirtschaftsrecht BT 2, § 9 I Rn. 5; *Kluth*, JZ 2010, 844 (844f); krit. *Knieper*, Kritische Justiz 26 (1993), 206–213 (208ff).

252 *Scholz*, in: Maunz/Dürig, Art. 12 Rn. 269; *Quaas*, in: Quaas/Zuck, Medizinrecht, § 13 Rn. 9f; krit. *Bomba*, S. 57.

253 Für eine umfassende Darstellung der *typischen Merkmale* der freien Berufe: *Taupitz*, Die Standesordnungen der Freien Berufe, S. 40ff; *Pitschas*, in: Öffentliches Wirtschaftsrecht BT 2, § 9 Rn. 10ff; *Sodan*, Freie Berufe als Leistungserbringer im Recht der gesetzlichen Krankenversicherung, S. 66ff; *Bomba*, S. 59ff; *Gleißner-Klein*, S. 70ff.

Selbstständigkeit.[254] Die genannten Merkmale greifen zugleich Aspekte der Gesundheitsversorgung auf, die in ähnlicher Form bereits in Bezug auf das Sozialstaatsprinzip diskutiert wurden.

b) Gemeinwohlorientierung

Viele der als typisch erachteten Wesensmerkmale werden mit der gesellschaftlichen Erwartungshaltung gegenüber dem Freiberufler begründet. Wegen seiner berufsbedingten Beschäftigung mit zentralen soziokulturellen Werten wie Gesundheit, Freiheit, Gerechtigkeit oder Moral soll ihm eine „Sachwalterfunktion"[255] zukommen, die ihn zur Wahrung eben jener Werte gegenüber der Gesellschaft verpflichtet.[256] Ein Aspekt, der die freien Berufe von Handwerk und Gewerbe abhebt, bei denen eine solche Verpflichtung für ein höheres Gut nicht angenommen wird.[257]

Besagte Verpflichtung für das Gemeinwohl äußerte sich historisch unter anderem in einer Staatsgebundenheit zumindest der klassischen freien Berufe, also etwa bei Anwälten oder Ärzten. Jene sollten rechtlich nicht nur den Interessen des jeweiligen Auftragsgebers verpflichtet sein, sondern ihnen wurde fernerhin „eine übergeordnete Mitverantwortung für das Ganze auferlegt".[258] Plakatives Beispiel dieser Verantwortung in heutiger Zeit ist der Beruf des Anwalts, der nach § 2 Abs. 1 BRAO nicht nur einen freien Beruf ausübt, sondern als *unabhängiges Organ der Rechtspflege* (§ 1 BRAO) dem Allgemeininteresse des funktionierenden Justizsystems verpflichtet ist.[259] Im 18. und 19. Jahrhundert reichte die hoheitliche Inpflichtnahme „bis an die Grenze der Verbeamtung"[260] und darüber hinaus. Etwa war in Nassau der niedergelassene Arzt Beamter und in dieser Rolle mit hoheitlichen Aufgaben betraut.[261] Heutzutage

254 Krit. *Gleißner-Klein*, S. 73; *Knieper*, Kritische Justiz 26 (1993), 206–213 (211).

255 *Taupitz*, Die Standesordnungen der Freien Berufe, S. 64.

256 *ders.*, Die Standesordnungen der Freien Berufe, S. 65 m.w.N.; *Gleißner-Klein*, S. 74ff; *Pitschas*, in: Öffentliches Wirtschaftsrecht BT 2, § 9 Rn. 17; für den Rechtsanwalt *Jaeger*, NJW 2004, 1 (3).

257 *Sodan*, Freie Berufe als Leistungserbringer im Recht der gesetzlichen Krankenversicherung, S. 70; krit. *Gleißner-Klein*, S. 75.

258 *Taupitz*, Die Standesordnungen der Freien Berufe, S. 64.

259 Vgl. *Jaeger*, NJW 2004, 1 (4f); *Taupitz*, Die Standesordnungen der Freien Berufe, S. 66; *Fleischmann*, S. 46f.

260 *Taupitz*, Die Standesordnungen der Freien Berufe, S. 117.

261 *ders.*, Die Standesordnungen der Freien Berufe, S. 114ff. Zum maßgeblichen nassauischen Medizinaledikt ferner: *E. Jung*, § 3 II., Fn. 15 m.w.N. Zur Entwicklung der heute als typisch erachteten

sind Freiberufler dagegen – bis auf wenige Ausnahmen, wie etwa dem Amtsarzt – meist als Selbstständige privatwirtschaftlich tätig und müssen zur Sicherung ihres Lebensunterhaltes deswegen nachvollziehbar aus ihrer Tätigkeit einen Gewinn erzielen.[262] Sie sind in wirtschaftlicher Hinsicht Unternehmer, entsprechend ist ihre Tätigkeit auch unter unternehmerischen Gesichtspunkten zu betrachten.[263]

Ein Profitstreben des Freiberuflers ist mit der Tätigkeit im Allgemeininteresse nicht per se unvereinbar, allerdings wird verlangt, dass angesichts dieser Verbindung das persönliche Streben nach Gewinn bei der Berufsausübung im Zweifel hinter dem Allgemeininteresse zurücksteht.[264] Im Gegenteil wird eine Gewinnorientierung dem Freiberufler überhaupt erst wirtschaftlich in die Lage versetzen, seiner gesellschaftlichen Aufgabe nachzukommen.[265] Darüber hinaus stellt besagter Verzicht ein Idealhandeln dar, das sich mit dem Verhalten des einzelnen Freiberuflers nicht zwingend decken muss. Es genügt, wenn diese Rollenerwartung von den berufsständischen Kontrollinstanz im Zweifel durchgesetzt wird.[266]

c) Berufsausübung in wirtschaftlicher Unabhängigkeit

Als weiteres, unerlässliches Merkmal des freien Berufes gilt die wirtschaftliche Selbstständigkeit, deren Notwendigkeit sich ebenfalls aus dessen Wahrnehmung öffentlicher Aufgaben ergibt.[267] Sie äußert sich in erster Linie in der Forderung nach formaler Unabhängigkeit. Der freie Beruf – in Abgrenzung zu den Beamten und abhängig beschäftigten Arbeitnehmern – soll in wirtschaftlicher und rechtlicher Ungebundenheit ausgeübt werden. Dritten soll eine Einflussnahme versagt

berufsständischen Selbstverwaltung infolge vorangehender hoheitlicher Vereinnahmung: *Bomba*, S. 48f m.w.N.

262 Vgl. BGHZ 48, 313 (324); *Taupitz*, Die Standesordnungen der Freien Berufe, S. 60f; *Fleischmann*, S. 46.

263 *Andersen / Schulenburg*, S. 65.

264 *Taupitz*, Die Standesordnungen der Freien Berufe, S. 60ff; *Sodan*, Freie Berufe als Leistungserbringer im Recht der gesetzlichen Krankenversicherung, S. 71; *Fleischmann*, S. 47; *Kluth*, JZ 2010, 844 (845); *Pitschas*, in: Öffentliches Wirtschaftsrecht BT 2, § 9 Rn. 18; a.A. *Gleißner-Klein*, S. 72f.

265 *Sodan*, Freie Berufe als Leistungserbringer im Recht der gesetzlichen Krankenversicherung, S. 72; *Gleißner-Klein*, S. 72f.

266 *Taupitz*, Die Standesordnungen der Freien Berufe, S. 62; vgl. *Bomba*, S. 59.

267 Vgl. *Taupitz*, Die Standesordnungen der Freien Berufe, 46f; *Pitschas*, in: Öffentliches Wirtschaftsrecht BT 2, § 9 I Rn. 15.

sein.[268] Diese Selbstständigkeit gilt als die organisatorische Weiterführung einer „inneren Weisungsfreiheit“[269] bei der Berufsausübung.[270] Mit Ausnahme etwaiger Kontrollinstanzen soll der Freiberufler idealiter keiner übergeordneten Stelle unterworfen sein.[271]

Grund dafür ist in diesem Fall ebenfalls die Gemeinwohlorientierung freier Berufe. Sie sollen nicht nur im eigenen Interesse und dem ihrer Vertragspartner, sondern zugleich im Sinne des Gemeinwohls handeln, insbesondere wenn sie mit ihrer Tätigkeit Staatsaufgaben erledigen. Diese geforderte Objektivität des Ausübenden soll unter anderem dessen wirtschaftliche Unabhängigkeit sicherstellen.[272] Um zu vermeiden, dass der Freiberufler aus wirtschaftlichen Beweggründen seinem Auftraggeber einen Vorteil verschafft und darüber das öffentliche Wohl missachtet, soll in wirtschaftlichen Dingen eine „beamtenähnliche Distanz“[273] zu Geschäftspartnern oder Dritten gewahrt werden.[274] Dieser Aspekt wiegt beim Arzt umso mehr, da der Arzt ein besonderes Vertrauen in Anspruch nimmt, welches durch übermäßige wirtschaftliche Erwägungen beschädigt werden könnte.[275] Ganz allgemein wird in der Prämisse wirtschaftlicher Selbstständigkeit eine Parallele zu den Berufsbeamten deutlich, die bei der Ausübung ihres Amtes nur ihrem Dienstherrn verpflichtet sind, der im Gegenzug entsprechend dem *Alimentationsprinzip* deren angemessenen Lebensunterhalt sicherzustellen hat.[276] Die in ihrer Konzeption vom Lohn zu trennen-

268 *Taupitz*, Die Standesordnungen der Freien Berufe, S. 46.

269 *Ders.*, Die Standesordnungen der Freien Berufe, S. 46.

270 Zur eigenverantwortlichen und weisungsunabhängigen Leistungserbringung: *ders.*, Die Standesordnungen der Freien Berufe, S. 44ff; *Gesellensetter*, S. 37.

271 *Sodan*, Freie Berufe als Leistungserbringer im Recht der gesetzlichen Krankenversicherung, S. 81. Das Merkmal wirtschaftlicher Selbstständigkeit gilt nun als Leitbild für den gesamten Berufsstand. Etwa kann der einzelne Arzt sehr wohl in einem unselbstständigen Beschäftigungsverhältnis tätig sein. Dem Kriterium der wirtschaftlichen Selbstständigkeit ist bereits dann Genüge getan, wenn es bei der Betrachtung des Berufsstandes als Ganzes als die *übliche* Form der Berufsausübung festzustellen ist. Vgl. *Taupitz*, Die Standesordnungen der Freien Berufe, S. 47; *Kluth*, JZ 2010, 844 (845); *Sodan*, Freie Berufe als Leistungserbringer im Recht der gesetzlichen Krankenversicherung, S. 83.

272 Vgl. *Fleischmann*, S. 57; *Gesellensetter*, S. 38.

273 *Taupitz*, Die Standesordnungen der Freien Berufe, S. 48.

274 *Ders.*, Die Standesordnungen der Freien Berufe, S. 48; *Gleißner-Klein*, S. 77f; *Bomba*, S. 62; *Harms*, NJW 1976, 1289 (1294).

275 Vgl. [S. 39f]Gesellensetter.2007.

276 Hinsichtlich der Fürsorgepflicht des Dienstherrn vgl. etwa § 78 BBG: „Der Dienstherr hat im Rahmen des Dienst- und Treueverhältnisses für das Wohl der Beamtinnen und Beamten [...] zu sorgen. Er schützt die Beamtinnen und Beamten bei ihrer amtlichen Tätigkeit und in ihrer Stellung.“

de[277] Besoldung des Beamten erlaubt jenem, sich

> dem öffentlichen Dienst als Lebensberuf [zu] widmen und in wirtschaftlicher Unabhängigkeit zur Erfüllung der dem Berufsbeamtentum vom Grundgesetz zugewiesenen Aufgabe [...] bei[zu]tragen.[278]

2. Freiberuflichkeit und die Gebührenordnung

Zur Wahrung ihres Standesethos bedienen sich die freien Berufe in erster Linie eines umfassenden Standesrechtes, welches ein sublegales, unter Federführung der Berufstätigen zustande gekommenes und nur auf ihre Berufsgruppe anzuwendendes Sonderrecht darstellt.[279] Kristallisationspunkt des berufsständischen Selbstverständnisses sind vor allem die Standesordnungen, die jene „Verhaltensge- und -verbote" formulieren, „deren Befolgung [dem Freiberufler] kraft seiner Berufsstellung und im Rahmen seiner Berufsausübung obliegt".[280] Standesrecht erfüllt dabei zwei grundlegende Funktionen: Zum einen entfaltet es eine Binnenwirkung innerhalb des Berufsstandes. Es kodifiziert und definiert das freiberufliche Selbstverständnis[281] und trägt damit zur Ausbildung des spezifischen Berufs- und Standesbildes bei[282], das durch die Verrechtlichung ferner gegen schädigendes Fehlverhalten Einzelner geschützt wird.[283] Gleichzeitig prägt ihr Standesrecht die Außendarstellung der freien Berufe in der Gesellschaft.[284] Deutlich wird dieses etwa im Katalog der mit dem Arztberuf nicht zu vereinbarenden Tätigkeiten des § 3 MBOÄ. Das Verbot, den „Namen [...] in

277 Zum Besoldungsbegriff und Alimentationsprinzip: in: Schwegman, Besoldungsrecht, Einf. Vor § 1 BBesG Rn. 2ff, 6ff.

278 *Badura*, in: Maunz/Dürig, Art. 33 GG Rn. 72.

279 Zum Wesen des Standesrechts zusammenfassend: *Taupitz*, Die Standesordnungen der Freien Berufe, S. 193, zu dessen Funktion: *ders.*, Die Standesordnungen der Freien Berufe, S. 451ff.

280 *ders.*, Die Standesordnungen der Freien Berufe, S. 174. Zum Begriff der Standesordnung ausführlich: *ders.*, Die Standesordnungen der Freien Berufe, S. 174ff; zur Entstehungsgeschichte der Standesordnungen der einzelnen Berufsgruppen: *ders.*, Die Standesordnungen der Freien Berufe, S. 195ff.

281 *Ders.*, Die Standesordnungen der Freien Berufe, S. 455ff.

282 *Ders.*, Die Standesordnungen der Freien Berufe, S. 455ff.

283 Zur verhaltenssteuernden Funktion in Bezug auf die Heilberufe: *ders.*, Die Standesordnungen der Freien Berufe, S. 466. Zur allgemeinen Ordnungsfunktion des Berufsethos: *ders.*, Die Standesordnungen der Freien Berufe, S. 480ff.

284 *Taupitz* spricht insoweit von einer „auf die Gesamtgesellschaft bezogene[n] Außenfunktion" (*ders.*, Die Standesordnungen der Freien Berufe, S. 497). Zu den Folgen als „Imagepflege" krit.: *Knieper*, Kritische Justiz 26 (1993), 206–213 (210).

unlauterer Weise für gewerbliche Zwecke herzugeben" beziehungsweise „im Zusammenhang mit [...] ärztliche[r] Tätigkeit Waren und andere Gegenstände abzugeben [...] sowie gewerbliche Dienstleistungen zu erbringen", verdeutlicht das Selbstverständnis der Ärzteschaft als Freiberufler in Abgrenzung zum Gewerbe und betont zugleich die Ablehnung übermäßig profitorientierter Berufsausübung.[285] Doch Definition, Selbstdarstellung und Schutz finden nicht nur im Rahmen des Standesrechts statt, denn das darin deutlich werdende Bild der freien Berufe steht mit der Gesamtrechtsordnung in einem zu gegenseitiger Beeinflussung führenden Austauschverhältnis. Standesrecht ist sublegaler Natur und kann demnach ohne Beteiligung des Gesetzgebers nicht zustande kommen. Für seine Wirksamkeit bedarf es aus Legitimitätsgründen, aber auch weil es des Weiteren höherrangigerem Recht entsprechen muss, eines „Placet des Gesetzgebers".[286] Die Verbindung von Standesrecht und übrigem Recht geht allerdings darüber hinaus: Etwa sanktioniert Nicht-Standesrecht ebenfalls Verstöße gegen Standesordnungen.[287] Umgekehrt beeinflusst die Rechtsordnung das Bild der freien Berufe, welches letztlich zum Selbstverständnis des Berufsstandes erwächst. Exemplarisch verdeutlicht das die Organisation der freien Berufe in öffentlich-rechtlichen Selbstverwaltungskörperschaften, den Kammern, von Gesetzes wegen. Auch sie gilt als wesensbildendes Merkmal freier Berufe.[288] Berufsstände erhalten also kraft des Gesetzes einen bestimmten Wesenszug, der sie dem Verständnis nach zu einem freien Beruf erhebt. Damit schützt die Rechtsordnung kein überkommenes Standesbild, sondern fügt selbst ein Wesensmerkmal hinzu.

Ähnlich verhält es sich mit der Existenz einer staatlichen Gebührenordnung als Grundlage freiberuflicher Honorierung. Auch diese gilt als Wesensmerkmal der freien Berufe, die ergänzend neben die bestehenden Standesordnungen tritt.[289] Der Arzt ist etwa bereits

285 *Quaas*, in: Quaas / Zuck, Medizinrecht, § 13 Rn. 72.

286 *Taupitz*, Die Standesordnungen der Freien Berufe, S. 163.

287 Vgl. *ders.*, NJW 1986, 2851 (2852); vgl. ferner *Bomba*, S. 99; *Scholz*, in: Spickhoff, Medizinrecht, Vorbemerkungen MBOÄ Rn. 7; *Ratzel*, in: Ratzel / Lippert, MBO, Einleitung Rn. 8. Zum standesrechtlichen Verbot berufswidriger Werbung für Ärzte (§ 27 MBOÄ) und dessen Durchsetzung mittels Strafandrohung in UWG, HWG und GewO: *Ulsenheimer*, in: Laufs / Kern, § 154; Rehborn Fachanwaltskommentar Medizinrecht, § 27 MBÄO Rn. 10ff; vgl. für Heilpraktiker: *Gleißner-Klein*, S. 32ff.

288 *Bomba*, S. 65; *Scholz*, in: Maunz / Dürig, Art. 12 Rn. 269.

289 *Mertens*, VersR 1974, 509 (509).

durch § 29 MBOÄ, insbesondere Abs. 2, explizit zu kollegialem Verhalten und damit zu einem Verzicht auf übermäßigen Wettbewerb angehalten[290], während die §§ 30ff MBOÄ zur Wahrung der eigenen wirtschaftlichen Unabhängigkeit gegenüber Dritten anhalten.[291] Da Adressaten der Berufsordnungen jedoch ausschließlich die Freiberufler selbst, nicht hingegen Dritte sind[292], transportiert die GOÄ das von der Berufsordnung gezeichnete Bild des Mediziners in dessen Rechtsbeziehung mit Dritten. Gebührenordnungen sind zusammenfassend als ergänzende Maßnahmen zur Durchsetzung berufsständisch geforderter Verhaltensweisen zu betrachten und werden dementsprechend als ein Instrument zur Eindämmung übermäßiger ärztlicher Profit- und Wettbewerbsorientierung einerseits sowie zur Sicherstellung wirtschaftlicher Selbstverständlichkeit andererseits verstanden.[293]

a) Wirtschaftliche Unabhängigkeit

Wirtschaftliche Unabhängigkeit meint in erster Linie die Berufsausübung in formaler Unabhängigkeit von Weisungen Dritter, bezieht sich aber zugleich auf eine tatsächliche Ebene. Die erwartete Objektivität des Freiberuflers, dessen „beamtenähnliche Distanz"[294], wird nicht nur durch die formelle Weisungsbefugnis eines Dritten unterminiert. Genauso können wirtschaftliche Konstellationen die formal unabhängigen Freiberufler de facto dem Wohlwollen eines Dritten unterwerfen und diesem eine vergleichbare Einflussmöglichkeit verschaffen.

Dies gälte es, in gleicher Weise bei einer hypothetischen Freigabe der privatärztlichen Vergütung zu beachten. Ohne Bindung an eine Gebührenordnung könnten die beteiligten Ärzte, Kostenträger und Zahlungspflichtigen versucht sein, im Rahmen der Preisgestaltung wirtschaftliche Vorteile zu erlangen, die mit den Idealen der freien Berufe nicht zu vereinbaren sind. Etwa würde der Bevorzugung einzelner Versicherungen und deren Versicherten der Weg gebahnt[295], was um-

290 Vgl. *Ratzel*, in: Ratzel/Lippert, MBO, § 29 Rn. 7; *Scholz*, in: Spickhoff, Medizinrecht, § 29 MBOÄ Rn. 10.

291 *Lippert*, in: Ratzel/Lippert, MBO, Vorbem. vor den §§ 30ff Rn. 1; *Scholz*, in: Spickhoff, Medizinrecht, § 30 MBOÄ Rn. 2.

292 *Lippert*, in: Ratzel/Lippert, MBO, Einleitung vor § 1ff MBOÄ Rn. 8.

293 *Bomba*, S. 62; Krit. *Gleißner-Klein*, S. 73.

294 *Taupitz*, Die Standesordnungen der Freien Berufe, S. 48.

295 Vgl. *ders.*, Die Standesordnungen der Freien Berufe, S. 48.

gekehrt das Entstehen wirtschaftlicher Abhängigkeiten begünstigen würde. Eine Beeinflussung des Verhaltens des jeweiligen Gegenübers mittels des Preises würde offensichtlich die im Allgemeininteresse gebotene Neutralität des Freiberuflers negativ beeinflussen, wenn dieser sein Handeln an den Interessen derjenigen ausrichtete, denen er sich verpflichtet fühlte, statt als ein übergeordneten Gemeininteressen verpflichteter Sachwalter zu fungieren.[296]

Durch die Gebührenordnung wird das Honorar des Freiberuflers unabhängig von dessen Verhandlungsgeschick und dem Eingehen auf die Interessen des Vertragspartners festgesetzt.[297] Dieser wird wirtschaftlich nicht dafür belohnt, auf Forderungen einzugehen, die mit seiner Sachwalterfunktion kollidieren. Ferner betont die (weitestgehende) Unverhandelbarkeit des Honorars eine im Vergleich zu Handwerk und Gewerbe (vermeintlich) hervorgehobene Stellung der freien Berufe.[298] Gebührenordnungen versuchen also die „beamtenähnliche Distanz"[299] zwischen Freiberuflern und den Abnehmern ihrer Leistungen zu wahren, indem sie deren Einfluss auf das Honorar weitestgehend ausschalten. Das gilt trotz der Möglichkeit zur Honorarvereinbarung auch für die GOÄ. Denn diese bedarf nicht nur des gegenseitigen Konsenses, also der Zustimmung des Arztes, sondern unterliegt ferner strengen Gültigkeitsvoraussetzungen.[300]

Die Distanz zu seinen Auftraggebern wird indes nicht nur dadurch gefährdet, dass der Freiberufler durch wirtschaftliche Anreize korrumpiert wird: Entscheidend ist vielmehr, dass er wirtschaftlich überhaupt dazu befähigt ist, dem Standesbild des in wirtschaftlichen Dingen neutralen Leistungserbringers gerecht zu werden. Die erwartete Zurückstellung eigener Interessen ist von dem Freiberufler nur zu bewerkstelligen, wenn seine wirtschaftliche Lage es ihm erlaubt, die berufliche Tätigkeit nicht unter den Vorbehalt wirtschaftlicher Zwänge zu stellen. Weder darf er auf die Vergütung einer Leistung angewiesen sein, deren Vornahme sich mit seiner Sachwalterfunktion nicht vereinbaren lässt, noch aus wirtschaftlichen Gründen eine eigentlich gebotene Leistung ablehnen. Zusammenfassend erfordert wirtschaftliche Unab-

296 Vgl. OLG Düsseldorf, NZS 2010, 451; ferner die Bezugnahme auf LG Offenburg, Urt. v. 06.09.1984, 3 O 336/84 bei *Hoffmann/Kleinken*, § 2 Rn. 21.

297 *Taupitz*, Die Standesordnungen der Freien Berufe, S. 48; *Harms*, NJW 1976, 1289 (1294).

298 *Taupitz*, Die Standesordnungen der Freien Berufe, S. 48; krit. *Gleißner-Klein*, S. 77.

299 *Taupitz*, Die Standesordnungen der Freien Berufe, S. 48.

300 *Spickhoff*, in: Spickhoff, Medizinrecht, § 2 GOÄ Rn. 4.

hängigkeit die Gewährleistung einer wirtschaftlichen Basis, auf deren Grundlage Entscheidungen ohne wirtschaftliche Hintergedanken getroffen werden können.[301] Das gilt insbesondere für die GOÄ: Die niedergelassenen Ärzte gewährleisten die medizinische Versorgung der Bevölkerung. Eine Funktion, die in Anbetracht der sozialstaatlichen Verpflichtungen eigentlich öffentliche Aufgabe wäre.[302] Wenn sich der Staat allerdings der niedergelassenen Ärzte zur Erfüllung ihm obliegender Aufgaben bedient, muss er die umfassende Teilnahme privater Freiberufler an der Gesundheitsversorgung sicherstellen und verhindern, dass sich jene auf wirtschaftlich lohnende Aspekte beschränken. Diesbezüglich kann eine Gebührenordnung von Vorteil sein, da sie es erlaubt, eine Vergütungsstruktur in Kraft zu setzen, bei der unerwünschtes, weil der öffentlichen Aufgabe widersprechendes Verhalten unterbunden und jenes zur Aufgabenerfüllung beitragendes Verhalten gefördert wird.

b) Profitstreben und Wettbewerbsdruck

Eine Gebührenordnung stabilisiert jedoch nicht nur die notwendige wirtschaftliche Selbstständigkeit der freien Berufe. Zugleich schaltet die mit ihr verbundene Preisbindung die Lenkungsfunktion des Preiswettbewerbes aus und verhindert zum einen, dass sich der Freiberufler durch Dumpingpreise einen Wettbewerbsvorteil verschafft, zum anderen verwehrt sie ihm eine Profitmaximierung durch Preiserhöhung.[303] Beide Aspekte stehen dabei in einem engen inneren Zusammenhang, wie folgender Gedanke – unter der hypothetischen Außerachtlassung der Gebührenordnung – zeigt:

Der Profit, den der Arzt aus der Behandlung eines Patienten und dem von diesem dafür entrichteten Honorar zieht, ist der nach Abzug der für die Vornahme der Behandlung aufgewendeten Kosten entstehende Überschuss.[304] Dementsprechend liegt es auf der Hand, dass ein im Vergleich zu einem gegebenen Honorarniveau höheres Honorar bei gleichbleibenden Ausgaben einen höheren Profit per Leistung verspricht. Umgekehrt kann ein vergleichsweise niedriges Honorar die

301 Unter Bezugnahme auf BVerfG WuW/E 99, 102: *Harms*, NJW 1976, 1289 (1294). Vgl. ferner *Andersen/Schulenburg*, S. 65ff.

302 BVerfGE 68, 193 (204). Dazu ferner den Abschnitt E.II.2.

303 Vgl. *Kluth/Goltz/Kujath*, S. 23; *Harms*, NJW 1976, 1289 (1294); krit. *Preussner*, NJW 2011, 1713 (1713).

304 Vgl. *Breyer/Zweifel/Kifmann*, S. 337; *Schulenburg*, S. 124.

Attraktivität eines Angebots erhöhen und damit in einer Profitmaximierung durch gesteigerte Gesamteinnahmen resultieren.[305] Das gilt umso mehr, wenn davon ausgegangen wird, dass der Arzt ob seines Informationsvorsprungs gegenüber dem Zahlungspflichtigen nicht in unerheblichem Maße Einfluss auf die Nachfrage nach seinen Leistungen ausübt.[306] Der nach einer Steigerung seines Gesamteinkommens strebende Mediziner könnte also entweder versuchen, das Honorar pro Behandlung zu erhöhen, oder durch Unterschreitung des allgemeinen Honorarniveaus eine größere Zahl an Aufträgen zu akkumulieren.[307]

Im Hinblick auf ein für das Gesundheitssystem vertretbares Honorar sind indes beide Formen der Profitsteigerung nicht risikolos. Eine Steigerung des Honorarniveaus resultiert in einer höheren Kostenbelastung der privaten Krankenversicherungen und würde letzten Endes einer nicht mehr mit dem Gedanken des Sozialstaates vereinbaren Belastung des Versicherten Vorschub leisten.[308] Fernerhin könnte der Arzt versucht sein, Behandlungen vorzunehmen, die eine besonders hohe Gewinnmarge versprechen, aus medizinischer Sicht aber nicht notwendigerweise vorgenommen werden müssen. Demgegenüber führt ein durch Honorarabsenkung erzielter Wettbewerbsvorteil nur zu einer Profitsteigerung, solange trotz des im Vergleich niedrigeren Honorars mit Gewinn gearbeitet wird. Entsprechend müssen die Bedenken, die hinsichtlich einer staatlich angeordneten Senkung des Gebührenniveaus zur Korrektur der Finanzlage der Krankenfürsorgesysteme geäußert wurden, auch hier entsprechend gelten. Es spielt keine Rolle, ob der Arzt aufgrund verordnungsgeberischer Entscheidung oder aufgrund eigenen Antriebs eine niedrigere Vergütung erhält. Bestrebungen, die Behandlungskosten zum Nachteil des Patienten reduzieren, wären stets zu befürchten.[309] Entweder wird die Behandlung von vornherein als unprofitabel verweigert oder es werden zur Absenkung der Behandlungskosten gesundheitsgefährdende Sparmaßnahmen ergriffen.[310]

Insbesondere darf nicht außer Acht gelassen werden, dass das skiz-

305 Vgl. zur „Flucht in die Menge" *Andersen / Schulenburg*, S. 125.

306 *Breyer / Zweifel / Kifmann*, S. 334ff.

307 Zu den Grenzen dieses Vorgehens vgl. *Schulenburg*, S. 130ff, 143ff; *Breyer / Zweifel / Kifmann*, S. 338.

308 Dazu bereits im Abschnitt E.II.3.b)(1).

309 Vgl. *Harms*, NJW 1976, 1289 (1293).

310 *Andersen / Schulenburg*, S. 127. Zu den möglichen Folgen in Abschnitt E.II.3.b)(4).

zierte Verhalten bei jedem einzelnen niedergelassenen Arzt denkbar ist und zudem eine Reaktion seiner Standesgenossen hervorrufen könnte. Sobald ein Arzt mit seinen Honorarforderungen das Honorarniveau über- oder unterschreitet, ist anzunehmen, dass ihm weitere folgen. Daraus resultieren könnte etwa die generelle Steigerung der Behandlungskosten und infolgedessen das Kostenrisiko der Krankenversicherung mit den beschriebenen negativen Konsequenzen für die Finanzlage der Versicherten.[311] Umgekehrt könnte es zu einer Spirale sinkender Honorarforderungen kommen, wenn die übrigen Mediziner, deren Angebotskalkulation durch die Unterschreitung unter Druck gesetzt würde, nachziehen, um sich ihres Marktanteils zu erhalten.[312] Damit könnte auf breiter Front die Qualität medizinischer Versorgung gefährdet und zugleich die wirtschaftliche Existenz der Ärzte bedroht werden. Zu befürchtende Folge wäre ein ausgedünntes Netz von Leistungserbringern mit gegebenenfalls nachteiligen Folgen für Versorgungsdichte und -kapazität des Gesamtsystems.[313]

Solche Entwicklungen würden durch eine Gebührenordnung verhindert werden, die die Hoheit der Ärzte mittels der von ihnen verlangten Preise bricht. Neben dem „unternehmerischen Zug"[314] des Freiberuflers und dem Aspekt wirtschaftlicher Unabhängigkeit können dementsprechend die unerwünschten, weil den Zielen des Berufsrechts entgegenlaufenden, Folgen des Preiswettbewerbs die Fixierung des Honorars begründen.[315] Dementsprechend stellt *Harms* fest, dass die Marktmechanismen des Preiswettbewerbs im Sinne einer „Lenkungsfunktion"[316] oft den günstigen Preis gegenüber der qualitativ hochwertigen Leistung bevorzugen würden. Eine Präferenz, die mit den Zielen des Berufsstandes kollidieren könnte, wenn sie die Freiberufler zu einer Teilnahme an einem sich entwickelnden Preiswettbewerb anhielte.[317] Dieser Analyse ist zuzustimmen. Voranstehende Gedanken haben gezeigt, dass bereits das profitorientierte Handeln Einzelner genügt, um den kompletten Stand in einen Preiswettbewerb zu verwickeln. In dieser Hinsicht wirkt eine Gebührenordnung mit den

311 Vgl. dazu den Abschnitt E.II.3.b)(4).
312 Vgl. *Andersen / Schulenburg*, S. 131.
313 Dazu ferner im Abschnitt E.II.3.b)(4).
314 *Harms*, NJW 1976, 1289 (1293).
315 *Ders.*, NJW 1976, 1289 (1293f).
316 *Ders.*, NJW 1976, 1289 (1293).
317 *Ders.*, NJW 1976, 1289 (1293).

dort festgelegten Mindestsätzen als Moderator, welcher individuellem Profitstreben Grenzen setzt und einen die Stabilität und Qualität medizinischer Versorgung gefährdenden Preiswettbewerb unter den Ärzten zum Nachteil der Patienten verhindert.[318]

c) Gemeinwohl als Ziel

Das Gemeinwohl rechtfertigt darum verfassungsrechtlich auch staatliche Schutzmaßnahmen des beruflichen Standesethos.[319] Auch nach Auffassung der Bundesregierung stellen

> [s]taatliche Gebühren- und Honorarordnungen [...] eine Einschränkung des Prinzips der freien Preisfindung durch Angebot und Nachfrage dar. In einigen klassischen Freien Berufen wie [...] Arzt [...] kann eine solche Einschränkung zum Schutz des [...] Patienten vor überhöhten Preisen sowie aus Gründen der [...] Qualitätssicherung und Kostentransparenz oder zur Wahrung der Unabhängigkeit bei der Ausübung von Tätigkeiten in einem sicherheitsrelevanten Bereich – je nach Dienstleistung und erzieltem Interessenausgleich – nach Auffassung der Bundesregierung grundsätzlich jedoch sinnvoll, gerechtfertigt und erforderlich sein[.][320]

Das gilt auch für die Gebührenordnung für Ärzte. Denn dass die Privatversicherten und Beihilfeempfänger durch ihre Nachfragemacht eine ähnliche Kontrolle des Honorars wie die Gebührenordnung sicherstellen können, ist entsprechend der Ausführungen zu den Störungen des Vertragsmodells nicht zu erwarten. Aus vertragstheoretischer Sicht bedarf es gerade einer hoheitlichen Regelung, weil die Fähigkeit des Zahlungspflichtigen, der in der Regel mit dem Patienten personenidentisch ist, zur sachgerechten Bewertung der ärztlichen Leistung aufgrund seiner Erkrankung nicht als gegeben zu betrachten ist.[321]

Kein tauglicher Grund für den Erlass der Gebührenordnung ist hingegen der Gedanke, das überkommene Bild des Arztes als Freiberufler

---

318 So zur Funktion der Gebührenordnung für Zahnärzte (GOZ) KG NJW-RR 2008, 910 (911); zustimmend *Kluth / Goltz / Kujath*, S. 22. Es ist aus diesem Grund nicht unumstritten, inwieweit Ärzten die Unterschreitung der GOÄ-Mindestsätze erlaubt werden darf. Zustimmend: *Plüger*, MedR 2003, 276 (276ff); a.A. *Kamps / Kiesecker*, MedR 2000, 72 (73ff). Dazu ferner im Abschnitt F.III.3.b).

319 Vgl. *Zacher*, S. 1035; *Fleischmann*, S. 142; *Taupitz*, NJW 1986, 2851 (2153).

320 BT-Drs. 17/13074, S. 19.

321 Dazu den Abschnitt D.III.

und als Ausübender eines freien Berufes aufrechtzuerhalten und um seiner selbst willen zu bewahren.[322] Denn Art. 12 Abs. 1 GG schützt nur die Berufsfreiheit des einzelnen Arztes, garantiert jedoch nicht freie Berufe als Institution.[323] Der freie Beruf ist soziologisch als Oberbegriff eines Kataloges wesensbildender Eigenschaften teilweise grundverschiedener Professionen zu verstehen, welche das Bild jener Berufe in der Gesellschaft maßgeblich bestimmen.[324] Ungeachtet des normativen Elements, welches dem Begriff durch seinen Einfluss auf die Gesetzgebung zukommt, ist doch dem Bundesverfassungsgericht dahin gehend zuzustimmen, dass aus diesem Begriff schwerlich eine verfassungsrechtliche Garantie der Wesenseigenschaften der freien Berufe abgeleitet werden kann. Das vorliegende Bild der freien Berufe ist immer nur eine Momentaufnahme, es fehlt dementsprechend an der für eine Rechtsanwendung notwendigen Begriffsschärfe.[325] Deswegen kann auf diese Begrifflichkeit keine verfassungsrechtliche Institutionsgarantie gestützt werden.[326]

3. Fazit

Nicht nur der freiheitliche Sozialstaat, sondern auch das Leitbild der freien Berufe stellt spezifische Anforderungen an die Honorierung ärztlicher Leistungen, die durch eine Gebührenordnung gewährleistet werden können. Von dem niedergelassenen Arzt als Freiberufler wird erwartet, dass er in wirtschaftlicher Unabhängigkeit dem Patienten neutral begegnet und bei der Honorierung seine eigenen Profitinteressen hinter dem Gemeinwohl zurückstellt.[327] Diese Erwartungshaltung kann mittels einer Gebührenordnung sichergestellt werden. Hoheitliche Preisfestsetzung kann zum einen verhindern, dass Freiberufler durch von Dritten gesetzte wirtschaftliche Anreize zu standeswidrigem Verhalten neigen, zum anderen dass infolge eines Preiswettbewerbs der Freiberufler untereinander ein mit den Allgemeininteressen nicht zu vereinbarendes Honorarniveau eintritt.

322 *Schmidt-Aßmann*, S. 37. Zu den möglichen Folgen des Wettbewerbs auf die Kollegialität der Standesgenossen: *Andersen / Schulenburg*, S. 155ff.

323 *Scholz*, in: Maunz/Dürig, Art. 12 Rn. 268ff; *Schmidt-Aßmann*, S. 37.

324 BVerfGE 10, 354 (364).

325 BVerfGE 10, 354 (364); zur Unbestimmbarkeit vgl. *Sodan*, Freie Berufe als Leistungserbringer im Recht der gesetzlichen Krankenversicherung, S. 62; *Bomba*, S. 52f m.w.N.

326 Vgl. BVerfGE 10, 354 (364); zustimmend *Scholz*, in: Maunz/Dürig, Art. 12 Rn. 270; *Schmidt-Aßmann*, S. 37.

327 Dazu den Abschnitt E.III.1.b).

Eine zu hohe Vergütung der Ärzte für ihre Leistungen würde die soziale Absicherung der Versicherten gefährden, indem sie die Behandlungskosten und damit die notwendigen Versicherungsprämien in die Höhe treibt. Darüber hinaus wäre sie dem Bild eines der Allgemeinheit und nicht ausschließlich dem eigenen Profit verpflichteten Arztes abträglich. Zu niedrige Honorare hingegen würden Einsparungsmaßnahmen beziehungsweise die Verweigerung unprofitabler Leistungen befördern, was der Versorgungsqualität abträglich wäre.

Es zeigt sich, dass die Argumente, die für den Erlass einer Gebührenordnung aus dem herrschenden Idealbild freiberuflicher Tätigkeit abgeleitet werden können, in der Sache letztlich den denkbaren Entwicklungen entsprechen, die im Zusammenhang mit dem Sozialstaat genannt wurden.[328] Unterschiedlich ist nur die Art und Weise der Annäherung: Während im Zusammenhang mit dem Sozialstaat die infolge des staatlichen Gewährleistungsauftrags aufgeworfenen Grenzen des Honorarniveaus diskutiert wurden, sind vorangehende Gedanken auf die hypothetische Abwesenheit der Gebührenordnung bezogen. Sie verdeutlichen, dass ein Preiswettbewerb unter Freiberuflern auf vergleichbare Art und Weise sozialstaatswidrige Kosten- oder Versorgungsqualität befördern könnte. Die Legitimationswirkung der freien Berufe selbst, bleibt demgegenüber hinter jener des Sozialstaats zurück. Freie Berufe genießen verfassungsrechtlich keinen höheren Schutz als andere Berufsbilder. Dieser erfolgt ausschließlich über die dem Berufsbild immanente Bezugnahme auf das Allgemeininteresse. Da sich jedoch zeigt, dass die Ansprüche, die das Bild der freien Berufe an die Vergütung stellen, jenen Forderungen entsprechen, die aufgrund sozialstaatlicher Erwägungen formuliert wurden, kann dieser Aspekt letzten Endes dahinstehen.

IV. Folgerungen für das gerechte Honorar

Die vorangehenden Darstellungen zeigten, dass bei der Honorierung des Arztes nach der Gebührenordnung mitnichten nach dem im Vertragsrecht üblichen Prinzip subjektiv-formaler Preisfindung vorgegangen werden kann; unterscheidet sich diese doch in wesentlichen Gesichtspunkten von anderen Austauschverträgen. Daneben handelt es sich bei dem privatärztlichen Honorar keinesfalls um einen thematisch

328 Dazu ferner im Abschnitt E.II.3.b).

von der übrigen Rechtsordnung entkoppelten Regelungsbereich, dessen Verständnis weitestgehend isoliert stattfinden kann. Im Gegenteil finden sich an vielen Stellen thematische Verbindungen zum Regelungsbereich anderer Normen, die es im Rahmen einer umfassenden Interpretation zu beachten gilt. Vertragsgegenstand ist die Erbringung medizinischer Leistungen, was die Vergütung nach der GOÄ wiederum in den Blick sozialstaatlicher Fragestellungen rückt. Ferner tritt mit dem Arzt ein Freiberufler als Leistungserbringer auf, sodass die Vergütungsfrage letztlich ebenso eine standesrechtliche Dimension gewinnt. Bei genauer Betrachtung der genannten Aspekte zeigen sich nun folgende Ergebnisse von Relevanz für die Interpretation der Gebührenordnung für Ärzte.

1. Der Arztvertrag und die subjektive Preisfindung

Die Gebührenordnung steht als spezifisches Sonderrecht zwar der Geltung allgemeiner Grundsätze des Privatrechts entgegen[329], ihre Ausrichtung auf die Interessen der Vertragsparteien entsprechend dem Programmsatz des § 11 Satz 3 BÄO weist allerdings eine Bezugnahme auf, über die zivil- und vor allem vertragsrechtliche Grundsätze Eingang in das Gebührenrecht finden können.[330]

Ein im Hinblick auf die Gebührenhöhe tragender Grundsatz allgemeinen Zivilrechts ist dabei der Gedanke der Leistungsäquivalenz, der besagt, dass die im Rahmen eines Vertragsverhältnisses ausgetauschten Leistungen in einem ausgeglichenen Verhältnis zu stehen haben.[331] Es gilt die Prämisse, dass die von einer Vertragsseite erbrachte Leistung in ihrem Wert mit jenem der empfangenen Leistung übereinstimmen soll.[332] Erforderlich wird die Bewertung von Leistung und Gegenleistung, wobei die Frage nach dem Standpunkt des Bewertenden von besonderer Bedeutung ist. Ist das subjektive Wertempfinden von der Nützlichkeit einer Leistung der Parteien oder ein objektives ausschlaggebend? Die Zivilrechtslehre beantwortet diese Frage heute mit dem Modell subjektiver Preisbestimmung.[333] Ferner wird der Vertrag aufgrund seiner konzeptionellen Eigenart, für sein Zustandekommen

329 Dazu den Abschnitt B.II.3.

330 Vgl. dazu den Abschnitt B.II.3.a).

331 Dazu den Abschnitt D.I. m.w.N.

332 *Olzen*, in: StaudingerBGB, Einleitung zum Schuldrecht Rn. 66.

333 Dazu weiter im Abschnitt D.II.2.a).

eine Auseinandersetzung der Parteien mit dem Vertragsinhalt zu benötigen, selbst als das zur Preisbestimmung maßgebliche Instrument verstanden. Es gilt die Annahme, dass Verträge nur geschlossen werden, wenn zuvor die diametralen Interessen der Parteien koordiniert worden sind. Um beide nach einem Vorteil strebenden Vertragsparteien zu befriedigen, bedarf es der Bereitschaft zum Konsens, das heißt zum Abrücken von der eigenen Maximalforderung.[334] Warum dieser Mechanismus nun zu einem gerechten und damit von der Rechtsordnung zu akzeptierenden Preis führt, lässt sich auf verschiedene Arten erklären:

Der Vertrag als Mittel gesellschaftlicher Kontrolle Weil der Konsensmechanismus des Vertrages konzeptionell zu einer Begrenzung egoistischer, potenziell dem Allgemeininteresse widersprechender Verhaltensweisen führt, wird der Vertrag als Ganzes teilweise als Mittel gesellschaftlicher Kontrolle individuellen Verhaltens betrachtet. Der durch Konsens ermittelte Preis gilt deswegen als richtig, weil das aus gesellschaftlicher Sicht überzogene Entgeltverlangen einer Partei durch das gegenläufige Interesse des potenziellen Vertragspartners eine Einschränkung erfährt.[335] Seine Legitimation erfährt der Preis in diesem Modell aufgrund seiner gesellschaftlichen Konformität. Legitimierend wirkt nicht das Verfahren des Zustandekommens, sondern vielmehr dessen Höhe. Der Vertrag ist in diesem System nur ein widerlegbares Indiz seiner Zulässigkeit, eine vollständige Umsetzung der Zweckvorstellung würde mithin einen ergebnisbezogenen Kontrollmechanismus erfordern, der in dieser Form im Vertragsrecht nicht vorgesehen ist.[336]

Der Vertrag als Mittel der Selbstbestimmung Subjektive Preisgerechtigkeit kann fernerhin als notwendige Schlussfolgerung der verfassungsrechtlich garantierten Vertragsfreiheit als Teil umfassender Privatautonomie verstanden werden.[337] Das Grundgesetz schützt das Recht des Einzelnen, selbstbestimmt Vertragsverhandlungen einzugehen, in deren Rahmen Vertragsinhalte fest-

334 Dazu im Abschnitt D.II.2.b)

335 Dazu im Abschnitt D.II.2.c).

336 Vgl. dazu den Abschnitt D.II.2.d).

337 Dazu Abschnitt D.II.2.c).

zulegen und den verhandelten Vertrag durch Abschluss in Kraft zu setzen. Folglich sind der Vertrag sowie der vereinbarte Inhalt als Ausdruck selbstbestimmten Handelns zu begreifen. Wäre bereits eine Partei mit dem Inhalt nicht einverstanden gewesen, hätte sie schließlich keinen Vertrag geschlossen. Dementsprechend soll sich die Korrektur des Vertragsinhalts verbieten, solange die Parteien den Vertrag tatsächlich selbstbestimmt gestaltet haben. Der verhandelte Vertragsinhalt ist aufgrund des konstituierenden beiderseitigen Parteiwillens zu akzeptieren. Legitimation erfährt der vereinbarte Preis in diesem Modell nicht aus dem Umstand gesellschaftlicher Akzeptanz, sondern durch das Verfahren der Vertragsanbahnung.[338] Dementsprechend ist der zur Sicherstellung von Vertragsgerechtigkeit notwendige Kontrollmaßstab ein anderer. Gilt das Ergebnis einzig aufgrund des vorangehenden Verfahrens als ‚gerecht', erübrigt sich dessen Kontrolle. Vielmehr ist die Funktionsweise des Verfahrens sicherzustellen.

Die Betrachtung allgemeinen Zivilrechts zeigt, dass jenes in seiner Gesamtheit aufgrund der Grundrechte eher zweitgenannter Interpretation zusprechen muss[339], ohne dass damit die Idee, den Vertrag als gesellschaftliches Kontrollinstrument zu begreifen, vollkommen aufgegeben werden muss. Vielmehr können beide Ansätze in der gegenwärtigen Diskussion als prinzipiell valide betrachtet werden, letzterem kommt allerdings eine größere praktische Relevanz zu.[340]

Preisgerechtigkeit ist aber weitestgehend als subjektiv-formales Kriterium zu verstehen.[341] Damit ist in Bezug auf den Vertragsinhalt weniger das konkret vereinbarte Verhältnis von vereinbarter Leistung und Gegenleistung von Belang, sondern vielmehr der prozedurale Aspekt des Vertragsverhältnisses. Die Annahme, dass der vereinbarte Preis durch das Selbstbestimmungsrecht eine Legitimation erfahre und deswegen gerecht sei, bedarf der Garantie, dass der Inhalt wirklich Ausdruck des freien Willens der Parteien sei und nicht auf eine heteronome Beeinflussung zurückzuführen sei. Notwendig ist materiale Vertragsfreiheit. Entscheidend ist nicht nur das Recht zur willensbestimmten

338 Dazu auch der Abschnitt D.II.2.f).

339 Dazu in Abschnitt D.II.2.e).

340 Vgl. dazu den Abschnitt D.II.2.c).

341 Dazu näher im Abschnitt D.II.2.f).

Vertragsgestaltung und zum Vertragsabschluss im Sinne formaler Vertragsfreiheit, sondern die tatsächliche Möglichkeit, Zustandekommen und Inhalt des Vertrages zu beeinflussen, sodass dessen konkrete Gestaltung dem Willen *beider* Parteien entspricht.[342]

Nun ist für den Behandlungsvertrag davon auszugehen, dass der Zahlungspflichtige, der regelmäßig mit dem Patienten personenidentisch ist, zu einer solchen tatsächlichen Einflussnahme nicht fähig ist. Denn er sucht den Arzt zur Behandlung einer Krankheit und damit nicht in vollen Stücken freiwillig auf. Vielmehr befindet er sich in einer von der Erkrankung verursachten Drucksituation, die seine Fähigkeit zur wirtschaftlichen Bewertung der ärztlichen Leistung beeinträchtigt. Damit wird das Vertragsmodell des bürgerlichen Rechts für die Vergütung des Arztes letzten Endes gegenstandslos. Denn das Vertragskonzept funktioniert nur, wenn die Parteien die zur Rede stehenden Leistungen bewerten und entsprechend handeln können. Nun liegt der Vertragszweck beim Behandlungsvertrag in der Genesung des Patienten oder zumindest in der Linderung der Krankheit; wirtschaftliche Aspekte spielen demgegenüber wohl eher eine untergeordnete Rolle. Die Bereitschaft, zur Zweckverwirklichung im Zweifel jeden verlangten Preis zu zahlen, ist dementsprechend eine naheliegende Vermutung.

Des Weiteren ist die Frage nach der rationalen, wirtschaftlichen Bewertung von Gesundheit und Leben eine Frage von äußerster Komplexität. Anders als bei anderen Geschäften sieht sich das Individuum dazu gezwungen, die wirtschaftliche Bedeutung seiner eigenen Existenz zu reflektieren, die es im Zustand der Gesundheit jedoch für selbstverständlich erachtet.[343] Entsprechend schwierig ist es, eine Vorstellung von der preisgerechten Vergütung medizinischer Leistungen zu entwickeln, zumal wenn dem Arzt darüber hinaus aufgrund seiner Ausbildung ein Informationsvorsprung zukommt.[344] Deswegen ist für den Arztvertrag nicht anzunehmen, dass im Falle einer freien Verhandelbarkeit des Honorars die Prinzipien subjektiver Preisbildung wie vorgesehen funktionieren.[345] Resultat ist eine Störung der Verhandlungsparität, die nicht durch die Gewährleistung einer ausgewogenen Ver-

342 Dazu den Abschnitt D.II.3.a).

343 Vgl. dazu den Abschnitt D.III.1.

344 Dazu den Abschnitt D.III.1.

345 Dazu weiter im Abschnitt D.III.2.

handlungsmacht beider Parteien (wieder-)herzustellen ist.[346]

2. Festsetzung nach Ermessen des Verordnungsgebers

In Anbetracht dieser Gegebenheiten ist der Erlass einer Gebührenordnung eine nachvollziehbare Reaktion des Gesetzgebers, der das Entgelt für ärztliche Leistungen entgegen der grundlegenden Konzeption des Zivilrechts direkt bestimmt.[347] Der dazu berufene Verordnungsgeber ist dabei an den vom Gesetzgeber formulierten Gestaltungsauftrag des § 11 BÄO gebunden.[348] Dieser fordert, die Vergütung in einem System von Mindest- und Höchstsätzen zu organisieren, ansonsten ist der Verordnungsgeber in seiner Gestaltungsmacht weitestgehend unabhängig, solange die „Interessen der Ärzte und der zur Zahlung der Entgelte Verpflichteten" (§ 11 Satz 3 BÄO) Beachtung finden.[349]

Eine weitere Grenze findet der Gestaltungsauftrag im höherrangigen Recht. Vergleichbare Vergütungssituationen angesichts derer ein Transfer der dortigen gesetzgeberischen Entscheidungen entsprechend dem Gebot formaler Gerechtigkeit zumindest angedacht werden müsste, finden sich zwar nicht[350], jedoch bleibt der Erlass einer bindenden Gebührenordnung ein Eingriff in die verfassungsrechtlich geschützte Parteiautonomie in Vertragsangelegenheiten. Diese umfasst unter anderem die Festlegung des vereinbarten Vertragsinhalts.[351] Die Entgeltbestimmung nach der Gebührenordnung stellt mithin einen zu rechtfertigenden Eingriff dar.[352] Die Aspekte verfassungsrechtlicher Rechtfertigung der Gebührenordnung erschließen sich zum einen bei der Betrachtung sozialstaatlicher Gewährleistungspflichten des Staates hinsichtlich der Ausgestaltung der Gesundheitsfürsorgesysteme und ferner bei der Beachtung der Freiberuflichkeit des Arztes. Zudem darf nicht vergessen werden, dass der Defekt des Zahlungspflichtigen, welcher der Anwendbarkeit des Prinzips subjektiv-formaler Preisbildung entgegensteht, hauptsächlich auf die Fähigkeit zur Bewertung der ärztlichen Leistung beschränkt ist. Es mag paradox erscheinen, doch die Ausklammerung der Preisfindung durch die GOÄ kann als

346 Dazu den Abschnitt D.III.2.

347 Dazu im Abschnitt D.III.3.a).

348 Dazu im Abschnitt D.III.3.c).

349 Zum Gestaltungsspielraum des Verordnungsgebers den Abschnitt D.III.3.c).

350 Dazu näher im Abschnitt D.III.3.e).

351 Dazu den Abschnitt D.II.2.e).

352 Dazu im Abschnitt D.III.3.f)(1).

Versuch betrachtet werden, die Selbstbestimmung bei der Behandlung durch den Arzt zu stärken.[353]

a) Anforderungen des Sozialstaats an die GOÄ

Der dem freiheitlichen Sozialstaat des Art. 20 Abs. 1 GG einerseits und den Grundrechten andererseits verpflichtete Staat, der die institutionalisierte Absicherung gegen Krankheit obligatorisch macht, hat im Gegenzug deren Tauglichkeit und damit eine hinreichende Versorgung der Abgesicherten im Krankheitsfall zu gewährleisten. Insbesondere müssen die Systeme, zu deren Inanspruchnahme der Bürger verpflichtet wird, diesem die Kosten für die Behandlung (potenziell) letaler Krankheiten abnehmen.[354] Gleichzeitig darf die von einer obligatorischen Mitgliedschaft ausgehende Kostenbelastung des Bürgers nicht ein Maß erreichen, bei dem sie als freiheitseinschränkende Belastung empfunden wird.[355] Es gilt, den Gedanken eines umfassenden Gesundheitsschutzes in Einklang mit den finanziellen Belastungen des Bürgers zu bringen. Ein qualitativ und quantitativ über jeden Zweifel erhabenes Gesundheitssystem darf keinesfalls auf Kosten der finanziellen Leistungsfähigkeit der Gesellschaft und der darauf aufbauenden Wahrnehmung von Freiheitsrechten erkauft werden.[356] Dem verfassungsrechtlichen Leitbild entspricht mithin nur das Gesundheitssystem, welches sowohl die angemessene Gesundheitsversorgung der Versicherten besorgt, als auch deren Freiheitsrechte respektiert.

Erheblichen Anteil an den deswegen verfassungsrechtlich bedeutsamen Gesundheitskosten hat die Vergütung der leistungserbringenden Ärzteschaft; sei es in niedergelassener Tätigkeit oder als Anteil anfallender Krankenhausgebühren.[357] Die privatärztliche Honorierung nach der GOÄ entfaltet dementsprechend erhebliche Relevanz für die Erfüllbarkeit des vorangehend skizzierten sozialstaatlichen Auftrags.[358]

353 Dazu den Abschnitt E.I.
354 Dazu im Abschnitt E.II.2.c)
355 Dazu ferner den Abschnitt E.II.2.b).
356 Dazu weiter im Abschnitt E.II.1.f).
357 Zu den Zahlen: Fn. 132, S. 245.
358 Dazu den Abschnitt E.II.3.b)(3).

(1) Die verfassungsgerichtlichen Vorgaben

Kern der diesbezüglichen Rechtsprechung ist die Erwartungshaltung des qua Gesetz zur Mitgliedschaft im Gesundheitssystem verpflichteten Bürgers, keine nennenswerten Aufwendungen in Bezug auf die eigene Gesundheit mehr tätigen zu müssen. Da seine Verpflichtung mit einer nicht unerheblichen finanziellen Belastung verbunden ist, soll diese Erwartungshaltung berechtigt sein; ihre Erfüllung den von der Verpflichtung ausgehenden Eingriff in die allgemeine Handlungsfreiheit rechtfertigen.[359]

In dieser Annahme des Bundesverfassungsgerichts ist die Äquivalenz von Leistung und Gegenleistung zwar nicht in dem Sinne vorgesehen, als sich beide der Höhe nach entsprechen müssen – schließlich variieren die Beiträge zur gesetzlichen Krankenversicherung entsprechend dem Einkommen in der Höhe –, allerdings kann der Verweis des Gerichts auf die individuelle Bereitschaft, für medizinische Leistungen zusätzliche eigene Aufwendungen zu treffen, als Bezugnahme auf den subjektiven Aspekt des Äquivalenzgedankens verstanden werden. Da die Kosten für die Aufrechterhaltung jener Systeme, mit denen der Staat die ihm obliegende Pflicht, „sich schützend und fördernd vor die Rechtsgüter des Art. 2 Abs. 2 Satz 1 GG zu stellen"[360], zu erfüllen sucht, ihre Grenze in den Freiheitsrechten des Bürgers finden, müssen kostensenkende Maßnahmen, wie etwa die Einschränkung bestimmter Versorgungsleistungen, vom verfassungsrechtlichen Standpunkt als grundsätzlich zulässig erachtet werden. Die Erwartung des Bürgers, durch die Mitgliedschaft in einem System sozialer Sicherung von weiteren Ausgaben in Sachen eigener Gesundheit entbunden zu sein, soll für den Regelfall nur insoweit berechtigt sein, als sie sich auf eine nach medizinischer Sicht taugliche Behandlung, nicht jedoch auf die Übernahme der bestmöglichen Versorgung bezieht. Eine Ausnahme von diesem Grundsatz sieht das Gericht nur in Bezug auf lebensgefährdende Leiden[361], welche den Kernbereich der staatlichen Verpflichtung zum Lebensschutz berühren. Hier dem Bürger einerseits die bestmögliche Behandlung zu versagen und andererseits dessen finanzielle Mittel an ein in diesem Punkt unzureichendes Versorgungssystem zu binden, sei nach Ansicht des Bundesverfassungsgerichts unbillig.

359 *Heinig*, S. 425. Dazu ferner bereits im Abschnitt E.II.2.c)

360 BVerfGE 115, 25, (45).

361 Dazu weiter im Abschnitt E.II.2.c).

Voranstehende Erwägungen lassen sich auf diejenigen Personenkreise ausdehnen, die als Gegenüber des Arztes zum Hauptadressatenkreis der Gebührenordnung für Ärzte zu rechnen sind: Zum einen sind dies die Mitglieder der privaten Krankenversicherung, zum anderen die Beschäftigten im öffentlichen Dienst, welche als Teil ihrer Vergütung beihilfeberechtigt sind.[362] Hinsichtlich erstgenannter ist auf die nunmehr umfassende Krankenversicherungspflicht hinzuweisen. Die Mitgliedschaft in der privaten Krankenvollversicherung ist nicht mehr nur fakultativ. Vielmehr ist sie Bestandteil eines Systems von mehreren alternativen institutionalisierten Absicherungsmöglichkeiten, von denen zumindest eine in Anspruch zu nehmen ist.[363] Damit befinden sich die Privatversicherten in einer vergleichbaren Situation wie jene, welche für die obigen Annahmen des Gerichtes ausschlaggebend war. Anders als im Rahmen der gesetzlichen Krankenversicherung bemessen sich die Beiträge in der privaten Krankenversicherung zwar im Regelfall nach dem zu versichernden Krankheitsrisiko[364], allerdings bleibt die grundlegende Problematik vergleichbar: Der privatversicherte Bürger wird durch das Gesetz verpflichtet, die Kosten für eine Krankenvollversicherung aufzubringen. Damit erfolgt – wie bei der gesetzlichen Krankenversicherung auch – ein Eingriff in die allgemeine Handlungsfreiheit, welche wiederum der Rechtfertigung bedarf, die in der Befreiung von zusätzlichen Aufwendungen für die Gesundheitsversorgung zu suchen ist.[365] Entsprechendes gilt für die beihilfeberechtigten Beschäftigten des öffentlichen Dienstes, der die Beihilfe als nicht-monetären Teil seiner Besoldung erhält.[366]

(2) Folgen für die Gestaltung der GOÄ

Aus dieser Rechtsprechung erwachsen bestimmte Anforderungen an die Höhe des ärztlichen Honorars. Sowohl ein zu hohes als auch ein zu niedriges Honorar kann mit Folgen verbunden sein, die mit dem Auftrag des Sozialstaates nicht vereinbar sind. Etwa muss es hoch genug bemessen sein, um die Ärzte überhaupt zur Leistungserbringung auf Grundlage der GOÄ zu bewegen.[367] Anders als im Rahmen vertrags-

362 Dazu den Abschnitt E.II.3.a).

363 Dazu den Abschnitt E.II.3.a).

364 Zur Prämienberechnung in der PKV vgl. den Abschnitt E.II.3.b)(1).

365 Dazu weiter im Abschnitt E.II.3.a).

366 Dazu den Abschnitt E.II.3.a).

367 Dazu den Abschnitt E.II.3.b)(4).

ärztlicher Versorgung unterliegt der Arzt im privatärztlichen Verhältnis bis auf wenige Ausnahmen – zu denken ist etwa an dringendes ärztliches Eingreifen erfordernde Notfälle – weder einem Kontrahierungszwang noch einer Behandlungspflicht. Das erlaubt ihm, die Behandlung eines Privatversicherten oder Beihilfeberechtigten von wirtschaftlichen Gründen abhängig zu machen und etwa im Fall einer als zu gering empfundenen Gebühr die Behandlung zu verweigern.[368] In diesem Fall wäre das mit der Versicherungspflicht verbundene Versprechen gebrochen. Trotz der Inanspruchnahme eines Gesundheitsfürsorgesystems erhielte der vollständig oder ergänzend Privatversicherte keinen Zugang zu einer tauglichen Behandlung. Jene könnte er unter Umständen erst erlangen, wenn er die Bereitschaft zeigte, mehr als von der GOÄ verlangt zu zahlen, mit anderen Worten also eine Honorarvereinbarung abschlösse. Die dabei entstehenden Mehrkosten werden regelmäßig allerdings nicht mehr von der PKV oder der Beihilfe übernommen[369], sondern wären selbst zu tragen. Dies entspräche dann nicht dem verfassungsrechtlichen Diktum, wenn es sich bei der in Rede stehenden Behandlung um die Kosten für die Behandlung einer lebensbedrohlichen Krankheit oder aber der (noch) tauglichen Basisbehandlung handelte.

Zugleich wäre die Behandlungsverweigerung gleichbedeutend mit einem Rückzug des Mediziners vom Gesundheitsmarkt. Der Bürger sähe sich mit einem entsprechenden ausgedünnten Netz von Leistungserbringern konfrontiert, welches zumindest dann zu einer verfassungswidrigen Gestaltung medizinischer Versorgung würde, wenn die taugliche Behandlung durch die Überbrückung räumlicher Distanz unmöglich gemacht worden wäre.[370]

Dem Patienten aus wirtschaftlichen Gründen die Behandlung zu verweigern, kann vom Standpunkt des wirtschaftlich denkenden, niedergelassenen Arztes allerdings nur ultima ratio sein. Es wären signifikante Einkommenseinbußen zu erwarten, sodass von einem rein wirtschaftlichen Standpunkt ein kostenbewusstes Verhalten als naheliegendere Alternative erscheint. Ein solches Verhalten wäre für den Patienten nicht risikolos. Es geschähe nicht zu seinem Vorteil, sondern wäre an den wirtschaftlichen Interessen des Arztes orientiert. Vor al-

368 Dazu ferner den Abschnitt E.II.3.b)(4).

369 Daher besteht die Pflicht des Arztes zur wirtschaftlichen Aufklärung bei Abschluss einer Honorarvereinbarung. Dazu im Abschnitt C.VIII.1.

370 Zu den Folgen der Behandlungsverweigerung vgl. den Abschnitt E.II.3.b)(4).

lem Versuche der Kostenreduktion können mit einer Nichtbeachtung der zum Patientenschutz erforderlichen medizinischen Qualitätsstandards einhergehen.[371]

Mit der Gestaltung der Gebührenordnung hat der Verordnungsgeber allerdings das Mittel in der Hand, auf das Verhalten der Ärzte regulierend einzuwirken. Den Patienten stattdessen bewusst Gefahren auszusetzen und ihn allein auf seine haftungsrechtlichen Möglichkeiten zu verweisen, wäre in Anbetracht der gravierenden Folgen für Gesundheit und Leben, welche von einer qualitativ minderwertigen Behandlung ausgehen können, wenig befriedigend.[372]

Das von der Gebührenordnung statuierte Honorar darf allerdings nicht zu hoch ausfallen. Die Beiträge zur privaten Krankenversicherung bemessen sich im Regelfall risikoäquivalent, das heißt nach den voraussichtlichen Kosten, welche der Versicherung für die Übernahme der zukünftigen Behandlungskosten des Versicherungsnehmers entstehen werden.[373] Jene Kosten werden im ganz erheblichen Maße von der notwendigen Honorierung des Arztes bestimmt. Die von der Gebührenordnung festgesetzten Honorare dürfen dementsprechend nicht so hoch sein, dass sie den risikoäquivalent berechneten Versicherungsbeitrag in eine solche Höhe treiben, dass er für den Versicherten zu einer freiheitsberaubenden Belastung wird.[374] Zudem gilt es im Hinblick auf hohe Honorare, deren Auswirkungen auf die Versorgungsqualität nicht aus dem Blick zu verlieren. Nach der heutigen Struktur gilt die Risikoäquivalenz der Beiträge nur mit Einschränkungen. Denn zumindest im Rahmen des von den privaten Krankenkassen zwingend anzubietenden Basistarifs kommt es zu einer Deckelung der Beiträge, welche entsprechend § 12 Abs. 1c Satz 1 VAG „den Höchstbeitrag der gesetzlichen Krankenversicherung nicht übersteigen“ dürfen. Damit ist im Basistarif ab einem bestimmten Punkt eine kostenrisikoäquivalente Beitragsberechnung ausgeschlossen. Eventuelle Mehrkosten gehen zulasten der Versicherung und können diese in ihrer Existenz gefährden.[375]

Zwar stellen sich bei den Beihilfeberechtigten diese Probleme nicht in dieser Form, da die Beihilfegewährung doch als eigenständiges In-

371 Dazu den Abschnitt E.II.3.b)(4).
372 Dazu näher im Abschnitt E.II.4.
373 Dazu weiter im Abschnitt E.II.3.b)(1).
374 Dazu den Abschnitt E.II.3.b)(3).
375 Vgl. dazu den Abschnitt E.II.3.b)(1).

stitut neben die gezahlten Bezüge tritt, es darf allerdings nicht vergessen werden, dass die Gebührenordnung für Ärzte nur am Rande nach der Absicherung des Zahlenden differenziert und dass Beihilfen in der Regel nur für einen Anteil der anfallenden Gesundheitskosten gewährt werden, was eine zusätzliche Absicherung des Beihilfeberechtigten in der privaten Krankenversicherung erforderlich macht. Zudem werden die Kosten der Beihilfe aus dem Staatshaushalt bestritten und sind damit Teil der Abgabenlast aller steuerpflichtigen Bürger.[376]

b) Das Leitbild freier Berufe

Doch nicht nur der Sozialstaat, sondern fernerhin die Rolle des Mediziners als Freiberufler prägt das spezifische Problempotenzial privatärztlicher Vergütung. Niedergelassene Ärzte arbeiten nicht pro bono und bedürfen eines Einkommens aus ihrer beruflichen Tätigkeit. Dabei unterliegen sie jedoch den Verhaltensregeln ihres Standes. Als Freiberufler unterscheiden sie sich von den Gewerbetreibenden darin, dass aufgrund der gesamtgesellschaftlichen Bedeutung ihres Tuns regelmäßig eine Sachwalterfunktion für die Belange der Allgemeinheit angenommen wird, welche sich in der Idealvorstellung niederschlägt, der Freiberufler habe in seiner beruflichen Tätigkeit ein zurückgenommenes und beamtengleiches Auftreten an den Tag zu legen. Gefordert wird ein reduziertes Profitstreben sowie ein kollegiales Verhältnis zu den Standesgenossen ohne ausgeprägtes Konkurrenzdenken.[377]

Daraus resultiert ein Spannungsverhältnis zwischen der Erfüllung quasi-öffentlicher Aufgaben auf der einen und den Bedürfnissen eines wirtschaftlich denkenden und handelnden Selbstständigen auf der anderen Seite.[378] Einerseits wird der Freiberufler seine Tätigkeit nur gegen ein auskömmliches Einkommen erbringen: Seine Profitinteressen können deshalb im Lichte des Allgemeinwohls nicht vollständig negiert werden. Andererseits können Profitinteressen mit Allgemeininteressen kollidieren.[379] Das Idealbild freier Berufe spricht sich nicht gegen das wirtschaftlich orientierte Handeln als solches aus, sondern unterwirft es Einschränkungen: Grundsätzlich gilt die Annahme, dass der Freiberufler nur dann seiner Verpflichtung gegenüber

---

376 Vgl. dazu den Abschnitt E.II.3.a) und den Abschnitt E.II.3.b)(2).

377 Dazu den Abschnitt E.III.1.a).

378 Dazu weiter im Abschnitt E.III.1.

379 Dazu den Abschnitt E.III.1.b).

der Allgemeinheit im Rahmen seiner Tätigkeit in wirtschaftlicher Unabhängigkeit nachkommen kann. Um Abhängigkeitsverhältnisse und Beeinflussung zu vermeiden und mithin seine Objektivität gegenüber der Gesellschaft zu wahren, sei ein Unabhängigkeit sicherstellendes Einkommen notwendig.[380] Voranstehende Prämisse dürfe allerdings nicht mit einem Freibrief zu unbeschränkter Geschäftstätigkeit verwechselt werden. Der Freiberufler habe den Profit nicht zum obersten Ziel seiner Tätigkeit zu erklären, sondern ihn im Zweifel dem Allgemeininteresse unterzuordnen.[381] Das gilt insbesondere im Hinblick auf das Verhalten gegenüber Standesgenossen. Unzulässig sei das Betreiben eines Konkurrenzverhaltens, das jenes Objektivität und Distanz wahrende wirtschaftliche Fundament der Freiberufler infrage stelle.

Ein diesen Idealen entsprechendes Verhalten kann durch Gebührenordnungen sichergestellt werden. Zwar bleibt die Durchsetzung des Berufsbildes in erster Linie Aufgabe eines entsprechenden Standesrechts, aber eine ergänzende Bezugnahme anderer Normen ist nicht ausgeschlossen.[382] Insbesondere weil Standesrecht in Anbetracht seiner Genese nur innerhalb des Berufsstandes und nicht gegenüber der übrigen Gesellschaft Wirkung entfaltet.[383] In der Sache bedeutet die Ausrichtung der Gebührenordnung an dem Wesensideal freier Berufe Folgendes: Das Honorar muss dergestalt gefasst sein, das es die Selbstständigkeit des Arztes garantiert. Jene ist zwar primär als Weisungsunabhängigkeit zu verstehen, allerdings in einer wirtschaftlichen Dimension zu denken. Die Prämisse einer „beamtenähnlichen Distanz"[384] des Arztes zu seinem Auftraggeber in dem Sinne, dass wirtschaftliches Interesse und medizinische Entscheidungen nicht miteinander interferieren sollen, ist nur dann zu verwirklichen, wenn die (Nicht-)Vornahme einer Behandlung nicht von wirtschaftlichen Gesichtspunkten abhängig gemacht werden muss:[385] das heißt einerseits die Verweigerung unprofitabler Leistung und andererseits die geradezu umgekehrte Leistungserbringung allein aufgrund von Profitinteressen.[386] Damit gilt für die Gebührenordnung, dass sie we-

380 Dazu weiter im Abschnitt E.III.1.c).

381 Dazu ferner den Abschnitt E.III.1.b).

382 Dazu weiter im Abschnitt E.III.2.

383 Dazu ferner den Abschnitt E.III.2.

384 *Taupitz*, Die Standesordnungen der Freien Berufe, S. 48.

385 Dazu den Abschnitt E.III.2.a).

386 Dazu den Abschnitt E.III.2.b).

der Anreize setzen darf, Behandlungen nur aus pekuniären Gründen vorzunehmen, noch den Arzt durch ein Honorar, welches zu finanziellem Verlust führt, von der Vornahme einer Leistung abhalten darf.[387]

3. Auswirkungen auf das Gerechtigkeitsverständnis

Die Interessenlage privatärztlicher Vergütung, die nach § 11 Satz 3 BÄO für die Formulierung der Gebührenordnung maßgeblich ist, und der in diesem Zusammenhang zum Ausdruck kommende Schutzzweckzusammenhang[388] gehen in der Gesamtschau über die Beeinträchtigung der Entscheidungsfreiheit des Zahlungspflichtigen hinaus. Es gilt ferner, die Bedeutung des nach der GOÄ zu ermittelnden Honorars für die Gesundheitsversorgung der Bevölkerung sowie die Relevanz einer Gebührenordnung für das freiberufliche Selbstverständnis der Ärzteschaft zu beachten. Gerecht ist demnach nicht jenes Honorar, welches singulär den Bedürfnissen und Anforderungen eines dieser Aspekte gerecht wird, sondern jenes, welches die verschiedenen Ansprüche an die Honorargestaltung miteinander zu vereinen vermag. Insbesondere können Sinn und Zweck der GOÄ nicht darin begründet liegen, subjektiv-formale Preisbestimmung durchzusetzen. Ganz im Gegenteil bedarf es hoheitlicher Preiskontrolle, die vorgenannten Ziele umzusetzen, wie die Gegenüberstellung mit den ähnlich gelagerten Zielen der vertragsärztlichen Vergütung zeigt.

a) Regelungsbedarf privatärztlicher Vergütung

Nach § 12 SGB V erfolgen die Leistungen der gesetzlichen Krankenversicherung nach der Prämisse des sogenannten *Wirtschaftlichkeitsgebots*. Alle Beteiligten werden angehalten, Leistungen mit dem Ziel größtmöglicher wirtschaftlicher Effizienz zu erbringen.[389] Das gilt ebenso für die Vergütung der Vertragsärzte. Nach § 72 Abs. 2 SGB V ist also die *angemessene Vergütung* der Ärzte sicherzustellen.[390] Eine solche liegt nach Auffassung des Bundessozialgerichts dann vor, wenn zum einen die Vergütung ärztlicher Leistung sowohl ein funktionierendes

387 Dazu weiter im Abschnitt E.III.2.b).

388 Dazu den Abschnitt D.III.3. und B.I.2.d).

389 Zum Wirtschaftlichkeitsgebot als Oberbegriff: *Höfler*, in: KassKomm, § 12 Rdnr. 20f; *Muckel/Ogorek*, § 8 Rdnr. 70ff.

390 *Huster*, in: Becker/Kingreen, § 72 Rdnr. 6; *Hess*, in: KassKomm, § 72 Rdnr. 21b SGB V.

Versorgungssystem erlaubt, als auch den Ärzten genügend Anreiz bietet, an der vertragsärztlichen Versorgung teilzunehmen.[391] Minimalforderung ist die Bereitschaft zur Teilnahme sowie ein Vergütungsniveau, das dem Vertragsarzt bei Beachtung des Wirtschaftlichkeitsgebots und betriebswirtschaftlicher Grundsätze die wirtschaftliche Existenz erlaubt. Die Höchstgrenze wird hingegen erreicht, wenn die Honorarforderungen der Ärzte das Gesamtsystem finanziell zu überlasten drohen. Es wird deutlich, dass die Grundsätze des Wirtschaftlichkeitsgebots im Groben den Zielen entsprechen, die für die Gestaltung der GOÄ entwickelt wurden.

Da das Wirtschaftlichkeitsgebot gegenüber den Leistungserbringern durch Überprüfung ihres Ausgabeverhaltens sichergestellt werden kann, geht es in der Sache jedoch noch weiter. Nach § 106 Abs. 1 SGB V überwachen „Krankenkassen und die Kassenärztlichen Vereinigungen [...] die Wirtschaftlichkeit der vertragsärztlichen Versorgung durch Beratungen und Prüfungen".[392] Außerhalb der gesetzlichen Krankenversicherung gälte – bei Wegfall der Gebührenordnung für Ärzte – hingegen das Privatrecht mitsamt seines subjektiven und damit marktgeleiteten Preisfindungsmechanismus. Die Rechtsbeziehungen zwischen den an der medizinischen Versorgung Beteiligten – Arzt, Patient, Versicherter und die Krankenkasse als Kostenträger – unterliegen dem Zivilrecht.[393] Damit wäre das darauf aufbauende Vergütungssystem im Grundsatz staatsfern. Eine staatliche Verhaltenskontrolle kann im bürgerlichen Recht aufgrund des Umstandes, dass diese einen Eingriff in verfassungsrechtlich geschütztes Freiheitsrecht darstellt, nur in begrenztem Maße erfolgen.[394] Es gilt der Grundsatz der Privatautonomie.

Ungeachtet dessen ist im Rahmen der ärztlichen Vergütung eine staatliche Kontroll- und Einflussmöglichkeit erforderlich, um den Anforderungen an eine umfassende Gesundheitsversorgung der gesamten Bevölkerung dauerhaft gerecht werden zu können. Das wird anhand der umfassenden Regulierung deutlich, die Geschäftstätigkeit privater Krankenversicherungsunternehmen seitens des Staates er-

391 BSGE 68, 291 (297).

392 Vgl. *Hess*, in: KassKomm, § 106 SGB V Rdnr. 3; *Scholz*, in: Becker/Kingreen, § 106 SGB V Rdnr. 1.

393 *Rudolph*, in: Bach/Moser, Einleitung Rdnr. 14f; zur rechtlichen Organisation privater Krankenkassen: *Boetius*, in: MünchKommVVG, Einführung Rdnr. 75ff; zur historischen Entwicklung eingehend: *Rudolph*, in: Bach/Moser, Einleitung Rdnr. 122ff.

394 Zu denken ist etwa an §§ 134, 138 BGB.

fährt. Es wird sich diesbezüglich nicht nur auf die Instrumente des Marktes verlassen, sondern diese werden durch spezifische Rechtssetzung ergänzt.[395] Der Pflichtenkatalog der Versicherung und Versicherungsnehmer ist etwa größtenteils nicht Verhandlungsmasse, sondern durch das Versicherungsvertragsgesetz und das Versicherungsaufsichtsgesetz vorgegeben.[396] Hinzu kommt eine nach § 146 BAG von der Bundesanstalt für Finanzdienstleistungsaufsicht ausgeübte „institutionalisierte Kontrolle".[397] Geregelt wird der Zugang zur privaten Krankenversicherung, deren Leistungsumfang und deren von den Versicherten zu entrichtenden Beitragshöhe – im Ergebnis also der Kostenausgleich zwischen Versicherung und Versicherungsnehmer.[398]

b) Ausschaltung marktgeleiteter Honorarfindung

Doch die Regulierung der Leistungserbringer, deren Verhalten und Vergütung für das Zustandekommen der Versicherungskosten entscheidend ist[399], ist letztlich unerlässlich. Denn dass durch den freien Markt eine mit den Interessen des Sozialstaates und dem Gedanken freiberuflicher Tätigkeit zu vereinbarende Honorarstruktur zustande käme, ist nicht anzunehmen. Der Zahlungspflichtige ist vermutlich nicht in der Lage, die Leistung des Arztes hinsichtlich dessen wirtschaftlicher Komponente zu bewerten, da für ihn andere Faktoren ausschlaggebend sind.[400] Diese Annahme gilt nicht nur für den einzelnen Patienten, sondern im Zweifelsfall für die Gesamtheit derjenigen, die ärztliche Leistungen für sich oder Dritte in Anspruch nehmen. Das Wertempfinden fast *aller* möglichen Auftraggeber ist als gestört zu betrachten. Dementsprechend kann – wie im Fall des § 19 Abs. 4 Nr. 2 GWB bei Missbrauch einer marktbeherrschenden Stellung – kein hypothetischer Vergleichsmarkt konstruiert werden, bei dem nach dem zu erwartenden Marktpreis im Falle einer hypothetischen Wettbewerbssituation gefragt wird.[401] Die Störung der innerver-

395 Vgl. *Wallrabenstein*, in: Kontrolle der Privaten Krankenversicherung, (69).

396 Zur Sozialbindung der „substitutiven Krankenversicherungen" i.S.v. § 12 Abs. 1 VAG im Allgemeinen: BVerwG NVersZ 1999, 463 (464); *Boetius*, in: MünchKommVVG, Einführung Rdnr. 643ff.

397 *Wallrabenstein*, in: Kontrolle der Privaten Krankenversicherung, (69).

398 Zur Kontrolle der Versicherungsunternehmen ausführlich: *dies.*, in: Kontrolle der Privaten Krankenversicherung, (S. 67ff).

399 Dazu in Abschnitt E.II.3.

400 Dazu den Abschnitt D.III.2.; dazu zudem *Breyer/Zweifel/Kifmann*, S. 179ff.

401 Dazu *Fuchs/Möschel*, in: Immenga/Mestmäcker, § 19 GWB Rdnr. 259ff; *Götting*, in: Loewenheim/Meessen/Riesenkampff, § 19 GWB Rdnr. 74ff.

traglichen Konsensbildung zwischen Arzt und Zahlungspflichtigen ist fundamental und umfassend.[402] Hinzu kommt die Monopolstellung der Ärzte infolge ihrer beruflichen Fähigkeiten und eine daraus resultierende Gefahr des einseitigen Preisdiktats.[403] Außerdem ist von der Versicherungsseite eine Marktbeeinflussung zu befürchten. Die Versicherungen kumulieren die Nachfragemacht von Millionen von Versicherten. Es kann in dieser Hinsicht nicht ausgeschlossen werden, dass Versicherungen diese Marktmacht nutzen, um Ärzten günstigere Konditionen abzuringen, die unter Umständen zu einer der Versorgungssicherheit der Bevölkerung abträglichen Unterbezahlung von Teilen der Ärzteschaft führen könnten.[404] Zudem kann bereits die Existenz eines freien Marktes selbst den vorangehend aufgeworfenen Zielen entgegenstehen. Auf die Schädlichkeit von Wettbewerb unter den freien Berufen wurde an anderer Stelle bereits hingewiesen.[405]

Wettbewerb kann indes nur dort stattfinden, wo die Möglichkeit zur freien Preisfestsetzung besteht. Aus diesen Gründen setzt die GOÄ, bis auf die Ausnahme der abweichenden Honorarvereinbarung des § 2 GOÄ, die Preisfindung durch den Markt außer Kraft. Stattdessen kommt es zu einem staatlichen Preisdiktat, welches eine Regulierung ärztlichen Honorars nach den oben dargestellten Interessen des Gesamtsystems ermöglicht. Es erlaubt eine umfassende Gestaltung der Gebühren, was die GOÄ in der Gesamtschau als notwendige, aus dem Sozialstaatsprinzip und dem Allgemeininteresse abgeleitete staatliche Reaktion auf das typische Marktgeschehen erscheinen lässt. Die staatliche Regulierung hat ein Vergütungsniveau anzustreben, bei dem das gerechtfertigte, also nicht übermäßige Gewinnstreben des Arztes mit dem Interesse des Kostenträgers an einer möglichst kostengünstigen und effektiven Gesundheitsversorgung vereinbar wird.[406]

---

402 Vgl. *Oechsler*, S. 99.

403 *Breyer / Zweifel / Kifmann*, S. 92f; *Schulenburg*, S. 102. Dazu ferner den Abschnitt E.III.2.b).

404 In diesem Zusammenhang sei auf die Diskussion über die Aufnahme sogenannter *Öffnungsklauseln* in die GOÄ und die in diesem Zusammenhang artikulierten Befürchtungen der Ärzteschaft verwiesen. Vgl. Beschlussprotokoll 111. Deutscher Ärztetag, S. 88, 93.

405 Dazu weiter im Abschnitt E.III.2.b).

406 Vgl. BVerfG NJW 1985, 2185 (2187); *Daniels / Bulling*, § 11 Rdnr. 12, 21; *Spickhoff*, in: Spickhoff, Medizinrecht, § 5 GOÄ Rdnr. 3 GOÄ; *Kamps / Kiesecker*, MedR 2000, 72 (72).

c) Ergebnis

Dies kann durch den freien Markt nicht erreicht werden. Damit ist eine Gebührenordnung letzten Endes aus verfassungsrechtlicher Sicht auch ein nachvollziehbarer und verhältnismäßiger Schritt der Gesetzgebung. Das Bedürfnis, das ärztliche Honorar aufgrund der dargestellten Gründe zu regulieren, überwiegt das Interesse der Parteien des Behandlungsvertrages, frei über das Honorar zu bestimmen. Zumal davon auszugehen ist, dass der Zahlungspflichtige dazu überhaupt nicht in der Lage ist.[407] Im Hinblick auf die gerechte Vergütung entsteht dadurch gegenüber dem allgemeinen Zivilrecht ein signifikanter Unterschied: Für den gerechten Vertrag gilt generell die subjektiv-formale Preisfindung als maßgeblich. Eine Leistung ist deswegen gerecht, weil sie Resultat einer beiderseitig willensbestimmten Vertragsgestaltung durch die Parteien ist. Funktional betrachtet verdeutlicht der gerechte Preis den Konsens der Parteien und deren Willensherrschaft. Anders hingegen im Rahmen der Gebührenordnung – hier ist das gerechte Honorar Zeichen einer funktionierenden staatlichen Kontrolle und Entgeltbestimmung.

407 Ebenso *Zacher*, S. 1035.

F. Folgen für die Anwendung der GOÄ

Doch welche konkreten Forderungen an die Gestaltung des Honorars lassen sich aus diesen Vorstellungen von Gerechtigkeit ableiten? Bisher wurden nur die in Anbetracht der spezifischen Problematik ärztlicher Vergütung grundlegenden Aufgaben und Funktionen der Gebührenordnung formuliert, nicht jedoch die aus diesen Prämissen resultierenden Schlussfolgerungen hinsichtlich der Interpretation des geltenden Gebührenrechts.

Zielvorgabe ist die interessengerechte Honorierung im Sinne von § 11 Satz 3 BÄO. Die berechtigten Interessen des Arztes auf der einen und des zur Zahlung Verpflichteten auf der anderen Seite determinieren nicht nur auf die vorangehend dargestellte Art und Weise den Gestaltungsspielraum des Verordnungsgebers, sondern sind nach dem Grundsatz teleologischer Auslegung für die Interpretation der Gebührenordnung heranzuziehen.[1] Zusammengefasst soll die Gebührenordnung die qualitativ hinreichende Versorgung der privat Versicherten und Beihilfeberechtigten gewährleisten, ohne dabei deren finanzielle Leistungsfähigkeit zu übersteigen. In Anbetracht dieser Vorgaben ergeben sich folgende Prämissen, deren Umsetzung in der Anwendung der Gebührenordnung als essenziell erachtet wird.

I. Unzulässigkeit einer Mischkalkulation

Unerlässlich ist die einleitende Definition eines Bezugspunktes der Honorarberechnung. Es gilt – vor allem in Hinblick auf folgende Ausführungen – festzulegen, in welchem Verhältnis der Arzt angemessen zu honorieren ist.[2] Reicht es aus, wenn diesem in der Gesamtschau zu einem Gesamthonorar verholfen wird, das den entwickelten Grundsätzen entspricht, oder sind diese vielmehr auf jeden einzelnen Behandlungsvertrag anzuwenden oder gar auf jede im Rahmen dessen ausge-

1 Vgl. *Larenz*, Methodenlehre der Rechtswissenschaft, S. 333ff.
2 Vgl. *Olzen*, in: StaudingerBGB, Einleitung zum Schuldrecht Rdnr. 66.

führter Leistung, sodass bereits deren Vergütung bei einer Einzelfallbetrachtung angemessen ausfallen muss?[3]

Die Relevanz dieser Unterscheidungen zeigt ein Vergleich der GOÄ mit denjenigen Gebührenordnungen, die sich nicht an dem anfallenden Arbeitsaufwand orientieren, sondern an dem Wert eines Bezugsobjekts: so etwa die gegenstandswertorientierte Vergütung des Anwalts nach Maßgabe von § 2 Abs. 1 RVG.[4] Durch die Verwendung einer Wertgebühr wird der Anwalt bei hohen Gegenstandswerten im Verhältnis zum anfallenden Arbeits- und Zeitaufwand übervergütet. Im Gegenzug soll bei geringem Gegenstandswert ein „weder dem Arbeitsaufwand noch den entstehenden allgemeinen Geschäftskosten gerecht"[5] werdenes Honorar verhindern, dass die Vergütung des Anwalts in einem Missverhältnis zu den verfolgten wirtschaftlichen Interessen des Mandanten steht. Das wäre unausweichlich, würde ausschließlich nach Arbeitsaufwand abgerechnet.[6] Das in wertorientierten Gebührenordnungen festgesetzte Honorar ist mithin das Ergebnis einer Mischkalkulation, die darüber bestimmt ob der Leistungserbringer „sowohl seinen Kostenaufwand als auch seinen Lebensunterhalt bestreiten kann".[7]

Bezogen auf die Gebührenordnung für Ärzte würde ein solches Vorgehen bedeuten, dass als Ausdruck eines weiten Verständnisses von Preisgerechtigkeit, die gesamte berufliche Tätigkeit des abrechnenden Mediziners über einen bestimmten Zeitraum als relevanter Maßstab zu betrachten sei. Ausdruck einer kleinteiligeren Sichtweise wäre hingegen die Beschränkung auf einen bestimmten Tätigkeitskomplex, etwa auf die Behandlung und Betreuung eines einzelnen Patienten. Eine größtmögliche Differenzierung würde demgegenüber bei der Betrachtung jeder einzeln zur Abrechnung gebrachten Rechnungsposition und insbesondere jeder Gebührenziffer erreicht werden.

Was die Gesamtbetrachtung betrifft, ist festzustellen, dass die nach der Gebührenordnung für Ärzte zu vergütenden Tätigkeiten nicht zwingend die einzigen beruflichen Einnahmequellen des Arztes dar-

---

3 Vgl. die Ausführungen *Wolfs* zu den denkbaren Bezugspunkten des gerechten Vertrages: *Wolf*, S. 32ff.

4 § 2 Abs. 1 RVG: „Die Gebühren werden, soweit dieses Gesetz nichts anderes bestimmt, nach dem Wert berechnet, den der Gegenstand der anwaltlichen Tätigkeit hat (Gegenstandswert)."

5 BGH NJW 2004, 941 (943).

6 *Klees*, in: Kroiß/Mayer, RVG, § 2 Rdnr. 3.

7 BVerfGE 107, 133 (144); dazu ferner BVerfGE 83, 1 (14); 85, 337 (349); BVerfG NJW-RR 2002, 67 (68).

stellen, vor allem, soweit dieser noch gleichzeitig als Vertragsarzt oder im Krankenhaus tätig ist.[8] Das Ziel einer insgesamt gerechten Vergütung würde es mithin erforderlich machen, die verschiedenen Vergütungssysteme zu koordinieren. Dafür bietet die GOÄ allerdings kaum Raum. Bei ihrer Abrechnung wird nur rudimentär zwischen den verschiedenen Anwendungsgebieten differenziert. Die Reduzierung der Gebühren bei stationärer Behandlung gemäß § 6a GOÄ stellt insoweit eine Ausnahme dar.[9] Der Gedanke einer insgesamt gerechten Vergütung muss bei der Betrachtung der Gebührenordnung also außen vor bleiben, was allerdings nicht bedeutet, dass er umgekehrt bei der Aufstellung der anderen genannten Vergütungssysteme keine Beachtung finden kann. Ansonsten wäre etwa die Einräumung eines Liquidationsrechts *anstelle* einer Vergütung in Geld nicht möglich.[10]

Aber auch bei isolierter Betrachtung des Einkommens des Arztes aus privatärztlicher Tätigkeit stellt sich die Frage nach einer Differenzierung. Im Hinblick auf das Gerechtigkeitspostulat könnte es in seiner Gesamtheit in den Fokus genommen werden. Eine mögliche Alternative wäre die weitere Binnendifferenzierung, etwa anhand der Vergütung über einen bestimmten Zeitraum oder in Bezug auf einen bestimmten Patienten, wobei uals nach über diesen Zeitraum geschlossenen Behandlungsverträgen unterschieden werden könnte. Bei diesen Verträgen wäre wiederum eine getrennte Betrachtung der verschiedenen Elemente des ärztlichen Honorars, also Gebühren, Auslagenersatz sowie Wege- und Reiseentschädigungen[11], möglich, die zum Teil wieder in die einzelnen Kostenpositionen aufgeteilt werden könnten. Hervorzuheben ist diesbezüglich vor allem die Differenzierung anhand der einzelnen Gebührenziffern als kleinster denkbarer Bezugspunkt der Gebühr.[12]

Unabhängig davon, wie eine zusammenfassende Betrachtung konkret erfolgt: Das im Rahmen einer solchen Gesamtschau als gerecht erachtete Honorar ließe sich jeweils auf zwei verschiedenen Wegen verwirklichen: Entweder wird jedes Element in dieser Kombination gerecht vergütet oder vorhandene Ungerechtigkeiten werden über-

8 Vgl. *Clemens*, in: Quaas/Zuck, Medizinrecht, § 18 Rdnr. 18.

9 Vgl. *Spickhoff*, in: Spickhoff, Medizinrecht, § 6a GOÄ Rdnr. 1ff; *K.-F. Brück*, § 6a Rdnn. 2ff; *Hoffmann/Kleinken*, § 6a Rdnr. 3.1.

10 Zum Liquidationsrecht weiter in Abschnitt C.I.2.

11 Dazu in Abschnitt C.III.1.

12 Dazu den Abschnitt C.IV..

greifend ausgeglichen, damit ein zusammenfassend gerechtes Ergebnis zustande kommt. Dieser Ausgleich kann entweder im Rahmen einer nachgelagerten gesonderten Korrektur erfolgen oder – wie bei den wertorientierten Gebührenordnungen – im Vorfeld durch eine entsprechende Kalkulation der einzelnen Vergütungselemente.

Die Möglichkeit zur Korrektur ist in der GOÄ rechtlich nicht existent. Die umfassende Überwachung und Anpassung privatärztlicher Vergütung, wie sie etwa im System vertragsärztlicher Tätigkeit durch die Kassenärztlichen Vereinigungen besorgt wird, ist nicht vorgesehen. Weder finden sich diesbezüglich die rechtlichen Voraussetzungen noch die Institutionen für eine solche Überwachung.[13] Auch der Ausgleich zwischen den einzelnen Elementen, aus denen sich letztlich das vertraglich geschuldete Honorar ergibt, ist nicht möglich. § 3 GOÄ nennt die drei Elemente ärztlichen Honorars abschließend.[14] Gleichzeitig sind sowohl der Ersatz von Auslagen als auch die Zahlung von Entschädigungen kostendeckend ausgelegt.[15] Damit ist es zusammenfassend nicht möglich, eine ungerecht niedrige Gebühr durch Erhöhung dieser Rechnungspositionen beziehungsweise eine ungerecht hohe Gebühr durch eine entsprechende Unterdeckung bei besagten Kostenpositionen auszugleichen.[16] Gebühren, Entschädigungen und der Auslagenersatz überschneiden sich inhaltlich nicht. Allenfalls hinsichtlich der Abgeltung des mit der Gebühr abgegoltenen Praxisaufwands (§ 4 Abs. 3 GOÄ) und dem Auslagenersatz für die nicht wiederverwendbaren Materialien nach § 10 GOÄ wäre eine doppelte Bezahlung in Betracht zu ziehen. Jedoch ist verwandtes Material *entweder* als Auslage gesondert abrechenbar *oder* Kleinartikel im Sinne von § 4 Abs. 3 GOÄ.[17] Beide Abrechnungsmethoden stehen in einem Exklusivitätsverhältnis. Allerdings kann die Zuordnung entstandener Kosten des Arztes zu einem der beiden Elemente von Fall zu Fall unterschiedlich ausfallen. Teilweise wird davon ausgegangen, dass der Begriff des Kleinartikels nicht nur in der Dimension eines absoluten Wertes, sondern zudem im Kontext der als Gebühr abgerechneten, eigentlichen

13 Dazu ferner den Abschnitt D.III.3.e)

14 *Miebach*, in: Uleer/Miebach/Patt, § 3 GOÄ Rdnr. 1. Ein Umstand, der in den übrigen Vorschriften zum Teil deutlich hervorgehoben wird. Vgl. § 6a Abs. 2 GOÄ: „Neben den nach Absatz 1 geminderten Gebühren darf der Arzt Kosten nicht berechnen; die §§ 7 bis 10 bleiben unberührt."

15 Vgl. dazu den Abschnitt C.III.1.

16 Vgl. *Griebau*, in: Handbuch Medizinrecht, § 11 Rdnr. 120.

17 *Spickhoff*, in: Spickhoff, Medizinrecht, § 10 GOÄ Rdnr. 4; Kiesecker Fachanwaltskommentar Medizinrecht, § 10 GOÄ Rdnr. 2.

Leistung des Arztes verstanden werden soll[18]. Der Kleinartikel wäre in diesem Fall begrifflich variabel, sodass verwendetes Material im Kontext einer Gebührenziffer als ersatzfähige Auslage erscheint, im Rahmen einer anderen jedoch mit der Gebühr abgegolten wird.

Gleichsam ist im Zusammenhang mit der Abrechnung von Praxiskosten, welche nicht auf die Erbringung einer bestimmten Leistung zurückgeführt werden können, wie etwa die Kosten für die Praxisräumlichkeiten, die Sprechstundenhilfe und dergleichen, eine Mischkalkulation im Sinne der wertorientierten Gebührenordnungen nicht zwingend anzunehmen. Solche Grundkosten müssen zwar, wenn sie über die einzelnen Gebühren abgegolten werden sollen, auf diese umgelegt werden, eine Mischkalkulation folgt daraus allerdings nicht zwingend. Denn ein besonders hoher Aufwand an Personalkosten kann unproblematisch bei der Kalkulation der jeweiligen Gebührenposition berücksichtigt werden. Des Weiteren wäre es denkbar, dass sich an dem voraussichtlichen Zeitaufwand einer Leistung orientiert wurde. Das würde erklären, warum sich der Steigerungssatz unter anderem nach dem Zeitaufwand bemisst.[19]

Hinsichtlich der Gebührenziffern stellt sich die Frage nach einer Mischkalkulation jedoch insbesondere in Bezug auf die anderen Gebührenziffern und die jeweils honorierte Leistung. Bereits die Idee der tätigkeitsbezogenen Gebührenordnung in Form der GOÄ stellt den Verordnungsgeber vor die Aufgabe, ärztliche Leistungen zu bewerten und diese Bewertung zur Grundlage der Gebührenziffern zu machen. Damit verbunden ist die inhaltliche Definition der jeweiligen Gebührenposition anhand einer bestimmten Handlung. Das führt zu der Frage, welchen Aufwand der Verordnungsgeber bei der Formulierung einer Gebührenziffer zugrunde gelegt hat. Es könnte etwa entweder von der im Regelfall auftretenden ‚Normalleistung' oder aber von einem Leistungsumfang ausgegangen worden sein, der sich bei mehrmaliger Vornahme einer Leistung als durchschnittlich darstellt.[20] Im letztgenannten Fall würde die einzelne Gebührenziffer in

18 OLG Naumburg MPR 2009, 64: *Spickhoff*, in: Spickhoff, Medizinrecht, § 10 GOÄ Rdnr. 4; Kiesecker Fachanwaltskommentar Medizinrecht, § 10 GOÄ Rdnr. 11.

19 Zur Steigerungssatzberechnung: *Spickhoff*, in: Spickhoff, Medizinrecht, § 5 GOÄ Rdnr. 7.

20 Dass die Normalleistung nicht zwingend mit dem durchschnittlichen Leistungsaufwand nach mehrmaliger Vornahme übereinstimmen muss, wird deutlich, wenn in Betracht gezogen wird, dass die ‚Nicht-Normalleistung' ausschließlich in aufwendigeren beziehungsweise einfacheren Verrichtungen bestehen kann.

Bezug auf die mehrmalige Vornahme eine Mischkalkulation darstellen.

Welchen Weg der Verordnungsgeber gewählt hat, wird ohne detaillierten Einblick in den Prozess der Gebührenaufstellung schwerlich zu beantworten sein. Ungeachtet dessen spricht vieles dafür, eine Mischkalkulation nicht zur Grundlage der Interpretation zu machen. Sie widerspräche dem Sinn und Zweck des Steigerungssatzes als Instrument zur aufwandsorientierten Anpassung der Gebührenhöhe.[21] In Anbetracht des von § 11 Satz 3 BÄO geforderten Systems von Mindest- und Höchstsätzen und der daraus resultierenden Anpassung der Gebührenhöhe an die konkrete Behandlungssituation durch den Steigerungssatz bestünde nicht nur keine Veranlassung für den Verordnungsgeber, eine Kalkulation zur Grundlage der einzelnen Gebührenpositionen zu machen, die Abweichungen von der ‚Normalleistung' berücksichtigt, es widerspräche ihr sogar. Wenn der Steigerungssatz die Differenz zwischen tatsächlich erbrachter Leistung und dem der Gebührenziffer zugrunde liegenden Aufwand ausgleichen soll, darf nicht derselbe gesteigerte oder verminderte Aufwand im Rahmen einer Mischkalkulation zumindest zum Teil Eingang in die Gebührenziffer gefunden haben. Davon ging letztlich auch der Verordnungsgeber aus.[22]

Eine Mischkalkulation muss jedoch nicht nur auf die mehrmalige Vornahme derselben Gebührenziffer begrenzt bleiben, sondern könnte fernerhin zwischen der Abrechnung verschiedener Gebührenpositionen stattfinden. Die Unterbezahlung einer Gebührenziffer könnte durch die Überbezahlung einer anderen ausgeglichen werden, der Verordnungsgeber also eine zu niedrige Bewertung einer Leistung mit der übermäßigen Bewertung einer anderen begründen. Eine solche Argumentation wäre allerdings nur dann nachvollziehbar, wenn beide Leistungen in einer Kombination vorgenommen werden, bei der sich Über- und Unterdeckung ausgleichen.[23] Damit es nicht dem Zufall überlassen bleibt, ob sich eventuell bei der Vergütung einzelner Gebührenpositionen auftuende Ungerechtigkeiten ausgleichen, bedarf es allerdings der Berücksichtigung der vielfältigen Kombinationsmög-

21 Dazu auch den Abschnitt C.III.2.

22 Vgl. BR-Drs. 295/82, S. 10 zur beabsichtigten konzeptionellen Abgrenzung der GOÄ zur damaligen mischkalkulierten Vergütung der Vertragsärzte.

23 Vgl. die Rechtsprechung des Bundesverfassungsgerichts zur Mischkalkulation: BVerfGE 83, 1 (14); 85, 337 (349); 107, 133 (144); BVerfG NJW-RR 2002, 67 (68).

lichkeiten verschiedenster Gebührenziffern, die zudem mit jeweils unterschiedlichen Steigerungssätzen abgerechnet werden können. Da die GOÄ indes ohne Differenzierung die beliebige Verknüpfung von Gebührenpositionen weitestgehend zulässt, ohne diese jeweils anders zu behandeln[24], ist die Annahme einer gebührenübergreifenden Mischkalkulation zu verwerfen.

Damit scheidet zusammenfassend jede Form eines auf die kombinierte Betrachtung von verschiedenen Rechnungspositionen oder Gebührenziffern hinauslaufendes Gerechtigkeitsurteil aus. Nicht etwa die Vertragsbeziehung zu einem Zahlungspflichtigen und die in diesem Rahmen abgerechneten Gebühren, Auslagen und Entschädigungen haben im Ergebnis zu einem gerechten Honorar zu führen, sondern die Vergütung jeder einzelnen Rechnungsposition.[25] Das gilt nicht nur für rein ausgleichende Entschädigungen und Auslagen, sondern insbesondere für die abgerechneten Gebührenziffern. Anders als die wertorientierten Gebührenordnungen stellt die Gebührenordnung das ärztliche Handeln kleinteilig und differenziert dar. Sie ist dadurch im viel engeren Maße tätigkeitsbezogen, woraus eine Vielzahl verschiedener Gebührenkonstellationen erwächst. Diese kann nur eine differenzierende Betrachtung berücksichtigen. Deren Maßstab wird wiederum von der Gebührenordnung selbst vorgegeben. Die einzelnen Gebührenpositionen stellen in Bezug auf die Gebühr die kleinste abrechenbare Rechnungsposition dar.[26] Ihnen gilt es, sich infolgedessen zuzuwenden, wenn das gerechte Honorar im Ganzen und als dessen Bestandteil die gerechte Gebühr zur Debatte steht.

II. Kostendeckende Vergütung

Angesichts eines mit dem Dienstvertrag verbundenen fundamentalen Entlohnungsgedankens[27] mag die Frage, ob im Rahmen der Gebührenordnung von dem Gebot einer kostendeckenden Vergütung aus-

---

24 Aus den Leistungsbeschreibungen wird deutlich, dass etwa die Reduzierung der Punktzahl bei der Vornahme mehrerer Chirurgieleistungen aufgrund der ansonsten mehrmalig abgerechneten Vornahme von Eröffnungsleistungen entsprechend den allgemeinen Bestimmungen des Abschnitts L des Gebührenverzeichnisses eine Ausnahme darstellt.

25 Ebenso *Quaas*, in: Quaas/Zuck, Medizinrecht, § 14 Rdnr. 43; *Griebau*, in: Handbuch Medizinrecht, § 11 Rdnr. 19 unter Bezugnahme auf BGH NJW-RR 2004, 1202.

26 Dazu den Abschnitt C.IV.

27 *Richardi/Fischinger*, in: StaudingerBGB, § 611 Rdnr. 1; *Müller-Glöge*, in: MünchKommBGB, § 611 Rdnr. 34.

zugehen ist, verwundern. Ungeachtet dessen scheint sie im Lichte der von Sozialstaats wegen gebotenen Begrenzung der Gesundheitskosten sowie dem standesrechtlichen Ideal zurückhaltenden Gewinnstrebens als eine nicht von vornherein abwegige Regulierungsoption des Verordnungsgebers. Schließlich sind ähnliche Maßnahmen aus dem Vertragsarztrecht bekannt. Dort erhält der Vertragsarzt nach Ausschöpfung der ihm zugewiesenen Regelleistungsvolumina gestaffelt eine um bis zu zwei Dritteln reduzierte Entlohnung.[28] Allerdings trifft eine daraus resultierende Unterdeckung entstehender Behandlungskosten den Vertragsarzt erst bei der Überschreitung der Regelleistungsvolumina, während im Rahmen der GOÄ das Eintreten einer Unterdeckung von keinem Zeitpunkt abhängig gemacht werden kann. Anders als im Vertragsarztrecht können mangels einer zentralen Überwachung der Auslastung nicht diejenigen Behandlungen identifiziert werden, mit deren Vornahme der einzelne Arzt seinen Verdienst auf Kosten der Standesgenossen ausdehnt.[29]

Umgekehrt spricht vieles dafür, in einer zumindest kostendeckenden Vergütung ein fundamentales Ordnungsprinzip der GOÄ zu erkennen. Die Aussicht auf einen Gewinn ist elementarer Bestandteil der Motivation des Arztes zur Vornahme einer Leistung. Sie entspringt seinem ureigensten Interesse im Sinne eines wirtschaftlich vernünftigen Handelns. Die zumindest annähernde Gleichwertigkeit vertraglicher Leistungen gilt nicht umsonst als „außervertragliche Voraussetzung des Vertrages“[30]. Entsprechend wird die Angemessenheit der Vergütung als wesentliches Rechtsfertigungselement für den Erlass von Gebührenordnungen erachtet.[31] Die wirtschaftliche Motivation des Arztes wird damit zum Triebmittel der Versorgung der Bevölkerung mit Gesundheitsleistungen[32] und ist ferner Voraussetzung für eine Objektivität wahrende Berufsausübung durch den Arzt.[33] Denn beide Aspekte hängen grundlegend von dessen Bereitschaft ab – sofern medizinisch indiziert –, bei dem Patienten *jede* ärztliche Leistung in qualitativ gebotener Weise und unbeeinflusst von eventuellen eigenen wirtschaftlichen Interessen vorzunehmen. Wenn aber die Vergütung dem

28 Dazu *Scholz*, in: Becker/Kingreen, § 87b SGB V Rdnr. 12.

29 Zu Sinn und Zweck der Honorarreduzierung: *Hess*, in: KassKomm, § 87b SGV.

30 *Oechsler*, S. 92.

31 Vgl. BGH NJW-RR 2010, 1355 (1357). Dazu ferner bereits den Abschnitt D.III.3.f)(2).

32 Dazu den Abschnitt E.II.3.b)(4).

33 Dazu weiter den Abschnitt E.III.2.a).

Arzt den durch die Behandlung entstehenden Aufwand nicht ersetzt, wäre zu befürchten, dass dieser die Behandlung eben aus Kostengründen versagt oder, um die Behandlung doch profitabel zu gestalten, Maßnahmen der Kostenersparnis ergreift, die der Behandlungsqualität abträglich sind und den Patienten in seiner Gesundheit gefährden können.[34]

1. Differenzierung von Kostendeckung und Entlohnung

Selbstverständlich ist die Forderung nach einem kostendeckenden Honorar für den niedergelassenen Arzt, der aus seiner Tätigkeit seinen Lebensunterhalt (teilweise) bestreiten muss, in der Sache nicht ausreichend. Streng genommen würde eine Kostendeckung nur bedeuten, dass ihm durch die Verrichtung einer Tätigkeit kein direkter wirtschaftlicher Nachteil entstünde. Um seinen Lebensunterhalt zu finanzieren, bedürfte es hingegen eines darüber hinausgehenden Überschusses. Zwar wäre es denkbar, den Verlust an Arbeitszeit selbst als zu ersetzenden Aufwand zu betrachten und damit im Ergebnis zu einem solchen Überschuss zu gelangen. Das würde jedoch die Kenntnis darüber erfordern, was seitens der Ärzte als ein ihrer Tätigkeit gerecht werdender Lebensstandard erachtet wird. Es soll deswegen nicht in Abrede gestellt werden, dass ein die besagte Lebensführung nicht ermöglichendes Honorar schwerlich Mediziner davon überzeugen wird, ihre Leistungen anzubieten und auf Grundlage der GOÄ abzurechnen. Als eine gerechte Vergütung wird mit gutem Grund nur jene begriffen werden, welche die Vergütung der vom Arzt erbrachten Arbeitsleistung umfasst und mit deren Hilfe der Arzt seinen eigenen Lebensunterhalt bestreiten kann.

Ungeachtet dessen muss hinsichtlich des Honorars zwischen dessen Kostendeckungsfunktion und seiner Rolle als Unternehmerlohn unterschieden werden. Die Frage, was der Arzt als ‚Lohn im engeren Sinne' für seine eigene Leistung erwarten darf – das zeigt das Beispiel des differenzierenden Gebrauchswertes –, ist vage und schwer zu greifen. Ein subjektiv-formales Verständnis von Preisgerechtigkeit vermag diese Problematik zu umgehen, weil es dessen Lösung den Vertragsparteien zuweist.[35] Bei der GOÄ kommt es hingegen zur Festlegung durch den

34 Vgl. BGHZ 159, 142 (150); BGH NJW-RR 2010, 1355 (1357). Ferner dazu bereits den Abschnitt E.II.3.b)(4).

35 Vgl. *Ritgen*, JZ 2002, 114 (119f).

Verordnungsgeber, der vor die Entscheidung gestellt wird, wie viel dem Arzt für seine Leistung zuzubilligen ist. Das ist wiederum mehr eine politische als eine rechtliche Frage, die weitestgehend Gegenstand einer Gestaltungsfreiheit und Ermessensprärogative ist. Die Entscheidung muss nur im Verhältnis zur erbrachten Leistung stehen.[36]

Was jedoch konkret als verhältnismäßig zu erachten ist, hängt wesentlich von der Erwartungshaltung der Ärzte und den alternativen Verdienstmöglichkeiten außerhalb der Gebührenordnung ab.[37] Denn diese Erwartungshaltung wäre Resultat einer Gegenüberstellung des eigenen Einkommens mit demjenigen anderer Berufsgruppen. Diesbezüglich mögen einem nicht nur die alternativen beruflichen Optionen, beispielsweise eine Tätigkeit als Amtsarzt oder in der Privatwirtschaft, in den Sinn kommen, sondern zudem die Verdienste anderer Akademiker im Allgemeinen und der anderen Freiberufler im Besonderen. Die Frage nach dem gerechten und im Verfassungssinne angemessenen Honorar ist in dieser Hinsicht relativ, was die Diskussion damit zugleich zum Kernpunkt subjektiver Gerechtigkeitstheorien zurückführt. Der Verordnungsgeber hat die Einschätzung der Ärzte hinsichtlich eines angemessenen Lebensstandards und des dafür erforderlichen Einkommens nachvollzogen, ohne dabei jedoch die den Medizinberufen immanente Interessenlage zu vergessen. Welches Honorar dabei letzten Endes als gerechtfertigt erachtet wird, verbleibt – solange die Gebührenordnung entsprechend den Vorgaben funktioniert – Gegenstand seiner Gestaltungsfreiheit.[38]

2. Kalkulierbarkeit der Behandlungskosten

Während eine solche Feststellung für die Anwendung der Gebührenordnung zu unbestimmt bleibt, sollte dahin gehend Konsens bestehen, dass Dienstleistungen, die zur Sicherung des Lebensunterhalts erfolgen, spätestens dann verweigert werden dürfen, wenn ihre Vornahme mit wirtschaftlichen Verlusten verbunden ist.[39] Sie geschähe bar jedweder wirtschaftlichen Vernunft und stünde im direkten Widerspruch zum Sinn und Zweck wirtschaftlicher Betätigung. An den Rechtsge-

36 Vgl. BGH NJW-RR 2004, 551 (551); BGH NJW 2004, 941 (943) unter Bezugnahme auf BVerfGE 54, 251 (271).

37 Gebührenordnungen müssen nicht zwingend die betriebswirtschaftlich sachgerechte Honorierung jeder Leistung anstreben. Vgl. zur HOAI: *Preussner*, NJW 2011, 1713 (1715).

38 Vgl. zur HOAI *ders.*, NJW 2011, 1713 (1715).

39 Vgl. BGHZ 159, 142 (150); BVerfG 80, 103 (109).

danken der Störung der Geschäftsgrundlage entsprechend § 313 BGB sowie an das Leistungsverweigerungsrecht des Schuldners nach § 275 Abs. 3 BGB sei erinnert.[40] Wenn bereits bei bestehenden Verträgen der Schuldner nicht zu einer wirtschaftlich nachteiligen Vertragserfüllung verpflichtet werden soll, dann kann nicht angenommen werden, dass dieser bei einer von vornherein deutlich werdenden Störung des Äquivalenzverhältnisses zu seinen Ungunsten überhaupt einen Vertrag abschließt.[41]

Gleichzeitig ist der Punkt, an dem eine Kostendeckung im Sinne einer Parität von Ausgaben und Einnahmen erreicht wird, weitestgehend kalkulierbar. Der erforderliche finanzielle Aufwand, den der Arzt beziehungsweise bei Wahlleistungen das Krankenhaus zur medizinischen Versorgung des Vertragspartners tätigen muss, ist berechenbar: Etwa ist das Personal zu entlohnen, medizinische Geräte, Materialien und sonstige Versorgungsleistungen sind von Dritten zu beziehen, die Räumlichkeiten sind zu unterhalten und eventuell anzumieten.[42] Dem Verordnungsgeber ist es möglich, die voraussichtlich durchschnittlichen Kosten für eine Behandlung ihrem Leistungsumfang entsprechend zu berechnen. Auch die seitens des selbst liquidierenden Wahlarztes dem Krankenhaus zu zahlende Kostenerstattung bei stationärer Behandlung wird wie der Vorteilsausgleich bei ambulanter Behandlung durch pauschalisierte Abzüge vom eingenommenen Bruttohonorar abgewickelt[43], sodass auch diesbezüglich eine sichere Kalkulation erfolgen kann. Die festgelegten Pauschalen sind von dem Honorar abzuziehen.

Der Vorteil der Kostendeckung als Fixpunkt des Honorars liegt letzten Endes also in der Kalkulierbarkeit. Die Vergütung des Arztes mitsamt dem Aspekt der Entlohnung ist in vielerlei Hinsicht eine politisch aufgeladene Frage verordnungsgeberischer Gestaltungsfreiheit, während die Kosten der Behandlung prinzipiell ermittelt werden können. Gleichzeitig taugt Kostendeckung zumindest zur Identifizierung grob ungerechter Bezahlung. Auch wenn das ausschließlich kostende-

40 Zur Bedeutung wirtschaftlicher Gesichtspunkte und des Äquivalenzverhältnisses im Rahmen von § 275 Abs. 3 BGB: *Ernst*, in: MünchKommBGB, § 275 Rdnr. 74ff; *Löwisch/Georg Caspers*, in: StaudingerBGB, § 275 Rdnr. 89, 96; krit. *Picker*, JZ 2003, 1035 (1038ff).

41 Vgl. *Maultzsch*, AcP 207 (2007), 530–563 (535f).

42 Vgl. zur Kostenstruktur einer Arztpraxis: *Andersen / Schulenburg*, S. 72ff.

43 *F. Kirchhof / Häußermann*, MedR 2004, 631 (631f); dazu umfassend *F. Kirchhof*, Das System staatlich angeordneter Abzüge von privaten Liquidationserlösen der Krankenhaus-Chefärzte, S. 31ff, 35ff.

ckende Honorar im Umkehrschluss nicht als bereits gerecht zu erachten ist, erlaubt es ungeachtet dessen Rückschlüsse auf die Funktionsfähigkeit der Gebührenordnung: Wann die zur Aufrechterhaltung des Sozialstaats sowie zur Wahrung des freiberuflichen Ideals „beamtenähnlicher Distanz"[44] erforderliche Bereitschaft des Arztes, Behandlungen ohne wirtschaftliche Hintergedanken und in alleiniger Abhängigkeit von medizinischen Gesichtspunkten vorzunehmen, verloren geht, hängt unter anderem von dessen Einkommenserwartung ab und ist sicherlich individuell unterschiedlich. Spätestens jedoch, wenn dem Arzt aus seiner beruflichen Tätigkeit ein handfester wirtschaftlicher Nachteil entsteht, wird dessen Motivation zum Vertragsschluss aus nachvollziehbaren Gründen nicht mehr gegeben sein. Zu diesem Zeitpunkt kann die Gebührenordnung nicht mehr die Sicherstellung derjenigen Gesichtspunkte gewährleisten, mit denen der von ihr ausgehende Eingriff in die Vertrags- und Berufsfreiheit der Parteien gerechtfertigt wird.

Zusammenfassend soll der Aspekt der Kostendeckung also nicht als Inbegriff des gerechten Honorars, sondern vielmehr als der *berechenbare* Punkt eines Minimalhonorars begriffen werden, unterhalb dessen eine Bereitschaft des Mediziners zur medizinischen Versorgung nicht mehr angenommen werden kann und in dem zu die Gestaltungsfreiheit des Verordnungsgebers ihre untere Grenze findet.[45]

III. Rücksichtnahme auf außervertragliche Gesichtspunkte?

Im freiheitlichen Sozialstaat kann es keine soziale Absicherung um ihrer selbst willen und um jeden Preis geben, denn die damit verbundene finanzielle Belastung darf die Wahrnehmung von Freiheitsrechten nicht ersticken.[46] Die Begrenzung der Kosten, die dem Einzelnen durch die Inanspruchnahme medizinischer Leistungen entstehen, infolgedessen von einem verfassungsrechtlichen Standpunkt legitim. Dabei ist jedoch zu beachten, dass in der Gesamtkonzeption von Gebührenordnung und versicherungsrechtlichem Regelwerk die finanzielle Belastung des Zahlungspflichtigen ausschließlich aus Versicherungsbeiträgen besteht, welche für den – bei Bei-

44 *Taupitz*, Die Standesordnungen der Freien Berufe, S. 48.

45 Vgl. zu einer eventuell verfassungsmäßig gebotenen Korrektur des Honorars: BGHZ 159, 142 (150).

46 Dazu den Abschnitt E.II.1.f).

hilfeberechtigten ergänzenden – Versicherungsschutz zu entrichten sind.[47]

Nur auf den ersten Blick ist es deswegen nicht die Honorarforderung des Arztes, sondern die Finanzierung der genannten Sicherungssysteme, die aus sozialstaatlichen Gesichtspunkten erheblich wird.[48] Der obligatorische Versicherungsschutz des Zahlungspflichtigen entkoppelt die Behandlungskosten von der Vermögenssituation des Versicherten. Sie resultiert aber in einer dauerhaften Kostenbelastung, welche in der Höhe aufgrund risikoäquivalent berechneter Versicherungsprämien mit den (voraussichtlichen) Krankheitskosten korreliert.[49] Dass diesbezüglich auch dem Honorar, wie es dem Arzt nach der Gebührenordnung gezahlt wird, eine nicht unerhebliche Bedeutung zukommt, zeigt bereits ein Blick auf die Statistik der privaten Krankenversicherung, der zufolge fast ein Viertel des Kostenaufwands privater Krankenversicherer auf den Ausgleich des nach GOÄ liquidierten Honorars entfallen.[50] Das führt zu der Frage nach einer Regulierung des Entgelts.[51] Es liegt auf der Hand, dass eine Einflussnahme auf die Honorare unmittelbar durch Gestaltungsmaßnahmen des Verordnungsgebers erfolgen kann. Dieser kann mittels der Leistungsbewertung im Gebührenverzeichnis auf die Höhe des Honorars Einfluss nehmen und dieses gemäß den sozialstaatlichen Erwägungen anheben oder senken. Angesichts der Sozialstaatsmaxime als verbind-

47 Die Leistungspflicht der privaten Krankheitskostenversicherung umfasst nach § 192 Abs. 1 VVG die medizinisch notwendige Heilbehandlung, welche mithin nicht nur den Versicherungsfall nach § 1 Abs. 2 Satz 1 MB/KK markiert (*J. Eichelberger*, in: Spickhoff, Medizinrecht, § 192 VVG Rdnr. 5, 31; *Kalis*, in: Bach/Moser, § 1 MB/KK Rdnr. 29), sondern zugleich gemäß § 1 Abs. 2 GOÄ zur Voraussetzung für die grundlegende Abrechnungsfähigkeit einzelner ärztlicher Leistungen wird. Dazu bereits im Abschnitt C.II.1.

48 Dazu den Abschnitt E.II.4.

49 *Boetius*, in: MünchKommVVG, Einführung in die Krankenversicherung Rdnr. 90. Zur Berechnung ferner den Abschnitt E.II.3.b)(1).

50 Vgl. zur Möglichkeit effektiver Kostensteuerung in der privaten Krankenversicherung: *Boetius*, VersR 2008, 1431 (1431ff). Zu den Zahlen: *Verband der Privaten Krankenversicherung e.V.*, Zahlenbericht der Privaten Krankenversicherung 2012/2013, S. 54. Dazu auch im Abschnitt E.II.3.

51 Zwar werden die Versicherungsprämien nicht nur auf Grundlage der Behandlungskosten, sondern unter Beachtung des individuellen Risikos des Versicherten, überhaupt zu erkranken, kalkuliert (dazu den Abschnitt E.II.3.b)(1)). Das Krankheitsrisiko wird allerdings kaum zu beeinflussen sein, vor allem da im freiheitlichen Rechtsstaat unter dem Eindruck eines lückenlosen Grundrechtsschutzes die Möglichkeiten des Staates, den Bürger zu einer gesunden Lebensweise anzuhalten, begrenzt sind. Des Weiteren darf nicht vergessen werden, dass ein gesunder Lebensstil in der Regel in eine längere Lebenserwartung mündet, welche ihrerseits die Kostenbelastung der Versicherung erhöht. Ein Mittel, einer übermäßigen Kostenbelastung entgegenzuwirken, ist eine Regulierung über die Behandlungskosten.

licher Staatsleitlinie[52] wäre er sogar dazu verpflichtet.[53] Die Honorarhöhe ist jedoch nicht nur von den Entscheidungen des Verordnungsgebers abhängig. Auch der Arzt als derjenige, der auf der Grundlage der Gebührenordnung gegenüber dem Zahlungspflichtigen abrechnet, hat die Möglichkeit der Einflussnahme. Schließlich ist es seine Entscheidung, unter welchen Gebührenziffern und vor allem mit welchem Steigerungssatz er seine Leistung in Rechnung stellt.[54] Für die Prämisse des funktionierenden Sozialstaates ergibt sich damit ein alternativer Ansatzpunkt zur Steuerung der Kostenhöhe, der neben die unmittelbare hoheitliche Regulierung tritt: Der Arzt als Vertragspartner des Zahlungspflichtigen ist zur Leistung nach Treu und Glauben und nach § 241 Abs. 2 BGB zur Rücksicht auf dessen Rechte, Rechtsgüter und Interessen verpflichtet. Würden diese Grundsätze vertragskonformen Verhaltens im Lichte der Relation von Honorar und Versicherungskosten verstanden und der Arzt auf dieser Grundlage zur Beachtung der Folgen seines Abrechnungsverhaltens für den Versicherungsschutz des Zahlungspflichtigen angehalten, ergäbe sich der Schutz sozialstaatlicher Belange aus dem Zivilrecht selbst.

Vorschriften, die im weitesten Sinne zur Rücksichtnahme auf die Vermögenssituation des Zahlenden verpflichten, waren den Vorgängern der jetzigen GOÄ nicht unbekannt. § 2 Abs. 1 Preugo[55] verpflichtete als „soziale Schutzmaßnahme" zugunsten „wirtschaftlich Mindergestellte[r]"[56] den abrechnenden Arzt zur Verwendung der Mindestsätze bei Abrechnung gegenüber Unbemittelter und in der ersten Gebührenordnung für Ärzte von 1965 galten die Vermögens- und Einkommensverhältnisse des Zahlungspflichtigen als steigerungssatzbestimmende Faktoren[57].

In der jetzigen Fassung der Gebührenordnung findet sich eine solche oder vergleichbare Klausel jedoch nicht. Ganz im Gegenteil war es eines der Ziele der Novellierung von 1982, die Vermögens- und Einkommensverhältnisse der Zahlungspflichtigen gerade nicht mehr in die Be-

52 *Herzog/Grzeszick*, in: Maunz/Dürig, Art. 20 VIII Rdnr. 6.

53 Zum Rechtsschutz gegen die GOÄ vgl. auch den Abschnitt F.III.2.a)(3).

54 Zur Gebührenberechnung ferner den Abschnitt C.III.2.

55 § 2 Abs. 1 Preugo in der Fassung vom 1. September 1924: „Die Mindestsätze gelangen zur Anwendung, wenn nachweislich Unbemittelte oder Armenverbände die Verpflichteten sind." (Zitiert nach *D. Brück*, § 2, S. 27).

56 *Ders.*, § 2 Rdnr. 2.

57 Vgl. *Hoffmann/Kleinken*, Geschichte der GOÄ '82 und der Änderungsverordnungen, S. 8.

stimmung des Steigerungssatzes einfließen zu lassen.[58] Fernerhin wäre eine Ersatzpflicht in der heutigen Konstellation nicht mehr so einfach umzusetzen, da sich die Abrechnungssituationen inzwischen grundlegend unterscheiden. Zu Zeiten der Preugo war es nicht unüblich, dass auch weniger Wohlhabende für anfallende Behandlungskosten selbst aufkommen mussten, sodass eine Bezugnahme auf deren Vermögenssituation genügte.[59] Damit waren Anwendungsvoraussetzungen gegeben, deren Vorliegen verhältnismäßig einfach zu überprüfen war. Der Zahlungspflichtige musste und konnte, sofern er eine Abrechnung zum Mindestsatz wünschte, dem Arzt gegebenenfalls durch Vorlage entsprechender Dokumentationen seine Vermögenssituation darlegen.[60] Entsprechendes gilt für die Bezugnahme auf die Vermögenslage bei der Festlegung des Steigerungssatzes. Demgegenüber sind die Auswirkungen des Honorars auf die Versicherungsbeiträge Gegenstand versicherungsinterner Beitragskalkulation. Die Erheblichkeit des Honorars für steigende oder fallende Versicherungsbeiträge festzustellen, würde die Auseinandersetzung mit den dafür maßgeblichen versicherungsmathematischen Erwägungen erfordern.[61] Eine solche Kontrolle ist angesichts des Aufwands, der bei den Versicherungsunternehmen ganze Abteilungen beschäftigt[62], dem Arzt nicht zuzumuten. Ferner ist zu bezweifeln, dass er dazu überhaupt in der Lage wäre. Ungeachtet einer solchen Unmöglichkeit bleibt für die Versicherungskosten abseits einer nicht kostendeckenden Vergütung jedoch die Leitlinie eines idealerweise möglichst geringen Honorars; schließlich fallen dann die voraussichtlichen Behandlungskosten und damit die risikoäquivalent berechneten Versicherungsbeiträge geringer aus.[63] Letzten Endes spräche die Undurchsichtigkeit der genauen Versicherungskalkulation damit nicht unbedingt gegen die Rücksichtnahme auf die Versicherungskosten bei der Gebührenberechnung.

Im Grundsatz unberechtigt wäre auch der Vorwurf gegenüber dem

---

58 Problempapier des Bundesarbeitsministers zur Neugestaltung der GOÄ vom 29. Juni 1978; abgedruckt in *dies.*, Geschichte der GOÄ '82 und der Änderungsverordnungen, S. 8.

59 Vgl. *D. Brück*, § 2 Rdnr. 1f.

60 Zur Nachweispflicht im Rahmen des § 2 Abs. 3 Preugo: *ders.*, § 2 Rdnr. 5.

61 Zu den Kalkulationsgrundsätzen der privaten Krankenversicherung im Allgemeinen: *Boetius*, in: MünchKommVVG, Einführung in die Krankenversicherung Rdnr. 715ff.

62 2011 wurden 2,45% der Beitragseinnahmen privater Krankenkassen für die Verwaltung ausgegeben (*Verband der Privaten Krankenversicherung e.V.*, Zahlenbericht der Privaten Krankenversicherung 2012/2013, S. 68).

63 Zur Prämienkalkulation weiter im Abschnitt E.II.3.b)(1).

nach der Gebührenordnung abrechnenden Arzt, dass das danach berechnete Honorar dem Interesse an einem finanzierbaren Versicherungssystem widerspricht. Schließlich bleibt abseits der Honorarvereinbarung keinerlei Möglichkeit, die GOÄ nicht anzuwenden. Diesbezüglich darf jedoch die Bindung des Arztes an die Prinzipien des Privatrechts nicht vergessen werden. Es macht keinen Unterschied, ob die Parteien den Vergütungsanspruch nach eigenem Ermessen festlegen oder ob sich dieser aus der Gebührenordnung ergibt. Das Bürgerliche Gesetzbuch bleibt die Grundlage des ärztlichen Honoraranspruchs, welcher in der Regel das Resultat eines Behandlungsvertrages ist.[64] Seine Normen formulieren eine bestimmte Erwartungshaltung an das Verhalten der Parteien, die es – weil das BGB als formelles Gesetz der GOÄ als Verordnung übergeordnet ist – bei deren Anwendung zu beachten gilt.[65] Im Hinblick auf die zur Diskussion stehende Ausrichtung des Honorars an den versicherungstechnischen Belangen des Zahlungspflichtigen ist der Grundsatz von Treu und Glauben (§ 242 BGB) herauszuheben, als

> eine allen Rechten, Rechtslagen und Rechtsnormen immanente Inhaltsbegrenzung, wobei eine gegen § 242 BGB verstoßende Rechtsausübung oder Ausnutzung einer Rechtslage wegen der Rechtsüberschreitung nach der genannten Rechtsprechung als unzulässig angesehen wird.[66]

Zwar verpflichtet auch § 241 Abs. 2 BGB dem Wortlaut nach jeden Teil eines Schuldverhältnisses zur Rücksicht auf die Rechte, Rechtsgüter und Interessen des anderen Teils; aus systematischen Gründen statuiert diese Norm allerdings nur Pflichten, die *neben* die eigentliche Leistungspflicht einer Partei treten.[67] Die Definition des Honoraranspruchs unter Rücksichtnahme auf die Bedürfnisse des Zahlungspflichtigen betrifft hingegen die Wahrnehmung des aus den §§ 630b, 611 Abs. I BGB resultierenden Anspruchs auf Vergütung. Die Zulässigkeit dieser Rechtsausübung bestimmt sich nach dem Gebot von Treu und Glauben nach § 242 BGB.[68] Sie ebenfalls nach Maßgabe des § 241

64 Dazu bereits den Abschnitt B.II.2.b).

65 Dazu ferner im Abschnitt D.III.3.c); vgl. auch *Danwitz*, S. 186.

66 BGH NZA 1994, 1080 (1081).

67 Vgl. *Bachmann/Roth*, in: MünchKommBGB, § 241 Rdnr. 48; *Olzen*, in: StaudingerBGB, § 241 Rdnr. 414ff.

68 Vgl. *Grüneberg*, in: Palandt, § 242 Rdnr. 38.

Abs. 2 BGB zu beurteilen, läge aufgrund der dortigen Verpflichtung zur Rücksichtnahme zwar nahe, fiele allerdings inhaltlich hinter Treu und Glauben zurück. Bei der Frage nach eventuell treuwidrigem Verhalten sind – das ist in Hinblick auf die Bedürfnisse des Sozialstaates von besonderem Interesse – auch öffentliche Interessen und diejenigen Dritter zu berücksichtigten.[69] § 241 Abs. 2 BGB erlaubt, da sich hier die relevante Interessenlage nach dem Inhalt des in Rede stehenden Schuldverhältnisses bestimmt, einzig die Situation der Gegenpartei für die Begründung einer Rücksichtsnahmepflicht heranzuziehen.[70] Dementsprechend sind die „über die Leistung hinausgehenden *weiteren Verhaltenspflichten*"[71] zum Schutz des Schuldners von der rechtsmissbräuchlichen, weil die Interessenlage des Vertragspartners, eines Dritten oder der Öffentlichkeit missachtenden Rechtsausübung, zu differenzieren.[72]

Missbräuchliche Rechtsausübung liegt vor, wenn der Ausübende kein schutzwürdiges Eigeninteresse vorweisen kann, die Interessenlage des Vertragspartners im Lichte des Einzelfalls in ihrer Schutzwürdigkeit überwiegt oder wenn als Konsequenz eine grob unbillige und ungerechte Sach- und / oder Rechtslage eintritt.[73] Dabei gilt es allerdings – und insofern ist auf obigen Einwand zurückzukommen –, den rechtlichen Handlungsspielraum der Parteien zu beachten. Zwar schließen zwingende Rechtsnormen Treu und Glauben nicht per se aus, stellen aber, da die Unbilligkeit der in Rede stehenden Regelung entgegen dem Regelungsplan des Normgebers zu begründen ist, eine höhere Hürde als solche Normen dar, bei denen ein Handeln im Fokus steht, welches keine vorhergehende rechtliche Bewertung erfahren hat.[74]

Die Zuordnung einer bestimmten Punktzahl zu einer bestimmten Gebührenziffer wird deswegen auch schwer in Zweifel zu ziehen sein. Anders verhält es sich dort, wo sich bei der Anwendung der Gebührenordnung Spielräume eröffnen, die Gebührenordnung zum Vorteil

69 *Olzen*, in: StaudingerBGB, § 241 Rdnr. 421; *Looschelders/Olzen*, in: StaudingerBGB, § 242 Rdnr. 151.

70 *Olzen*, in: StaudingerBGB, § 241 Rdnr. 422.

71 *Bachmann/Roth*, in: MünchKommBGB, § 241 Rdnr. 48; Hervorhebungen im Original.

72 Vgl. zum rechtsmissbräuchlichen Verhalten als solchem*Looschelders/Olzen*, in: StaudingerBGB, § 242 Rdnr. 217ff, 570; *Roth/Schubert*, in: MünchKommBGB, § 242 Rdnr. 201ff.

73 BSG NJW 2010, 1485 (1486); *Roth/Schubert*, in: MünchKommBGB, § 242 Rdnr. 235; *Looschelders/Olzen*, in: StaudingerBGB, § 242 Rdnr. 217ff, 570.

74 *Looschelders/Olzen*, in: StaudingerBGB, § 242 Rdnr. 335.

des Arztes oder des Patienten auszulegen. Diesbezüglich sind folgende Aspekte hervorzuheben:

Das Verständnis medizinischer Notwendigkeit Nach allgemeiner Auffassung wird die medizinische Notwendigkeit einer Leistung, die außer im Fall expliziten Verlangens Abrechnungsvoraussetzung ist[75], ausschließlich durch den momentanen Stand der medizinischen Wissenschaft bestimmt.[76] Eine Ausrichtung an wirtschaftlichen Erwägungen wird regelmäßig abgelehnt.[77] Angesichts der Bedeutung der GOÄ für die Versicherungsprämien stellt sich jedoch die Frage, ob eine solche Ausrichtung der Vergütung nicht doch geboten ist.[78]

Der Steigerungssatz Über die Höhe der Gebühr bestimmt ferner der von dem Liquidierenden festzulegende Steigerungssatz. Je niedriger dieser gewählt wird, umso geringer sind letztlich die Krankheitskosten, die wiederum die Versicherungsprämien bestimmen. Aus diesen Gründen könnte eine Verpflichtung des Arztes zur Berücksichtigung der Belange des Zahlungspflichtigen als Versicherungsnehmer anzunehmen sein, was dazu führt, dass die potenziellen Folgen des Honorars Einfluss auf die zulässige Steigerungssatzhöhe haben.

1. Die medizinische Notwendigkeit von Leistungen

Ein Anspruch auf Honorar besteht, sofern die Vornahme nicht explizit verlangt wird, nach § 1 Abs. 2 Satz 2 GOÄ nur im Hinblick auf die medizinisch notwendige Versorgung.[79] Damit stimmt der Vergütungsanspruch begrifflich mit der Ersatzpflicht privater Krankenversicherer beziehungsweise mit dem Anspruch auf Gewährung von Beihilfe überein.[80] Die medizinisch notwendige Heilbehandlung definiert nach § 192 Abs. 1 VVG die Leistungspflicht der privaten Krankenversicherung und markiert mithin den Versicherungsfall im Sinne von § 1

75 Dazu den Abschnitt C.II.1.

76 Hübner Fachanwaltskommentar Medizinrecht, § 1 GOÄ Rdnr. 4; *Spickhoff*, in: Spickhoff, Medizinrecht, § 1 GOÄ Rdnr. 10ff; *Hoffmann/Kleinken*, § 1 Rdnr. 27ff; *K.-F. Brück*, § 1 Rdnr. 7.

77 Vgl. Hübner Fachanwaltskommentar Medizinrecht, § 1 GOÄ Rdnr. 5; *Hoffmann/Kleinken*, § 1 Rdnr. 28.

78 Vgl. *Grüneberg*, in: Palandt, § 242 Rdnr. 11.

79 Dazu ferner den Abschnitt C.II.1.

80 Vgl. *Haberstroh*, VersR 2000, 538 (544).

Abs. 2 Satz 1 MB / KK.[81] Für die Beihilfefähigkeit von Leistungen gelten ähnliche Regelungen.[82] Für den Versicherungsnehmer resultiert daraus – unabhängig vom konkreten Verständnis – eine Einschränkung des Ersatzes auf die notwendigen medizinischen Leistungen, was die Kosten für Versicherung und Beihilfe bereits herabsetzt.

Darüber hinaus wäre es jedoch für die Finanzierung der Krankenversicherung und der Beihilfe von Vorteil, wäre deren Ersatzpflicht nicht nur auf das medizinisch Notwendige zu beschränken, sondern dieser Begriff zudem unter Beachtung der anfallenden Kosten verstanden, also unter der Prämisse der ökonomischen Mittelverwendung, wie er sich vergleichbar im Wirtschaftlichkeitsgebot des § 12 SGB V findet und zudem in der Beschränkung der Beihilfefähigkeit auf „wirtschaftlich angemessene Aufwendungen" nach § 6 Abs. 1 Satz 1 BBhv nahegelegt wird.[83] Dazu bedürfte es einzig eines entsprechenden Verständnisses von medizinischer Notwendigkeit bei Anwendung von VVG und MB / KK beziehungsweise der Beihilfeverordnungen. Ein solches würde zwangsläufig auf die Gebührenordnung selbst durchschlagen. Nur solange die medizinische Notwendigkeit in der Gebührenordnung inhaltlich genauso verstanden würde wie im VVG, MB / KK und dem Beihilferecht, liefen die Zahlungsverpflichtungen des (ungefragten) Versicherungsnehmers und der Versicherung beziehungsweise der Beihilfekasse inhaltlich parallel. Würde hingegen im Rahmen der GOÄ ein größerer Leistungsumfang als medizinisch notwendig erachtet, als nach dem Versicherungs- beziehungsweise Beihilferecht zu ersetzen wäre, sähe sich der Zahlungspflichtige einem ärztlichen Honorarverlangen ausgesetzt, welches er nicht weitergeben könnte. Dieses hätte dadurch zwar keinen Einfluss auf die Höhe der Versicherungsprämien, wäre allerdings durch den Zahlungspflichtigen selbst zu tragen. Damit ginge auch eine mit der Einschränkung des ärztlichen Honorarverlangens bezweckte Schutzfunktion der GOÄ verloren. Dementsprechend handelt der Arzt, der den Patienten nicht auf den Umstand hinweist, dass die Kosten einer Behandlung voraussichtlich nicht übernommen werden, treuwidrig und macht sich ge-

81 *J. Eichelberger*, in: Spickhoff, Medizinrecht, § 192 VVG Rdnr. 5, 31; *Kalis*, in: Bach / Moser, § 1 MB / KK Rdnr. 29.

82 Vgl. etwa § 6 Abs. 1 Satz 1 BBhV: „Beihilfefähig sind grundsätzlich nur notwendige und wirtschaftlich angemessene Aufwendungen."

83 Vgl. *Boetius*, VersR 2008, 1431 (1431).

genüber dem Patienten haftbar (§ 603c Abs. 3 BGB).[84] Er hat ihm die Kosten, die nicht von der Ersatzpflicht der Versicherung abgedeckt sind, zu ersetzen. Um das zu vermeiden, müsste der Arzt im Umkehrschluss seine Therapieentscheidung an dem Verständnis medizinischer Notwendigkeit der privaten Krankenversicherung und der Beihilfe ausrichten.

Doch ist es überhaupt erforderlich, den Begriff der medizinischen Notwendigkeit mit versicherungstechnischen Erwägungen aufzuladen? Schließlich wäre ein solches Vorgehen nur dann vonnöten, wenn die Versicherungsunternehmen beziehungsweise die Beihilfekassen keine anderen Möglichkeiten hätte, abseits dieser Begrifflichkeiten auf das Ausgabeverhalten der Berechtigten einzuwirken.

a) Die Ersatzpflicht der privaten Krankenversicherung

Die Leistungspflicht der privaten Krankenversicherung ist in § 192 Abs. 1 und 2 VVG gesetzlich festgelegt. Danach sind medizinisch notwendige Heilbehandlungen zu ersetzen (Abs. 1), solange die dafür notwendigen Aufwendungen nicht in einem auffälligen Missverhältnis zu den in Anspruch genommenen Leistungen stehen (Abs. 2).[85] Diese gesetzliche Inhaltsbestimmung wird konkretisiert durch die MB/KK als Gestaltungsvorlage des Verbandes privater Krankenversicherungen für die Versicherungsverträge, welche damit als allgemeine Geschäftsbedingung zu betrachten ist.[86]

(1) Die medizinisch notwendige Heilbehandlung

Als medizinisch notwendig im Sinne des VVG und damit der MB/KK gelten jene Heilbehandlungen, deren Vornahme nach den objektiven medizinischen Befunden und wissenschaftlichen Erkenntnissen zum Zeitpunkt der Behandlung vertretbar erscheint; das heißt, wenn nachvollziehbar und fundiert im Rahmen der Heilbehandlung eine adäquate und geeignete Therapie eines zuvor diagnostisch hinreichend abgeklärten Leidens erfolgt.[87] Medizinische Notwendigkeit im Sinne der MB/KK soll jedenfalls bei lebensbedrohlichen Krankheiten fer-

84 *Lang* u. a., § 1 Rdnr. 15; *Hoffmann/Kleinken*, § 1 Rdnr. 28; *Haberstroh*, VersR 2000, 538 (544).

85 *Voit*, in: Prölss/Martin, § 192 VVG Rdnr. 1.

86 *M. Egger*, r+s 2006, 309 (310f); *Voit*, in: Prölss/Martin, § 192 VVG Rdnr. 7.

87 BGH VersR 2003, 581 (584); *Voit*, in: Prölss/Martin, § 192 VVG Rdnr. 61ff; *Kalis*, in: Bach/Moser, § 1 MB/KK Rdnr. 29; *M. Egger*, VersR 2011, 705 (705).

ner dann gegeben sein, wenn der Erfolg einer Heilbehandlung zwar mangels wissenschaftlicher Erkenntnisse nicht sicher vorherzusehen ist, deren Vornahme aber auf Grundlage bestehender Befunde und mit Blick auf den wissenschaftlichen Kenntnisstand vertretbar erscheint.[88] Diese Ansicht korreliert mit dem verfassungsrechtlichen Diktum zur Versorgungsqualität der Gesundheitssysteme. Der Privatpatient, der durch die Rechtsordnung zur Mitgliedschaft in der privaten Krankenversicherung verpflichtet wird, darf erwarten, dass diese alle Behandlungen übernimmt, die ein Patient in einer vergleichbaren Situation verständlicherweise in Anspruch nähme. Wird die medizinische Notwendigkeit im Sinne einer wissenschaftlich untermauerten, medizinischen Plausibilität verstanden, wie der Bundesgerichtshof es tut, dann zeigt sich darin zugleich die seitens des Bundesverfassungsgerichts geforderte nachvollziehbare Ausschöpfung medizinischer Möglichkeiten.[89]

Nun wird für die Ersatzpflicht der Krankenversicherung teilweise angenommen, dass mit diesen Grundsätzen keinesfalls eine umfassende Leistungspflicht formuliert wird, mit welcher der Ersatz jedweder im Einzelfall medizinisch nützlicher Leistungen verbunden ist. Vielmehr sollen die Krankenkassen nur die Vornahme solcher Maßnahmen übernehmen müssen, die unter Kostenaspekten vertretbar sind. Bei medizinischer Gleichwertigkeit soll die Versicherung die kostengünstigste Behandlung ersetzen, da bei Übernahme von Luxusbehandlungen die versicherungstechnischen Kalkulationsgrundlagen fehlgingen.[90] Diese Ansicht teilt der Bundesgerichtshof nicht.[91] Der durchschnittliche, in Versicherungsdingen nicht besonders bewanderte Versicherungsnehmer würde eine solche Einschränkung der Versicherungsleistungen nicht erwarten, weil er die auf Grundlage des MB / KK formulierten Versicherungsverträge tendenziell vom Wortlaut her verstünde.[92] In Rede stehe ausschließlich die medizinische Notwendigkeit; Bezugspunkt des Notwendigkeitskriteriums sei dem Wortlaut nach ausschließlich der wissenschaftlich-medizinische Gesichtspunkt

88 BGHZ 133, 208, (212ff); BGH NJW 2005, 3783 (3784).

89 Dazu näher im Abschnitt E.II.2.c)

90 Vgl. OLG Köln VersR 1995, 1177 (1178); OLG Düsseldorf VersR 1997, 217 (218); LG Hildesheim r+s 2000, 34 (35); ferner die Nachweise bei BGH VersR 2003, 581 (584). Dazu *Haberstroh*, VersR 2000, 538 (544).

91 BGH VersR 2003, 581.

92 BGH VersR 3002, 581 (584).

einer Heilbehandlung. Dass die Bezahlung von Luxusbehandlungen nicht mit der Kalkulation der Versicherung in Einklang zu bringen sei, sei dem versicherungsunerfahrenen Versicherungsnehmer hingegen unbekannt. Die diesem Gedanken zugrunde liegenden finanziellen Aspekte blieben in der MB/KK ungenannt, sodass von seinem Standpunkt eine ökonomische Betrachtung einzelner Behandlungsmethoden unter dem Gesichtspunkt der Notwendigkeit und der daraus resultierenden Erweiterung um wirtschaftliche Erwägungen nicht erwartet werden müsse. Werde über die medizinische Notwendigkeit allein auf Grundlage medizinischer Erwägungen befunden – wie es der Wortlaut nahelege – verlöre „eine medizinisch anerkannte Heilbandlung [sic] das qualifizierende Merkmal ‚notwendig' im Einzelfall nicht deshalb, weil sie teurer ist als eine nach Einschätzung des Versicherers gleichwertige, aber kostengünstigere Behandlung".[93]

(2) Einschränkungen der Ersatzpflicht

§ 192 Abs. 2 VVG, respektive § 5 Abs. 2 MB/KK berechtigen die Versicherung, ihre Ersatzleistung auf ein angemessenes Maß zu reduzieren, wenn eine Heilbehandlung das medizinisch notwendige Maß übersteigt (§ 5 Abs. 2 Satz 1 MB/KK) beziehungsweise die anfallenden Aufwendungen für die Heilbehandlung in einem auffälligen Missverhältnis zu den erbrachten Leistungen stehen (§ 5 Abs. 2 Satz 2 MB/KK). Erstgenannter Fall betrifft ein über das in der konkreten Behandlungssituation erforderliche Maß hinausgehendes Behandlungsvolumen. Hierzu zählen insbesondere Behandlungen, die in der konkreten Situation aus medizinischer Sicht angebracht sind, angesichts günstigerer, gleich wirksamer Methoden allerdings wirtschaftlich als ineffiziente Ausgaben betrachtet werden.[94] Mit dem Missverhältnis zwischen Aufwendungen und Leistungen ist die überhöhte Abrechnung einer ansonsten angemessenen Leistung gemeint.[95] Als Resultat einer geänderten Rechtsprechung[96] wurde dieser Punkt explizit in § 192 Abs. 2 VVG aufgenommen und ist infolge Bestandteil der

93 BGH VersR 2003, 581 (584); ebenso BGH NJW 2003, 1596 (1600); zustimmend *M. Egger*, VersR 2011, 705 (707ff).

94 *Kalis*, in: Bach/Moser, § 5 MB/KK Rdnr. 36; dazu AG Stuttgart r + s 2011, 125.

95 *Kalis*, in: Bach/Moser, § 5 MB/KK Rdnr. 36; *Voit*, in: Prölss/Martin, § 192 VVG Rdnr. 153.

96 BGH NJW 2003, 1596 (1600).

MB/KK geworden.[97]

An dieser Stelle tritt der Gedanke einer wirtschaftlichen Mittelverwendung durch die Versicherung offen zutage.[98] Die Versicherung soll weder verpflichtet sein, aus medizinischer Sicht unnötig teure Leistungen vorzunehmen, noch ein fern des Üblichen liegendes Vergütungsverlangen der Leistungserbringer zu ersetzen.[99] Systematisch hat der Wirtschaftlichkeitsgedanke jedoch keinen Einfluss auf die grundsätzliche Ersatzpflicht der Versicherung, sondern schränkt eine bestehende Leistungspflicht nur ein. Bei der Übermaßbehandlung steht die medizinische Tauglichkeit einer Maßnahme gar nicht zur Debatte. Vielmehr steht die *Höhe* der bestehenden Ersatzpflicht unter dem Vorbehalt wirtschaftlicher Mittelverwendung im Zentrum, wenn in der Behandlungssituation ebenso effektiv eine günstigere Behandlungsmethode hätte gewählt werden können, ohne dass das Behandlungsziel gefährdet worden wäre.[100] Die Einschränkung der Ersatzpflicht bezieht sich allein auf den Umstand, dass für eine an sich notwendige Leistung ein aus medizinischer Sicht unnötig hohes Entgelt gezahlt wurde, welches der Versicherungsnehmer nun ersetzt haben möchte.

Fernerhin sind gemäß § 4 Abs. 6 MB/KK die Leistungen des Versicherers auf jene „von der Schulmedizin überwiegend anerkannt[en]" Methoden beschränkt. An dieser Stelle erfolgt allerdings nur ein Ausschluss im Hinblick auf die wissenschaftliche Einschätzung einer Behandlungsmethode unabhängig von ihrer Wirtschaftlichkeit.[101] Erstattungsfähig nach § 4 Abs. 6 MB/KK ist jede Leistung, solange sie

> bei den an den Hochschulen und Universitäten Tätigen überwiegend anerkannt, also im wesentlichen außer Streit ist. Das ist nichts anderes, als was allgemein auch unter dem Begriff der ‚Schulmedizin' verstanden wird[.][102]

97 *Voit*, in: Prölss/Martin, § 192 VVG Rdnr. 131; zur Anwendbarkeit dieser Änderungen auf Altverträge: *Boetius*, VersR 2008, 1431; *Rogler*, VersR 2009, 573; *Voit*, in: Prölss/Martin, § 192 VVG Rdnr. 158.

98 *Kalis*, in: Bach/Moser, § 192 VVG Rdnr. 12.

99 Ein Missverhältnis soll mit der Überschreitung der üblichen Vergütung um das Doppelte erreicht werden: *Voit*, in: Prölss/Martin, § 192 VVG Rdnr. 156; *Rogler*, VersR 2009, 573 (576); keine feste Grenze: *Kalis*, in: Bach/Moser, § 192 VVG Rdnr. 13; § 5 MB/KK Rdnr. 36; *Kalis*, in: MünchKommVVG, § 192 Rdnr. 76; *Langheid*, in: Römer/Langheid, § 192 Rdnr. 23.

100 *Voit*, in: Prölss/Martin, § 192 VVG Rdnr. 154.

101 *Kalis*, in: Bach/Moser, § 4 MB/KK Rn. 54ff.

102 BGHZ 123, 83 (85f); vgl. BGHZ 152, 262 (266); BGH, r+s 2014, 25 (27); *Kalis*, in: Bach/Moser, § 4 MB/KK Rn. 54ff.

Dabei geht es allenfalls am Rande um die Begrenzung von Versicherungsleistungen aufgrund von Wirtschaftlichkeitsgesichtspunkten: Da dem Kriterium schulmedizinischer Anerkenntnis bereits dann Genüge getan ist, wenn „über die generelle Wirksamkeit einer Methode unter den Schulmedizinern kein nennenswerter Streit besteht"[103], können mehrere anerkannte Methoden nebeneinander stehen. Ein von Teilen der Wissenschaft zum Standard erklärtes Vorgehen wird nicht bevorzugt, selbst wenn dies die ökonomisch vorzugswürdige Behandlung darstellen sollte.[104] Auch die teurere Behandlung ist ohne Weiteres erstattungsfähig, solange sie schulmedizinische Anerkenntnis genießt. Etwas anderes gilt nur für alternative Behandlungsmethoden, die – *obwohl* sie sich im Behandlungsfall als medizinisch notwendig erweisen – keine allgemeine wissenschaftliche Anerkennung genießen.[105]

Dann ist eine Erstattung nur möglich, wenn sie entweder ebenso erfolgversprechend sind oder wenn sich noch kein von der medizinischen Fachwelt allgemein anerkanntes Vorgehen herausgebildet hat.[106]

(3) Übertragbarkeit?

Ungeachtet der eingeschränkten Leistungspflicht ist für die Notwendigkeit im Sinne der Gebührenordnung zusammenfassend davon auszugehen, dass sie sich – entsprechend der Ersatzpflicht der Versicherung nach § 1 Abs. 2 MB/KK – nach den gleichen wissenschaftlich-medizinischen Gesichtspunkten bestimmen muss, wie sie vorange-

---

103 BGHZ 123, 83 (86).

104 Die Vermengung von Qualitäts- und Wirtschaftlichkeitsgesichtspunkten wird teilweise wegen der Verwässerung des haftungsrechtlichen Kontrollmaßstabs abgelehnt (vgl. *Hart*, MedR 1996, 60 (70f)), allerdings ist eine strikte Trennung der beiden Aspekte gar nicht möglich. Die Ausstattung bestehender Versorgungssysteme und die Kosten einer Behandlung beeinflussen zwangsläufig die Auffassung des gebotenen Behandlungsstandards. Ein aufwendiges und teures Vorgehen wird eine ebenso effektive, aber letztlich günstigere Alternative nicht verdrängen können beziehungsweise von dieser verdrängt werden (*Steffen*, in: Festschrift für Karlmann Geiss: zum 65. Geburtstag, (493, Fn. 31)). Umgekehrt müssen von der Schulmedizin anerkannte, aber aus Kostengründen nicht als Standardtherapie geltende Behandlungsoptionen zur Anwendung gebracht werden, wenn sie mit therapeutischen Eigenarten verbunden sind, die in der konkreten Behandlungssituation von Vorteil sind (vgl. *Katzenmeier*, in: FS Müller, 236–253 (248); *Taupitz*, in: FS Müller, 310–333 (318f)).

105 *Kalis*, in: Bach/Moser, § 4 MB/KK Rn. 54ff; *Schubach*, in: MAH VersR, § 23 Rn. 274.

106 Dem haftungsrechtlichen Behandlungsstandard soll die Nichtausschöpfung verfügbarer Ressourcen widersprechen, ferner die Überstrapazierung medizinischer Möglichkeiten, etwa wenn dadurch der Patient – zu denken ist an die Strahlenbelastung einiger bildgebender Verfahren – in seiner Gesundheit über Gebühr beeinträchtigt wird (*Steffen*, in: Festschrift für Karlmann Geiss: zum 65. Geburtstag, (492ff); *Deutsch/A. Spickhoff*, Rn. 376).

hend skizziert wurden. Die Krankenversicherung hat die nach wissenschaftlichen Erkenntnissen geeigneten und in der Krankheitssituation erforderlichen Maßnahmen zu erstatten, in lebensbedrohlichen Situationen ohne anerkannte Behandlungsmöglichkeit ferner solche, denen zumindest eine wissenschaftlich fundierte Erfolgserwartung zugrunde liegt. Auf die Kosten kommt es dabei jeweils nicht an. Es geht allein um die wissenschaftliche Vertretbarkeit einer Leistung aus medizinisch-fachlicher Sicht. Das gleiche Verständnis ist bei der Anwendung der GOÄ zu beachten.

Dass der Versicherungsnehmer Gefahr läuft, aufgrund der beschränkten Erstattungspflicht bei Alternativ- (§ 4 Abs. 6 MB / KK) oder bei Übermaßbehandlungen (§ 192 Abs. 2 VVG; § 5 Abs. 2 MB / KK) durch den Arzt in Anspruch genommen zu werden, obwohl die korrespondierende Ersatzpflicht der Versicherung nicht in voller Höhe besteht, verstößt nicht gegen den Schutzgedanken von § 1 Abs. 2 Satz 1 GOÄ, welcher den Versicherungsnehmer eigentlich vor der Inanspruchnahme von nicht auf ausdrückliches Verlangen hin erbrachten Leistungen bewahren soll.[107] Denn aus systematischen Gründen müssen die Abrechnungsvoraussetzungen des § 1 Abs. 2 Satz 1 GOÄ als erfüllt betrachtet werden. Das Recht des Versicherers, die Leistungen zu reduzieren, heißt im Umkehrschluss auch, dass dem Versicherten ein Ersatzanspruch in Höhe der nach der Schulmedizin entstehenden Kosten erhalten bleibt.[108] Der Versicherte bekäme das Honorar des Arztes zumindest teilweise ersetzt. Ein Nachteil entstünde ihm nur in Höhe der darüber hinausgehenden Rechnungbetrages. Dem Arzt den ersetzten Anteil nicht zu vergüten, dieses würde deswegen vorangehend genannten Schutzgedanken überstrapazieren. Damit der Arzt aber überhaupt zu einer Forderung berechtigt ist, bedarf es der medizinisch notwendigen Behandlung. Diese wäre nicht mehr gegeben, würden die Leistungseinschränkungen von VVG und MB / KK das gebührenrechtliche Verständnis von der medizinische Notwendigkeit beeinflussen.

Es stünde zu befürchten, dass streitige Fragen des Versicherungsvertrags deshalb auf dem Rücken des Arztes als am Vertrag unbeteiligten Dritten ausgefochten würden.[109] Sofern der Arzt aus Kosten-

107 Dazu den Abschnitt C.II.1.

108 Bei den Alternativbehandlungen, die in Ermangelung einer schulmedizinischen Methode erbracht wurden, darf die Versicherung entsprechend § 4 Abs. 6 Satz 3 MB/KK ihre Leistungen auf die hypothetische Erstattung einer vorhandenen schulmedizinischen Methode herabsetzen.

109 Zu den Klagemöglichkeiten des Versicherungsnehmers gegen seine Versicherung: *Fricke*, VersR

gründen die medizinischen Möglichkeiten nicht ausnutzt, droht ihm eine haftungsrechtliche Inanspruchnahme.[110] Dieses Risiko könnte ihn davon abhalten, den Behandlungsumfang zu reduzieren, und stattdessen dazu bewegen, den drohenden Vergütungsausfalls hinzunehmen. Gleichzeitig ist eine streitige Auseinandersetzung des Zahlungspflichtigen mit der Versicherung über die Reichweite ihrer Leistungspflicht nicht zu erwarten, solange ein restriktives Verständnis medizinischer Notwendigkeit ihn von den Honorarforderungen des Arztes freihält. Denn erst die von ihr ausgehende finanzielle Belastung ist Grund für die Inanspruchnahme des Versicherungsschutzes. Mithin ginge bei einem gleichlaufenden Verständnis von Gebührenordnung und Versicherungsvertrag der regulierende Faktor im Verhältnis von Versicherten und Versicherung verloren, welcher im Ergebnis die Klärung des Leistungsumfangs besorgt. Damit träfen die aus dem Unterbleiben dieser Klarstellung resultierenden Unklarheiten sowie die verbundenen wirtschaftlichen Risiken alleine den Arzt. Im Ergebnis entstünde eine dem Rechtsgeschäft mit Lastwirkung gegenüber Dritten ähnliche Lage, die einem am Vertrag unbeteiligten Dritten in der Durchsetzung seiner Interessen beeinträchtigt.[111] Währenddessen würde der Schutzgedanke des § 1 Abs. 2 GOÄ durch die Annahme einer Aufklärungs- und Ersatzpflicht des Arztes nach § 242 BGB ebenso effektiv gewahrt werden, ohne dass dieser seines Honoraranspruches grundsätzlich verlustig ginge.[112]

b) Die Beihilfefähigkeit von Leistungen

Entsprechendes gilt hinsichtlich einer Übertragung der behilferechtlichen Anforderungen an die medizinsche Notwendigkeit einer Leistung auf das entsprechende gebührenrechtliche Verständnis. Nach § 6 Abs. 1 BBhV sind grundsätzlich nur jene Aufwendungen beihilfefähig, die notwendig *und* wirtschaftlich angemessen ausfallen. Als wirtschaftlich gelten dabei nach Abs. 3 Aufwendungen, die dem Gebührenrahmen der GOÄ entsprechen. Für die Frage medizinischer Notwendigkeit ist diese Einschrän-

---

2013, 538.

110 Vgl. zum Interessenkonflikt zwischen der Leistungsbeschränkung der Sozialsysteme und dem zivilrechtlichen Haftungsmaßstab: *Katzenmeier*, in: FS Müller, 236–253.

111 Dazu umfassend *Martens*, AcP 177 (1977), 113–188 (164ff).

112 Vgl. OLG Stuttgart VersR 2013, 583; *Lang* u. a., § 1 Rn. 15; *Hoffmann / Kleinken*, § 1 Rn. 28; *Haberstroh*, VersR 2000, 538 (544); *Griebau*, in: Handbuch Medizinrecht, § 11 Rn. 37.

kung noch unbedeutend. Sie stellt lediglich klar, dass die von der GOÄ vorgegebene Regelspanne einzuhalten ist[113], mit der Folge, dass Honorarvereinbarung „grundsätzlich nicht beihilfefähig"[114] sind.

Die medizinische Notwendigkeit einer Leistung bestimmt sich hingegen nach Abs. 2:

> Die Notwendigkeit von Aufwendungen für Untersuchungen und Behandlungen setzt grundsätzlich voraus, dass diese nach einer wissenschaftlich anerkannten Methode vorgenommen werden. Als nicht notwendig gelten in der Regel Untersuchungen und Behandlungen, soweit sie in der Anlage 1 ausgeschlossen werden.

Während im Hinblick auf die wissenschaftliche Anerkennung wie bei der MB / KK eine Nachvollziehbarkeit auf Grundlage fundierter medizinischer Erfahrungen vorausgesetzt wird[115], der es entsprechend § 33 BbhV nur bei lebensbedrohlichen oder regelmäßig tödlich verlaufenden Erkrankung nicht zwingend bedarf [116], werden in der genannten Anlage 1 – neben offensichtlich unwissenschaftlichen Methoden – eine Reihe von Behandlungen expressis verbis nur bei bestimmten Diagnosen für beihilfefähig erklärt.

Da die Einschränkung des ärztlichen Honorarverlangens durch § 1 Abs. 2 Satz 1 GOÄ gemeinhin mit dem Schutz des Versicherten vor dem Ausfall der korrespondierende Absicherung begründet wird[117], müsste die medizinische Notwendigkeit im Sinne der GOÄ bei Fehlen dieser Diagnosen ebenfalls verneint werden, um den ärztlichen Honoraranspruch zu suspendieren. Denn der Ausschluss der in Anlage 1 genannten Leistungen von dem Leistungskatalog der Beihilfe

113 *Griebau*, in: Handbuch Medizinrecht, § 12 Rn. 12; *Schadewitz / Röhrig*, § 6 Rn. 10, 15ff; *Topka/Möhle*, § 6 Rn. 3.5.1; *Köhnen/Schröder/Amelungk/Just*, B I – zu § 6 BBhV Rn. 9.1. Zum Prüfungsverfahren: *Topka/Möhle*, § 6 Rn. 3.2.

114 *Schadewitz / Röhrig*, § 6 Rn. 38.

115 *Griebau*, in: Handbuch Medizinrecht, § 12 Rn. 6; *Schadewitz / Röhrig*, § 6 Rn. 5; *Topka/Möhle*, § 6 Rn. 2; *Köhnen/Schröder/Amelungk/Just*, B I – zu § 6 BBhV Rn. 7.2.

116 Steht in diesen Fällen eine medizinisch anerkannte Behandlung nicht zur Verfügung, sind nach alle Aufwendungen beihilfefähig, die eine Aussicht auf Heilung oder auf eine spürbare positive Einwirkung auf den Krankheitsverlauf versprechen. Damit erfolgt die Umsetzung der entsprechenden verfassungsrechtlichen Rechtsprechung im Beihilferecht. *Schadewitz / Röhrig*, § 33; *Köhnen/Schröder/Amelungk/Just*, B I – zu § 6 BBhV Rn. 7.4.

117 Dazu auf S. 71ff und 320ff.

geschieht unmittelbar auf der Ebene medizinischer Notwendigkeit.[118] Allerdings ist die medizinische Eignung der dort aufgeführten Leistungen nicht durchweg in Zweifel zu ziehen. Während dies bei Abschnitt 1 besagter Anlage wohl noch der Fall sein mag[119], finden sich in Abschnitt 2 Behandlungen, deren Wirksamkeit nicht infrage zu stellen sein wird.[120] Etwa ist die chirurgische Hornhautkorrektur per Laser nach Abschnitt 2, Nr. 1 eine allgemein bekannte Methode, Fehlsichtigkeiten auszugleichen. Ungeachtet dessen ist sie nur dann beihilfefähig, wenn eine Korrektur der Fehlsichtigkeit durch andere Sehhilfen nach ärztlicher Feststellung nicht erreicht werden kann und ihre Vornahme durch die Festsetzungsstelle genehmigt wurde. Ergebnis ist ein gegenüber der MB / KK abweichendes Verständnis medizinischer Notwendigkeit. Resultat ist eine Einschränkung der Ersatzpflicht, die sich bei der privaten Krankenversicherung nicht zwingend wiederfinden muss. Zwar ist bei Lasik-Behandlungen auch die private Versicherung nicht unbedingt zur Leistung verpflichtet[121], allerdings ist fraglich, ob Ausschlüsse der Beihilfefähigkeit stets dem Leistungsumfang privater Krankenkassen entsprechen.[122] Denn die privaten Versicherungsunternehmen sind rechtlich unabhängig und damit in ihrer Ersatzpflicht nicht an die Feststellungen der Beihilfekassen gebunden. Umgekehrt haben die Entscheidungen der Zivilgerichte ausschließlich für die Frage nach der Angemessenheit einer Honorarforderung für die Beihilfestellen bindende Wirkung[123], sodass eine abweichende Beurteilungen der medizinischen Notwendigkeit einer Behandlung durch die Beihilfekasse möglich bleibt.

Da der Kostenersatz durch Beihilfe und private Krankenversicherung in der Regel nicht isoliert voneinander sondern ergänzend erfolgt[124], ist ein solches Auseinanderfallen der Ersatzpflicht nicht unproblematisch. Es sind Fälle denkbar, bei denen die private Krankenversicherung, nicht jedoch die Beihilfekasse zum Ersatz der Behand-

118 Vgl. *Schadewitz / Röhrig*, § 6 Rn. 6.

119 Zur wissenschaftlichen Akzeptanz der genannten Methoden umfassend: *Köhnen/Schröder/Amelungk/Just*, B I – zu § 6 BBhV Rn. 8.1.

120 *Griebau*, in: Handbuch Medizinrecht, § 12 Rn. 7; *Köhnen/Schröder/Amelungk/Just*, B I – zu § 6 BBhV Rn. 8.2.

121 Vgl. LG Köln VersR 2007, 1402 mit Anmerkungen Hütt

122 Siehe zu deren Leistungspflicht bereits auf S. 320ff.

123 BVerwG NVwZ 2005, 710 (711); 2005, 712 (712); *Köhnen/Schröder/Amelungk/Just*, B I – zu § 6 BBhV Rn. 9.1.3.

124 Vgl. *Langheid*, in: Römer / Langheid, § 192 VVG Rn. 32.

lungskosten verpflichtet ist. Um zu verhindern, dass der Behilfeberechtigte die restlichen Kosten selbst trägt, könnte die medizinischer Notwendigkeit im Sinne des § 1 Abs. 2 Satz 1 GOÄ parallel zum Beihilferecht ausgelegt werden. Verlangensleistungen ausgenommen, bestünde ein Honoraranspruch dann ausschließlich bei ebenfalls gegebener Ersatzpflicht der Beihilfe. Der Vergütungsanspruch entfiele also selbst bei bestehender Einstandspflicht der privaten Krankenversicherung. Das würde jedoch die Beihilfeberechtigten und in letzter Konsequenz auch ihre Versicherungen unnötig bevorteilen. In Höhe des Versicherungsanteils bedüfte der Beihilfeberechtigte keines Schutzes vor der Honorarforderungen des Arztes. Im Übrigen würde bei einem kompletten Wegfalls des Honoraransoruchs der Arzt benachteiligt, der seine Leistungen in Unkenntnis von der inhaltlich eingeschränkten Beihilfeberechtigung erbracht hat, etwa weil ihn der Beihilfeberechtigte über seinen Absicherungsstatus im Unklaren gelassen hat. Der Arzt, der in diesem ‚umgekehrten' Fall des § 630c Abs. 3 BGB nun nach seiner Bezahlung verlangt, könnte diese nur im Wege von Schadensersatzforderungen, durchsetzen, wozu es allerdings eines Beweisantritts über das täuschende Verhalten bedürfte.[125]

Es bietet sich daher an, wie folgt zu verfahren: Auch diejenigen von den Beihilfeverordnungen als nur unter besonderen Bedingungen für ersatzfähig erachteten Leistungen sind als medizinisch notwendig im Sinne der GOÄ zu betrachten und begründen damit den ärztlichen Honoraranspruch, ohne dass es des expliziten Verlangens des Patienten bedarf. Gleichzeitig trifft den Arzt bei der Vornahme dieser Leistungen außerhalb der in der Anlage genannten Umstände eine Pflicht zur wirtschaftlichen Aufklärung wie von § 630c Abs. 3 BGB vorgesehen. Entsprechendes gilt bei anderen, medizinisch nicht notwendigen Verlangensleistungen und Honorarvereinbarungen.[126] Damit wäre der Zahlungspflichtige im Ergebnis gegenüber dem Arzt stets zur Zahlung verpflichtet, obwohl er die eingeschränkte Erstattungsfähigkeit im Verhältnis zur Beihilfekasse gegen sich gelten lassen müsste.[127] Ihm bliebe allerdings die Möglichkeit, sich an dem Arzt schadlos zu halten, wenn dieser seine wirtschaftliche Aufklärungspflicht nicht erfüllte und nicht darauf hinwies, dass die Beihilfe die Honorarforderun-

125 Vgl. *Otto*, in: StaudingerBGB, § 280 Rn. F 26; *Hager*, in: StaudingerBGB, § 823 G 39.
126 Dazu ferner den Abschnitt C.VIII.1.
127 Vgl. *Hoffmann/Kleinken*, § 1 Rn. 28, S. 31.

gen unter Umständen nicht ersetzen würde.[128]

c) Zusammenfassung

Zusammenfassend ist die medizinische Notwendigkeit im Sinne der GOÄ in Anbetracht vorangehender Ausführungen – von den Einflüssen auf die Festlegung des Standards abgesehen – nicht durch wirtschaftliche Gesichtspunkte geprägt. Zwar kennen sowohl die MB/KK, die die vertraglichen Pflichten der privaten Krankenversicherer bestimmt, als auch das Beihilferecht Einschränkungen der Ersatzpflicht gegenüber dem Versicherten beziehungsweise dem Beihilfeberechtigten, wenn dieser zu unwirtschaftlichen Methoden greift. Ungeachtet dessen kann aber kein Ansatzpunkt erkannt werden, eine solche Behandlung als nicht medizinisch notwendig einzustufen. Dem stehen systematische Gründe entgegen. Denn wirtschaftliche Gesichtspunkte führen nicht zu einem Wegfall der Ersatzpflicht, sondern schränken diese nur in ihrer Höhe ein. Damit erfolgt auch keine Verlagerung der vollen Kostenlast auf den Versicherungsnehmer oder Beihilfeberechtigten, der immerhin die Kosten einer in der Situation wirtschaftlich angemessenen Behandlung ersetzt bekommt. Diese kann er an den Arzt weiterreichen. Um diesen Betrag zu fordern, bedarf der Arzt jedoch eines Liquidationsrechtes, das – sofern die Leistung nicht auf Verlangen erbracht wurde – nur bei Bejahung der medizinischen Notwendigkeit gegeben ist.

2. Bestimmung des Steigerungssatzes

Einen zweiten Punkt, in dem die Anwendung der GOÄ mit den wirtschaftlichen Belangen des Sozialstaates kollidieren kann, stellt die Festlegung des Steigerungssatzes durch den Arzt dar. Diese Festlegung gilt aufgrund des dort anzuwendenden billigen Ermessens als Sonderfall der einseitigen Leistungsbestimmung nach § 315 BGB.[129] Da die Höhe der vom Arzt abgerechneten Gebühr unter anderem von der Höhe des Steigerungssatzes abhängig ist[130], beeinflusst dieser die Kostenbelastung von Versicherungen und Beihilfekassen. Im System der GOÄ

128 Vgl. *Wagner*, in: MünchKommBGB, § 823 Rn. 770; zur wirtschaftlichen Aufklärung allgemein: *Deutsch/A. Spickhoff*, Rn. 454; *Katzenmeier*, in: Lauf/Katzenmeier/Lipp, V Rn. 17f und X Rn. 82f.

129 *Würdinger*, in: MünchKommBGB, § 315 Rn. 57; *Rieble*, in: StaudingerBGB, § 315 Rn. 223; Kronke *Kronke*, AcP 183 (1983), 113–144 (115).

130 Dazu den Abschnitt C.III.2.

ist die Auswahl der Gebührenziffern nur ein Teilschritt zu einer im Ganzen gerechten Gebühr. Die auf diesem Wege bestimmte Punktzahl bildet mit dem feststehenden Punktwert nur die Basis der Gebührenberechnung, den Gebührensatz. Erst dessen Multiplikation mit dem durch den Arzt nach Maßgabe des § 5 Abs. 2 GOÄ festzulegenden Steigerungssatz führt zu der letztendlich abrechenbaren Gebühr.[131] Es gilt:

$$\text{Gebühr} = \overbrace{flexibler Steigerungssatz \times \underbrace{(Punktzahl \times Punktwert)}_{\text{Gebührensatz.}}}^{\text{Gebührenspanne.}}$$

Nun ist die Frage, wie die korrekte Festlegung des Steigerungssatzes durch den Arzt zu erfolgen hat, nicht unumstritten. Die Diskussion kumuliert dabei in zwei Punkten:

Verortung des ,Normalfalls' Entsprechend § 5 Abs. 1 GOÄ reicht die abrechenbare Gebührenspanne im Regelfall vom einfachen bis zum dreieinhalbfachen Gebührensatz, wobei allerdings erst ein Steigerungssatz ab dem 2,3-fachen Faktor zu begründen ist. In Anbetracht dieser Binnendifferenzierung des Gebührenrahmens wird die Frage nach dem absolut durchschnittlichen ,Normallfall' Gegenstand der Diskussion. Ist die durchschnittliche Leistung im arithmetischen Mittel des Gebührenrahmens, das heißt in der Regel beim 1,65-fachen Gebührensatz zu verorten?[132] Oder bei der Grenze der Begründungspflicht, das heißt im 2,3-fachen Steigerungssatz?[133]

Zulässigkeit der Pauschalabrechnung In Anbetracht besagter Begründungspflicht steht allerdings nicht nur die Verortung des Standardfalls zur Debatte, sondern zugleich, welche Schlussfolgerungen aus der letztlich formulierten Einschränkung für das Verhalten des Arztes gezogen werden können. Wenn ein über dem 2,3-fachen liegender Steigerungssatz zu begründen ist, heißt das im Umkehrschluss, dass es darunter gerade keiner Begründung bedarf. Daraus könnte nun die Zulässigkeit einer pauschalen Abrechnung von Tätigkeiten weitestgehend durchschnittlichen Umfangs mit dem 2,3-fachen Steigerungssatz

131 Dazu weiter im Abschnitt C.III.2.

132 *Miebach*, in: Uleer/Miebach/Patt, § 5 GOÄ Rn. 40; *J. Miebach*, NJW 2001, 3386 (3387); *Funke*, S. 56; *Haberstroh*, VersR 2000, 538 (539f).

133 So BGHZ 174, 101 (107f).

> geschlussfolgert werden.[134]. Demgegenüber steht die Ansicht, nach der der Arzt, der seine Leistungen ohne Ansehung des Einzelfalls mit dem 2,3-fachen Steigerungssatz vergüten lassen will, ermessensfehlerhaft handelt.[135]

Mit Blick auf die Erheblichkeit der Gebühren für die Kostenbelastung des Gesamtsystems[136] könnte ferner gefragt werden, ob der Zahlungspflichtige von dem Arzt darüber hinaus verlangen kann, bei der Festlegung des Steigerungssatzes die Bedeutung der Gebühren für die Finanzsituation der Absicherungssysteme zu beachten. Denn durch die Beeinflussung der Gebühr ist die Festlegung des Steigerungssatzes für den Versicherten beziehungsweise den Behilfeberechtigten nicht folgenlos, selbst wenn die Behandlungskosten ersetzt werden.

a) Festlegung im billigen Ermessens

Allgemein gilt die Festlegung des Steigerungssatzes seitens des Arztes als ein spezieller Fall der einseitigen Leistungsbestimmung im Sinne von § 315 BGB.[137] Die für die Vertragserfüllung notwendige Definition des Leistungsgegenstandes erfolgt in diesen Fällen vertragsuntypisch nicht durch beiderseitigen Konsens, sondern durch eine der Vertragsparteien alleine. Die grundlegenden vertragstheoretischen Annahmen von einem prozeduralen Zustandekommen eines als subjektiv gerecht empfundenen Leistungsgegenstandes können damit keine Bedeutung haben.[138] Weil damit die prozeduralen Kontrollmechanismen des Vertragsinhalts außer Kraft gesetz werden und folglich die Richtigkeitsgewähr des Vertrages nicht gegeben ist, steht die einseitige Leistungsbestimmung regelmäßig unter der Prämisse des billigen Ermessens.[139]

---

134 So etwa BGHZ 174, 101; ferner *Hess*, ZRP 1987, 274; zum Standpunkt des Verordnungsgebers: BR-Drs. 625/85, S. 18

135 *Haberstroh*, VersR 2000, 538 (539) m.w.N.

136 Dazu in Abschnitt E.II.3.b)(1)

137 BGHZ 174, 101 (104); *Grüneberg*, in: Palandt, § 315 Rn. 7; *Spickhoff*, in: Spickhoff, Medizinrecht, § 5 GOÄ Rn. 9; *Würdinger*, in: MünchKommBGB, § 315 Rn. 57; *Rieble*, in: StaudingerBGB, § 315 Rn. 223; von einer „vergleichbaren Regelung" sprechen *K.-F. Brück*, § 5 Rn. 4; *Miebach*, in: Uleer/Miebach/Patt, § 5 GOÄ Rn. 28.

138 *Rieble*, in: StaudingerBGB, § 315 Rn. 32. Wenn überhaupt gelten sie im Zusammenhang von § 315 BGB nur bezüglich der Vereinbarung des Bestimmungsrechts, nicht jedoch bei dessen Ausübung. (Vgl. *Rieble*, in: StaudingerBGB, § 315 Rn. 29; *Grüneberg*, in: Palandt, § 315 Rn. 4).

139 Vgl. *Kronke*, AcP 183 (1983), 113–144 (130ff).

(1) Übertragbarkeit der Ermessensfehlerlehre

Doch was bedeutet billiges Ermessen für die Entscheidungsfindung des Arztes? Der Verweis darauf zeigt nur, dass seine Festlegung einerseits begründet und nicht willkürlich zu erfolgen hat und ihm andererseits ein gewisser Entscheidungsspielraum gelassen wird.[140] Inwiefern dieser Umstand allerdings für die Beurteilung des Ergebnisses und dessen Zustandekommen relevant ist, ist indes umstritten.

Im Rahmen des § 315 BGB wird der Verweis auf das billige Ermessen, gerade weil jener als Auslegungsregel formuliert ist und es den Parteien mithin freisteht, einen anderen Standard zu vereinbaren, *nicht* dahin gehend verstanden, dass anstelle der vertragsimmanenten Konsenskontrolle eine externe tritt, die etwa vor einer nachteiligen Leistungsfestlegung per se schützt.[141] Es wird ausschließlich ein Willkürschutz statuiert, der bestimmende Vertragspartner ist dazu angehalten, „den Vertragswillen der Parteien *konkretisierend ‚von innen heraus' fort[zu]schreiben*".[142] Das meint die „Berücksichtigung der Interessen *beider* Parteien und des in vergleichbaren Fällen Üblichen im Zeitpunkt der Ausübung des Bestimmungsrechts"[143], wobei der Bestimmende die Bandbreite seines Ermessens voll ausschöpfen darf.[144] Austauschgerechtigkeit ist nur insoweit Ziel, als sich die festgelegten Leistungen im Ergebnis dem zu erwartenden, hypothetischen Konsens bei beiderseitiger Beteiligung annähern sollen.[145]

Eine globale Ermächtigung zur gerichtlichen Preiskontrolle erfolgt hingegen nicht.[146] Die generelle Überprüfbarkeit einseitig bestimmter Leistungen auf Grundlage von § 315 BGB wird verneint, weshalb die Billigkeit teilweise ausschließlich in Bezug auf das Ergebnis verstanden wird. Die Überprüfung soll sich darauf beschränken, von einem objektiven Standpunkt den Rahmen potenziell billiger Ergebnisse zu definieren und zu fragen, ob die im konkreten Fall festgelegte Leistung in diesen Rahmen fällt.[147] Die Gründe, die der Bestimmende für

---

140 Vgl. *ders.*, AcP 183 (1983), 113–144 (142f).

141 *Rieble*, in: StaudingerBGB, § 315 Rn. 36ff.

142 *Rieble*, in: StaudingerBGB, § 315 Rn. 42; Hervorhebungen im Original.

143 *Grüneberg*, in: Palandt, § 315 Rn. 10; Hervorhebungen durch den Verfasser.

144 *Würdinger*, in: MünchKommBGB, § 315 Rn. 30.

145 *Würdinger*, in: MünchKommBGB, § 315 Rn. 31; *Rieble*, in: StaudingerBGB, § 315 Rn. 37.

146 *Grüneberg*, in: Palandt, § 315 Rn. 2.

147 *Würdinger*, in: MünchKommBGB, § 315 Rn. 29; zu den verschiedenen Prüfungsmaßstäben: *Rieble*, in: StaudingerBGB, § 315 Rn. 326.

ihr Zustandekommen als maßgeblich erachtet hat, sollen folglich nicht von Belang sein.

Demgegenüber steht die Ansicht, welche für die einseitige Leistungsbestimmung nach billigem Ermessen die Geltung der im öffentlichen Recht entwickelten Ermessensfehlerlehre zur Überprüfung von Entscheidungen annimmt.[148] Danach gilt es, nicht nur das Ergebnis der Ermessensentscheidung selbst zu beachten, sondern fernerhin den Entscheidungsprozess des Bestimmenden. Grundlage ist der Gedanke, dass bei Ermessensentscheidungen Ergebnis und Entscheidungsprozess als eine Einheit betrachtet werden müssen, da ansonsten die bei der Ausübung von Ermessen typischerweise auftretenden Fehlerquellen übersehen werden könnten.[149]

Das überzeugt. § 315 BGB soll zumindest Willkürentscheidungen verhindern. Willkür wiederum zeichnet sich durch Entscheiden auf Grundlage sachfremder Erwägungen aus.[150] Ob im Einzelfall aber eine auf sachgerechten Erwägungen beruhende oder eine unbillige, weil willkürlich gefasste Entscheidung gegeben ist, bemisst sich nicht ausschließlich nach dem Ergebnis, sondern nach der sie stützenden Begründung. Auch die willkürliche Entscheidung kann (zufällig) zu einem billigen Ergebnis führen.[151]

Wenn es bei der Bestimmung des Steigerungssatzes eine willkürliche Entscheidung des Arztes zu verhindern gilt, muss bei der Betrachtung des Steigerungssatzes auch auf die für dessen Festlegung maßgeblichen Gründe abgestellt werden. Zumal dort mit den in § 5 Abs. 2 GOÄ genannten Kriterien (Schwierigkeit, Zeitaufwand sowie Umstände der Ausführungen) eine inhaltliche Beschränkung des Ermessens erfolgt, welche bereits die Möglichkeit sachfremder und damit willkürlicher Entscheidungen erhöht.[152] Von dem Arzt wird nicht verlangt, dass er seine Leistung einer generellen Wirtschaftlichkeitsprüfung unterzieht und sie entsprechend nach dem konkreten Nutzen für den Patienten ausrichtet und damit den Prozess konsensgesteuerter Leistungsbestimmung im Vertrag vollumfänglich nachvollzieht.[153]

148 *Rieble*, in: StaudingerBGB, § 315 Rn. 327.

149 *Rieble*, in: StaudingerBGB, § 315 Rn. 327 unter Bezugnahme auf *Alexy*, JZ 1986, 701 (714).

150 BVerfGE 80, 48 (53).

151 Vgl. ferner zur fehlerhaften Begründung und dessen Verhältnis zum Ergebnis: *Alexy*, JZ 1986, 701 (709).

152 Dazu den Abschnitt F.III.2.

153 Vgl. dazu den Abschnitt F.III.2.

Es sind allein die Kriterien des § 5 Abs. 2 GOÄ maßgeblich; der Steigerungssatz ist unter der Beachtung von Schwierigkeit, Zeitaufwand und den Umständen bei der Vornahme festzulegen.[154] Umgekehrt würde jede über die Beachtung der genannten Kriterien hinausgehende Erwägung des Arztes diesen vielmehr dem Verdacht eines Ermessensfehlgebrauchs ausliefern.

(2) Einschränkung der Ermessensentscheidung

Der Arzt ist deswegen auch nicht dazu verpflichtet, auf die Folgen seiner Honorarforderung für die Versicherungskosten bei der Steigerungssatzbestimmung einzugehen. Selbst wenn eine solche Verpflichtung in dem Gebot von Treu und Glauben eine taugliche Anspruchsgrundlage fände[155], wäre die Nichtbeachtung der Versicherungskosten in Anbetracht der inhaltlichen Einschränkungen der Ermessensentscheidung nicht als treuwidrig zu erachten.

Gegen die Geltung von Treu und Glauben im Rahmen des § 315 BGB wird die äußerst begrenzte Verpflichtung gegenüber den Interessen der Gegenseite eingewandt.[156] Weil unbestritten sei, dass das Gebot billigen Ermessens durch die Parteien ausgeschlossen und stattdessen „bis zur Grenze der Willkür und Treuwidrigkeit (§§ 138, 242)"[157] durch einen beliebigen anderen Maßstab ersetzt werden könnte[158], verböte sich eine Kontrolle anhand eines externen, allgemeinen Billigkeitsverständnisses, wie es in der Idee von Treu und Glauben deutlich würde.[159]

Diese Argumentation mag für den Regelfall des § 315 überzeugen. Wenn der Vertragspartner kraft seiner anfänglich bestehenden Gestaltungsfreiheit *freiwillig* einer einseitigen Leistungsbestimmung zustimmt, dann kann er gerade keine Behandlung erwarten, bei der seine Interessen im gleichen Maße wie bei einer beiderseitigen Leistungsbestimmung gewahrt werden.[160] Die Steigerungssatzbestimmung unter-

154 *Spickhoff*, in: Spickhoff, Medizinrecht, § 5 GOÄ Rn. 4; *Miebach*, in: Uleer/Miebach/Patt, § 5 GOÄ Rn. 6. Dazu ferner den Abschnitt F.III.2.a)(2).

155 Dazu den Abschnitt F.III.

156 *Rieble*, in: StaudingerBGB, § 315 Rn. 36; a.A. BVerfGE 81, 242 (256); BGHZ 38, 183 (186); dazu ferner Kronke *Kronke*, AcP 183 (1983), 113–144 (130ff).

157 *Rieble*, in: StaudingerBGB, § 315 Rn. 322.

158 *Rieble*, in: StaudingerBGB, § 315 Rn. 38.

159 *Rieble*, in: StaudingerBGB, § 315 Rn. 42.

160 Vgl. *Rieble*, in: StaudingerBGB, § 315 Rn. 29.

scheidet sich von dem in § 315 BGB geregelten Standardfall einseitiger Leistungsbestimmung indes in einem grundlegenden Punkt: Bei der Gebührenordnung kommt es nicht zu einer einseitigen Festlegung des Steigerungssatzes durch den Arzt aufgrund einer Parteivereinbarung, sie ist vielmehr Resultat einer gebührenrechtlichen Anordnung. Der Zahlungspflichtige kann, außer im Wege der Honorarvereinbarung, keinen Einfluss darauf nehmen, ob und wie der Arzt den Steigerungssatz festlegt. Zugleich wird das billige Ermessen als Maßstab ärztlicher Steigerungssatzbestimmung unabdingbar und damit maßgeblich, sodass im Gegensatz zum Regelfall des § 315 BGB hierin eine weiterreichende Schutzfunktion zu erkennen ist.[161]

Doch wäre es ein treuwidriges beziehungsweise im Hinblick auf die einseitige Leistungsbestimmung unbilliges Verhalten des Arztes, bei der Festlegung des Steigerungssatzes die Auswirkungen des Honorars auf den Versicherungsbeitrag unberücksichtigt zu lassen? Treuwidrig und insbesondere rechtsmissbräuchlich kann nur derjenige agieren, der sich einem rechtlich-sittlichen Vorwurf aussetzt, weil die von ihm angestrebte oder vorgenommene Rechtsausübung entweder der Art oder den Begleitumständen nach ungehörig ist, anderweitige Pflichten verletzt oder einzig zum Zweck der Benachteiligung der Betroffenen erfolgt.[162]

Die Gebührenordnung definiert nun das bei der Steigerungssatzbestimmung anzuwendende Ermessen inhaltlich über das Gebot einer reinen Billigkeit des Ergebnisses hinaus. Zu berücksichtigen sind ausschließlich die folgenden drei Gesichtspunkte: Schwierigkeit und Zeitaufwand der einzelnen Leistung sowie (ungewöhnliche) Umstände bei deren Ausführung.[163] Seitens des Verordnungsgebers erfolgt an dieser Stelle eine funktionsbezogene Konkretisierung des billigen Ermessens vor dem Hintergrund der Problematik eines nahezu freien Verständnisses von Billigkeit.[164] Die in § 5 Abs. 2 GOÄ genannten Kriterien sind als Sinnbild für Abweichungen von dem bei der Berechnung der Gebührenziffern angenommenen Leistungsumfang zu verstehen, die allerdings nicht dem medizinischen Fortschritt, sondern den Eigenar-

---

161 Vgl. BVerfGE 81, 242 (256); BGHZ 38, 183 (186); vgl. Kronke *Kronke*, AcP 183 (1983), 113–144 (130ff).

162 *Roth/Schubert*, in: MünchKommBGB, § 242 Rn. 235.

163 Zu den Kriterien den Abschnitt C.VII.

164 Dazu *Kronke*, AcP 183 (1983), 113–144 (138ff).

ten der konkreten Behandlungssituation geschuldet sind.[165] Gewollt ist die Anpassung der Gebühr an die von dem Arzt vorgefundene Behandlungssituation. Die für die notwendige „rechtstheoretische Präzisierung“[166] der Generalklausel billigen Ermessens relevanten Kriterien sind damit im Gegensatz zu § 315 BGB bereits durch die Norm thematisch vorgegeben. Während dort „eine umfassende Analyse und Abwägung der Interessen beider Vertragsparteien unter Berücksichtigung aller tatsächlichen Umstände“[167] notwendig wird, bei der es unter anderem Geschäftszweck, Risikoverteilung, Preiskalkulation, außervertragliche Vor- und Nachteile, Vermögens- und Einkommensverhältnisse, wirtschaftliche Interessen, soziale Gesichtspunkte, persönliche Umstände und dergleichen[168] zu berücksichtigen gilt, muss sich die Ermessensentscheidung des Arztes von vornherein an Schwierigkeit, Zeitaufwand und anderen Umständen bei der Vornahme ausrichten.

Der Katalog des § 5 Abs. 2 GOÄ ist abschließend. Andere Interessen sind bei der Ermessensentscheidung sind nicht zu berücksichtigen.[169] Denn gälte es, neben den genannten Kriterien sonstige Interessen innerhalb der Vertragsbeziehung zwischen Arzt und Zahlendem oder sogar dem Allgemeininteresse[170] bei der Bestimmung des Steigerungssatzes Beachtung zu schenken, müssten diejenigen Motive in die Ermessensentscheidung des Arztes einfließen, deren Vorliegen überhaupt erst für eine Festlegung der Gebühr durch den Verordnungsgeber spricht. Wären etwa „Art und Ausmaß der Nachteile bzw. des Schadens (z.B. Größe, Heftigkeit und Dauer der Schmerzen, Leiden und Entstellungen)“[171] nicht nur im Rahmen von § 315 BGB, sondern ebenfalls bei der Steigerungssatzbestimmung taugliche Kriterien, wäre der Arzt gezwungen, sein eigenes Handeln unter der Berücksichtigung von dessen Bedeutung für das Leben des Zahlungspflichtigen zu bewerten.[172] Das kann erkennbar nicht im Sinne des Verordnungsgebers

165 Dazu näher im Abschnitt C.VII. und in Abschnitt F.IV.3.c)(2).

166 *Würdinger*, in: MünchKommBGB, § 315 Rn. 31.

167 *Würdinger*, in: MünchKommBGB, § 315 Rn. 31; vgl. *Rieble*, in: StaudingerBGB, § 315 Rn. 307f.

168 Für eine umfassende Aufstellung m.w.N.: *Würdinger*, in: MünchKommBGB, § 315 Rn. 31.

169 *Spickhoff*, in: Spickhoff, Medizinrecht, § 5 GOÄ Rn. 4; *Miebach*, in: Uleer/Miebach/Patt, § 5 GOÄ Rn. 6.

170 Für Beachtlichkeit im Rahmen des § 315 BGB *Würdinger*, in: MünchKommBGB, § 315 Rn. 31; a.A. *Rieble*, in: StaudingerBGB, § 315 Rn. 310.

171 *Würdinger*, in: MünchKommBGB, § 315 Rn. 31.

172 Zu der Problematik dieser Bewertung weiter im Abschnitt D.III.

sein, der mit der Bezugnahme auf Schwierigkeit, Zeitaufwand sowie die Umstände bei der Ausführung erkennbar die Vornahmesituation zum ausschließlich steigerungssatzrelevanten Kriterium erklärt.[173] Andere Faktoren, selbst wenn sie die Kosten und damit die Interessen der Parteien beeinflussen, sollen hingegen ohne Einfluss sein.[174] Gerade deswegen waren in der Neufassung der Gebührenordnung 1982 die Vermögens- und Einkommensverhältnisse des Zahlungspflichtigen nach Auffassung der damaligen Bundesregierung „mit dem in der Regierungs-Erklärung propagierten Grundsatz leistungsgerechter Bezahlung nicht vereinbar".[175] Die Festlegung des Steigerungssatzes als Ermessensentscheidung ist damit zusammenfassend kein Aufruf zu einer an der umfassenden Interessenlage der Parteien ausgerichteten Entscheidung.[176]

Würde sich der Arzt bei der Bestimmung des Steigerungssatzes nach den möglichen Auswirkungen für die Finanzsituation der Versicherung richten, überträte er dementsprechend die in der Gebührenordnung gesetzten Grenzen billigen Ermessens. Ganz im Gegenteil handelt er weder treuwidrig noch unbillig, wenn er nur jenen Kriterien Beachtung schenkt, die in der Gebührenordnung expressis verbis genannt werden. Auf der Grundlage der Prämisse von Treu und Glauben kann nicht von einer Partei generell der Verzicht auf die Geltendmachung von Rechten gefordert werden, nur weil diese unter Umständen den Interessen des Vertragspartners entgegenlaufen.[177] Einen solchen Schritt rechtfertigen vielmehr nur die Besonderheiten des voll gewürdigten Einzelfalls.[178] Der Zusammenhang von ärztlichem Honorar und Versicherungsbeiträgen trifft hingegen alle Privatversicherten im gleichen Maße und ist letztlich nur der typische Ausdruck der Risikoäquivalenz des Versicherungsverhältnisses. Vor allem aber sind die Beschränkungen billigen Ermessens in § 5 Abs. 2 GOÄ gesetzliche

173 Vgl. *Spickhoff*, in: Spickhoff, Medizinrecht, § 5 GOÄ Rn. 4; *Miebach*, in: Uleer/Miebach/Patt, § 5 GOÄ Rn. 6.

174 *Miebach*, in: Uleer/Miebach/Patt, § 5 GOÄ Rn. 10; *Spickhoff*, in: Spickhoff, Medizinrecht, § 5 GOÄ Rn. 4.

175 Problempapier des Bundesarbeitsministers zur Neugestaltung der GOÄ vom 29. Juni 1978; abgedruckt in *Hoffmann/Kleinken*, Geschichte der GOÄ '82 und der Änderungsverordnungen, S. 8.

176 Vgl. *Miebach*, in: Uleer/Miebach/Patt, § 5 GOÄ Rn. 6.

177 Vgl. für den Vorrang gesetzlich angeordneter Abwägungsentscheidungen vor dem Grundsatz von Treu und Glauben: *Looschelders/Olzen*, in: StaudingerBGB, § 242 Rn. 221; *Roth/Schubert*, in: MünchKommBGB, § 242 Rn. 198 m.w.N.

178 *Larenz*, Schuldrecht AT I, S. 127; *Looschelders/Olzen*, in: StaudingerBGB, § 242 Rn. 217.

Wertungen, welche es bei der Bestimmung der Treuwidrigkeit zu berücksichtigen gilt.[179]

(3) Ermessensfehler bei Pauschalabrechnung?

Wenn die Ermessensfehlerlehre öffentlichen Rechts in ihrem Kern auch bei der Definition des Steigerungssatzes gilt, muss die Entscheidungsfindung den dort formulierten Prämissen entsprechen. Im Hinblick auf die erwähnte Diskussion über die Zulässigkeit einer Pauschalabrechnung kommt vor allem der Aspekt des Ermessensnichtgebrauchs in Betracht. Die Entscheidung nach billigem Ermessen bedarf – das liegt auf der Hand – dessen Ausübung. Der Ausfall des Ermessens, entweder auf Unkenntnis oder auf dessen bewusster Außerachtlassung beruhend, gilt dementsprechend als Ermessensfehler[180], als eine aus prozeduralen Gründen nicht mit dem Grundgedanken der Ermessensentscheidung vereinbarte, das heißt im Hinblick auf das Verfahren nicht ordnungsgemäße Ergebnisfindung.[181].

Vor diesem Hintergrund ist der in der Rechtsprechung des Bundesgerichtshofes zum Ausdruck kommenden Tolerierung pauschaler Abrechnungen zum 2,3-fachen Gebührensatz aus mehreren Gründen mit großer Skepsis zu begegnen. Indem die GOÄ die Bestimmung des Steigerungssatzes in die Hände des Arztes legt, macht sie diesen zum Letztverantwortlichen für die angemessene Gebühr im Einzelfall. Die nach billigem Ermessen gebotene Berücksichtigung beiderseitiger Parteiinteressen hat dementsprechend die angemessen Vergütung zum Ziel. In der Sache ist damit die leistungsangemessene Gebührenfestsetzung auf Grundlage der verordnungsgeberischen Bewertung ärztlichen Tuns gemeint.[182] Dieses Postulat missachtet indes der pauschal abrechnende Arzt, denn er entkoppelt in seinem Entscheidungsvorgang den Steigerungssatz von den eigentlich als maßgeblich erachteten Kriterien. Er verzichtet *bewusst* auf die Wahrnehmung des ihm zustehenden Ermessensspielraums und legt sich auf ein bestimmtes Ergebnis fest, ohne zuvor den Einzelfall einer weiteren Prüfung unterzogen zu haben. Damit ist die pauschale Abrechnung eines Steigerungssatzes

---

179 Vgl. *Looschelders/Olzen*, in: StaudingerBGB, § 242 Rn. 222.

180 Zur Ermessensfehlerlehre grundlegend: *Maurer*, § 7 Rn. 19ff; mit umfassender Darstellung der verschiedenen Klassifikationsmodelle *Alexy*, JZ 1986, 701.

181 *Sachs*, in: Bonk/Stelkens/Sachs, § 40 Rn. 53ff; *Aschke*, in: Bader/Ronellenfitsch, VwVfG, § 40 VwVfG Rn. 79, 81ff.

182 Dazu den Abschnitt F.IV.1.

in Unabhängigkeit von der im Einzelfall gegebenen Vergütungssituation letztlich als ein Fall des Ermessensnichtgebrauchs zu betrachten.

Wenn als Grund für die Pauschalabrechnung eine drohende Unterbezahlung oder hindernde Bürokratie angeführt wird[183], liegt hingegen ein ebenso fehlerhafter Ermessensfehlgebrauch vor. Denn taugliche Motive für die Festlegung des Steigerungssatzes sind eben nur jene in § 5 Abs. 2 Satz 1 abschließend aufgezählten Bemessungskriterien. Deshalb ist die Frage der Zulässigkeit einer durchgehenden Abrechnung zum 2,3-fachen Steigerungssatz unabhängig von der Frage zu beurteilen, ob die Ärzteschaft dadurch anderweitige Nachteile ausgleichen darf. Selbst wenn das Ergebnis objektiv betrachtet inhaltlich angemessen und in dieser Hinsicht billig ausfallen mag, allein die fehlerhafte Abwägung aufgrund falscher Motive bei der Bestimmung lässt den Steigerungssatz fehlerhaft werden.[184]

Dass der Bundesgerichtshof ungeachtet dessen mit Verweis auf die bis zum 2,3-Fachen begrenzte Begründungspflicht (§ 5 Abs. 2 GOÄ) die Kontrolle der Festsetzung für nicht praktikabel erachtet[185], ist nicht nachvollziehbar. So beruht die Ermessensfehlerlehre grundlegend auf der Nachvollziehbarkeit hoheitlicher Entscheidungen[186], was die umfassende Begründungspflicht bei Hoheitsakten erklärt.[187] Trotzdem soll die Ermessensfehlerlehre im Rahmen der Leistungsbestimmung nach billigem Ermessen anwendbar sein, obwohl § 315 BGB keine Begründungspflicht statuiert. Dem Bestimmenden kommt nach allgemeiner Auffassung nur die Beweislast für seine Kalkulation zu.[188]

Ein Grund, aus dem dies im Rahmen der Steigerungssatzbestimmung nicht ebenso gehandhabt werden könnte, ist nicht ersichtlich. Der Arzt müsste eine Abrechnung innerhalb der Regelspanne zwar nicht gegenüber dem Zahlungspflichtigen begründen, trüge aber die Beweislast für die Angemessenheit seiner Ermessensentscheidungen für den Fall, dass letzterer eine gerichtliche Überprüfung des Honorars anstrengen würde[189], zumal eine Pauschalabrechnung mit der Bedeu-

183 So etwa *Hess*, ZRP 1987, 274.

184 Vgl. *Rieble*, in: StaudingerBGB, § 315 Rn. 327f.

185 BGH MedR 2008, 90 (93) Rn. 18.

186 *Alexy*, JZ 1986, 701 (707ff).

187 Vgl. zur Rechtsschutzfunktion der Begründungspflicht bei Verwaltungsakten nach § 39 VwVfG: *Tiedemann*, in: Bader/Ronellenfitsch, VwVfG, § 39 VwVfG Rn. 5f, 81ff; *Stelkens*, in: Bonk/Stelkens/Sachs, § 39 Rn. 2.

188 *Grüneberg*, in: Palandt, § 315 Rn. 20; BGHZ 41, 271 (279).

189 Vgl. *Miebach*, in: Uleer/Miebach/Patt, § 12 Rn. 11.

tung der GOÄ für den Sozialstaat und die Rolle des Arztes als Freiberufler nicht zu vereinbaren ist. Die Bindung des Steigerungssatzes an den Leistungsaufwand erlaubt die möglichst geringe Kostenbelastung des Versicherten, *ohne* den Arzt der Gefahr einer unzureichenden Vergütung auszusetzen.[190] Der Arzt, der angesichts dessen nicht zugunsten des Zahlungspflichtigen auf ein höheres Honorar verzichten will, um stattdessen einen größeren Gewinn als von der Gebührenordnung vorgesehen zu erwirtschaften, würde seine „Sachwalterfunktion"[191] gegenüber dem Zahlungspflichtigen verletzen.[192] Anstatt seine eigenen Interessen denjenigen des Auftraggebers unterzuordnen, würde er mit der Pauschalabrechnung seinen eigenen wirtschaftlichen Vorteil suchen und damit letzten Endes jene, bei den freien Berufen unerwünschte Profitorientierung an den Tag legen.[193]

Es stünde zu befürchten, dass sein Verhalten ob des Widerspruches zum Standesbild des Arztes – insbesondere bei Verweis auf die ansonsten ungenügende Vergütung – negativ aufgenommen und das Vertrauen der Patienten zu dem behandelnden Arzt nachhaltig gestört würde. Nicht umsonst ist, wie § 2 Abs. 2 MBOÄ deutlich macht, die Ausübung des Arztberufs nicht nur von fachlicher Qualifikation, sondern ebenso von Auftreten und Ansehen des Arztes abhängig.[194] Bei wiederholtem Abrechnungsbetrug droht dem Arzt deswegen auch die Aberkennung der Approbation wegen Unwürdigkeit.[195] Eingedenk dieser schärfstmöglichen berufsrechtlichen Sanktion wäre es inkonsequent, gleichzeitig die regelmäßig praktizierten Ungenauigkeiten in der Abrechnung zu tolerieren.

Im Übrigen würde eine auf sachfremden Erwägungen gründende Anpassung des Honorars über den Steigerungssatz die grundlegende Konzeption der GOÄ und des Rechtsstaates missachten. Die Bewertung von Leistungen erfolgt in erster Linie durch den Verordnungsgeber.[196] Gegen diese Festlegung steht der Ärzteschaft die Möglichkeit offen, Rechtsschutz zu suchen. Bei der Beurteilung der verfassungsrechtlichen Legitimität der Gebührenordnung verweigerte das Bun-

190 Zur fortschrittsbedingten Reduzierung anfallenden Aufwands weiter im Abschnitt F.IV.4.

191 *Taupitz*, Die Standesordnungen der Freien Berufe, S. 64.

192 Zur Loyalitätspflicht vgl. *ders.*, Die Standesordnungen der Freien Berufe, S. 64 m.w.N.

193 Dazu weiter in den Abschnitten E.III.1.b) und E.III.2.b).

194 BVerwG 3B 149/02 in Buchholz 418.00 Ärzte Nr. 107.

195 *Stollmann*, MedR 2010, 682 (682).

196 BGHZ 152, 142 (149); BGH NJW-RR 2003, 1639 (1641).

desverfassungsgericht mit dem Hinweis auf den Vorrang fachgerichtlichen Rechtsschutzes die gesonderte Auseinandersetzung mit der Gebührenhöhe einzelner Leistungen. Eine eingehende Überprüfung einzelner Gebührenkonstellationen sei „nicht Sinn und Funktion der Verfassungsbeschwerde", sie seien „einer Prüfung durch die Fachgerichte im Rahmen von Rechtsstreitigkeiten über Gebührenforderungen vorbehalten"[197]. Diese seien dazu befugt, „bei Normen, die nicht dem Verwerfungsmonopol des BVerfG unterliegen, einer Grundrechtsverletzung ab[zu]helfen"[198]. Zu einer solchen fachgerichtlichen Prüfung kann es zum einen dann kommen, wenn vor einem Zivilgericht die Zulässigkeit der Honorarforderung des Arztes angezweifelt wird. Ferner kennt die Verwaltungsgerichtsbarkeit das Instrument der auf Erlass oder Novellierung unter gesetzlichen Vorschriften gerichtete *Normerlassklage*.[199] Eine solche ist prinzipiell auch in Bezug auf staatliche Gebührenordnungen denkbar, sofern diesen nicht der Rang eines formellen Gesetzes zukommt.[200] Mithin könnte prinzipiell im Wege der Normerlassklage die Anpassung der Gebühren an die heutigen Gegebenheiten begehrt werden. Fraglich bleibt allenfalls die dazu notwendige Klagebefugnis. Diese ergibt sich nach dem Bundesverwaltungsgericht regelmäßig aus höherrangigem Recht, schließlich sei der Schutzgedanke des Art. 19 Abs. 4 GG nicht nur gegen „verletzende Rechtssetzungsakte, sondern auch gegen ein mit höherrangigem Recht unvereinbares Unterlassen des Verordnungsgebers"[201] gerichtet. In Bezug auf die Gebührenordnung könnte ein zur Klage berechtigendes, subjektives Recht in dem rechtfertigungsbedürftigen Eingriff in die Vertragsfreiheit und die Berufsfreiheit gesehen werden, welche die Gebührenordnung darstellt.[202]

197 BVerfGE 68, 319 (326) NJW 1985, 2185 (2186); vgl. dazu BVerfG NJW 2004, 3172.

198 BVerGE 68, 319 (325f).

199 BVerwG NVwZ 2002, 1505 (1505f); NVwZ 2008, 423 (424); zur Normerlassklage im Allgemeinen: *Pietzcker*, in: Schoch / Schneider / Bier, VwGO, § 42 Abs. 1 VwGO Rn. 160; *Hufen*, § 20 Rn. 1ff; zur statthaften Klageart: VGH Kassel NVwZ 1992, 68 (68); *Duken*, NVwZ 1993, 546 (547f); *Sennekamp*, in: Quaas / Zuck, Verwaltungsprozess, § 3 Rn. 112.

200 Vgl. BVerwG NVwZ 2002, 1505 für die begehrte Feststellung der Unstatthaftigkeit der bayrischen Gerichtsvollzieherentschädigungsverordnung.

201 BVerwG NVwZ 2002, 1505 (1506).

202 Dazu ferner in den Abschnitten D.III.3.f), E.II.4. und E.III.3.

b) Die durchschnittliche Leistung im Gebührenrahmen

Wird das Verdikt des Bundesgerichtshof in seiner Gänze betrachtet, zeigt sich allerdings Folgendes: Es ist nicht nur der Mangel an einer Begründungspflicht, der zu diesem Urteil geführt hat, sondern deren Zusammentreffen mit der Einordnung von durchschnittlichen Leistungen.[203] Es sei allgemein geübte Praxis, den durchschnittlichen Behandlungsfall mit dem 2,3-fachen, das heißt dem größtmöglichen nicht begründungspflichtigen Steigerungssatz abzurechnen.[204]. Letztlich kann die Zulässigkeit der Pauschalabrechnungen also nicht diskutiert werden, ohne sich ebenso der Einordnung durchschnittlicher Leistungen in die Gebührenstruktur zuzuwenden.

Die diesbezüglichen Schwierigkeiten sind Resultat der grundlegenden Abstraktheit der Frage nach den entscheidenden Wesensmerkmalen der Durchschnittsbehandlung. Im Rahmen des § 315 BGB unterliegt die leistungsbestimmende Vertragspartei keinerlei Begründungspflicht. Allerdings lassen sich ob der inhaltlichen Offenheit vielfältige Bezugspunkte finden, anhand derer nicht nur die Billigkeit des Ergebnisses selbst festgestellt werden kann, sondern auf die sich der beweisbelastete Teil bei Darlegung seiner Kalkulation *nachvollziehbar* zu stützen vermag. Zu denken ist etwa an den marktüblichen Preis.[205] Bei der Festlegung des Steigerungssatzes bewegt sich der Arzt hingegen in einem inhaltlich abgeschlossenen System: Verlangt wird die Bestimmung eines abstrakten Faktors anhand der ausschließlich maßgeblichen Kriterien Schwierigkeit, Zeitaufwand und den Umständen der Vornahme. Die Einordnung anderer Durchführungen derselben Gebührenziffer im Gebührenrahmen ist die einzige Vergleichsmöglichkeit. Jedoch bedarf diese Orientierung eines Bezugspunktes. Der einer Leistung angemessene Steigerungssatz ist im Wege des Vergleichs nur dann feststellbar, wenn den verschiedenen Interpretationen ein gemeinsames Verständnis von der Zuordnung von Leistungsaufwand zu Steigerungssatz zugrunde liegt. Um die Bewertungsrelation zwischen den verschiedenen Gebührenpositionen zu wahren, müssten nach den genannten Kriterien vergleichbare Leistungen jeweils mit demselben Steigerungssatz abgerechnet werden.

Über die genaue Einordnung des im Einzelfall differenzierenden

203 BGHZ 174, 101 (105f).
204 BGHZ 174, 101 (105f)
205 Vgl. die Aufstellung möglicher Kriterien bei *Würdinger*, in: MünchKommBGB, § 315 Rn. 31.

Aufwands in den zur Verfügung stehenden Gebührenrahmen, in der Regel mit dem einfachen bis dreieinhalbfachen Steigerungssatz, herrscht allerdings kein Konsens. Auf den ersten Blick mag dies einfach erscheinen. Ungeachtet einer fehlenden Festlegung eines expliziten Mittelwerts durch den Verordnungsgeber wäre es nicht nur naheliegend, sondern nahezu selbsterklärend, die außerordentlich einfache Vornahmesituation mit dem einfachen, die besonders komplizierte mit dem dreieinhalbfachen Steigerungswert zu berechnen und den ohne jedwede Besonderheiten erfolgenden Durchschnittsfall ungefähr beim Mittelwert, das heißt dem 2,25-fachen, aufgerundet 2,3-fachen Steigerungssatz zu verorten.[206]

(1) Bedeutung der Regelspanne

In die Betrachtung miteinzubeziehen, gilt es allerdings, die in § 5 Abs. 2 Satz 3 GOÄ formulierte Regelspanne, welche den Arzt dazu anhält, „*[i]n der Regel* [...] eine Gebühr nur zwischen dem Einfachen und dem 2,3-fachen des Gebührensatzes" festzulegen. Ein oberhalb dieses Rahmens liegender Steigerungssatz soll nach Auffassung des Verordnungsgebers nur durch Besonderheiten in den Bemessungskriterien begründet werden können, die dazu führen, dass sich der Einzelfall von üblicherweise vorliegenden Umständen unterscheidet.[207] Teilweise wird diese sogenannte Regelspanne zum Anlass genommen, um einen weit verstandenen ‚Normallfall' zu konstruieren. Lediglich ungewöhnliche Herausforderungen sollen eine über das 2,3-Fache hinausgehende Festsetzung des Steigerungssatzes rechtfertigen können, während alltägliche Erschwernisse ärztlicher Tätigkeit üblich und damit Bestandteil des Regelfalls sind.[208] Bei dieser Sichtweise muss der absolute Standardfall im Durchschnitt des Durchschnitts, das heißt, im Mittel innerhalb des weit gefassten ‚Normallfalls' liegen, also beim 1,65-fachen, gerundet 1,7-fachen Steigerungssatz.[209] Würde hingegen der 2,3-fache Steigerungssatz als Mittel betrachtet, könnten nach diesem Modell alltägliche Erschwernisse nicht mehr berücksichtigt wer-

206 Vgl. BGHZ 174, 101 (107f); zur grundlegenden Annahme eines Standardfalls kritisch *Funke*, S. 56.

207 BR-Drs. 295/82, S. 14.

208 *Miebach*, in: Uleer/Miebach/Patt, § 5 GOÄ Rn. 40; *J. Miebach*, NJW 2001, 3386 (3387); *Funke*, S. 56; wohl auch *Quaas*, in: Quaas/Zuck, Medizinrecht, § 14 Rn. 54. Vgl. ferner *Haberstroh*, VersR 2000, 538 (539f).

209 *Miebach*, in: Uleer/Miebach/Patt, § 5 GOÄ Rn. 40.

den.[210] Zusammengefasst stellt sich dieses Modell des Steigerungssatzes also wie folgt dar:

$$\overbrace{1 \xleftarrow[Normalfall]{einfacherer} 1,65 \approx 1,7 \xrightarrow[Normalfall]{schwierigerer} 2,3}^{Regelfall;breiter Normalfall} \xrightarrow[Ausnahmefall]{komplizierter} 3,5$$

Demgegenüber steht die Auffassung des Bundesgerichtshofs, für den diese Ansicht eine unnötige Verkürzung des Fallspektrums darstellt.[211] Der von jedweder Besonderheit freie Regelfall sei mit dem arithmetischen Mittel des vollen zur Verfügung stehenden Gebührenrahmens (1 - 3,5-facher Steigerungssatz) mithin dem 2,25-Fachen zu bewerten.[212] Die Regelspanne sei lediglich als Verschiebung der Beweislast zwischen dem Zahlungspflichtigen und dem Arzt zu verstehen. Nach überkommenem Verständnis habe der Arzt erst bei Überschreitung des Mittels die Angemessenheit des höheren Steigerungssatzes zu begründen. Unter dem Mittel obliege die Beweisführung hinsichtlich derUnangemessenheit hingegen seinem Gegenüber. Das werde in § 12 Abs. 3 GOÄ deutlich. Mithin sei der 2,3-fache Gebührensatz nur als „Begründungsschwelle“[213] zu verstehen, an dem sich die Beweislastverteilung zuungunsten des Arztes verschiebe.[214] Hinsichtlich der Verortung des Regelfalls soll also weiterhin, wie eingangs ausgeführt, Folgendes gelten:

$$1 \xleftarrow[Fall]{einfacherer} \overbrace{2,25 \approx 2,3}^{Regelfall} \xrightarrow[Fall]{schwierigerer} 3,5$$

Diese Argumentation überzeugt. Denn die besonders schwierige, einen über das 2,3-Fache hinausgehenden Steigerungssatz rechtfertigende Vornahmesituation vermag sich nicht durch Kriterien auszuzeichnen, die ihren Ausnahmecharakter herausstreichen. Die Bindung an die genannten Bemessungskriterien bleibt bestehen, sodass die Identifizierung dessen, was das Bundesverwaltungsgericht als die Abweichung „von der großen Mehrzahl der Behandlungsfälle“[215] bezeichnet,

210 *Miebach*, in: Uleer/Miebach/Patt, § 5 GOÄ Rn. 39.

211 Vgl. BGH 174, 101 (107f); in der Sache zustimmend *Hoffmann/Kleinken*, § 5 Rn. 7,2.

212 BGHZ 174, 101 (108). Eine umfassende Darstellung bei *dies.*, § 5 Rn. 7.2; *K.-F. Brück*, § 5 Rn. 1.2; *Spickhoff*, in: Spickhoff, Medizinrecht, § 5 GOÄ Rn. 9.

213 *K.-F. Brück*, § 5 Rn. 1.2.

214 BGHZ 174, 101 (107, 109).

215 BVerwG NJW 1994, 3023 (3024).

letztlich auf demselben Wege wie die Differenzierung zwischen den verschiedenen Stufen des Normalfalls erfolgen müsste.[216] Die von der Gegenansicht formulierte Erwartung besonderer Umstände findet keinen Halt in der GOÄ. Eine Differenzierung kann nur anhand der Häufigkeit der verschiedenen Vornahmesituationen erreicht werden, ohne dass diese Betrachtung darüber Aufschluss gibt, wann die geforderte Außergewöhnlichkeit in concreto gegeben ist.[217] Deren Maß bleibt diskutabel. Die Abgrenzungsproblematik wird vermieden, wenn die bei der Bestimmung des Steigerungssatzes notwendige Zuordnung als fließend verstanden wird. Der Regelfall – das liegt dann auf der Hand – ist nach einer Gesamtschau der in der Großzahl der Vornahmesituationen auftretende Durchschnittsfall. Wird dieser beim 2,3-fachen Steigerungssatz verortet, bleibt in beiden Richtungen ein gleich großer Spielraum für Abstufungen.[218]

Der Umstand, dass sich die Verteilung bezogen auf die Schwierigkeit, nicht aber auf die Häufigkeit verschieben kann, muss hingenommen werden. Um dieser zu begegnen, bedürfte es eines individuellen Gebührenrahmens für jede selbstständige Leistung des Gebührenverzeichnisses, angenommen, die Vornahme einer bestimmten Gebührenziffer erfolgt regelmäßig nahe einer denkbaren Idealsituation, die mit einem Steigerungssatz von 1,0 zu bewerten wäre. Den Regelfall beim 2,3-Fachen einzuordnen, ließe in diesem Fall mehr Raum für die Abstufung nach noch einfacheren Vornahmen als für die Einordnung schwierigerer Fälle. Um den möglichen Spielraum in beiden Richtungen gleich groß zu wählen, wäre es erforderlich, bereits den Regelfall näher an den einfachen Steigerungssatz zu verschieben. Solche oder ähnlich gelagerte Missverhältnisse erschließen sich allerdings erst nach einer umfangreichen Betrachtung der infrage kommenden günstigsten und ungünstigsten Behandlungssituationen sowie deren Abbildung auf einer Verteilungskurve. Diese Betrachtung wäre für jede Gebührenziffer durchzuführen und kann von dem Arzt als Anwender der GOÄ nicht gefordert werden. Die mit der Verortung des Regelfalls an der äußersten Grenze der Regelspanne verbundenen Ungenauigkeiten im Hinblick auf den in tatsächlicher Hinsicht üblicherweise anfallenden Aufwand sind daher aus praktischen Gründen zu akzeptieren.

---

216 Vgl. die Besprechung bei *Hoffmann/Kleinken*, § 5 Rn. 7.3.

217 BGHZ 174, 101 (105); *dies.*, § 5 Rn. 7.3; *Spickhoff*, in: Spickhoff, Medizinrecht, § 5 GOÄ Rn. 9; vgl. *K.-F. Brück*, § 5 Rn. 1.2.

218 *Hoffmann/Kleinken*, § 5 Rn. 7.3.

Im Hinblick auf die Beweislast stellt sich die Rechtsprechung gegenüber dem Alternativvorschlag der Literatur als nicht nachteilig dar. Den regelmäßig anzutreffenden Regelfall von der Begründungspflicht auszunehmen, ist eine Entlastung des Arztes zugunsten des Zahlenden, da Erstgenannter seine Rechnungslegung zumindest im Rahmen der Praxisführungskosten über die Patienten refinanzieren wird.[219] Andererseits wird jede Form von Mehraufwand sofort begründungspflichtig, was der Transparenz der Abrechnung zuträglich ist.[220] Demgegenüber bestünde im Alternativmodell – ausgehend von dem Durchschnittsfall – im Hinblick auf den einzelfallbedingten Mehraufwand zwischen dem 1,7-fachen und dem 2,3-fachen Steigerungssatz eine Lücke in der Begründungspflicht. Der Zahlende könnte also anhand der Rechnung letztlich nicht nachvollziehen, warum eine erhöhte Gebühr zu entrichten wäre, da die ‚Begründungsschwelle' nach § 12 Abs. 3 GOÄ noch nicht erreicht wäre.[221]

(2) Folgen für die Pauschalabrechnung

Ausgehend von der Einordnung der durchschnittlichen Behandlung beim 2,3-fachen Steigerungssatz käme es zu einer an dieser Stelle als Ermessensausfall bezeichneten Pauschalabrechnung nur dann, wenn der Arzt überhaupt keine Überlegungen zur Einordnung seiner eigenen Leistung angestellt hätte.[222] Solange es sich bei der vorgenommenen Behandlung indes gerade um den typisch auftretenden, in Art und Weise der Vornahme absolut durchschnittlichen Regelungsfall handelt, spricht nichts dagegen, diesen mit dem 2,3-fachen Gebührensatz abzurechnen. Dessen Einordnung an der Obergrenze der Regelspanne mag auf den ersten Blick überraschen, ist aber letztlich Folge des von vornherein inhaltlich begrenzten Bemessungsspielraums. Dass die Abrechnung mit dem 2,3-fachen Gebührensatz Usus geworden ist, verwundert in Anbetracht dessen nicht. Der Regelfall verkörpert per definitionem die allgemein übliche Art und Weise der Vornahme. Eine weitergehende, nach der in Rede stehenden Leistung differenzierende Einordnung in den Gebührenrahmen anhand einer vorhergehen-

---

219 Vgl. BGHZ 174, 101 (108).

220 Zum Umfang der Begründungspflicht: *Topka/Möhle*, § 6 Rn. 3.6.4; *Köhnen/Schröder/Amelungk/Just*, B I – zu § 6 BBhV Rn. 9.1.1.

221 Vgl. *Hoffmann/Kleinken*, § 12 Rn. 5; *Spickhoff*, in: Spickhoff, Medizinrecht, § 12 GOÄ Rn. 7; *K.-F. Brück*, § 5 Rn. 13; § 12 Rn. 3.

222 Dazu den Abschnitt F.III.2.a)(3).

den Evaluation aller denkbaren Behandlungskonstellationen kann aus praktischen Gründen nicht gefordert werden.

Ungeachtet dessen darf die Verortung des Standardfalls an der Grenze des Steigerungssatzes nicht als Freibrief für eine *tatsächlich* pauschalisierte Abrechnung mit dem 2,3-fachen Steigerungssatz verstanden werden.[223] Diese bleibt trotz einer fehlenden Begründungspflicht ermessensfehlerhaft. Die Festlegung entspricht nur dem billigen Ermessen, wenn der gewählte Steigerungssatz die im Einzelfall vorgefundenen Gegebenheiten abbildet und nicht von anderen Umständen als den in Absatz 1 genannten Bemessungskriterien beeinflusst wurde. Das erkennt auch der Bundesgerichtshof, wenn er fordert, „in einfachen Fällen nur das Einfache des Gebührensatzes zu berechnen"[224]. Jener heißt die unreflektierte Pauschalabrechnung nicht gut, sondern fordert eine differenzierte Festlegung des Steigerungssatzes. Weil es allerdings zugleich den durchschnittlichen Behandlungsfall im Gebührenrahmen beim 2,3-fachen Steigerungssatz einordnet, kann es in dessen regelmäßigen Abrechnungen keinen Ermessensfehler erkennen.

c) Folgen fehlerhafter Festsetzung

Für den Fall eines fehlerhaft ausgeübten Ermessens beziehungsweise einer generell unbilligen Festsetzung des Steigerungssatzes sieht die GOÄ selbst keine Fehlerfolge vor. Da mittels des billigen Ermessens eine Bezugnahme auf den § 315 BGB erfolgt, bietet sich, angesichts einer prinzipiellen Vergleichbarkeit der Lage, für die Fehlerfolge ein Rückgriff auf diesen an. In beiden Fällen steht nicht zur Debatte, ob ein Anspruch auf eine Leistung besteht, sondern wie dieser durch die Ermessensentscheidung einer Partei inhaltlich zu gestalten ist. Entscheidet diese Partei nicht wie von ihr erwartet nach billigem Ermessen, wird ihre Entscheidung gemäß § 315 Abs. 3 BGB durch das angerufene Gericht ersetzt. In Anlehnung daran wäre auch im Rahmen der GOÄ unter Einbeziehung der Zweistufigkeit der ärztlichen Vergütung nicht von einer Unwirksamkeit des den Vergütungsanspruch begründenden Behandlungsvertrages, sondern von einer Unverbindlichkeit der Festlegung des Steigerungssatzes und als Folge dessen der Höhe der geforderten Gebühr auszugehen, welche durch Klage oder Einrede

223 a.A. *Quaas*, in: Quaas/Zuck, Medizinrecht, § 14 Rn. 53; *Spickhoff*, in: Spickhoff, Medizinrecht, § 5 GOÄ Rn. 9; *Miebach*, in: Uleer/Miebach/Patt, § 5 GOÄ Rn. 2.8.

224 BGHZ 174, 101 (108).

geltend gemacht werden muss.[225]

3. Sonderfall Honorarvereinbarung

Mit der Honorarvereinbarung wird den Parteien die Möglichkeit eingeräumt, das Primat des Leistungsinhalts wiederzuerlangen und damit, wie in anderen Vertragskonstellationen üblich, das zu zahlende Honorar durch Verhandlung festzusetzen.[226] Bei der Wahrnehmung dieser Möglichkeit verschiebt sich die Einschätzung hinsichtlich der gerechten und angemessenen Bewertung ärztlichen Tuns vom Verordnungsgeber zurück zu den Parteien. Es müsste deswegen – entsprechend dem Standardmodell des Vertrages – die Richtigkeitsgewähr des geschlossenen Vertrages und damit das Modell einer subjektiv sowie formal verstandenen Vertragsgerechtigkeit wieder zur Geltung kommen. Diese fußt auf der Fähigkeit *beider* Parteien, den Wert der auszutauschenden Leistungen auf Grundlage der eigenen Bedürfnisse zu bewerten.[227] Für den Arztvertrag wurde ausgeführt, dass diese Fähigkeit im Hinblick auf den Patienten als Vertragspartei ob dessen Betroffenheit in fundamentalen Rechtspositionen zumindest für den Regelfall nicht angenommen werden kann.[228] Personen, die Angst um Leib und Leben haben, sind vermutlich nicht zu einer rationalen Entscheidung fähig und werden unter Umständen, geleitet vom Wunsch der Genesung, jeden vom Arzt verlangten Preis bezahlen, selbst wenn dieser dem Umfang, Aufwand oder Nutzen der angebotenen Leistung nicht gerecht wird. Deswegen muss die in der GOÄ erfolgende Bewertung von ärztlichen Leistungen durch den Verordnungsgeber als grundlegende Entscheidung verstanden werden, den Zahlungspflichtigen diesen Druck abzunehmen.[229]

a) Verfassungsrechtliche Grundlage

Indes wäre es eine unverhältnismäßige Einschränkung des verfassungsrechtlich garantierten Rechts zur privatautonomen Gestaltung von Vertragsverhältnissen, dem geschäftsfähigen Vertragspartner des Arztes die Fähigkeit zur Bewertung ärztlicher Leistung gänzlich abzu-

225 Vgl. *Grüneberg*, in: Palandt, § 315 Rn. 15ff; *Rieble*, in: StaudingerBGB, § 315 Rn. 348f.

226 Zu Sinn und Zweck der GOÄ aus der Perspektive der Vertragstheorie vgl. den Abschnitt D.III.

227 Dazu ferner den Abschnitt D.II.2.b)

228 Dazu weiter im Abschnitt D.III.

229 Dazu weiter im Abschnitt D.III.3.

sprechen – insbesondere weil nicht jede Inanspruchnahme des Arztes von der Sorge um das Wohlergehen der eigenen Person oder Dritter erfüllt sein muss. Es sind sehr wohl Situationen vorstellbar, in denen sich der Vertragspartner des Arztes Vorstellungen über die Wertigkeit der vom Arzt erbrachten beziehungsweise zu erbringenden Leistung machen kann.[230] Zu denken wäre etwa an Schönheitsoperationen, die teilweise ohne medizinischen Leidensdruck und nur aus ästhetischen Gründen gewünscht werden. Der mit einer durch den Verordnungsgeber festgelegten Gebühr verbundene Schutzgedanke würde in diesen Fällen überstrapaziert, bliebe die verordnungsgeberische Festlegung in der GOÄ trotzdem vollumfänglich verbindlich. Es darf nicht vergessen werden, dass Gebührenordnungen einen Eingriff in das Recht, das „Entgelt für berufliche Leistungen selbst festzusetzen oder mit denen, die an diesen Leistungen interessiert sind, auszuhandeln"[231], bedeuten, der sich nur durch die mit der Honorarvereinbarung verbundene Öffnung des Gebührenverzeichnisses als noch erforderliches Mittel darstellt.[232] Denn damit können besondere Angebote des Arztes, wie etwa eine über das medizinische Maß hinausgehende persönliche Betreuung[233] oder die Behandlung im hochwertigen Ambiente, das gerade nicht einen erhöhten Steigerungssatz zu begründen vermag, im Wege der Honorarvereinbarung zur Abrechnung gebracht werden.

b) Einschränkungen der Honorarvereinbarung?

Die Akzeptanz einer grundsätzlichen privatautonomen Bestimmung des Honorars führt nun zu der Frage, ob – abseits der in § 2 GOÄ formulierten inhaltlichen Einschränkungen – jede zwischen Arzt und Zahlungspflichtigen vereinbarte Gebühr rechtlich hinzunehmen ist. Dem Wortlaut nach steht es beiden Parteien frei, einen beliebigen Steigerungssatz und damit nahezu jedes Honorar zu vereinbaren.[234] Es muss allerdings in Betracht gezogen werden, dass der Behandlungsvertrag neben der GOÄ weiteren rechtlichen Grenzen unterliegt. Eine mögliche Sittenwidrigkeit des vereinbarten Honorars mit der Fol-

230 Dazu den Abschnitt D.III.2.

231 BVerfG NJW 2005, 1036 (1036).

232 Vgl. BVerfG NJW 2005, 1036 (1037f) hinsichtlich der mit der GOÄ im Wortlaut weitestgehend identischen GOZ. Dazu *K.-F. Brück*, § 2 Rn. 1.2.

233 Zur Einschränkung der Honorarvereinbarung im Zusammenhang mit wahlärztlichen Leistungen allerdings: *Spickhoff*, in: Spickhoff, Medizinrecht, § 2 GOÄ Rn. 18.

234 Vgl. *Hoffmann/Kleinken*, § 2 Rn. 21.

ge, dass die Vereinbarung nicht wirksam und der Preis nach Vorgabe der GOÄ festzulegen ist, gilt es ebenso in Betracht zu ziehen[235] wie das Standesrecht als Verbotsgesetz.[236] § 12 MBOÄ, welcher die Ärzteschaft zu einer angemessenen Honorierungspraxis anhält[237], erfüllt nach Auffassung des Bundesgerichtshofs die Ansprüche an ein Verbotsgesetz im Sinne von § 134 BGB.[238] Ein Verstoß dagegen zieht die Nichtigkeit der Honorarvereinbarung nach sich. Des Weiteren kann, insbesondere weil die GOÄ gerade einen Preiswettbewerb unter den Ärzten verhindern soll, ein Verstoß gegen das UWG in Betracht kommen.[239]

Besagte Beschränkungen der Honorarfreiheit können also in zwei Richtungen gedacht werden: Das vereinbarte Honorar kann entweder zu hoch oder zu niedrig ausfallen. Während im ersteren Fall insbesondere an den Schutz des Zahlungspflichtigen vor einer finanziellen Überlastung zu denken ist, ist im zweiten Fall der Schutz anderer Ärzte vor Konkurrenz ausschlaggebend. Die verfassungsrechtlich den Erlass einer bundeseinheitlichen Gebührenordnung rechtfertigende Lenkungsfunktion zugunsten von Konsumenten und den übrigen Marktteilnehmern zeigt sich in diesen Aspekten besonders deutlich.[240]

Der Kostenbelastung von Privatversicherungen und Beihilfekassen kann bei der Frage der Angemessenheit indes keine Relevanz zukommen. Zwar ermöglicht die Honorarvereinbarung den Parteien, ein höheres Honorar zu vereinbaren als von der Gebührenordnung vorgesehen, die daraus resultierenden Mehrkosten sind allerdings im Verhältnis von Versicherten und Versicherung beziehungsweise von Beihilfeberechtigten und Beihilfestelle von einer Übernahme ausgenommen. Weil die Kosten der Honorarvereinbarung nicht auf die Kostenträger durchschlagen, erübrigt sich die Diskussion, inwiefern die Vertragsparteien bei ihrem Abschluss auf die finanzielle Leistungsfähig-

235 *Miebach*, in: Uleer/Miebach/Patt, § 2 GOÄ Rn. 10.

236 *K.-F. Brück*, § 2 Rn. 1.3.

237 § 12 Abs. 1 MBOÄ: „Die Honorarforderung muss angemessen sein. Für die Bemessung ist die Amtliche Gebührenordnung (GOÄ) die Grundlage, soweit nicht andere gesetzliche Vergütungsregelungen gelten. Ärztinnen und Ärzte dürfen die Sätze nach der GOÄ nicht in unlauterer Weise unterschreiten. Bei Abschluss einer Honorarvereinbarung haben Ärztinnen und Ärzte auf die Einkommens- und Vermögensverhältnisse der oder des Zahlungspflichtigen Rücksicht zu nehmen."

238 BGH NJW 1986, 2360; a.A. *Taupitz*, Die Standesordnungen der Freien Berufe, S. 1076ff.

239 *Kamps/Kiesecker*, MedR 2000, 72 (76).

240 Zur kompetenzrechtlichen Einordnung der Gebührenordnung siehe bereits auf S. 27ff.

keit der Versicherungen Rücksicht nehmen müssen. Die ungeachtet dessen durch § 12 Abs. 1 Satz 1,3 MBOÄ erwartete Angemessenheit der Honorarvereinbarung findet ihren Grund vielmehr in der Freiheit des Arztes bei Abschluss eines Behandlungsvertrages und die drohende finanzielle Überforderung des Zahlungspflichtigen, dem die Mehrkosten gerade nicht ersetzt werden.[241] Es besteht – außer in Notfällen – keine Behandlungspflicht und mithin kein Kontrahierungszwang. Dem Arzt ist es freigestellt, seine Behandlung von dem Abschluss einer Honorarvereinbarung abhängig zu machen.[242] Um einen Missbrauch zulasten des Zahlungspflichtigen zu verhindern, verpflichtet § 12 Abs. 1 Satz 3 MBOÄ zur Unterordnung des eigenen Profitinteresses unter die Einkommens- und Vermögensverhältnisse des Zahlungspflichtigen[243]

Obwohl also aus vertragstheoretischer Sicht aufgrund des Zustandekommens der Honorarvereinbarung die Zustimmung des Zahlungspflichtigen zu dem vom Arzt geforderten Honorar anzunehmen ist[244], wird die Honorarvereinbarung bei standrechtlich unangemessen hohen Vergütungsansprüchen verworfen. In diesem Akt wird ein schützender Gedanke deutlich, der in einer punktuellen Außerkraftsetzung der Privatautonomie seinen Ausdruck findet und der verdeutlicht, dass auch im Rahmen der Vertragstheorie nicht von der definitiven Richtigkeit des Vertrages ausgegangen wird, sondern der Vertragsschluss nur als Indiz behandelt wird.[245] Da dem Zahlungspflichtigen die Mehrkosten nicht ersetzt werden, wäre seiner Überforderung Tür und Tor geöffnet, die spätestens dann verfassungsrechtlich unhaltbar wird, wenn dem Patienten ohne Abschluss die Behandlung schwerer und lebensbedrohlicher Krankheiten vorenthalten würde.[246] Aus diesen Gründen verwundert es nicht, dass eine Einschränkung der Honorarvereinbarungen in Abhängigkeit von der individuellen Leistungsfähigkeit des Patienten erfolgt.

241 Zur Behandlung der Honorarvereinbarung im Rahmen der privaten Krankenkassen und der Beihilfe vgl. den Abschnitt E.II.3.b)(4).

242 Vgl. für den Umkehrschluss: Hübner Fachanwaltskommentar Medizinrecht, § 2 GOÄ Rn. 3d.

243 Vgl. *Hoffmann / Kleinken*, § 2 Rn. 21; *K.-F. Brück*, § 2 Rn. 1.3.1, 1.3.4; *Ratzel*, in: Ratzel / Lippert, MBO, § 12 Rn. 11ff.

244 Das Modell subjektiv-formaler Preisfindung besagt, dass eine Honorarvereinbarung nicht zustande gekommen wäre, wenn hinsichtlich der dort statuierten Honorarforderungen kein Konsens erreicht worden wäre. Ansonsten hätte der Zahlungspflichtige seine Zustimmung verweigert. Dazu den Abschnitt D.II.2.b)

245 Dazu *Martens*, AcP 177 (1977), 113–188 (115); *Heinrich*, S. 223; *Zöllner*, AcP 196 (1996), 1–36 (25). Siehe ferner den Abschnitt D.II.2.c).

246 Dazu weiter im Abschnitt E.II.2.c) und des Weiteren unter dem Abschnitt E.II.3.b)(4).

Bei der Unterschreitung der Mindestsätze durch Honorarvereinbarungen, das heißt der Vereinbarung eines unter dem einfachen liegenden Steigerungssatzes, steht vor allem die gewohnheitsmäßige Absenkung des Honorars unter das Vergütungsniveau der GOÄ in der Diskussion.[247] Weitestgehend akzeptiert wird die geringer taxierte oder sogar pro bono durchgeführte[248] Behandlung im Ausnahmefall, etwa aus Gründen der Gefälligkeit oder familiärer Verbundenheit.[249] Demgegenüber wird die gewohnheitsmäßige Vereinbarung einer unter die in der GOÄ für die in Rede stehende Tätigkeit eigentlich vorgesehene Gebühr regelmäßig für dann nicht mit dem Standesrecht vereinbar erachtet, wenn sie in Marktverdrängungsabsicht betrieben wird.[250] Als Beispiel zu nennen ist etwa das Labor, das mit dem Großabnehmer Krankenhaus unter dem Mindestsatz abrechnet, für dieselben Leistungen jedoch vom Einzelpatienten den Höchstsatz verlangt.[251]

Diese Differenzierung zeigt deutlich, dass nicht die Unterschreitung des Einfachsatzes selbst als ausschlaggebend erachtet wird, sondern die Unlauterkeit der dafür maßgeblichen Motive.[252] Es liegt auf der Hand, dass dem Arzt bei einer kostenlosen Behandlung Verluste entstehen. Trotzdem wird ein solches Verhalten – solange es im Einklang mit § 12 Abs. 2 MBOÄ erfolgt[253] – akzeptiert und nicht sanktioniert, obwohl der Arzt zumindest wirtschaftlich irrational handelt.[254] Diese Bewertung eigenen Tuns ist nicht von Relevanz, in dieser Hinsicht wird der Idee subjektiv empfundener Gerechtigkeit gefolgt.

Entscheidend sind vielmehr die Beweggründe, die zum Abschluss

247 Vgl. *Spickhoff*, in: Spickhoff, Medizinrecht, § 2 GOÄ Rn. 4.

248 Auch bei einem nach außen kostenlosen Tätigwerden des Arztes kann ein Schuldvertrag vorliegen, um diesem die Vorteile vertraglicher Haftungsansprüche zu verschaffen; *Deutsch / A. Spickhoff*, Rn. 103 unter Bezugnahme auf BGH VersR 1977, 819. Bei einem reinen Gefälligkeitshandeln kann es aber an einem beruflichen Tätigwerden des Arztes fehlen; vgl. *Spickhoff*, in: Spickhoff, Medizinrecht, § 1 GOÄ Rn. 7.

249 *Hoffmann / Kleinken*, § 2 Rn. 20f; *Spickhoff*, in: Spickhoff, Medizinrecht, § 2 GOÄ Rn. 4; krit. aufgrund der nach § 11 BÄO festzusetzenden Mindestsätze: *Kamps / Kiesecker*, MedR 2000, 72 (73ff).

250 *Spickhoff*, in: Spickhoff, Medizinrecht, § 2 GOÄ Rn. 4; *Hoffmann / Kleinken*, § 2 Rn. 21 a.E. *Plüger*, MedR 2003, 276 (287); *Ratzel*, in: Ratzel / Lippert, MBO, § 12 Rn. 16; *Kamps / Kiesecker*, MedR 2000, 72 (75f).

251 Beispiel nach *Hoffmann / Kleinken*, § 2 Rn. 21 mit Verweis auf LG Offenburg, Urt. v. 06.09.1984, 3 O 336/84.

252 Vgl. die Differenzierung bei *Kamps / Kiesecker*, MedR 2000, 72 (74f).

253 § 12 Abs. 2 MBOÄ: Ärztinnen und Ärzte können Verwandten, Kolleginnen und Kollegen, deren Angehörigen und mittellosen Patientinnen und Patienten das Honorar ganz oder teilweise erlassen.

254 Vgl. *Ratzel*, in: Ratzel / Lippert, MBO, § 12 Rn. 16.

der Honorarvereinbarung geführt haben und die damit letztlich die soziale Funktion, die die Vereinbarung nach Dafürhalten der Parteien erfüllen soll.[255] Der Arzt hat die Bedürfnisse der Allgemeinheit, hier seiner Standeskollegen, in seine Bewertung einfließen zu lassen. Der teilweise Verzicht auf das Honorar verschafft ihm einen preislichen Vorteil gegenüber der Konkurrenz, die zu den Sätzen der GOÄ abrechnet. Solange die tatsächlich anfallenden Kosten gedeckt werden, kann auf Grundlage dieses Vorteils ein Verdrängungswettbewerb zuungunsten der Standesgenossen geführt werden, welcher wiederum eine Spirale des gegenseitigen Unterbietens und damit letztlich ein doch für alle Beteiligten nachteiliges Gebührenniveau heraufbeschwört.[256]

Die Möglichkeit, geringere Honorare als die nach der GOÄ vorgesehenen zu vereinbaren, darf fernerhin nicht im Sinne einer obligatorischen Verpflichtung des Arztes zum Abschluss einer Honorarvereinbarung missverstanden werden. Der Umstand, dass der Arzt nach standesrechtlichen Maßgaben ein angemessenes Honorar zu fordern hat, kann nicht darin resultieren, dass dieser – mit Rücksicht auf die Versicherungsprämien des zahlungspflichtigen Patienten – für diesen begünstigende Honorarvereinbarungen abzuschließen hat, bei denen die Mindestsätze der GOÄ unterschritten werden. Der eigentlich den Parteien freistehende Abschluss eines Honorars würde ansonsten einem Kontrahierungszwang unterworfen, für den sich in der GOÄ keine Anhaltspunkte finden, die nicht durch das übergeordnete Zivilrecht begründet werden können. Die Situation ist insoweit mit der bereits angesprochenen Steigerungssatzbestimmung vergleichbar. Der Arzt, der wie gesetzlich vorgesehen und ohne den Gedanken des Rechtsmissbrauchs abrechnet, kann sich nicht dem Vorwurf aussetzen, er handele nachteilig zulasten seines Vertragspartners.[257] Das wird im Standesrecht deutlich. Die Präzisierung des angemessenen Honorars in Bezug auf die Honorarvereinbarungen setzt inhaltlich voraus, dass eine solche überhaupt zustande kommt. Ohne gilt diese Verpflichtung in dieser strengen Form nicht.

---

255 Dazu den Abschnitt D.II.2.c).

256 Zu den Folgen eines Preiswettbewerbs vgl. den Abschnitt E.III.2.b).

257 Dazu den Abschnitt F.III.

4. Zusammenfassung

Die Gesamtschau zeigt, dass auf der Ebene der Kostenerstattung vielfach Möglichkeiten bestehen, Honorare des Arztes, die aufgrund ihrer Höhe mit den Zielen des Sozialstaates unvereinbar sind, von einer Erstattung zumindest insoweit auszunehmen, als nur die üblichen Kosten erstattet werden. Die Gebührenordnung für Ärzte muss deswegen nicht explizit unter den Vorbehalt gestellt werden, dass bei ihrer Anwendung die Ziele des Sozialstaates zu beachten sind. Ferner verböte sich dies aus systematischen Erwägungen. Der Sozialstaat wird für den Arzt letztlich nur indirekt relevant. Dieser kann nach dem Gebot von Treu und Glauben verpflichtet sein, gegebenenfalls auf die eingeschränkten Leistungspflichten der Kostenträger hinzuweisen.

Eine Ausnahme besteht jedoch im Rahmen der Honorarvereinbarung in Bezug auf die Konkurrenzsituation der Mediziner. Der Arzt hat hier die Möglichkeit, vom Gebührenrahmen der GOÄ abzuweichen. Diese Abweichungen sind zwar nicht von der Ersatzpflicht der Beihilfekassen oder Krankenversicherungen erfasst, ungeachtet dessen erlauben sie es dem einzelnen Mediziner, die Zwangssituation Erkrankter auszunutzen und sich ferner im Wettbewerb mit anderen Leistungserbringern über den Preis Vorteile zu verschaffen, die die Stabilität des Versorgungssystems als Ganzes gefährden könnten. Ein solches mit den Gedanken vom Schutz des Zahlungspflichtigen und den Idealen der Freiberuflichkeit nicht zu vereinbarenden Verhalten ist unzulässig.

IV. Bewahrung der Leistungsgerechtigkeit der Gebühren

Um die Wertigkeit einzelner Leistungen auszudrücken, bedient sich die Gebührenordnung einer abstrakten Einheit: der Punktzahl.[258] Das eigentliche Honorar im Sinne eines Geldbetrages ist das Resultat einer weiteren Umrechnung. Die Multiplikation der Punktzahl mit dem in § 5 Abs. 1 GOÄ festgelegten Punktwert ergibt den Gebührensatz, dessen erneute Vervielfachung um den Steigerungssatz zu der zu zahlenden Gebühr führt.[259] Die Differenzierung zwischen Punktzahl und Gebühr dient der einfachen Aktualisierung der Gebührenordnung. Die

258 Dazu den Abschnitt C.III.2.

259 Vgl. *Hoffmann/Kleinken*, § 5 Rn. 4. Dazu ferner den Abschnitt C.III.2. Die Angabe der (Grund-)Gebühr im Gebührenverzeichnis in Euro dient ausschließlich dem vereinfachten Umgang.

Einbindung eines Umrechnungsfaktors reduziert den dafür erforderlichen legislativen Aufwand, indem sie ohne Anpassung des Gebührenverzeichnisses eine Globalsteuerung des Gebührenniveaus durch die Modifikation des Punktwertes ermöglicht.[260] Das kann jedoch mit Nachteilen verbunden sein. Die Abtrennung des Punktwerts von den eigentlichen Leistungen könnte einer mangelnden inhaltlichen Rekapitulation der im Gebührenverzeichnis zum Ausdruck gebrachten Bewertung ärztlichen Tuns Vorschub leisten. Bei fortschreitendem medizinischen Kenntnisstand würde die in einer Gebührenziffer zum Ausdruck kommende Bewertung infolgedessen ihre Aktualität verlieren, wenn sie nicht mehr denjenigen Leistungsaufwand widerspiegelt, welcher im Lichte des momentanen wissenschaftlichen Standards *tatsächlich* betrieben werden muss, um eine Leistungen fehlerfrei zu erbringen.

1. Die Relation von Aufwand und Punktzahl als Wertung

Dass die Gebühr in ihrer Grundanlage als Vergütung desjenigen Aufwandes zu verstehen ist, welcher dem Arzt durch die Verrichtung entsteht, ergibt sich bereits aus den tätigkeitsbezogen formulierten Leistungsbeschreibungen. Die Gebührenziffern führen zur Vergütung der dort beschriebenen Verrichtung.[261] Angesichts dessen den zur Vornahme erforderlichen Leistungsumfang als maßgeblichen Bezugspunkt der Punktzahl und damit der Bewertung durch den Verordnungsgeber zu begreifen, entspricht nicht nur dem im Regelfall zeitbezogenen Entgelt im Dienstvertrag.[262] Ferner rückt die Existenz des Steigerungssatzes und dessen Bestimmung anhand von Zeitaufwand, Schwierigkeit und sonstigen Umständen die Gebühr zwangsläufig in die Nähe eines leistungsabhängigen Entgelts. Im Übrigen ist es im Hinblick auf die kostendeckende Vergütung als Mindestmaß der ärztlichen Honorierung nur naheliegend, den Aufwand vor allem im Sinne einer zeitlichen Begrenzung ärztlicher Leistungsfähigkeit als kosten- und damit gebührenbestimmenden Faktor zu begreifen:[263] Da Auslagenersatz und Wegegeld ausschließlich die anfallenden Kosten für Material

260 Vgl. BR-Drs. 295/82, S. 9f.

261 Dazu weiter in den Abschnitten C.III.1. und C.IV.2.

262 Vgl. *Richardi/Fischinger*, in: StaudingerBGB, § 611 Rn. 780; *Müller-Glöge*, in: MünchKommBGB, § 611 Rn. 711.

263 Zur Kostendeckung bereits den Abschnitt F.II.

und Anreise abdecken[264], müssen die aufgewendete Arbeitszeit sowie die allgemeinen Betriebskosten mit der Gebühr abgegolten werden. Nicht umsonst sind die Gebühren nach § 6a Abs. 1 GOÄ bei „vollstationären, teilstationären sowie vor- und nachstationären privatärztlichen Leistungen" aufgrund der inhaltlichen Überschneidung mit anderen Entgelten für den Krankenhausaufenthalt um ein Viertel zu reduzieren.[265] Aus Sicht des Verordnungsgebers gibt es zusammenfassend gute Gründe, sich bei der Aufstellung des Gebührenverzeichnisses von Aufwand und Umfang der betrachteten Tätigkeiten leiten zu lassen.

2. Auseinanderfallen von Vergütung und Aufwand

Die zwangsläufig mit besagter Aufstellung verbundene Betrachtung und Bewertung von Leistungsinhalten kann sich indes nur auf jenen Stand medizinischer Wissenschaft stützen, welcher zum Zeitpunkt der Bewertung gegeben ist, da sie einer Vorstellung des Verordnungsgebers von der bewerteten Tätigkeit bedarf.[266] Zukünftige Entwicklungen können allenfalls im äußerst geringem Maße, zum Beispiel anhand in Erprobung befindlicher experimenteller Verfahren, antizipiert werden. Es ist mithin davon auszugehen, dass sich die Leistungsbewertungen in der GOÄ auf denjenigen Aufwand beziehen, der zur Vornahme einer Leistung nach dem Stand der Wissenschaft zum Beurteilungszeitpunkt erforderlich war und der dementsprechend vom Verordnungsgeber erfasst werden konnte.[267] Die einer Gebührenziffer zugewiesene Punktzahl steht also in Relation zu dem Aufwand, welcher bei der Bewertung dieser Gebührenziffer seitens des Verordnungsgebers für eine ordnungsgemäße Vornahme angenommenen wurde.[268] Damit sind die Leistungsbewertungen des Gebührenverzeichnisses als spezifische gebührenrechtliche Ausprägungen eines gerechtigkeitsbestimmenden Risiko- oder Wertungszusammenhanges zu verstehen[269], die aufgrund der Schwierigkeit, zukünftige Entwicklungen kunstgerech-

264 Dazu weiter im Abschnitt C.III.1.

265 Vgl. *Spickhoff*, in: Spickhoff, Medizinrecht, § 6a GOÄ Rn. 1.

266 Vgl. BGHZ 177, 43 (49); dazu BR-Drs. 295/82, S. 10.

267 Von dieser Prämisse ging der Verordnungsgeber bei der Aufstellung des Gebührenverzeichnisses offenbar selbst aus, als er den unter einem vergleichbaren Postulat erstellten, damalig gültigen Einheitlichen Bewertungsmaßstab zur Grundlage der novellierten Gebührenordnung machte; vgl. BR-Drs. 295/82, S. 10.

268 Vgl. BGHZ 177, 43 (51); BGHZ 15, 142 (150); BGH NJW-RR 2010, 1355 (1356f); *Hoffmann/Kleinken*, § 4 Rn. 6.6.

269 Dazu den Abschnitt B.I.2.d).

ten Behandelns zu antizipieren, ausschließlich für den zum Zeitpunkt der Aufnahme beziehungsweise Novellierung der Gebührenziffer vorherrschenden Erkenntnisstand der Medizin Gültigkeit besitzen. Das gilt es zu bedenken, wenn fortschrittsbedingter Mehraufwand zu einer Änderung des für die ordnungsgemäße Vornahme erforderlichen Aufwands führt. Bei Beibehaltung der Punktzahl wären die bewertete und die aktualisierte Form der Leistungsvornahme zwei hinsichtlich des wertungsrelevanten Preis-Leistungs-Verhältnisses ungleiche Sachverhalte.[270]

Dem kann nicht entgegengehalten werden, dass aufgrund des Zielleistungsprinzips der bei Vorname der besonderen Ausführung anfallende Mehraufwand ebenfalls nicht vergütet wird.[271] Grund dafür ist der hinsichtlich jenen Mehraufwands fehlende gebührenrechtliche Bezugspunkt[272] , weil die handwerklichen Abweichungen gegenüber der Standardmethode noch nicht mit einer Gebührenziffer ausgedrückt werden können.[273] Da es an einer solchen fehlt, ist der Ausgleich durch die Abrechnung einer weiteren Gebührenziffer systematisch nicht möglich. Insoweit ist der Ausschluss als klarstellender Verweis auf den Steigerungssatz zu verstehen[274], nicht jedoch als Negierung des grundsätzlichen Bedürfnisses nach Ausgleich.

Ursächlich für das Auseinanderfallen vom bewerteten und nunmehr gebotenen Aufwand ist die Zunahme medizinischer Kenntnisse. Mit umfassenderem Wissen werden neue therapeutische Möglichkeiten erschlossen, welche zu einer Weiterentwicklung des nach § 630a Abs. 2 BGB für die Durchführung der Behandlung grundsätzlich maßgeblichen, allgemein anerkannten fachlichen Standards führen und damit die Methodenwahl des Arztes bestimmen. Denn als Behandlungsfehler gilt jenes ärztliche Verhalten, „das nach dem Erkenntnisstand der medizinischen Wissenschaft der gebotenen Sorgfalt im Zeitpunkt der Behandlung nicht genügt und damit unsachgemäß ist".[275] Da die Leis-

270 Zur Situationsabhängigkeit von Wertungen den Abschnitt B.I.2.

271 Vgl. *Spickhoff*, in: Spickhoff, Medizinrecht, § 4 GOÄ Rn. 33; *Hoffmann / Kleinken*, § 4 Rn. 3.1; 6; *Lang* u. a., § 4 Rn. 41.

272 Vgl. zur Definition der besonderen Ausführung: *Hoffmann / Kleinken*, § 4 Rn. 3.1; *Lang* u. a., § 4 Rn. 41.

273 Zu denken ist etwa an eine kompliziertere Operationsmethode. Vgl. BGH NJW-RR 2010, 1355 (1356); *ders.*, § 4 Rn. 41f; *Hoffmann / Kleinken*, § 4 Rn. 3.1.

274 Vgl. *dies.*, § 4 Rn. 6.6.

275 Unter Bezugnahme auf OLG Bamberg, Urt. vom 25.08.2008 - 4 U 33/08, *Greiner*, in: Spickhoff, Medizinrecht, § 823ff BGB Rn. 6, so *Laufs*, in: Laufs / Kern, § 6 Rn. 35ff; *Quaas*, in: Quaas / Zuck,

tungsbeschreibungen der GOÄ in der Regel jedoch nur auf das Ziel ärztlichen Tuns und nicht auf das zu dessen Verwirklichung angewandte Vorgehen Bezug nehmen und damit Leistungen unabhängig von der gewählten Methoden vergüten[276], bleibt die Änderung des Standards jedoch für die Vergütung zunächst folgenlos. Selbst wenn die vom Verordnungsgeber auf Grundlage des damaligen Erkenntnisstandes der Wissenschaft als typisch angenommene Methode von einem neueren Vorgehen verdrängt wird, ist prinzipiell dieselbe Gebührenziffer abrechenbar. Schließlich ändert sich nur das Vorgehen, nicht jedoch das mit beiden Methoden verfolgte Ziel. Eindrückliches Beispiel sind in dieser Hinsicht die Laborleistungen: Zum Zeitpunkt der Aufstellung der GOÄ von 1965 waren einige Analysemethoden verhältnismäßig kostenintensiv. Fast zwanzig Jahre später war dieser hohe Aufwand nicht mehr erforderlich, fand ungeachtet dessen aber immer noch einen Niederschlag in die Gebührenordnung und erlaubte den Laborärzten ein weit über der ursprünglichen verordnungsgeberischen Intention liegendes Einkommen, sodass der Verordnungsgeber eine Korrektur für geboten erachtete.[277]

Weitaus kritischer ist aber der umgekehrte Fall, der zu einer unverhältnismäßig niedrigen Vergütung der Ärzteschaft und den damit verbundenen Gefahren führen kann.[278] Medizinische Forschung und technischer Fortschritt resultieren nicht zwingend in der Vereinfachung ärztlichen Tuns. Ganz im Gegenteil erfordern neue Methoden im Vergleich zum bisherigen Standardvorgehen regelmäßig einen größeren Behandlungsaufwand.[279] Trotzdem werden beide Varianten im Gebührenverzeichnis durch die gleiche Gebührenziffer repräsen-

Medizinrecht, § 14 Rn. 72. Zur Zeitbezogenheit des Standards: *Deutsch/A. Spickhoff*, Rn. 213ff m.w.N.

276 Dazu den Abschnitt C.IV.2..

277 Vgl. BR-Drs. 295/82, S. 9.

278 Zur Abhängigkeit der ärztlichen Leistungsbereitschaft vom Honorar vgl. den Abschnitt E.II.3.b)(4).

279 Ursächlich für Änderungen des Leistungsumfangs können dabei nicht nur methodische Fortschritte, sondern auch jene auf dem Feld der Gerätetechnik sein, deren Gebrauch die Gebühr ebenfalls vergütet. Beispielsweise unterscheiden sich die bei einer Strahlentherapie anfallenden Anschaffungs- und Betriebskosten des Beschleunigers in Abhängigkeit von der verwendeten Strahlenart stark, wie die Diskussion um die Betriebskosten von Ionenstrahlgeräten in Kiel und Marburg zeigt (vgl. Deutsches Ärzteblatt 2012; 109 (43): A-2106 / B-1718 / C-1686). Die Gebührenordnung bildet besagte technische Aufwandsunterschiede allerdings nicht ab. Es bleibt die Möglichkeit, ihnen im Wege der Analogabrechnung zu begegnen. Dazu umfassend *Hoffmann/Kleinken*, Komm. Gebührenverzeichnis Nrn. 5800-5855 Rn. 7a.

tiert.[280] Die mit dieser Gebührenziffer verbundene Bewertung des Verordnungsgebers ist jedoch nur für die inzwischen abgelöste, jedoch seinerseits betrachtete Ausführung gültig. Der für die Vornahme des neuen Standardvorgehens erforderliche Mehraufwand bleibt damit unberücksichtigt. Resultat ist ein Auseinanderfallen von vergütetem und erforderlichem Aufwand. Der Arzt muss, um eine Gebühr abrechnen zu können, mehr leisten, als vom Verordnungsgeber ursprünglich kalkuliert wurde.

Von der Warte des Ideals des gerechten Preises ist auf das Auseinanderfallen zu reagieren. Insbesondere dann, wenn der Leistungsumfang nicht nur eine neue Behandlungsoption darstellt, sondern haftungsrechtlich vom Arzt sogar erwartet wird.[281] Den aus dem medizinischen Fortschritt resultierenden Mehr- beziehungsweise Minderaufwand gleich dem der Gebührenziffer zugrunde gelegten Leistungsumfang zu vergüten, muss nach dem bisher Gesagten als formal ungerecht gelten. So soll auch der veränderte Aufwand zu demselben Behandlungsziel im Sinne der GOÄ führen, was als maßgebliches Kriterium der Leistungsbeschreibung gilt.[282] Auf dieser Grundlage eine Gleichbehandlung und daraus resultierend eine unveränderte Abrechnung zu schlussfolgern, liefe allerdings dem Normzweck der GOÄ komplett zuwider.[283] Die Kriterien formaler Gerechtigkeit bestimmen sich nach den spezifischen Wertungszusammenhängen von Normen und dem darin zum Ausdruck kommenden Regelungsplan des Gesetzgebers.[284] Die Gefahren einer Über- sowie einer Unterhonorierung ärztlichen Tuns und der Aspekt der Kostendeckung als *definierbares* Minimum ärztlichen Honorars wurden bereits erörtert.[285] Wenn die angemessene, den Arzt zur gewissenhaften Berufsausübung anhalten-

---

280 Das wird etwa deutlich am Beispiel einer Lebertransplantation, mit der sich das Oberlandesgericht Düsseldorf im Jahr 2001 auseinanderzusetzen hatte (OLG Düsseldorf MedR 2002, 310 (310): Die ‚Lebertransplantation' (Gebührenziffer 3184) erfuhr zuletzt im Jahr 1988 eine neuerliche Bewertung im Gebührenverzeichnis (7500 Punkte). Weitere Änderungen unterblieben seitdem. Gleichzeitig hatte „die Weiterentwicklung der medizinischen Wissenschaft [...] eine grundlegende Verbesserung des Transplantationsverfahrens und damit eine wesentliche Ausweitung der hierzu zu erbringenden ärztlichen Leistungen zur Folge" (OLG Düsseldorf MedR 2002, 310 (310). Ungeachtet dessen ist Gebührenziffer 3184 auf die neue Methode ebenso anzuwenden, denn die Lebertransplantation als Ziel bleibt unverändert.

281 Vgl. *Katzenmeier*, in: FS Müller, 236–253 (48).

282 Dazu weiter im Abschnitt C.IV.2.

283 Vgl. *Griebau*, in: Handbuch Medizinrecht, § 11 Rn. 21.

284 Dazu den Abschnitt B.I.2.

285 Dazu die Abschnitte E.II.3.b)(4), E.III.2.a) und F.II.

de Entlohnung aufgrund staatlicher Schutzpflichten zum Gebot wird, kann ein Verständnis der GOÄ, das unter Umständen die unzureichenden Entlohnungen des Arztes zur Folge hat, dem Regelungsplan der Gebührenordnung deswegen nicht entsprechen.[286]

3. Ausgleich unberücksichtigter Leistungsausweitungen

Es verwundert daher nicht, dass eine Anpassung der Gebühren an den medizinischen Fortschritt in Rechtsprechung und Literatur als grundsätzlich notwendig erachtet wird.[287] Die Diskussion kreist dabei vor allem um den Ausgleich des vom Verordnungsgeber unberücksichtigt gebliebenen Mehraufwands. Wenn selbstständige Leistungen fortschrittsbedingt an Umfang gewonnen haben, muss – um das Verhältnis von Punktzahl und der damit vergüteten Leistung wiederherzustellen – die Gebühr entsprechend des Leistungszuwaches erhöht werden.

Wie die aufwandsgerechte Gebühr allerdings zu verwirklichen ist und wie mit der mangelnden Aktualität des Gebührenverzeichnisses umgegangen werden soll, ist indes umstritten.[288] Kernpunkt ist dabei eine differenzierende Interpretation der Leistungsbeschreibungen und der darauf aufbauenden unterschiedlichen Definitionen der selbstständigen Leistung vor dem Hintergrund des Verbots der Parallelabrechnung durch das Zielleistungsprinzip, jener Maxime, welche das Gebührenforderungsrecht auf die selbstständigen Leistungen begrenzt und damit Bestandteile anderer Leistungen beziehungsweise deren besondere Ausführung sowie methodisch notwendige operative Einzelschritte von der Vergütung ausnimmt.[289]

Es ist umstritten, ob aus den Änderungen des medizinisch gebotenen Leistungsumfangs resultierende Mehrleistungen einen „Teilschritt auf dem Weg zur Erreichung des Leistungsziels“[290] darstellen oder – weil sie für den Verordnungsgeber bei der Aufstellung der Gebührenziffern nicht vorhersehbar waren – eigenständig abgerech-

286 Vgl. die Ablehnung von „Fallpauschalen“ bei: *Schulte-Nölke*, NJW 2004, 2273 (2275).

287 BGHZ 159, 142 (149); 177, 43 (48ff); BGH NJW-RR 2003, 1639 (1641); *Riedel*, GesR 2008, 580 (582); *Clausen*, in: Handbuch Medizinrecht, D4100-§ 4 Rn. 107; *Hoffmann / Kleinken*, § 4 Rn. 6.3; *Schulte-Nölke*, NJW 2004, 2273 (2275); *Spickhoff*, in: Spickhoff, Medizinrecht, § 4 GOÄ Rn. 36; *Miebach*, in: Uleer / Miebach / Patt, § 4 GOÄ Rn. 11ff.

288 Folgende Aufstellung erfolgt in Anlehnung an: *Riedel*, GesR 2008, 580 (581) und *Schulte-Nölke*, NJW 2004, 2273 (S. 2274ff).

289 BGH NJW-RR 2008, 1278 (1279). Dazu ferner im Abschnitt C.IV.3.b)

290 LG Karlsruhe MedR 2004, 63 (64f).

net werden können. Das hängt wiederum entscheidend davon ab, wie der Leistungsgehalt einer Gebührenziffer verstanden wird. Die mit den Gebührenziffern verbundenen Leistungsbeschreibungen sind regelmäßig inhaltlich offen und auf das Ergebnis ausgerichtet formuliert.[291] Fraglich ist nun, ob diese Offenheit nicht nur im Lichte einer grundsätzlichen methodischen Wahlfreiheit des Arztes zu verstehen ist, sondern den sich ändernden medizinischen Standard umfasst, sodass auch nach Aufstellung hinzugekommene Änderungen in den Leistungsumfang hineinzulesen sind, oder ob besagter Leistungsumfang bei der Einordnung von Leistungen historisch und damit als der zum Bewertungszeitpunkt als typisch erachtete Behandlungsaufwand zu interpretieren ist.[292]

Die Folge wären zwei vollkommen unterschiedliche Möglichkeiten, mit dem anfallenden Mehraufwand umzugehen. Wird dem Verständnis der Gebührenziffern jener vom Verordnungsgeber bewertete und zum Bewertungszeitpunkt als typisch erachtete Leistungsaufwand zugrunde gelegt, ändert sich die Reichweite der einzelnen Gebührenziffern nicht. Sie erfasst den fortschrittsbedingt hinzutretenden Mehraufwand nicht, sodass dieser als eine weitere selbstständige Leistung vergütet werden kann. Ergebnis ist die Zunahme der abgerechneten Gesamtpunktzahl, die mithin auch das Honorar erhöht. Werden die Gebührenziffern hingegen in ihrer Reichweite als flexibel erachtet, ist ein solches Vorgehen nicht möglich. Der anfallende Mehraufwand wird von der bestehenden Gebührenziffer absorbiert und mündet mithin auch nicht in eine aufgrund einer Parallelabrechnung erhöhten Gesamtpunktzahl. Zur Wahrung der Relation von Aufwand und Vergütung bedarf es anderer Maßnahmen. Vorgeschlagen wird diesbezüglich die Erhöhung des Steigerungssatzes. Zusammenfassend finden sich damit zwei verschiedene Ansatzpunkte für den Ausgleich eines Mehraufwands: einmal über die Erhöhung der abgerechneten Punktzahl, einmal über die Erhöhung des Steigerungssatzes.

291 Dazu den Abschnitt C.IV.2.

292 Das unangemessene Honorar im Wege einer Anpassung gemäß § 313 I BGB aufgrund einer Störung der Geschäftsgrundlage zu beseitigen, ist hingegen nicht möglich. Geschäftsgrundlage sind ausschließlich außerhalb des eigentlichen Vertragsinhalts stehende Aspekte, die ungeachtet dessen von den Vertragsparteien als Rahmenbedingung ihrer Geschäftsbeziehungen erachtet werden (RGZ 100, 129 (132); BGHZ 74, 370 (372f); 84, 1 (8f); 89, 226 (231); *Fikenauer*, in: MünchKommBGB, § 313 Rn. 23ff). Demgegenüber finden die Gebührenordnung und deren Wertungen unmittelbar Eingang in das Verzeichnis (dazu den Abschnitt B.II.2.c)).

a) Gebührenanpassung über den Steigerungssatz

Die letztgenannte Position vertritt vor allem *Miebach*[293], welcher in dem Zielleistungsprinzip die Verpflichtung erkennt, das ärztliche Handeln möglichst umfassend in einer selbstständigen Leistung zusammenzuziehen. Sofern das Gebührenverzeichnis keine anderweitigen Angaben mache[294], gelten die Vorgaben des § 4 GOÄ, sodass *jede* ärztliche Leistung unter das Zielleistungsprinzip zu subsumieren sei.[295] Deshalb bestimmte sich der Leistungsumfang der einzelnen Gebührenziffern in der Regel nach dem in der konkreten Situation gebotenen medizinischen Vorgehen. Sie vereine nicht nur die typischen Begleithandlungen, beispielsweise die Eröffnungs- und Verschlussleistungen, sondern zugleich alle darüber hinausgehenden medizinisch notwendigen Maßnahmen in *einer* selbstständigen Gesamtleistung.[296] Dies umfasse *alle* im Rahmen einer kunstgerechten Behandlung durchzuführenden Behandlungsschritte; auch solche, deren Vornahme im Einzelfall denkbar, aber nicht zwingend sei.[297] Selbst „wenn sich ein völlig neuer, bei Schaffung der GOÄ-Position unbekannter Operationsstandard entwickelt" habe, sei für eine Abweichung vom Gedanken des Zielleistungsprinzips kein Raum, sondern vielmehr „die im Gebührenverzeichnis aufgeführte Gebührenposition anzusetzen".[298] Im Sinne der Transparenz der GOÄ und des Patientenschutzes müsse auf eine strikte Einhaltung des Zielleistungsprinzips bestanden werden.[299]

Sofern die fortschrittsbedingte Wandlung des medizinischen Behandlungsstandards einen unkompensierten Leistungszuwachs zur Folge habe, sei dieser deswegen nicht durch eine Parallelabrechnung mehrerer Leistungen, sondern über einen höheren Steigerungssatz auszugleichen.[300] Schließlich äußere sich der medizinische Fortschritt an dieser Stelle in der Regel durch die Zunahme des Zeitaufwands beziehungsweise im Schwierigkeitsgrad.[301] Darüber hinaus seien solche Unausgeglichenheiten dem Verordnungsgeber hinlänglich bekannt,

293 *Miebach*, in: Uleer/Miebach/Patt, § 4 GOÄ Rn. 11ff.
294 *Miebach*, in: Uleer/Miebach/Patt, § 4 GOÄ Rn. 14.
295 *Miebach*, in: Uleer/Miebach/Patt, § 4 GOÄ Rn. 15; *J. Miebach*, MedR 2003, 88 (S. 89f).
296 *Miebach*, in: Uleer/Miebach/Patt, § 4 GOÄ Rn. 16; *J. Miebach*, MedR 2003, 88 (89).
297 *Miebach*, in: Uleer/Miebach/Patt, § 4 GOÄ Rn. 16.
298 *J. Miebach*, MedR 2003, 88 (90).
299 *Miebach*, in: Uleer/Miebach/Patt, § 4 GOÄ Rn. 37; *J. Miebach*, MedR 2003, 88 (89).
300 *Ders.*, MedR 2003, 88 (90).
301 *Miebach*, in: Uleer/Miebach/Patt, § 4 GOÄ Rn. 16.

sodass aus der nicht erfolgten Abhilfe eine Billigung der bestehenden Situation gefolgert werden könne.[302]

Damit wird eine Interpretation der Leistungsbeschreibungen deutlich, die, unter Beachtung der Verpflichtung zur kunstgerechten Behandlung und des Verständnisses des Behandlungsfehlers, einzig den aktuellen medizinischen Kenntnisstand als in der Sache maßgeblich zugrunde legt.[303] Bedingt eine kunstgerechte Ausführung umfangreichere Maßnahmen, als bei der Festlegung der Gebührenziffern bekannt ist, sollen diese als Teilleistungen in die Komplexleistung integriert und mit dieser abgegolten werden.[304]. Eine historische Auslegung der Gebührenziffern als feststehende ‚Tatbestände'[305], die nur die zum Zeitpunkt der Niederschrift als medizinisch geboten erachteten Teilleistungen umfassen, wird als unmethodisch abgelehnt.[306] Eine solche Auslegung bediene sich unnötigerweise des Auslegungskanons, der über eine inhaltliche Interpretation hinausgehe. Bereits eine nach medizinischen Gesichtspunkten vorgenommene Begriffsbestimmung führe zu einem eindeutigen Ergebnis.[307] Zudem resultiere sie in einer künstlichen, dem Sinn und Zweck der GOÄ widersprechenden inhaltlichen Differenzierung zwischen medizinischen und juristischen Begrifflichkeiten.[308]

Das Ergebnis bezeichnet *Schulte-Nölke* als *konkret-individuelle* Bestimmung der inhaltlichen Reichweite der Gebührenziffern.[309] Der abgegoltene Aufwand sei flexibel und für den Einzelfall bestimmt, wenn in der Zielleistung alle medizinischen Maßnahmen vereinigt würden, die zu ihrer Verwirklichung notwendig seien. Das Zielleistungsprinzip wird in diesem Modell zur Grundlage einer medizinisch aufgeladenen Interpretation der Gebührenziffern als rechtliches Spiegelbild medizinischer Fachtermini, bei deren Definition wiederum das vorherrschende Lege-artis-Verständnis als maßgeblich zugrunde gelegt wird. Jedwede weitere Auslegung soll dadurch unnötig werden. Der Ausgleich eines fortschrittsbedingten Mehraufwandes wird zwar als gebo-

302 *Miebach*, in: Uleer/Miebach/Patt, § 4 GOÄ Rn. 36.

303 *Vgl. Miebach*, in: Uleer/Miebach/Patt, § 4 Rn. 37.

304 *J. Miebach*, MedR 2003, 88 (90); dazu AG Hamburg, Urteil vom 14.10.1999, 15 b C 8/98

305 Zur historischen Auslegung juristischer Termini: *Larenz*, Methodenlehre der Rechtswissenschaft, S. 328ff.

306 *J. Miebach*, MedR 2003, 88 (S. 91f).

307 *Miebach*, in: Uleer/Miebach/Patt, § 4 GOÄ Rn. 31; *J. Miebach*, MedR 2003, 88 (92).

308 *Ders.*, MedR 2003, 88 (91f).

309 *Schulte-Nölke*, NJW 2004, 2273 (2274).

ten erkannt[310], soll jedoch nicht durch eine angepasste Auslegung des Gebührenverzeichnisses, sondern mittels eines entsprechend erhöhten Steigerungssatzes verwirklicht werden.

b) Gebührenziffern als typisierte Leistungstatbestände

Demgegenüber lässt der Bundesgerichtshof in weitreichender Übereinstimmung mit diversen Stimmen der Literatur bei der Bestimmung des Leistungsumfangs im Rahmen einer mehrstufigen Prüfung Erwägungen hinsichtlich der Bewertung der Leistungen im Gebührenverzeichnis sowie der Entstehungsgeschichte zu.[311] Ausgangspunkt der Betrachtungen soll ebenfalls die Leistungsbeschreibung der Gebührenziffern sein.[312] Soweit diesen kein Hinweis auf ihre Abrechnung im Verhältnis zu anderen Gebührenpositionen zu entnehmen sei, bestimme sich jenes allerdings nicht ausschließlich nach dem Wortlaut, sondern nach einer Abwägung unter Berücksichtigung der medizinischen Indikation, der Bewertung der Leistung in Punkten sowie ferner der Geschichte des Gebührenverzeichnisses.[313]

Damit nimmt der Bundesgerichtshof in Bezug auf die Auslegung der Gebührenziffern wie bei Gesetzen einen abstrakt-generellen Maßstab an, da seiner Ansicht nach ein anderslautender Wille des Verordnungsgebers nicht festgestellt werden könne.[314] Dementsprechend wird die Rechtsprechung auch als „abstrakt-typisierendes" Verständnis zusammengefasst.[315] Daraus resultiert die Ablehnung einer individuellen, von der konkreten Behandlungssituation im Einzelfall beeinflussten Inhaltsbestimmung: Wenn der Leistungsgehalt einer Gebührenposition für alle Behandlungsfälle gleich verstanden wird, müssen Verrichtungen entweder dem von einer Gebührenposition erfassten Leistungsbereich zugeordnet oder als eine weitere, selbstständige Leistung zur Abrechnung gebracht werden, sobald sie im Umfang dem Kriterium der Selbstständigkeit entsprechen.

Das Verständnis ärztlicher Kunst ist aus der Sicht des Bundesge-

310 *Miebach* sieht auch, dass sich ein „völlig neuer, bei Schaffung der GOÄ-Position unbekannter Operationsstandard" entwickeln kann. *J. Miebach*, MedR 2003, 88 (90).

311 BGHZ 177, 43 (48ff); zustimmend: *Riedel*, GesR 2008, 580 (582); *Clausen*, in: Handbuch Medizinrecht, D4100-§ 4 Rn. 107; *Hoffmann/Kleinken*, § 4 Rn. 6.3; *Schulte-Nölke*, NJW 2004, 2273 (2275); *Spickhoff*, in: Spickhoff, Medizinrecht, § 4 GOÄ Rn. 36.

312 BGHZ 177, 43 (48).

313 BGHZ 177, 43 (48f); ebenso *Riedel*, GesR 2008, 580 (582).

314 Vgl. BGHZ 177,43 (49), BGH NJW- RR 2007, 494 (497).

315 Vgl. *Schulte-Nölke*, NJW 2004, 2273 (2275).

richtshofes dafür kein taugliches Unterteilungskriterium.[316] Zwar bestimme der medizinische Standard den Umfang der vertraglichen Leistungspflicht des Arztes im konkreten Behandlungsfall[317], einen Rückschluss auf den gebührenrechtlichen Umgang mit erbrachten Leistungen erlaube dieser jedoch nicht.[318] Es wird durch den BGH streng zwischen einer medizinischen und einer gebührenrechtlichen Beurteilung ärztlichen Handelns unterschieden.[319]

Maßgeblich für die gebührenrechtliche Trennung oder Vereinigung bestimmter Verrichtungen nach dem Zielleistungsprinzip sei zunächst die Indikation, aufgrund derer der Arzt tätig werde, der allerdings nur Indizcharakter zukomme.[320] Bestehe für alle Verrichtungen eine einheitliche Indikation, lege das die Annahme *einer* umfangreichen Zielleistung nahe; stünde ihre Vornahme indes nur in einem räumlichen und zeitlichen Zusammenhang, sei aber Resultat verschiedener Indikationen, indiziere das eine Abrechnung als jeweils selbstständige Gebührenposition.[321] Die Indikation als ausschließlich medizinisches Kriterium soll allerdings für die Zusammenfassung nicht entscheidend sein. Anhand der Indikation sei lediglich zu differenzieren, *ob* die Anwendung des Zielleistungsprinzips überhaupt in Betracht käme. Auf den Leistungsumfang der Gebührenziffern selbst habe sie allerdings keinen Einfluss.[322] Nach dem Verständnis des Bundesgerichtshofs beantwortet die Indikation nur die Frage, ob alle in diesem Zusammenhang erbrachten Leistungen als Teilleistungen einer übergeordneten Komplexleistung zu betrachten sind, weil sie zur Verwirklichung beitragende methodische Zwischenschritte oder Bestandteile sind. Der zielfördernde Beitrag soll ausgeschlossen sein, wenn aus medizinischer Sicht verschiedene Gründe zum Tätigwerden vorliegen. Folgerichtig muss die Frage nach der Anwendbarkeit des Zielleistungsprinzips dann entfallen.

Für die gebührenrechtliche Auseinandersetzung mit dem medizini-

316 BGHZ 177, 43 (49); so *Spickhoff*, in: Spickhoff, Medizinrecht, § 4 GOÄ Rn. 35.

317 Zu den in diesem Zusammenhang relevanten haftungsrechtlichen Gesichtspunkten: *Deutsch / A. Spickhoff*, Rn. 213ff; *Katzenmeier*, in: Lauf/Katzenmeier/Lipp, X. Rn. 4; *Laufs/Kern*, in: Laufs/Kern, § 97 Rn. 5ff, 13f.

318 BGHZ 177, 43 (49).

319 Vgl. BGHZ 177, 43, (51f).

320 BGHZ 159, 142 (145).

321 BGH NJW-RR 2006, 919 (920).

322 Vgl. BGH NJW-RR 2006, 919 (920); vgl. die Erwägungen zur ‚Auskömmlichkeit' bei BGH NJW-RR 2010, 1355 (1357).

schen Fortschritt ist indes der Umgang mit mehreren potenziell selbstständigen Leistungen bei einheitlicher Indikation von Interesse. Als Resultat eines geänderten Verständnisses von der kunstgerechten Behandlung kommt es zwar zur Neudefinition des aus medizinischer Sicht gebotenen Leistungsumfangs zur Behandlung eines bestimmten Krankheitsbildes. Die Indikation bleibt jedoch – cum grano salis und bezogen auf das Krankheitsbild als Ganzes – konstant.[323] Es verändert sich nur die für geboten gehaltene medizinische Reaktion.[324] Nach der konkret-individuellen Interpretation der Gebührenziffern müsste jede, auf neuen Erkenntnisgewinn zurückzuführende, im Hinblick auf die übergeordnete Indikation nur subsidiärer Nebenhandlungen mit der für die Hauptleistung gezahlten Gebühr abgegolten werden. Denn diese sind Bestandteil eines dem aktuellen Stand der Wissenschaft entsprechenden Vorgehens, welches durch eine einheitliche Komplexleistung vergütet werden soll.[325] Anders nach dem Verständnis des Bundesgerichtshofs: Bei der Einordnung ärztlichen Handelns unter die Gebührenziffern und der dazu notwendigen Definition des Leistungsinhalts sei zunächst nach dem *typischen* Leistungsgehalt der in Rede stehenden Gebührenziffer zu fragen. Dieser erfasse alle methodisch notwendigen Einzelschritte im Sinne von § 4 Abs. 2a Satz 2 GOÄ, wobei die methodische Notwendigkeit in diesem Zusammenhang allerdings nicht mit der Zusammenfassung aller nach Lege-artis-Standard im Einzelfall gebotenen Maßnahmen in einer Zielleistung verwechselt werden dürfte.[326] Fortschrittsbedingte Mehrleistungen, die über jenen typischen Inhalt hinausgehen, wären gesondert berechenbar. Zur Begründung führt der Bundesgerichtshof die kleinteilige Binnendifferenzierung des Gebührenverzeichnisses an, die ansonsten ihren Zweck verlöre.[327] Diese Rechtsprechung macht es für den Bundesgerichtshof erforderlich, den methodisch notwendigen Einzelschritt einer Leis-

323 Vgl. BGH NJW-RR 2010, 1355 (1356).

324 Forschung führt zu Erkenntnissen über medizinisch relevante Wirkungszusammenhänge, welche wiederum die Indikation in ihren Details ändern können. Beispielsweise waren bei BGHZ 159, 142 die Stimmbandnerven deswegen zu ihrer Schonung freizulegen, weil eine neu entwickelte Methode der Schilddrüsenresektion angewandt wurde, in deren Verlauf die Stimmbandnerven geschädigt werden konnten. Ohne diesen Erkenntnisgewinn im Vorfeld würde eine Freilegung unterbleiben. Allerdings bleibt die Indikation, aufgrund derer die Behandlung als solche vorgenommen wird, unverändert: die Schilddrüsenresektion.

325 *J. Miebach*, MedR 2003, 88 (90).

326 BGHZ 177, 43 (48f); NJW-RR 2008, 1278 (1279); so unter Bezugnahme auf LG Karlsruhe MedR 2004, 63 *K.-F. Brück*, § 4 Rn. 4; ferner *Hoffmann / Kleinken*, § 4 Rn. 6.4, 6.5.

327 BGHZ 177,43 (49); BGH NJW- RR 2007, 494 (497).

tung gegenüber den übrigen Leistungen des Gebührenverzeichnisses abzugrenzen. Dazu bedient sich das Gericht der Betrachtung der historischen Entwicklungen des Gebührenverzeichnisses sowie der den Gebührenpositionen zugewiesenen Punktzahl:[328]

Vor die Frage gestellt, ob die ‚Operation des Hallux valgus' nach der Gebührenziffer 2297 (1180 Punkte) die ‚Osteotomie eines kleinen Röhrenknochens' (Gebührenziffer 2260)[329] als methodisch notwendigen operativen Einzelschritt umfasse, verneint das Gericht unter anderem mit folgender Argumentation:

> Hätte der Verordnungsgeber schon immer die Auffassung vertreten, eine Korrekturosteotomie, wie sie hier ausgeführt wurde, sei Bestandteil der in Nr. 2297 des Gebührenverzeichnisses beschriebenen Leistung gewesen, wäre es nur schwer zu erklären, weshalb er diese Leistung im Jahr 1988 in das Gebührenverzeichnis aufgenommen und mit einer Punktzahl bewertet hat, die diejenige nach der Nr. 2297 um mehr als die Hälfte übersteigt.[330]

Aus einer späteren Einführung einer bestimmten Leistung könne nach Ansicht des Bundesgerichtshofs also geschlossen werden, dass diese kein methodisch notwendiger Einzelschritt einer anderen, bereits existierenden selbstständigen Leistung sei, da ansonsten die Einführung einer weiteren Gebührenziffer von der Warte des Verordnungsgebers unnötig gewesen wäre.[331] Damit findet das Zielleistungsprinzip für den Bundesgerichtshof seine Grenzen in der historischen Genese des Gebührenverzeichnisses. Das ist vor allem im Hinblick auf diejenigen Neuerungen von Interesse, bei denen es sich – handwerklich betrachtet – um bereits bekannte, separat im Gebührenverzeichnis aufgeführte Leistungen handelt und deren Innovationsgehalt letztlich nur in ihrer Anwendung im konkreten Behandlungsfall liegt.

Des Weiteren berücksichtigt das Gericht bei der Frage der Selbstständigkeit von Leistung die Punktzahl, mit der sie vergütet wird. Die darin zum Ausdruck kommende Bewertung erlaube Rückschlüsse

328 BGH NJW-RR 2006, 919 (920); BGHZ 150, 142 (151f).

329 Bei der Osteotomie handelt es sich um die operative Durchtrennung von Knochen, etwa zur Korrektur von Fehlstellungen (*Pschyrembel*, Klinisches Wörterbuch).

330 BGH NJW-RR 2006 919, (920).

331 BGH NJW-RR 2006, 919 (920). Ebenso *Hoffmann / Kleinken*, § 4 Rn. 6.4, 6.5; *K.-F. Brück*, § 4 Rn. 4.

auf die Intentionen des Verordnungsgebers.[332] Etwa könne nicht angenommen werden, dass eine selbstständige Leistung inhaltlich auch solche Gebührenpositionen umfasse, die mit den in Rede stehenden Leistungen nahezu gleich bewertet seien.[333] Die Zusammenfassung mehrerer ärztlicher Handlungen in einer Zielleistung verbietet sich für den BGH also für Verrichtungen, die jeweils als selbstständige Leistungen im Gebührenverzeichnis aufgeführt sind und dort annähernd gleich bewertet werden.[334] Bei einem Zusammenschluss vergleichbar bewerteter Leistungen aufgrund des Zielleistungsprinzips sei eine Verdopplung des anfallenden Aufwandes anzunehmen, welcher nicht durch die konstant bleibende Punktzahl einer dieser Gebührenpositionen abgebildet werde.[335] Es wird deutlich, dass das Gericht den Punktwert als Spiegelbild des vom Verordnungsgeber zur Verrichtung der Leistung notwendig erachteten Aufwands betrachtet.

Zur Gewichtung der einzelnen aufgeführten Kriterien hat sich der Bundesgerichtshof noch nicht vollumfänglich geäußert. In der Literatur wird angenommen, dass Indikation, Normhistorie sowie Bewertung keinen vollständig zu erfüllenden, hierarchisch abgestimmten Anforderungskatalog bilden, anhand dessen die Selbstständigkeit einer Leistung zu bestimmen ist. Sie werden vielmehr als nebeneinanderstehende Fundamente einer wertenden Gesamtschau im Einzelfall verstanden.[336]

Im Ergebnis wird durch die Rechtsprechung des Bundesgerichtshofs das Zielleistungsprinzip in Teilen relativiert[337] , indem die Gebührenziffern im Sinne von Rechtsnormen verstanden werden. Sie sollen hinsichtlich ihres Tatbestandes inhaltliche Konstanz aufweisen, die hinter der Leistungsbeschreibung stehende Leistung keinen zeitlichen Änderungen unterworfen sein. Fernerhin wird ihr Leistungsgehalt im Kontext des Entstehungszeitpunkts und im Verhältnis zu den anderen Gebührenziffern begriffen. Daraus resultiert die Möglichkeit der Parallelabrechnung derjenigen Leistungen, die infolge dieser Auslegung

332 Vgl. BGHZ 177, 43 (50f).

333 BGHZ 177, 43 (51) am Beispiel einer ‚Dekortikation der Lunge‘ (Nr. 2975, 4800 Punkte) und ‚Lobektomie und Lungensegmentresektion(en)‘ (Nr. 2997, 5100 Punkte).

334 Vgl. BGHZ 177, 49 (51); *Hoffmann / Kleinken*, § 4 Rn. 6.6; *K.-F. Brück*, § 4 Rn. 4.

335 Vgl. BGHZ 177, 49 (51).

336 *Riedel*, GesR 2008, 580 (582f); *Hoffmann / Kleinken*, § 4 Rn. 6.6; *Spickhoff*, in: Spickhoff, Medizinrecht, § 4 GOÄ Rn. 39.

337 Vgl. *Spickhoff*, in: Spickhoff, Medizinrecht, § 4 GOÄ Rn. 39.

nicht mit Verweis auf das Zielleistungsprinzip einer anderen selbstständigen Leistung zuordnet werden. Somit kann bei forschungsbedingt steigendem Aufwand die in der Behandlungssituation abrechenbare Gesamtpunktzahl und damit die Gebühr erhöht werden.

c) Funktion der Gebührenziffern

Mit dem konkret-individuellen Verständnis *Miebachs* sowie mit der Rechtsprechung des Bundesgerichtshofs finden sich zwei grundlegend verschiedene Konzepte von dem Verständnis der Gebührenziffern und damit auch von der Herstellung aufwandsgerechter Vergütung. Der Bundesgerichtshof will diese Prämisse durch eine Anpassung der abrechenbaren Punktzahl an den Aufwand umgesetzt sehen, der nach Maßgabe des Gebührenverzeichnisses zu vermuten ist. Demgegenüber interpretiert vor allem *Miebach* die Gebührenziffern als medizinisch-fachliche Tätigkeitsbeschreibungen auf der Grundlage des vorherrschenden Behandlungsstandards. Die Gebührenpositionen gelten als der gebührenrechtliche Spiegel medizinischer Fachtermini. Folglich kann sich ihr Leistungsgehalt über die Zeit verändern, ohne dass sich die abrechenbare Punktzahl entsprechend anpasst. Das aus solchen Veränderungen resultierende Bedürfnis nach einer Anpassung des Honorars soll über den Steigerungssatz geschehen.

Die Gegenüberstellung beider Ansichten zeigt, dass sich die divergierenden Meinungen auf die Uneinigkeit hinsichtlich der gebotenen Auslegung von Gebührenziffern zurückzuführen lassen. Ziel jeder Auslegung ist die Feststellung des Normtelos im konkreten Regelungszusammenhang als notwendige Präzisierung von Rechtssätzen zum Zwecke ihrer Anwendung, unter Betrachtung der Regelungsabsichten und der konkreten Normvorstellungen des historischen Gesetzgebers.[338]

Ausgangspunkt ist dabei stets der Wortlaut einer Norm, der bei Unklarheiten unter der Heranziehung der Systematik, der historischen Entwicklung und des Telos präzisiert wird.[339] *Miebach* erachtet im Fall des Gebührenverzeichnisses eine solche Präzisierung als unnötig. Soweit die Leistungsbeschreibungen medizinisch verstanden werden, sei bei Berücksichtigung des aktuellen medizinischen Kenntnisstandes eine Zuordnung von Verrichtungen zu den einzelnen Gebührenziffern

338 *Larenz*, Methodenlehre der Rechtswissenschaft, S. 312ff.
339 *Ders.*, Methodenlehre der Rechtswissenschaft, S. 324ff.

ohne deren weitere Auslegung möglich. Im Hinblick auf den Anwenderkreis der GOÄ ist dieser Schluss zunächst naheliegend, werden die Rechnungen nach der GOÄ doch hauptsächlich durch Mediziner ausgestellt.[340] Entsprechend des Gebots der Normenklarheit[341] liegt die Ausrichtung der Leistungsbeschreibungen am medizinischen Verständnis des Verwenders und damit am Lege-artis-Begriff nahe.

Allerdings werden die Leistungsbeschreibungen der medizinischen Fachsprache nicht durchgehend gerecht, wenn sie sich funktionaler und generalisierender Oberbegriffe bedienen. Sie sind, wie bereits ausgeführt, eine abstrahierte Wiedergabe ärztlichen Handelns, fokussiert auf das am Ende der Vornahme stehende Ergebnis.[342] Regelmäßig werden Maßnahmen, welche aus anatomischer Sicht Verrichtungen an verschiedenen Bestandteilen eines Körperteils erfordern, nur unter Nennung eines einheitlichen funktionalen Oberbegriffs im Gebührenverzeichnis aufgeführt. Etwa wird im Bereich der Gelenkchirurgie bereits aus der Konzeption der Leistungsbeschreibung deutlich, dass sich die genannten Verrichtungen jeweils auf das Gelenk als Einheit und nicht auf dessen jeweilige Bestandteile im medizinischen Sinne beziehen.[343] Das erlaubt es konzeptionell, dem Arzt einen Spielraum hinsichtlich seines konkreten Vorgehens einzuräumen und damit die grundsätzliche ärztliche Therapie- und Methodenwahlfreiheit zu wahren.[344] Nur selten wird hingegen der Leistungsinhalt insoweit festgelegt, als auf eine bestimmte, anerkannte Methode Bezug genommen wird, sodass der Leistungsinhalt aus der Beschreibung unmittelbar deutlich wird.[345] Sofern im Gebührenverzeichnis lediglich der Endpunkt einer Leistung, nicht jedoch das, um diesen zu erreichen, notwendige Vorgehen festgelegt wird, kann unter eine Gebührenziffer prinzipiell jedes zu dem dort beschriebenen Ergebnis führende Vorgehen gefasst werden.

Gerade diese Variabilität ist Ursache für das Bestehen des Zielleistungsprinzips: Ein Gebührenverzeichnis, das sich fast ausschließlich

---

340 Vgl. *Miebach*, in: Uleer/Miebach/Patt, § 4 GOÄ Rn. 31.

341 Dazu *Grzeszick*, in: Maunz/Dürig, Art. 20 Rn. 53.

342 Dazu den Abschnitt C.IV.2.

343 *Hoffmann/Kleinken*, Komm. Gebührenverzeichnis Nrn. 2130-2154 (L) Rn. 2; vgl. für das Schultergelenk als funktionale Einheit im Sinne des EBM-Ä; BSG Urteil vom 25.08.1999, 6 KA 32/98 R. Zur ähnlich gelagerten PET-Untersuchung *mehrerer* Körperregionen: BGH NJW-RR 2003, 1639.

344 Dazu den Abschnitt C.IV.2.; *Laufs*, in: Laufs/Kern, § 3 Rn. 14ff.

345 Vgl. *Hoffmann/Kleinken*, § 4 Rn. 6.6.

auf das Ergebnis, nicht jedoch auf das Vorgehen und damit einzelne Verrichtungsschritte stützt, muss in seiner Struktur nahezu zwingend inhaltlich überschneidende Gebührenpositionen kennen, da bestimmte Ergebnisse bei der Vornahme anderer Leistungen ebenfalls verwirklicht werden. Um in solchen Fällen eine Parallelabrechnung zu vermeiden, bedarf es des Zielleistungsprinzips. Dieses Prinzip ist in der GOÄ jedoch nicht an einer inhaltlichen Überschneidung, sondern an dem davon begrifflich zu unterscheidenden Kriterium methodischer Notwendigkeit ausgerichtet. Maßgeblich ist ein neben die inhaltlichen Überschneidung tretender, innerer Zusammenhang zwischen den selbstständigen Leistungen, welcher eine Leistung als Bestandteil, besondere Ausführung oder methodisch notwendigen Zwischenschritt der anderen charakterisiert. Von einer methodischen Notwendigkeit kann etwa nur dann gesprochen werden, wenn eine Leistung für die Vornahme einer anderen unbedingt vonnöten ist, nicht jedoch, wenn die andere Leistung ohne ihre Vornahme durchgeführt werden kann und sie lediglich zeitgleich ob eines einheitlichen Anlasses erbracht wird.[346]

Über diesen Umstand gibt eine mögliche inhaltliche Überschneidung im Zweifelsfall allerdings keinen Hinweis. Die generalisierten Leistungsbeschreibungen im Gebührenverzeichnis reichen für eine Anwendbarkeit des Zielleistungsprinzips nicht aus; umgekehrt bedarf es dessen Anwendung für eine eindeutige Inhaltsbestimmung der Gebührenziffern, welche ein Verzicht auf weitere Abwägungen hinfällig machen würde.[347] Da es über die Zulässigkeit einer Parallelabrechnung bestimmt, ist das Zielleistungsprinzip gerade für das Verhältnis zu anderen Gebührenziffern relevant. Ohne seine Anwendung bliebe die einzelne Gebührenziffer in ihrer Reichweite unbestimmt. Etwas anderes gilt nur dort, wo der eindeutige Wortlaut der Leistungsziffern selbst ein Rückschluss auf die Abrechnungsmodalitäten gestattet.[348]

(1) Der innere Zusammenhang von Verrichtungen

Das Zielleistungsprinzip kann sich funktional also nicht nur auf eine handwerklich-fachliche Teilidentität von Leistungen stützen, die bereits aufgrund deren Parallelvornahme gegeben wäre. Vielmehr be-

346 Vgl. *Spickhoff*, in: Spickhoff, Medizinrecht, § 4 GOÄ Rn. 32.

347 Vgl. *Larenz*, Methodenlehre der Rechtswissenschaft, S. 320.

348 Vgl. *ders.*, Methodenlehre der Rechtswissenschaft, S. 324f. Dazu bereits den Abschnitt C.IV.3.a).

darf es eines inneren Zusammenhang zwischen den in Rede stehenden Leistungen, welcher ihre Zusammenfassung unter einer Zielleistung erklärt. Welche Faktoren dafür ausschlaggebend seien sollten, ist gerade Gegenstand der Diskussion zwischen dem konkret-individuellen Verständnis *Miebachs* und der höchstgerichtlichen Rechtsprechung.

Erstgenannter Ansatz erklärt nicht ein beliebiges medizinisches Verständnis für maßgeblich, sondern ordnet solche Verrichtungen einer selbstständigen Leistung zu, die bei Vornahme nach dem aktuellen Kenntnisstand medizinischer Wissenschaft geboten sind.[349] Damit wird der handwerkliche Kunstbegriff zum Zusammenhang stiftenden Kriterium bestimmt. Es wird also unterstellt, jede vorgenommene Handlung diene dem Erreichen des Leistungsziels der übergeordneten Komplexleistung. Ob die Maßnahme aber unter Umständen einen anderen Zweck erfüllen soll, tritt gegenüber dieser Einordnung in den Hintergrund.[350]

Der Bundesgerichtshof verortet den für die Anwendung des Zielleistungsprinzips erforderlichen inneren Zusammenhang hingegen zunächst in der gemeinsamen Indikation als Grundvoraussetzung, wobei das Bestehen dieses Zusammenhangs von weiteren Wertungsgesichtspunkten abhängt. Nur wenn selbstständige Leistungen auf eine einheitliche Indikation zurückzuführen sind, kommt eine einzige selbstständige Leistung und damit die Anwendung des Zielleistungsprinzip nur insoweit infrage, als die weitere Auslegung der Gebührenziffer anhand ihrer Genese sowie ihrer Punktzahl nicht zu einem gegenteiligen Ergebnis führt.[351] Die gemeinsame Indikation definiert damit das Wesen der Zielleistung. Aus ihr resultiert aber nicht zwingend die Zusammenfassung: Sie ist nur Indiz und Anlass zu einer genaueren Prüfung. Bei dieser ist nicht der aktuelle medizinische Standard relevant, sondern eine spezifische gebührenrechtliche Auffassung von Bestandteilen und methodischen Zwischenschritten. Der für die Anwendung des Zielleistungsprinzips erforderliche innere Zusammenhang besteht also zusammenfassend nur bei einer gemeinsamen Indikation *und* wenn er nach dem – durch Auslegung des Gebührenverzeichnisses zu ermittelnden – Regelungsplan des Verordnungsgebers vorgesehen ist.

349 *Miebach*, in: Uleer/Miebach/Patt, § 4 GOÄ Rn. 4.

350 Vgl. die Erwägungen des LG Karlsruhe hinsichtlich der Implantation von Knochen (Nr. 2254) als Bestandteil eines ‚Endoprothetischen Totalersatzes von Hüftpfanne und Hüftkopf (Alloarthroplastik)' (Nr. 2515), LG Karlsruhe MedR 2004, 63 (65); ebenso BGHZ 159, 142 (154).

351 Vgl. BGHZ 159, 142 (145); dazu *Spickhoff*, in: Spickhoff, Medizinrecht, § 4 GOÄ Rn. 35.

Es wird damit letzten Endes differenziert zwischen der planmäßigen und der unplanmäßigen Geltung des Zielleistungsprinzips.[352]

Dieses Vorgehen hat dem Modell des Bundesgerichtshofs die Kritik eingetragen, im Verständnis der Gebührenziffern unnötigerweise über die Wortlautauslegung hinauszugehen.[353] Allerdings stellt sich auch das am medizinischen Standard orientierte Verständnis nicht als unmittelbares Ergebnis des Wortlauts dar, sondern wird von einer Vorstellung der spezifischen Funktion der einzelnen Elemente der Gebührenordnung getragen. Denn es beantwortet zugleich die Frage nach dem notwendigen methodischen Zwischenschritt.

Verbunden mit den differenzierenden Ansichten sind grundlegend verschiedene Verständnisse des Wesens der Gebührenziffern und des für die Einordnung ärztlicher Behandlungen relevanten Wertungszusammenhangs. Wird die Leistungsbeschreibung als Tatbestand der Gebührenziffer betrachtet und die Bewertung in Punkten als Rechtsfolge, hat das von medizinischen Fachtermini getragene Verständnis konkret-individueller Gebührenziffern bei der Einordnung ärztlicher Handlungen allein den Tatbestand im Blick. Der Bundesgerichtshof führt hingegen mit der Betrachtung von zugeordneten Punktwerten und der Gesamtsystematik eine Rechtsfolgenbetrachtung durch.[354] Die einzelne Gebührenposition würde funktional in die Nähe von Fallpauschalen gerückt, wenn alle nach Lege-artis-Standard gebotenen (selbstständigen) Behandlungsschritte mittels des Zielleistungsprinzips in einer einzigen Gebührenziffer vereinigt werden.[355] Das mündet fast zwingend in der Abrechnung auch vielschichtiger oder umfangreicher Handlungsabläufe in einer einzigen Komplexleistung. Das wird aus Gründen des Schutzes des Zahlungspflichtigen durch Rechnungstransparenz gerade beabsichtigt.[356]

Demgegenüber hängt bei der Rechtsfolgen orientierten Sichtweise des Bundesgerichtshofs der Kreis der abrechenbaren Leistungen vom tatsächlichen Leistungsumfang ab. Unabhängig vom Zielleistungsprinzip stehen bestimmte Gebührenziffern in einem die Parallelabrechnung gestattenden Exklusivverhältnis. Ergebnis ist eine mit dem getätigten Aufwand korrelierende Punktzahl. Dadurch, dass die

352 Vgl. *Hoffmann/Kleinken*, § 4 Rn. 6.6.

353 Vgl. *Miebach*, in: Uleer/Miebach/Patt, § 4 GOÄ Rn. 31.

354 Vgl. *K.-F. Brück*, § 4 Rn. 4; *Spickhoff*, in: Spickhoff, Medizinrecht, § 4 GOÄ Rn. 39.

355 *Schulte-Nölke*, NJW 2004, 2273 (2275).

356 Vgl. *J. Miebach*, MedR 2003, 88 (90); a.A. *Hoffmann/Kleinken*, § 4 Rn. 6.3.

Reichweite der einzelnen Gebühren als feststehend verstanden wird, wird die für den anfallenden Gesamtaufwand abrechenbare Punktzahl flexibel. Umgekehrt ist beim konkret-individuellen Modell der Leistungsgehalt der Gebührenziffern selbst flexibel und die abrechenbare Gesamtpunktzahl deswegen feststehend.

(2) Folgen für die Vergütung des Arztes

Entsprechend unterscheidet sich in Abhängigkeit von den verschiedenen Modellen das vom Arzt abrechenbare Honorar, was wiederum zu einer unterschiedlichen Bewertung der Ziele des Sozialstaats und des Ideals freier Berufe führt. Im Hinblick auf die mit der Vergütung der Ärzteschaft verbundene Problematik einer übermäßigen Kostenbelastung von privater Krankenversicherung und der Beihilfe[357] ist das konkret-individuelle Verständnis der Gebührenziffern auf den ersten Blick von Vorteil für den privatversicherten Bürger. Wird der Leistungsinhalt allein nach dem Stand medizinischer Wissenschaft definiert, ist der medizinische Fortschritt kaum mit Kostensteigerungen verbunden. Der diesem geschuldete, tatsächliche Mehraufwand würde unverändert mit der gleichen Punktzahl bewertet und, weil vom Lege-artis-Standard geboten, keine Parallelabrechnung weiterer Gebührenziffern begründen.

Das abstrakt-typisierende Verständnis des Bundesgerichtshofs behält hingegen die genuine Reichweite einer Leistung bei und erweitert damit im Zweifelsfall die abrechenbare Punktzahl entsprechend des fortschrittsbedingten Leistungszuwachses. Dies birgt für den Arzt hinsichtlich des Kostendeckungsaspektes keine Nachteile, kann aber aus Sicht des Versicherungsnehmers beziehungsweise Beihilfeberechtigten zu einer sozialstaatlich nicht mehr zu rechtfertigen Kostenbelastung erwachsen.[358] Wird bei der Interpretation der Gebührenziffern von einem konstanten Verhältnis von Punktzahl und Aufwand ausgegangen, müssen zwangsläufig die Kosten steigen, wenn es zu Leistungsausweitungen kommt. Schließlich ist diese Erweiterung als weitere selbstständige Leistung vergütungsbedürftig.

Ungeachtet der angesprochenen Auswirkungen ärztlicher Honorare auf andere Regelungs- und Aufgabengebiete des Staates wurde die aufwandsgerechte Anpassung des Honorars im Sinne eines notwendi-

357 Dazu den Abschnitt E.II.3.b).

358 Zur Kostendeckung vgl. den Abschnitt F.II. und zur Kostenbelastung den Abschnitt E.II.3.b)(3).

gen Ausgleichs von Mehr- beziehungsweise Minderleistungen als entscheidendes Problempotenzial identifiziert.[359] Aus Gründen formaler Gerechtigkeit könnte eine am medizinischen Standard ausgerichtete Definition des Leistungsgehalts nicht hingenommen werden, wenn infolgedessen Verrichtungen verschiedenen Umfangs unter dieselbe Gebührenziffer mit derselben Punktzahl eingeordnet würden. Allerdings entsteht dieser Eindruck nur bei Außerachtlassungen der diesem Verständnis zugrunde liegenden Gesamtsystematik. Auch wenn sich die Leistungsausweitung nicht in einer erhöhten Gesamtpunktzahl niederschlägt, ist eine Erhöhung der Gebühr im Falle der Mehrleistung konzeptionell vorgesehen. Statt einer Erweiterung der abgerechneten Gesamtpunktzahl soll eine Anpassung des Steigerungssatzes das vom Verordnungsgeber vorgesehene Verhältnis von Punktzahl und Aufwand wahren.[360] Es wird angenommen, der infolge eines geänderten Kunstverständnisses zu tätigende Mehraufwand erfordere in der Regel einen höheren Zeitaufwand und Schwierigkeitsgrad und erlaube zusammenfassend damit die Abrechnung zu einem höheren Steigerungssatz.[361] Ausgehend von einer Bewertung der Normalleistung mit dem einfachen Steigerungssatz würde etwa ein in tatsächlicher Hinsicht verdoppelter Aufwand mit dem Steigerungssatz von zwei ausgeglichen werden.

Eine solche Auffassung von der Funktion des Steigerungssatzes relativiert die Feststellungen hinsichtlich der Folgen des konkret-individuellen Verständnisses der Gebührenziffern. Mehrleistungen des Arztes sollen im Ergebnis auch in diesem Modell eine höhere Gebühr begründen. Somit stellt sich die Problematik einer zu niedrigen Gebühr ebenso wenig und die einer steigenden Kostenbelastung des Versicherten ebenso sehr. Gleichzeitig resultiert sie letzten Endes in einer im Prinzip formal gerechten Gleichbehandlung des gleichen Aufwands. Problematisch werden allerdings die mit dem Ausgleich verbundenen Folgen. Der Steigerungssatz soll – im Bewusstsein, dass dem Gebührenverzeichnis ein Standardfall zugrunde liegt, welcher nicht alle Schwierigkeiten des Einzelfalls abbilden kann – eine Anpassung der Gebühr an die Vornahmesituation erlauben.[362] Diese Feinjustie-

359 Dazu weiter im Abschnitt F.IV.1.

360 *Miebach*, in: Uleer / Miebach / Patt, § 4 GOÄ Rn. 34; *J. Miebach*, MedR 2003, 88 (92).

361 *Miebach*, in: Uleer / Miebach / Patt, § 4 GOÄ Rn. 16; *J. Miebach*, MedR 2003, 88 (90ff).

362 Vgl. *K.-F. Brück*, § 5 Rn. 4; *Hoffmann / Kleinken*, § 5 Rn. 5; *Schmatz/Goetz/Matzke*, § 5 Rn. 12; *Spickhoff*, in: Spickhoff, Medizinrecht, § 5 GOÄ Rn. 5ff; *Miebach*, in: Uleer / Miebach / Patt, § 5 GOÄ Rn. 30ff.

rung darf jedoch nicht mit der Änderung des medizinischen Standards verwechselt werden, der vielmehr in einer umfassenden und allgemeingültigen Änderung des Standardfalls resultiert. Dem Steigerungssatz käme damit eine Doppelrolle zu. Bei dessen Festsetzung sind nicht nur jene aufwandsrelevanten Umstände des konkreten Einzelfalls im Rahmen der Honorarberechnung zu beachten, sondern ferner auch die Änderungen des medizinischen Standards nachzuvollziehen. Jedoch ist der Steigerungssatz für den Regelfall auf das maximale Dreieinhalbfache des Gebührensatzes beschränkt, sodass „in zahlreichen Fällen kein Spielraum mehr" gegeben wäre, „um eventuell auftretende besondere Schwierigkeiten bei der Ausführung der vom Gebührentatbestand umfassten Leistungen zu berücksichtigen".[363] Es sind Vergütungskonstellationen denkbar, bei denen der Mehraufwand mit einem unter die Bemessungskriterien des § 5 Abs. 2 GOÄ fallenden Umstand dergestalt zusammentrifft, dass beide *gleichzeitig* nicht angemessen durch den Steigerungssatz ausgeglichen werden können; angenommen, es bedürfte der vollen Ausschöpfung des Gebührenrahmens, um überhaupt das vom Verordnungsgeber vorgesehene Verhältnis von Aufwand und Gebühr zu wahren. Eine Anhebung des Gebührenrahmens für die Berücksichtigung des Einzelfalls wäre nicht möglich. Damit stellt sich die Problematik einer nicht den Ansprüchen gerecht werdenden Vergütung weiterhin, wenn eine aufgrund fortgeschrittener Standards schon vom Stand medizinischer Wissenschaft umfangreichere Leistung mit besonderen Schwierigkeiten des Einzelfalls zusammentrifft.[364] Die einfache und die umständliche Verrichtung würden in letzter Konsequenz gebührenrechtlich gleichgestellt und damit im Hinblick auf die Funktion des Steigerungssatzes formal ungerecht behandelt. Der Ausgleich des aufgrund des Einzelfalls anfallenden Mehraufwands würde vermengt mit den Konstellationen, bei denen der Mehraufwand schon deswegen zwingend eintreten muss, weil vom Arzt aufgrund eines geänderten medizinischen Standards eine umfangreichere Leistung erwartet wird.[365] Ein angemessener Ausgleich würde ferner nicht in den Fällen erfolgen, in de-

Ferner hat sich der Verordnungsgeber mit dem Verweis auf die Gebührenspanne gegen eine konzeptionell beabsichtigte Mischkalkulation ausgesprochen (BR-Drs. 295/82, S. 10).

363 *Schulte-Nölke*, NJW 2004, 2273 (2276).

364 So auch BGHZ 159, 142 (151).

365 Vgl. unter Bezugnahme auf BGHZ 159, 142 (151) *Spickhoff*, in: Spickhoff, Medizinrecht, § 4 GOÄ Rn. 37.

nen der weiterentwickelte Standard einen höheren Leistungsaufwand erforderlich macht, als mit dem maximalen Steigerungssatz von 3,5 überhaupt ausgeglichen werden kann.

Das Modell konkret-individueller Leistungen erlangt seine Flexibilität gegenüber fortschrittsbedingter Mehrleistungen letztlich durch die Aufgabe der Anpassbarkeit an die konkrete Gebührensituation. Das mit einem zunehmenden Leistungsumfang einhergehende Problem unzureichender Honorierung wird also nicht abschließend und für alle Fälle aufgelöst. Dem Modell ist zwar zugutezuhalten, dass es letztlich eher zu kostendämpfenden Effekten führen dürfte, weil sowohl der dem wissenschaftlichen Fortschritt geschuldete als auch der auf die Behandlungssituation zurückzuführende Mehraufwand im durch die GOÄ begrenzten Steigerungssatz zu berücksichtigen ist. Allerdings resultiert dies aus einem Verstoß gegen den Regelungsplan des Gesetzgebers. Denn letztlich wird die Gebührenberechnung eines funktionalen Elements beraubt, wenn der Steigerungssatz für den Ausgleich standardgebotenen Mehraufwands umgewidmet wird. Die Systemwidrigkeit wird deutlich, wird bedacht, dass die bewusste Ausrichtung des Steigerungssatzes an den Vergütungsinteressen des Arztes erfolgt und damit letztlich im Ergebnis einen auch im Zivilrecht nicht hinnehmbaren Ermessensfehlgebrauch darstellt.[366] Das Modell *Miebachs* hält den Arzt dazu an, den Steigerungssatz anhand des angefallenen Mehraufwands zu kalkulieren. Ob sich dieser Mehraufwand im entsprechenden Maße im gestiegenen Zeitaufwand, dem Schwierigkeitsgrad zeigt oder auf die Vornahmesituation niederschlägt, ist demgegenüber sekundär.

Es überzeugt fernerhin ebenso wenig, die durch diese Umwidmung hervorgerufenen Schwierigkeiten hinsichtlich des Steigerungssatzes durch einen Verweis der Parteien auf die Honorarvereinbarung beseitigen zu wollen.[367] In der Sache würde die Honorarvereinbarung zwar die als kritisch erkannte Deckelung des Steigerungssatzes aus der Welt schaffen, allerdings würde die Zustimmung des Zahlenden notwendig, der einseitig den Schlüssel zu einer gerechten Vergütung in die Hand bekäme.[368] Im Fall der Ablehnung wäre die als kritisch

366 Dazu ferner den Abschnitt F.III.2.a)(1).

367 Vgl. BGHZ 159, 142 (151f).

368 *Schulte-Nölke*, NJW 2004, 2273 (2276).

erachtete Behandlungsverweigerung durch den Arzt denkbar.[369] Ferner bekäme der Privatversicherte beziehungsweise Beihilfeberechtigte die entstehenden Mehrkosten nicht sicher ersetzt, da sich die Versicherung auf eine Übermaßvergütung und damit auf eine vertragliche Einschränkung der ihr obliegenden Leistungspflicht berufen könnte.[370] Der problematische Umgang mit der Systematik der GOÄ wird ferner bei der Betrachtung der praktischen Umsetzbarkeit beider Modelle deutlich. Dabei wird klar, dass das konkret-individuelle Verständnis auf den Plan des Verordnungsgebers Bezug nehmen muss und für eine funktionierende Umsetzung inhaltlich letztlich dieselben Überlegungen, die nach der abstrakt-typisierenden Ansicht ebenso erforderlich sind, anstellt. Bereits die Feststellung, *dass* der Arzt einen ausgleichswürdigen Mehraufwand betrieben hat, bedarf einer Vergleichsgrundlage. Es muss differenziert werden, ob der seitens des Arztes erbrachte Aufwand in seinem Umfang dem Regelungsplan entspricht oder ob sich eine Differenz zeigt, die es auszugleichen gilt, zumal solche Differenzen aus verschiedenen Gründen vorliegen können: Entweder war die Leistungserbringung aufgrund der spezifischen Vornahmesituation mehr oder weniger zeitaufwendig, kompliziert beziehungsweise umständlich durchzuführen oder eine geänderte Auffassung von medizinischen Standards resultierte in zusätzlichen Leistungen.

Sowohl bei der Vorgehensweise des Bundesgerichtshofs, welcher zwischen den Gründen des Mehraufwands strukturell unterscheidet, als auch bei der konkret-individuellen Herangehensweise, die beide Formen verbindet, sind an dieser Stelle Vergleiche mit zwei Formen von Normalleistungen" erforderlich: Durch den Vergleich mit dem historischen Verständnis des Verordnungsgebers gilt es zu klären, ob der Mehraufwand auf den medizinischen Fortschritts zurückzuführen ist. Und durch die Gegenüberstellung von konkreter Behandlungssituation und dem heutigen medizinischen Verständnis des typischen Behandlungsfalls ist festzustellen, ob besondere Umstände bei der Verrichtung vorlagen, die für die Festlegung des Steigerungssatzes relevant sind. Selbst wenn der Mehraufwand einheitlich durch den Steigerungssatz ausgeglichen werden soll, kann das konkret-individuelle Verständnis auf die Feststellung von fortschritts-

369 Vgl. dazu den Abschnitt E.II.3.b)(4).

370 Zur eingeschränkten Ersatzpflicht privater Krankenkassen und Beihilfekassen den Abschnitt F.III.1.

bedingtem Mehraufwand nicht verzichten. Denn eine Abweichung in Zeitaufwand, Schwierigkeit oder den sonstigen Umständen wäre sowohl im Hinblick auf den Einzelfall als auch in Bezug auf den Fortschritt schließlich nicht festzustellen, solange der Vergleichsmaßstab unbekannt bleibt. Die Folgen eines geänderten Standards können nur durch den Vergleich mit der vom Verordnungsgeber vorgesehenen Methode festgestellt werden. Letztlich wird die Festlegung des Steigerungssatzes also ebenso zweischichtig gedacht und die Gebührenziffer über den Wortlaut ausgelegt werden müssen – wie nach der Rechtsprechung auch.

Eine Berücksichtigung der Annahmen des historischen Verordnungsgebers entspricht allerdings nicht dem Gedanken der Rechtsklarheit, wie es das Modell konkret-individueller Gebührenziffern für sich selbst geltend macht.[371] Zwar kann der Zahlende die vorgenommenen Handlungen einfacher den in der Rechnung aufgeführten Gebührenpositionen zuordnen, die Berechnung des Steigerungssatzes bliebe für ihn allerdings im Dunkeln. Nicht nur, weil der Steigerungssatz erst ab dem 2,3-Fachen zu begründen ist, sondern vor allem, weil aus der Anwendung gar nicht deutlich würde, dass sie mit den Vorstellungen des Verordnungsgebers verglichen wurde. Denn die Gebührenziffer, die im Rahmen der Steigerungssatzbestimmung inzident ausgelegt werden würde, wird nach außen immer noch als die Vereinigung aller nach dem medizinischen Standard zur Zielverwirklichung gebotenen Schritte verstanden.[372]

(3) Zusammenfassung

In der Gesamtschau stehen sich beide Ansichten mit der beiderseitigen Annahme eines mit den Gebührenziffern zum Ausdruck gebrachten Wertungszusammenhangs näher, als zunächst zu vermuten wäre. Zwar zeigt sich im Hinblick auf die einzelnen Gebührenpositionen, dass ein konkret-individuelles Verständnis der Leistungsbeschreibungen den Lege-artis-Standard als maßgeblichen Diskriminierungsmaßstab und damit als die (Un-)Gleichbehandlung bestimmenden Faktor annimmt, während die Gegenmeinung auf die Vorstellungen des Verordnungsgebers und dessen Annahme bei Bewertung der Gebührenziffer abstellt. Dieses Bild relativiert sich jedoch bei einem Blick auf

371 Vgl. *Miebach*, in: Uleer/Miebach/Patt, § 4 GOÄ Rn. 26.

372 Vgl. zur Kritik an der Rechtssicherheit: *Hoffmann/Kleinken*, § 6 Rn. 6.3.

das den Meinungen zugrunde liegende Gesamtkonzept. Das konkret-individuelle Verständnis sieht konzeptionell eine Differenzierung verschiedenen Leistungsaufwands unabhängig von dessen Ursache mittels Steigerungssatz vor und erkennt damit letztlich ebenfalls eine Korrelation zwischen den in der Leistungsbeschreibung einer Gebührenziffer aufgeführten Handlungen und der Bewertung durch den Verordnungsgeber, den es durch besagte Anpassung im Steigerungssatz zu wahren versucht. Entsprechend unterscheiden sich beide Regelungsmodelle vor dem Hintergrund formaler Gerechtigkeit zwar in Bezug auf den Diskriminierungsmaßstab bei Einordnung verschieden umfangreicher Leistungen in das Gebührenverzeichnis, nicht jedoch bei deren abschließender Bewertung innerhalb des Gebührenrahmens. Bei beiden soll die Gleichbehandlung verschieden umfangreicher Leistungen formal ungerecht sein.

Dem Modell konkret-individueller Bewertung gelingt es jedoch nicht, diese Prämisse in Gänze umzusetzen, da der Steigerungssatz in der Höhe begrenzt wird. Es ist nicht anzunehmen, dass in jedem Fall die notwendige Spreizung des Honorars möglich ist. Der auf das Dreieinhalbfache begrenzte Steigerungssatz kann der gleichzeitigen Berücksichtigung fortschrittsbedingter Mehrleistung und gebotener Anpassung an den Einzelfall entgegenstehen. Resultat wäre in solchen Fällen die formal ungerechte Gleichbehandlung verschieden aufwendiger Leistungen. Letztendlich droht eine Unterbezahlung ärztlicher Tätigkeit und das Eintreten der damit verbundenen Nachteile für Versorgungsqualität und -dichte. Nicht nur vom Standpunkt formaler Gerechtigkeit stellt sich im Vergleich mithin das abstrakt-typisierende Verständnis des Bundesgerichtshofs als vorzugswürdige Lösung heraus. Die dagegen ins Feld geführten Argumente[373] überzeugen nicht. Die kritisierte Überschreitung des Wortlauts in der Auslegung[374] muss spätestens bei der praktischen Umsetzung beider Modelle betrieben werden. Zudem kann das am vorherrschenden Standard orientierte Verständnis der Leistungsbeschreibung als über den Wortlaut hinausgehende, zweckgeleitete Interpretation verstanden werden, der dieses Modell bedarf, um zur Anwendung des Zielleistungsprinzips den dazu erforderlichen inneren Zusammenhang zwischen den verklammerten selbstständigen Leistungen herzustellen. Wenn die Nachteile ei-

373 *J. Miebach*, MedR 2003, 88 (91ff).

374 *Ders.*, MedR 2003, 88 (92).

ner eventuellen Unterbezahlung des Arztes mit dem Hinweis auf vermeintlich vergleichbare Pauschalisierungen in anderen Gebührenordnungen relativiert werden sollen[375], sei darauf hingewiesen, dass sich die dortigen Gebühren anders als in der GOÄ nicht am tatsächlichen Aufwand, sondern an anderen Faktoren orientieren.[376] Eine Mischkalkulation ist in der GOÄ strukturell nicht vorgesehen. Jede Leistung ist aufwandsgerecht zu vergüten.[377] Im Übrigen würde die darin zum Ausdruck kommende Akzeptanz unterdeckender Vergütung den verfassungsrechtlich definierten Zielen des Allgemeinwohls entgegenstehen. Nicht umsonst hält der Bundesgerichtshof eine nicht auskömmliche Gebühr nach der GOÄ für nicht mit Art. 12 GG vereinbar.[378]

d) Der Ausgleich unberücksichtigten Mehraufwands

Soll der Ausgleich von Mehraufwand auf der Ebene der insgesamt zur Abrechnung gebrachten Punktzahl erfolgen, müssen letzten Endes mehr selbstständige Leistungen abgerechnet werden, als bei strikter Anwendung des Zielleistungsprinzips in der Behandlungssituation eigentlich zulässig wäre. Erforderlich wird eine Parallelabrechnung verschiedener selbstständiger Leistungen.

(1) Reichweite des Zielleistungsprinzips

Allerdings darf der Ausgleich des seitens des Verordnungsgebers unberücksichtigt gebliebenen Mehraufwands nicht mit der Parallelabrechnung selbstständiger Leistungen bei *gleicher* Indikation aufgrund von historischen oder systematischen Erwägungen verwechselt werden.[379] Etwa hat der Bundesgerichtshof die ‚Dekortikation der Lungen' (Gebührenziffer Nr. 2975, 4800 Punkte) neben der ‚Lungenresektion' (Gebührenziffer Nr. 2997, 5100 Punkte) trotz identischer Indikation für parallel abrechenbar erachtet, weil die Bewertung ersterer im Gebührenverzeichnis zu 94% der Bewertung letzterer entspricht[380], fachlich die Dekortikation jedoch nur die

375 *J. Miebach*, MedR 2003, 88 (92).

376 Dazu den Abschnitt F.I.

377 Dazu ferner den Abschnitt F.I.

378 BGHZ 159, 142 (151); BGH NHW-RR 2010, 1355 (1356f).

379 Vgl. *Hoffmann / Kleinken*, § 4 Rn. 6.6.

380 Beziehungsweise 92%, wenn die in beiden Gebührenziffern enthaltene Eröffnungsleistung mit 1100 Punkten ausgeklammert wird.

> op. Behandlung von die Lungenfunktion behindernden Pleuraschwarten, Empyemresthöhlen od. eines älteren, organisierten Hämotothorax durch Ausschälen der pathol. Strukturen[381]

umfasst, die für die Resektion nicht immer medizinisch notwendig ist.[382] Gälte sie ungeachtet dessen als methodischer Zwischenschritt im Sinne des Zielleistungsprinzip, würde die eigentliche Resektionsleistung in Abhängigkeit von der konkreten Behandlungssituation entweder mit den vollen 5100 Punkten[383]. bei Nichtvornahme, aber nur mit gut 300 Punkten[384] bei Dekortikation bewertet. Die Entfernung der Lunge erführe damit eine nach dem Gesetz formal ungerechte Behandlung. Deswegen seien beide Leistung berechnungsfähig.[385] Im Zusammenhang mit einer Radikaloperation eines bösartigen Schilddrüsengeschwulsts[386] , bei der fortschrittsbedingt ein erheblicher Mehraufwand notwendig wurde, betrachtete der Bundesgerichtshof hingegen die Analogabrechnung derselben Gebührenziffer als das systematisch korrekte Vorgehen. Ein vergleichbares Vorgehen war für das Oberlandesgericht Düsseldorf bei der Honorierung einer ‚Lebertransplantation' (Gebührenziffer 3184; Abschnitt L.) geboten, deren seit 1988 unveränderte Bewertung „eine grundlegende Verbesserung des Transplantationsverfahrens und damit eine wesentliche Ausweitung der hierzu zu erbringenden ärztlichen Leistungen" nicht berücksichtigen würde.[387] Den abgrenzbaren Mehraufwand selbst in das Gebührenverzeichnis einzuordnen und unter einer entsprechenden *anderen* selbstständigen Leistung abzurechnen, wurde vom Bundesgerichtshof hingegen als mit dem Zielleistungsprinzip unvereinbar ablehnt.

Daran zeigt sich, dass die Frage nach unberücksichtigtem Mehraufwand nicht mit jenen Fällen verwechselt werden darf, bei denen es nur zur Parallelvornahme mehrerer selbstständiger Leistungen kommt, sodass sich die Frage nach der Anwendbarkeit des Zielleistungsprinzips stellt. In den Fällen der Lungenresektion und Dekortikation war fort-

381 *Pschyrembel*, Klinisches Wörterbuch.

382 Vgl. BGHZ 177, 43 (50).

383 4000 Punkte bei Ausklammerung der Eröffnung der Brusthöhle

384 306 Punkte als 6% der vollen Punktzahl beziehungsweise 320 Punkte als 8% von 4000 Punkten bei Außerachtlassung der Eröffnungsleistung.

385 Vgl. BGHZ 177, 43 (50).

386 Gebührenziffer 2757

387 OLG Düsseldorf MedR 2002, 310 (310).

schrittsbedingter Mehraufwand streng genommen gar nicht gegeben. Wenn überhaupt kann ein Fortschritt nur in der vielleicht früher nicht üblichen Kombination erkannt werden, ansonsten haben beide Leistungen Eingang in das Gebührenverzeichnis gefunden und sind dem Verordnungsgeber auch bekannt. Die Frage, die den Bundesgerichtshof beschäftigte, war vielmehr jene der ungeklärten Konkurrenzsituation zwischen zwei Leistungen des Gebührenverzeichnisses. Die planmäßige war von der unplanmäßigen Anordnung des Zielleistungsprinzip zu differenzieren. Das Gericht ging in diesem Zusammenhang aufgrund der skizzierten systematischen Erwägungen von einer unplanmäßigen Anordnung aus.[388] Insoweit ist die Abrechnung in dieser Situation auch simpel. Da das Zielleistungsprinzip keine Anwendung finden soll, können beide Leistungen nebeneinander abgerechnet werden.

Anders verhält es sich hingegen mit fortschrittsbedingtem Mehraufwand, der bei Vornahme *einer* Gebührenziffer anfällt. Hierbei handelt es sich um die nach dem veränderten medizinischen Standard nunmehr vom Arzt verlangte Verrichtung, die den zur Leistungsvornahme erforderlichen Aufwand nachträglich erhöht hat und die für den Verordnungsgeber unvorhersehbar und damit auch nicht kalkulierbar gewesen ist. In der Sache kann sich dieser Mehraufwand sowohl durch eine Vielzahl von kleineren zusätzlichen Verrichtungen am Rand, etwa bei einer Operation durch eine andere, aufwendigere Nacht- und Schnitttechnik, als auch in fest eingrenzbaren Leistungskomplexen niederschlagen. Es wäre etwa ein unberücksichtigter Mehraufwand, wenn die Dekortikation der Lunge aufgrund des geänderten Kenntnisstandes nunmehr *stets* im Rahmen einer Lungenresektion erfolgen müsste. Insbesondere wenn der Mehraufwand in Form einer solch einheitlichen Zusatzleistung anfällt, ist dies von dem vorangehend besprochenen Fall einer ungeklärten Konkurrenz von Gebührenziffern nicht zu unterscheiden. In beiden Fällen liegen mehrere Gebührenziffern bei einer einheitlichen Indikation vor[389], bei denen sich die Frage nach einer Parallelabrechnung stellt.

Das wäre kein Problem, wenn auch die aufwandsgerechte Abrechnung der unberücksichtigten Mehrleistung durch eine Parallelabrechnung sichergestellt werden könnte. Das Verhältnis von Aufwand und

388 Vgl. BGHZ 177, 43 (50).

389 Vgl. *Hoffmann/Kleinken*, § 4 Rn. 6.6.

Punktzahl muss auch bei der Einordnung des fortschrittsbedingten Mehraufwands gewahrt bleiben. Insbesondere ist darauf zu achten, dass die gebührenrechtliche Betrachtung anhand der Systematik einen größeren Mehraufwand nahelegen kann, als in tatsächlicher Hinsicht überhaupt gegeben ist; angenommen, der Vergleich der in Rede stehenden Gebührenziffern führt zu einer der Dekortikation und Entnahme der Lunge vergleichbaren Situation. Es liegen zwei selbstständige Leistungen, Leistung A und Leistung B, vor, wobei die Punktzahl von Leistung A zu 95% jener von Leistung B entspricht. In diesem Fall lässt der Vergleich der Punktzahlen bei beiden Leistungen einen vergleichbaren Aufwand als Kalkulationsgrundlage vermuten. Das heißt jedoch nicht, dass zwingend beide Leistungen parallel abzurechnen sind. Wenn die Leistungen medizinisch-fachlich gesehen in eigenen Teilen identisch sind und der tatsächliche Mehraufwand dadurch deutlich kleiner ausfällt, käme es im Ergebnis zu einer partiellen Doppelhonorierung. Aus dem gleichen Grund, warum Eröffnungs- und Verschlussleistungen nur einmal zu berechnen sind, ist der tatsächlich anfallende Mehraufwand herauszuarbeiten und gesondert zu vergüten. Es muss nicht nur Klarheit darüber herrschen, *dass* bestimmte Verrichtungen getrennt von einer Komplexleistung zu honorieren sind, sondern in *welchem* Umfang. Aus diesem Grund ist der Ausgleich unberücksichtigten Mehraufwands durch die Einordnung und Abrechnung der hinzutretenden Verrichtung in Form einer bereits im Gebührenverzeichnis befindlichen Gebührenziffer nach Ansicht des Bundesgerichtshofs unzulässig. Die einzige statthafte Möglichkeit, den infolge des medizinischen Fortschritts als angebracht angesehenen und vom Verordnungsgeber unberücksichtigt gebliebenen Mehraufwand auszugleichen, bestünde in der parallelen *Analog*abrechnung der unterbewerten Gebührenziffer.[390]

Angesichts einer einheitlichen Indikation widerspräche es dem Zielleistungsprinzip, jeden einzelnen zusätzlichen Verrichtungsschritt wie in einem Baukastensystem separat als selbstständige Leistung zu vergüten.[391] Die für einen Analogieschluss benötigte Regelungslücke[392] sei Folge der Beschränkung der unterbewerteten selbstständigen Leis-

390 BGHZ 159, 142 (152), ebenso LG Düsseldorf MedR 2002, 310 (310).

391 BGHZ 159, 142 (150); vgl. die Erwägungen bei BGH NJW-RR 2010, 1355 (1356).

392 Dazu den Abschnitt C.VI.

tung auf den typischen Leistungsumfang[393] vor dem Hintergrund der Unmöglichkeit, die Mehrleistung in den bestehenden Gebührenziffern bei Beachtung des Zielleistungsprinzips auszudrücken.[394] In der seitens des Arztes erbrachten Verrichtung läge bei Betrachtung des Gesamtaufwands mehr als eine besondere Ausführung im Sinne des Zielleistungsprinzips.[395] Weil die Gebührenziffern ausschließlich den typischen Leistungsumfang vergüten würden, sei damit in der Differenz zum tatsächlich erbrachten Aufwand eine Regelungslücke zu verorten, von deren Planmäßigkeit gerade nicht ausgegangen werden könnte.[396] Diese Konstellation ginge über den Fall der besonderen Ausführung hinaus und erfordere einen Lückenschluss.[397]

Aus der Bezugnahme auf das Baukastenprinzip wird deutlich, warum der Bundesgerichtshof eine Parallelabrechnung für nicht durchführbar erachtet: Bereits eingangs wurde auf die Differenzierung zwischen der planmäßigen und unplanmäßigen Anordnung des Zielleistungsprinzips hingewiesen, deren Gedanke dem Diktum von getrennter Abrechnung von Lungenresektion und Dekortikation zugrunde liegt.[398] Bei planmäßiger Anordnung wird davon ausgegangen, dass dem Verordnungsgeber das erforderliche Leistungsspektrum bekannt war und er somit die Konkurrenz einer Leistung mit anderen, das heißt deren partielle inhaltliche Überschneidung, bei der Bewertung berücksichtigen konnte.[399]

Entsprechendes gilt auch noch bei der Feststellung unklarer Konkurrenzsituationen. Hier wird aus der Genese und der Systematik des Gebührenverzeichnisses der Leistungsgehalt der einzelnen Gebührenziffer gegeneinander abgegrenzt und damit eine inhaltliche Überschneidung vermieden.[400] Würde der unberücksichtigte Mehr-

393 BGHZ 159, 142 (152); OLG Düsseldorf, MedR 2002, 310 (310).

394 BGHZ 159, 142 (152).

395 BGHZ 159, 142 (152).

396 BGHZ 159, 142 (152); OLG Düsseldorf MedR 2002, 310 (310f).

397 BGHZ 159, 142 (152).

398 BGHZ 177, 43 (50).

399 Dazu des Weiteren den Abschnitt F.IV.3.b).

400 Insoweit ist bezüglich Lungenresektion und Dekortikation auf den in der GOÄ vorgesehenen Abschlag für Eröffnungs- und Verschlussleistungen bei Operationen hinzuweisen, deren Anrechnungen eine Überschneidung verhindert. Die Einleitung von Abschnitt L des Gebührenverzeichnisses bestimmt u.a. Folgendes: „Werden mehrere Eingriffe in der Brust- oder Bauchhöhle in zeitlichem Zusammenhang durchgeführt, die jeweils in der Leistung die Eröffnung dieser Körperhöhlen enthalten, so darf diese nur einmal berechnet werden; die Vergütungssätze der weiteren Eingriffe sind deshalb um den Vergütungssatz nach Nummer 2990 oder Nummer 3135

aufwand auf die gleiche Art und Weise abgerechnet, würde eine solche Betrachtung im vollen Umfang notwendig. Zuerst wäre die originäre Leistung von den zusätzlichen Verrichtungen auf Grundlage einer handwerklich-fachlichen Betrachtung zu trennen. Letztgenannte müssten nun in das Gebührenverzeichnis eingeordnet werden, wobei die Geltung des Zielleistungsprinzips weiterhin zu beachten wäre. Nebeneinander könnten sie zur Vermeidung inhaltlicher Überschneidungen deshalb gegebenenfalls nur durch mehrere Gebührenziffern ausgedrückt werden. Das würde zu einer Zersplitterung der Abrechnung führen, die mit dem Gedanken einer möglichst einheitlichen Abrechnung nicht zu vereinbaren wäre. Eine solche wäre des Weiteren dann unvermeidbar, wenn der Fortschritt einer Methode nicht durch eine gravierende Anwendung im Ablauf, sozusagen en bloc, verändert würde, etwa durch die Vornahme eines weiteren Zwischenschritts[401], sondern an vielen verschiedenen Stellen nunmehr zusätzliche Verrichtungen für erforderlich gehalten würden. Die wiederholte analoge Abrechnung wäre demgegenüber einfacher und übersichtlicher.

(2) Abgrenzung unberücksichtigten Mehraufwands

Das erfordert es, den unberücksichtigten Mehraufwand inhaltlich von der reinen Parallelabrechnung aufgrund einer unplanmäßigen Konkurrenzsituation zu differenzieren. Als ein möglicher Ansatzpunkt kommt dabei die Unterscheidung anhand der Anzahl der letztlich abrechenbaren selbstständigen Leistungen in Betracht. Möglicherweise unberücksichtigte inhaltliche Überschneidungen können dann nicht vorliegen, wenn der Mehraufwand bereits als eine einheitliche Leistung abgerechnet werden kann. Werden von dem getätigten Gesamtaufwand die für die Vornahme der unveränderten Grundleistung erforderlichen Verrichtungen abgezogen, bleibt ein Rest – der Mehraufwand. Kann dieser einheitlich in die Gebührenziffern eingeordnet werden, wird die Richtigkeit der mit dieser verbundenen Leistungsbewertung durch eventuelle inhaltliche Überschneidungen mit parallelen abrechenbaren Gebührenziffern nicht infrage gestellt. Mithin könnte auf dem Weg der Parallelabrechnung verfahren werden, solange die Ge-

---

zu kürzen."

401 Etwa könnte bereits einer Operation eine bisher nicht vorgesehene Durchleuchtung zur Kontrolle des Ergebnisses erfolgen, die zur Zeit der Aufnahme der Gebührenziffer in das Gebührenverzeichnis noch nicht praktiziert wurde.

samtzahl der abrechenbaren Leistungen nicht zwei übersteigt (Grundleistung und Mehrleistung). Allerdings wäre eine solche Differenzierung anhand der Anzahl nur möglich, wenn sich im Gebührenverzeichnis eine Gebührenziffer findet, welche die Vornahme des Mehraufwands im Ganzen abzubilden vermag, ohne zugleich in einer (partiellen) Doppelhonorierung zu resultieren. Dies mag in den Fällen gelingen, in denen die zusätzliche Leistung von einer gewissen methodischen Eigenständigkeit geprägt ist. Problematisch wird dies jedoch, wenn der Fortschritt, den die Mehrleistung verkörpert, in einer Vielzahl von am Rande vorgenommenen Detailänderungen der ursprünglichen Leistung bestehen sollte.[402] Findet sich keine taugliche Gebührenziffer, unter die der Mehraufwand subsumiert werden kann, bleibt nur die vom Bundesgerichtshof sowie vom Oberlandesgericht Düsseldorf verfolgte Lösung, den randständigen Mehraufwand in derselben Gebührenziffer wie die Grundleistung zusammenzufassen.

Ferner ließe sie den Vertragspartner des Arztes und den Rechnungsempfänger über den Umfang der vorgenommenen Leistungen im Dunkeln. Der vorzugswürdige Weg der Unterscheidung zwischen einer unplanmäßigen Konkurrenz bestehender Gebührenziffern und dem unberücksichtigten Mehraufwand erschließt sich bei der Betrachtung der Folgen der seitens des Bundesgerichtshofs vorgesehenen Analogbewertung: Nach § 12 Abs. 4 GOÄ sind Analogbewertungen zu kennzeichnen und zu begründen. Aufgrund der angenommenen Analogbewertung wird der Arzt also verpflichtet, gegenüber dem Zahlungspflichtigen nachvollziehbar darzulegen, warum Verrichtungen, die augenscheinlich bereits Bestandteil einer anderen Rechnungsposition sind, ein weiteres Mal abgerechnet werden. Das müsste er nicht, wenn in diesem Fall einfach auf die Anwendung des Zielleistungsprinzips verzichtet und ihm die einfache Parallelabrechnung der fraglichen Gebührenpositionen erlaubt würde. Die Analogbewertung in Fällen unberücksichtigter Mehrleistung ist also mit der Information des Rechnungsempfängers über den erbrachten Mehraufwand verbunden. Dieser wird darauf hingewiesen, dass der Leistungsgehalt von der Kalkulationsgrundlage des Verordnungsgebers abweicht; jene also *anders* erbracht wurde, als nach den Planungen des Verordnungsgebers zugrunde gelegt. Dieses Hinweises bedarf es nicht, wenn solche Abweichungen gar nicht vorliegen und die abgerechnete Leistung in ihrem

402 Vgl. BGHZ 159, 142 (152).

Leistungsgehalt dem nach dem Gebührenverzeichnis erwarteten entspricht.

Dementsprechend ist der unberücksichtigte Mehraufwand dort anzunehmen, wo Leistungen unter dem Einfluss des medizinischen Fortschritts grundlegend ihren Charakter verändert haben und sich ihre Vornahme dementsprechend „seit Bildung der Leistungslegende [...] so erheblich verändert hat, dass sie nicht mehr der beschriebenen und bewerteten Leistung des Gebührenverzeichnisses entspricht"[403] und damit als Novum zu betrachten ist.[404] Die reine Parallelabrechnung aufgrund der unplanmäßigen Anordnung des Zielleistungsprinzips, wie sie der Bundesgerichtshof für die Lungenresektion in Verbindung mit der Dekortikation vorsieht, ist hingegen im Umkehrschluss dann gegeben, wenn die in Rede stehenden Leistungen sich inhaltlich nicht verändert haben, sondern nur ihre Kombination aus historischen oder systematischen Gründen nicht durch das Zielleistungsprinzip unterbunden werden soll. Der von ihnen erfasste Fortschritt kann deswegen auch nur in der Neuigkeit der Kombination liegen. In allen anderen Fällen, die in der wesentlichen Veränderung in eine selbstständige Leistung münden, ist hingegen zum Ausgleich deren ergänzende Analogbewertung geboten.

Das führt zu der Frage, wann der grundlegende Charakter überhaupt geändert wird. Endgültig wird hierüber nur die Fachwelt entscheiden können, sodass im Zweifel Beweise zu erheben sind und ein Gutachten einzuholen ist.[405] Welche einzelnen Verrichtungen einer selbstständigen Leistung in ihrer ursprünglichen, vom Verordnungsgeber bewerteten Form, zuzurechnen sind, kann durch eine vom medizinischen Sachverstand getragene Betrachtung erfolgen, im Rahmen derer geklärt wird, *welchen* Stand der Wissenschaft der Verordnungsgeber zugrunde gelegt hat und *welche* Verrichtungen damit durch die in Rede stehende Gebührenposition gerade nicht planmäßig abgedeckt werden.[406] Ergänzend könnte jedoch im Einzelfall zudem auf die historisch-systematische Auslegung des Gebührenverzeichnisses zurückgegriffen werden. Folgende Vergleiche sollten zumindest Anhaltspunkte liefern können, ob eine wesentliche Änderung erfolgt ist:

403 Vgl. *Hoffmann / Kleinken*, § 4 Rn. 6.6.

404 *Lang* u. a., § 4 Rn. 42; *Hoffmann / Kleinken*, § 4 Rn. 6.6.

405 BGHZ 177, 43 (49).

406 Vgl. BGHZ 177, 43 (49); BGH NJW-RR 2006, 919 (920); *Hoffmann / Kleinken*, § 4 Rn. 6.6.

Nicht jede Neuerung, die in der Zunahme des erforderlichen Aufwands resultiert, bedingt zwangsläufig die Abrechnung einer zusätzlichen Leistung. Denn auch bei der ‚besonderen Ausführung' im Sinne von § 4 Abs. 2a GOÄ ist eine Erhöhung der abgerechneten Punktzahl durch Abrechnung in einer weiteren selbstständigen Leistung nicht vorgesehen. Eine solche kann bei unberücksichtigtem Mehraufwand etwa dann gegeben sein, wenn eine handwerklich aufwändigere, aber mit medizinischen Vorteilen verbundene, neuartige Methode des Wundverschlusses praktiziert wird, das operative Vorgehen selbst dem Stand der Wissenschaft entspricht, wie es der Verordnungsgeber beurteilt hat.[407] Grund für die daraus resultierende ‚Erheblichkeitsschwelle' ist der systematische Hintergrund der besonderen Ausführung. Diese stellt inhaltlich eine untergeordnete Änderung bei der Vornahme einer selbstständigen Leistung dar, die selbst nicht als solche ausgedrückt werden kann. Deswegen bedarf es schon aus systematischen Gründen eines Ausgleichs über den Steigerungssatz.[408] Einer Verlagerung des Ausgleichs auf den Steigerungssatz bedarf es im Umkehrschluss dann nicht mehr, wenn ein anfallender Mehraufwand selbst zu einer Erhöhung der Punktzahl führt. Eine grundlegende Änderung des Charakters kann damit frühstens dann angenommen werden, wenn der Mehraufwand als eine weitere selbstständige Leistung separat abrechenbar wird. Wenn die unveränderte Leistung als Komplexleistung drei selbstständige Leistungen vereinigt und nun in der Folge einer veränderten Ausführung und eines damit verbundenen Mehraufwands eine vierte danebentritt, wäre dieser Mehraufwand nicht mehr Ausdruck besonderer Ausführung, sondern als (vierte) selbstständige Leistung potenziell abrechenbar und damit im Wege der Analogbewertung ausgleichsfähig.

Allerdings stellt sich die Frage, ob der alleinige Umstand separater Abrechenbarkeit bereits eine erhebliche Charakteränderung begründet. Schließlich wurde der Ausschluss einer gesonderten Abrechnung der besonderen Ausführung innerhalb der Systematik der Gebührenordnung von der Analogbewertung in § 6 Abs. 2 GOÄ zu der generellen Regelung der Parallelabrechnung in § 4 Abs. 2a GOÄ verschoben.[409] Damit verbunden ist die Klarstellung, dass die besonde-

407 Vgl. *Lang* u. a., § 4 Rn. 42; *Hoffmann/Kleinken*, § 4 Rn. 3.1; 6.6.

408 Vgl. BGH NJW-RR 2010, 1355; *Lang* u. a., § 4 Rn. 42; *Hoffmann/Kleinken*, § 4 Rn. 6.6. Dazu ferner den Abschnitt F.IV.2.

409 *K.-F. Brück*, § 4 Rn. 7. Dazu ferner im Abschnitt C.VI.2.a)(2).

re Ausführung ebenso gilt, wenn mehrere selbstständige Gebührenziffern nebeneinanderstehen. Der von § 4 Abs. 2a GOÄ angeordneten Beschränkung der Abrechnung auf *eine* selbstständige Leistung bedürfe es schließlich dort nicht, wo bereits nur eine einzige Leistung abgerechnet werden könne. Dementsprechend wird zu dem reinen Mehraufwand ein weiteres Kriterium hinzutreten müssen, um dessen Erheblichkeit zu begründen. Dazu kann unter Umständen die von dem Bundesgerichtshof bei Fragen der Parallelabrechnung praktizierte Methode des Vergleichs von Punktzahl und Aufwand herangezogen werden:

Im Steigerungssatz können – wenn dieser wie üblich mit nur einer Kommastelle berechnet wird – nur besondere Ausführungen berücksichtigt werden, die das 0,1-Fache des Gebührensatzes übersteigen. Sofern der Steigerungssatz nicht kleinteiliger gewählt wird, könnte bei einer mit 1000 Punkten bewerteten Leistung nur in Schritten von 100 Punkten nuanciert werden.[410] Eine besondere Ausführung müsste also mindestens einen Mehraufwand in Zeit oder Schwierigkeit von 100 Punkten mit sich bringen, um überhaupt einen Einfluss auf den Steigerungssatz zu haben. Davon ausgehend kann auch nur jener Mehraufwand erheblich und damit ausgleichsbedürftig sein, der mindestens das 0,1-Fache des jeweiligen Gebührensatzes beträgt. Ob dies der Fall ist, wäre durch die separate Einordnung des Mehraufwands in das Gebührenverzeichnis und eines daran anschließenden Vergleichs mit der unveränderten Grundleistung zu ermitteln. Die relevante Schwelle könnte auch höher gesetzt werden, etwa bei dem 0,25-fachen Steigerungssatz, der 10% des Gebührenrahmens entspräche. Es geht an dieser Stelle lediglich darum, eine Möglichkeit aufzuzeigen, wie die Erheblichkeitsschwelle unter Rückgriff auf das Gebührenverzeichnis nachvollziehbar begründet werden könnte.

Fernerhin ist in Bezug auf die Feststellung erheblichen Mehraufwands an die historische Auslegung des Gebührenverzeichnisses zu denken. Der Verordnungsgeber kann nur solche Verrichtungen als vergütungswürdigen Bestandteil einer im Gebührenverzeichnis aufgeführten, selbstständigen Leistung erkannt haben, die zum Zeitpunkt der Bewertung der medizinischen Wissenschaft überhaupt bekannt waren. Ein Mehraufwand kommt deswegen bei solchen Handlungen

410 Dass nach § 5 Abs. 1 GOÄ vom Gebührensatz und damit vom umgerechneten Betrag in Euro auszugehen ist, ist aufgrund des Kommutativgesetzes unerheblich. Dazu in Abschnitt C.III.2.

in Betracht, die selbst beziehungsweise deren Vornahme im Kontext der zu bewertenden Leistung dem Verordnungsgeber zum Zeitpunkt der Bewertung unbekannt gewesen sein mussten.[411] Bei Verrichtungen, die in der Form selbstständiger Leistungen erst nach der Grundleistung Eingang in das Gebührenverzeichnis gefunden haben, kann die gemeinsame Vornahme auf eine unberücksichtigte Leistungszunahme hindeuten.

Allerdings wird sich durch diese Betrachtungen des Gebührenverzeichnisses ein Rückgriff auf die medizinische Expertise letzten Endes nicht vermeiden lassen. Bereits bei letztgenanntem Punkt wäre zu fragen, ob tatsächlich ein unberücksichtigter Mehraufwand gegeben ist. Denn dieser ist gegenüber der unplanmäßigen Geltung des Zielleistungsprinzips abzugrenzen, bei der mehrere Leistungen unverändert erbracht werden und nur ihre Konkurrenz vom Verordnungsgeber nicht beachtet wurde. Erfolgte die Parallelvornahme unter Wahrung der grundlegenden Charakteristika, liegt nur die unplanmäßige Geltung des Zielleistungsprinzips vor. Stand die gleichzeitige Vornahme beider Leistungen hingegen in einem engen Zusammenhang, sodass beide Leistungen praktisch zu einer neuen Leistung verschmolzen sind, stellt eine der in Rede stehenden Leistungen in Bezug auf die andere einen vom Verordnungsgeber unberücksichtigten Mehraufwand dar, der nach dem Bundesgerichtshof im Wege der Analogie auszugleichen ist.[412]

(3) Ausgleich durch Analogabrechnung

Für diese Analogberechnung sollen – so ist unter anderem die Rechtsprechung des Bundesgerichtshofs zu verstehen – letztlich zwei zentrale Argumente sprechen: Die analoge Abrechnung einer Leistung verhindert eine weitere Zersplitterung des unberücksichtigten Mehraufwands in eine Vielzahl selbstständiger Leistungen.[413] Hinzu kommt die klarstellende Darstellung des Vorgehens im Rahmen der Rechnungslegung. Die Analogabrechnung ist nach § 12 Abs. 4 GOÄ durch den Arzt zu begründen, ansonsten wird sein Honoraranspruch nicht fällig.[414] Das führt dazu, dass der Arzt den Zahlungspflichti-

411 Vgl. BGHZ 177, 43 (49); BGH NJW-RR 2006, 919 (920); *Hoffmann/Kleinken*, § 4 Rn. 6.4, 6.5; *K.-F. Brück*, § 4 Rn. 4.

412 Vgl. BGHZ 177, 43 (49); *Hoffmann/Kleinken*, § 4 Rn. 6.6; *Lang* u. a., § 4 Rn. 42; *K.-F. Brück*, § 4 Rn. 7.

413 Vgl. BGHZ 159, 142 (150).

414 *Spickhoff*, in: Spickhoff, Medizinrecht, § 12 GOÄ Rn. 9.

gen darauf hinweisen muss, dass bei Vornahme der Leistung vom Verordnungsgeber unberücksichtigter, fortschrittsbedingter Mehraufwand angefallen ist. Eine Analogie würde jedoch nur bei Vorliegen einer unplanmäßigen und damit ausfüllungsbedürftigen Regelungslücke überhaupt angebracht sein.[415] So sinnvoll die seitens des Bundesgerichtshofs betriebene Abrechnung im Wege der Analogie auch sein mag, es stellt sich damit die Frage nach ihrer Statthaftigkeit.

Analogie besteht methodisch in der Übertragung einer bereits formulierten gesetzgeberischen Entscheidung auf den nicht beachteten Sachverhalt. Welche normgeberische Entscheidung zu übertragen ist, bestimmt sich wiederum nach den analogierelevanten Wertungszusammenhängen.[416] Eine Regelungslücke läge gar nicht vor, würde der fortschrittsbedingte Mehraufwand bei der Einordnung in das Gebührenverzeichnis genauso behandelt werden, wie jede andere Form der Leistungserbringung und dementsprechend als methodischer Zwischenschritt verstanden werden. Die ansonsten drohende unzureichende Honorierung der einheitlichen Komplexleistung führt zu dem grundsätzlichen Bedürfnis, den gestiegenen Aufwand in einer weiteren Gebührenziffer abzurechnen. Dem steht jedoch das Zielleistungsprinzip entgegen, das die Aufteilung in Zwischenschritte bei der Abrechnung verhindert. Weil sich die Verrichtungen des Mehraufwands im Zusammenhang mit der Gesamtleistung als notwendige Teilschritte eines einheitlichen Leistungskomplexes darstellen, widerspricht die Abspaltung des Mehraufwandes in eine eigene selbstständige Leistung eigentlich dem Zielleistungsprinzip.

Die Auseinandersetzung mit der Struktur und dem Zustandekommen des Gebührenverzeichnisses sowie den verschiedenen Möglichkeiten, mit dem unberücksichtigten Mehraufwand umzugehen, haben jedoch gezeigt, dass das Zielleistungsprinzip letzten Endes hinter anderen Wertungen zurückstehen muss. Anfallender Mehraufwand darf nicht unvergütet bleiben. Der einzige Weg, Mehraufwand systemkonform auszugleichen und den Steigerungssatz strukturell nicht zu missbrauchen, ist die Erhöhung der abgerechneten Gesamtpunktzahl.[417] Bei der Interpretation der Gebührenziffern ist deswegen nicht die Leistungsbeschreibung, sondern das vom Verordnungsgeber zugrunde

415 Dazu den Abschnitt C.VI.1.a).

416 Dazu ferner auch der Abschnitt C.VI.1.a).

417 Dazu weiter im Abschnitt F.IV.3.c)(2).

gelegte Verhältnis von angenommenem Aufwand und der Punktzahl zu betrachten.[418] Die Bewahrung des Verhältnisses von zur Verrichtung notwendigem Leistungsumfang und Bewertung ist als die relevante ratio legis zu begreifen.[419] Darum ist davon auszugehen, dass die Gebührenziffern nur den seitens des Verordnungsgebers kalkulierten Aufwand abdecken, sodass es im Hinblick auf den unberücksichtigten und bei Beachtung des Zielleistungsprinzips unvergüteten Mehraufwand zu einer Regelungslücke kommt.[420] Sein Ausgleich ist in der bestehenden Regelungsstruktur der Gebührenordnung unberücksichtigt geblieben. Die Ausdehnung des Geltungsbereichs bestehender Gebührenziffern durch eine Anpassung des Steigerungssatzes ist systematisch ebenso unzulässig wie die Heranziehung bestehender Gebührenziffern, die zu einer unzulässigen Zersplitterung des Mehraufwands führen würden.

Einzig gangbare Alternative bleibt der Rückgriff auf das Instrument der Analogabrechnung. Diese verdeutlicht weniger eine inhaltliche Lücke im Gebührenverzeichnis, sondern die systematische Unzulässigkeit, Mehraufwand entgegen dem Zielleistungsprinzip zu vergüten. Sie markiert damit einen Verzicht auf die Anwendung des Zielleistungsprinzips. Das ganze Vorgehen, angefangen bei der grundlegenden Entscheidung, Mehraufwand separat zu honorieren, beruht damit eigentlich auf der teleologischen Reduktion des Zielleistungsprinzips, das zum Ausgleich unberücksichtigter Leistungsausweitungen durchbrochen wird.[421] Die Geltung des Zielleistungsprinzips verhindert die einfache Parallelabrechnung des fortschrittsbedingt anfallenden Mehraufwands, letzten Endes ist es das Zielleistungsprinzip, welches eine Diskussion des notwendigen Ausgleichs überhaupt erst notwendig macht. Seine Geltung ist in der Gebührenordnung, die keine Ausnahmeregelung für die Fälle eines zeitlich bedingt veränderten Leistungsaufwands vorsieht, zu weit gefasst.

Das Fehlen einer expliziten verordnungsgeberischen Anordnung des Ausgleichs von Mehrleistung vermag nicht zu überzeugen.[422] Die Möglichkeit des Entstehens nachträglicher Lücken im Regelungsplan

418 Dazu in Abschnitt F.IV.1.

419 Vgl. *Canaris*, Die Feststellung von Lücken im Gesetz, S. 82ff.

420 Vgl. *Griebau*, in: Handbuch Medizinrecht, § 11 Rn. 21.

421 Zur teleologischen Reduktion und deren Verhältnis zur Analogie: *Larenz*, Methodenlehre der Rechtswissenschaft, S. 391ff, 395; *Canaris*, Die Feststellung von Lücken im Gesetz, S. 82ff.

422 So allerdings *Miebach*, in: Uleer/Miebach/Patt, § 4 GOÄ Rn. 36.

ist anerkannt, wie die bewusste Außerachtlassung von Sachverhalten durch den Verordnungsgeber, verbunden mit einer Delegation der Lösung an die Rechtsanwender, zeigt.[423] Im alleinigen Schweigen des Gesetzes kann kein allgemeingültiges Negativkriterium gesehen werden, welches einer Rechtsfortbildung im Wege der Analogie entgegensteht.[424] Umgekehrt darf ebenso wenig aus dem Fehlen eines normgeberischen Widerspruches die Zulässigkeit der Analogie angenommen werden. Das Bedürfnis nach einem Lückenschlusses ist positiv festzustellen.[425] Dafür spricht die Bedeutung einer leistungsangemessenen Vergütung des Arztes und deren Verankerung im höherrangigen Recht.

Bei der Umsetzung der Analogabrechnung ist stets die *aufwandsgerechte* Vergütung als Ziel des Ausgleichs zu betrachten. Eine Überhonorierung der Gesamtleistung würde dem ebenso wenig gerecht wie eine zu geringe Gebühr. Zwar ist bei der Einordnung von Leistungen im Rahmen der Analogie grundsätzlich an die Leistungsbeschreibung anzuknüpfen, in letzter Konsequenz allerdings der Vergleichbarkeit im Hinblick auf Zeitaufwand, Schwierigkeit und Vornahme die größere Relevanz einzuräumen.[426] Es wäre sinnlos, eine Verrichtung terminologisch weitestgehend korrekt einzuordnen, damit aber gleichzeitig eine leistungsunangemessene Vergütung in Kauf zu nehmen.[427] Die Rechtsprechung des Bundessozialgerichts[428], welches hinsichtlich der gleichwertigen Leistung im Sinne der Preugo feststellt,

> daß es für die Bewertung der Leistungen nicht allein und nicht einmal in erster Linie auf ihre äußere Gleichartigkeit oder Ähnlichkeit, sondern entscheidend auf ihre innere ‚Gleichwertigkeit' ankommt. Insofern kann vor allem die Schwierigkeit der Leistung von Bedeutung sein, die sich etwa in dem Maß des für sie erforderlichen theoretischen Wissens, der notwendigen Erfahrung und praktischen Geschicklichkeit sowie der mit ihr verbundenen nervlichen Anspannung ausdrückt, ganz wesentlich aber die Zeit, die

423 Vgl. *Canaris,* Die Feststellung von Lücken im Gesetz, S. 135.

424 *ders.,* Die Feststellung von Lücken im Gesetz, S. 49f; vgl. *Larenz,* Methodenlehre der Rechtswissenschaft, S. 370.

425 *Canaris,* Die Feststellung von Lücken im Gesetz, S. 51f.

426 Vgl. *K.-F. Brück,* § 6 Rn. 3; *Hoffmann/Kleinken,* § 6 Rn. 6; *Lang* u. a., § 6 Rn. 6.

427 Vgl. *K.-F. Brück,* § 6 Rn. 3; *Lang* u. a., § 6 Rn. 6; *Haberstroh,* VersR 2001, 1064 (1066).

428 Dazu *K.-F. Brück,* § 6 Rn. 3.1.

> für die Erbringung der Leistung im allgemeinen aufzuwenden ist[,][429]

gilt auch für den Ausgleich des fortschrittsbedingten Mehraufwands.

Hinsichtlich der inhaltlichen Übereinstimmung mit der Leistungsbeschreibung ist gegen die mit der Abrechnung derselben Gebührenziffer getroffenen Analogie kein Einwand zu erheben, schließlich *entspricht* der Mehraufwand im medizinischen Sinne derjenigen Gebührenziffer, die analog abgerechnet wird und ist damit mit dieser zumindest teilidentisch. Das bedeutet jedoch nicht, dass die zum Leistungsausgleich praktizierte Analogabrechnung vollkommen unproblematisch ist: Denn die daraus resultierende Beschränkung des Ausgleichs auf das jeweils ganze Vielfache der Punktzahl der Grundleistung ruft Bedenken hervor. Denn damit sind nur Steigerungen um jeweils 100% möglich. Doch wie ist zu verfahren, wenn der Mehraufwand tatsächlich aber geringer als ein ganzes Vielfaches ausfällt, etwa wenn er gegenüber der verordnungsgeberischen Kalkulationsgrundlage nur 50% beträgt? Als einzige Möglichkeit bliebe die Anpassung über den Steigerungssatz, welche im Gesamtkonzept der GOÄ allerdings ganz andere Funktionen erfüllen soll. Im Sinne einer leistungsgerechten Vergütung ist zu fragen, ob tatsächlich die ansonsten unverhältnismäßig niedrig vergütete Gebührenposition analogiebestimmender Faktor ist oder ob der unberücksichtigte Mehraufwand eine Analogabrechnung einer inhaltlich vergleichbaren Gebührenziffer rechtfertigen kann, die hinsichtlich der Bewertung in Punkten und des damit vergüteten Leistungsaufwands angemessener erscheint.

Teilweise resultieren die im Zusammenhang mit dem Ausgleich fortschrittsbedingten Mehraufwands durch die Anpassung des Steigerungssatzes geäußerten Bedenken aus dessen Begrenzung in der Höhe. Dadurch werden Konstellationen denkbar, bei denen eine aufwandsgerechte Gebühr nicht erreicht wird, weil der fortschrittsbedingte Mehraufwand mit den Schwierigkeiten des Einzelfalls zusammenfällt.[430] Bei der vorliegenden Methode wird durch die Analogie der Gebührensatz allerdings bereits erhöht, sodass der Spielraum im Steigerungssatz prinzipiell verbleibt. Umgekehrt verhindert der feststehende Gebührenrahmen jedoch eine Anpassung um weniger als ein

429 BSG, Urteil vom 21.09.1967, 6 RKa 27/65.

430 Dazu den Abschnitt F.IV.3.c)(2).

ganzes Vielfaches. Um eine Überkompensation zu verhindern, müsste mit einem Steigerungssatz unter 1,0 abgerechnet werden. Das wäre jedoch nur im Wege der Honorarvereinbarung möglich.[431] Alternativ käme eine übergreifende Anpassung des Steigerungssatzes in Betracht. Das heißt, die Berechnung des Steigerungssatzes der selbstständigen Leistung unter Berücksichtigung des mit der einfachen Analogbewertung überbewerteten Mehraufwands. Die damit zugleich praktizierte Mischkalkulation wäre aufgrund der Untrennbarkeit in der Vornahme unproblematisch. Ein solches Vorgehen wird in ähnlicher Weise auch bei der Analogabrechnung praktiziert, bei der es der Kombination mehrerer Gebührenziffern bedarf, da die Tätigkeit in ihrer Gesamtheit eine einzelne Leistung ‚sprengt'[432], ginge dieses jedoch auf Kosten der Transparenz. Es würde rückwirkend nicht deutlich, ob der Mehraufwand weniger als 100% betrug und deswegen der Steigerungssatz zu reduzieren war oder ob dessen Berechnung allein auf der Grundlage der in § 5 Abs. 2 GOÄ genannten Kriterien erfolgt. Letzten Endes wäre die Reduzierung des Steigerungssatzes genauso ermessensfehlerhaft wie der Versuch, ihn zum Ausgleich anfallenden Mehraufwands heranzuziehen.[433]

Die allein deswegen schon problematische Anpassung über den Steigerungssatz ist allerdings nur bei einem Ausgleich über die erneute Analogabrechnung *derselben*, ansonsten untervergüteten Leistung, unbedingt erforderlich, nicht jedoch bei einer Analogiebildung mit einer anderen Gebührenziffer. In diesem Fall könnte eine passgenaue Lösung gefunden werden. Zudem wäre keine Intransparenz zu befürchten, da aus der Rechnung der Inhalt des getätigten Mehraufwands hervorginge. Vorzugswürdig wäre es deswegen, in solchen Situationen zwar zur Analogie zu greifen, um die besondere Situation und die Abrechnung entgegen dem Zielleistungsprinzip zu begründen, diese allerdings nicht auf dieselbe Gebührenziffer zu beschränken, deren einfache Abrechnung aufgrund vorgenommenen Mehraufwands für keine auskömmliche Vergütung sorgt. Aus Gründen einer transparenteren Rechnungsgestaltung sollte der Arzt diejenige Gebührenziffer analog abrechnen, die den bei medizinischer Betrachtung separierbaren Mehraufwand inhaltlich unter Beachtung des Zielleistungs-

431 Vgl. *Hoffmann / Kleinken*, § 2 Rn. 21.

432 Vgl. *Spickhoff*, in: Spickhoff, Medizinrecht, § 6 GOÄ Rn. 4; *K.-F. Brück*, § 6 Rn. 3; für die Preugo: BSG Urteil vom 24.11.1960 – 6 RKA 3/59.

433 Dazu den Abschnitt F.IV.3.c)(2).

prinzips widerspiegelt. Nur wenn dies nicht möglich ist, etwa weil dies zu einer künstlichen Zersplitterung des Mehraufwands führen würde, sollte auf die analoge Abrechnung *derselben* Ziffer zurückgegriffen werden. In solchen Fällen ließe sich ein ermessensfehlerhafter Gebrauch des Steigerungssatzes nicht vermeiden.

4. Kompensation fortschrittsbedingter Überhonorierungen

Der Fortschritt in der Medizin muss nicht immer und zwangsläufig in der Zunahme ärztlicher Leistungen resultieren, sondern kann ebenso zu der Verringerung des vom Arzt vorzunehmenden Leistungsumfangs führen.[434] Wird davon ausgegangen, dass mit der in einer Gebührenziffer ausgewiesenen Punktzahl ein seitens des Verordnungsgebers angenommener typischer Aufwand honoriert werden soll und damit in Leistungsinhalt und Punktzahl ein spezifisches verordnungsgeberisches Wertungsempfinden Ausdruck findet[435], dann muss nicht nur die gebührenrechtliche Reaktion auf den fortschrittsbedingten Mehraufwand, sondern fernerhin jene auf den fortschrittsbedingten *Minderaufwand* zur Debatte stehen. Vom Standpunkt formaler Gerechtigkeit wäre es ebenso unstatthaft, Leistungen geringen Aufwands mit jenen Fällen gleichzubehandeln, bei denen die Vornahme derselben Leistung noch ein Mehr beinhaltet. Die Verminderung des standardmäßig zu erbringenden Aufwands würde in eine in der Relation höhere Bewertung der Leistung entgegen der verordnungsgeberischen Intention führen. Eine Änderung wäre zudem aus sozialpolitischer Sicht zu befürworten. Die Kostenbelastung der Versicherung und damit letztlich des Bürgers könnte reduziert werden, ohne dabei den Arzt dem mit der Unterbezahlung verbundenen Kostendruck auszusetzen.[436]

Allerdings ist die Festlegung der Punktzahl eine Anordnung von Seiten des Normgebers, über die sich nicht ohne Weiteres hinweggesetzt werden kann.[437] Es ist

434 Vgl. BR-Drs. 295/82, S. 9f, zur Neukonzeption der Vergütung für Laborleistung als Resultat technischer Entwicklungen.

435 Dazu den Abschnitt F.IV.1.

436 Zu dem Zusammenhang von Kosten, Entlohnung und Behandlungsqualität in den Abschnitten E.II.3.b) und F.II.

437 Es besteht allerdings die Möglichkeit zum Rechtsschutz. Dazu den Abschnitt F.III.2.a)(3).

> Sache des Verordnungsgebers, darüber zu befinden, wie ärztliche Leistungen, gegebenenfalls auch unter Berücksichtigung nach Erlass der Verordnung eingetretener Veränderungen des technischen Standards oder der Fortentwicklung wissenschaftlicher Erkenntnisse, zu bewerten sind[.][438]

Es stellt sich damit die Frage, ob im bestehenden System der GOÄ eine mögliche Kompensation einer Überzahlung überhaupt erreicht werden kann. Als eine Möglichkeit kommt – wie bei dem Ausgleich der Mehrleistung – die Korrektur mittels des Steigerungssatzes in Betracht. Fortschrittsbedingte Aufwandsverringerungen könnten den mit einem verhältnismäßig geringen Steigerungssatz anzusetzenden, besonders einfachen Fall begründen. Allerdings fällt dem Steigerungssatz in der Konzeption der GOÄ eine andere Aufgabe zu: Er soll eigentlich der Anpassung der Gebühr an den Einzelfall dienen.[439] Die an dieser Stelle in Rede stehende Anpassung wäre hingegen Resultat einer allgemeinen Änderung des Standards, beruhend auf dem medizinischen Fortschritt. Macht etwa Computertechnik die manuelle Einstellung von Geräten überflüssig, dann vereinfacht das *jeden* Einzelfall. Das Bestreben, eine entstehende Überhonorierung des Arztes mittels des Steigerungssatzes zu kompensieren, steht letztlich also genauso im Widerspruch zu dessen Sinn und Zweck wie der Versuch, mit demselben Vorgehen dessen Unterbezahlung zu vermeiden.[440] Denn ohne Honorarvereinbarung bliebe die Reduzierung des Honorars unter den einfachen Steigerungssatz ebenso problematisch wie die Überschreitung des Gebührenhöchstsatzes. Außerdem würde die von den reduzierten Behandlungskosten motivierte Festsetzung immer noch eine fehlerhafte Ausübung des Ermessens darstellen.[441]

Als Alternative zur Steigerungssatzanpassung ist prinzipiell die Analogbewertung mit einer anderen, niedrig bewerteten Gebühr denkbar. Die Rechtsprechung des Bundesgerichtshofs, die Vergütung fortschrittsbedingten Mehraufwands betreffend, geht davon aus, dass der Regelungsbereich der Gebührenziffern ausschließlich den typischen Leistungsumfang betrifft und dass für über diesen Umfang hin-

438 BGHZ 159, 142 (150).

439 Dazu weiter den Abschnitt F.IV.3.c)(2).

440 Dazu den Abschnitt F.IV.3.c)(2).

441 Dazu ferner den Abschnitt F.IV.3.c)(2).

ausgehende Leistungen dementsprechend eine ausfüllungsbedürftige Regelungslücke besteht.[442] Im Umkehrschluss könnte eine solche Regelungslücke ebenso hinsichtlich der weniger umfangreichen Verrichtung angenommen werden, die inhaltlich nicht mehr jener typischen Leistung entspricht, welche der Verordnungsgeber bei Formulierung der Gebührenziffern als maßgeblich annahm. Wird die seitens des Verordnungsgebers ausgesprochene Bewertung in Bezug auf den angenommenen Leistungsaufwand verstanden, würde das spezifische Verhältnis von Leistung und Bewertung bei einer Leistung geringeren Ausmaßes verschoben. Die Folgenlosigkeit einer Überbezahlung für die wirtschaftliche Situation des Arztes rechtfertigt eine daraus resultierende Ungleichbehandlung nicht, wenn gleichzeitig die Kostensensitivität des Gesundheitssystems sowie ferner die Freiberuflichkeit des Arztes als wesentliche Gesichtspunkte privatärztlicher Honorierung betrachtet werden. Die Reduzierung der Behandlungskosten würde die Kostenträger und damit letztlich den Bürger entlasten[443]; zudem könnte der gesteigerte Profit bei der Vornahme der ärztlichen Neutralität abträglich sein.[444]

Die bestehende Gebührenziffer muss auch in diesem Fall als inhaltlich eingeschränkt verstanden werden. Weil der als typisch angenommene Aufwand, welcher den Bezugspunkt der ihr innewohnenden Bewertung bildet, nicht erreicht wird, verbietet sich ihre unmittelbare Abrechnung. Die eigentlich vorgesehene Gebührenziffer ist aufgrund der Abweichung von der Kalkulation des Verordnungsgebers nach der ratio legis nicht mehr anzuwenden. Da eine Teilung der Gebührenziffern und damit deren Anpassung an den Behandlungsfall in der Gebührenordnung nicht vorgesehen ist, ist von der Unanwendbarkeit der *gesamten* Ziffer auszugehen. Resultat ist eine Regelungslücke in Bezug auf den *gesamten* Leistungsumfang, welche gegebenenfalls nur durch die Kombination verschiedener Gebührenziffern zu füllen ist.

Die gebührenrechtliche Einordnung von Verrichtungen ist allerdings schwierig, wenn sich in fachlicher Hinsicht ausschließlich Gebührenziffern finden, deren Anwendbarkeit aufgrund einer Differenz im Aufwand gerade als unstatthaft zu erachten wäre. In vergleichba-

442 BGHZ 159, 142 (150).
443 Dazu den Abschnitt E.II.3.b)
444 Dazu vgl. ebenso Abschnitt E.III.2.b).

ren Fällen einer „den Rahmen der GOÄ spreng[enden]“[445] Komplexität von Leistungen kann deren analoge Abrechnung durch die Kombination verschiedener Gebührenziffern erreicht werden.[446] Der Gedanke hinter diesem Vorgehen ist folgender: Eine Leistung soll in Analogie zu derjenigen Gebührenziffer abgerechnet werden, deren Bewertung dem mit der Vornahme verbundenen Aufwand gerecht wird. Maßgeblich für die Auswahl der analog abgerechneten Gebührenziffer ist deren Ähnlichkeit mit der vorgenommenen Verrichtung im Hinblick auf den erforderlichen Kosten- und Zeitaufwand. Dass beide Leistungen hinsichtlich des medizinisch-praktischen Vorgehen vergleichbar sind, ist deswegen im Zweifelsfall zu vernachlässigen.[447] Ziel ist die leistungsangemessene und damit formal gerechte Honorierung der in Rede stehenden Verrichtung. Kann dies nicht durch die Abrechnung einer einzelnen Gebührenziffer besorgt werden, muss die als Zielleistungsprinzip formulierte Zusammenfassung von Leistungen in einer selbstständigen Gebührenziffer eingeschränkt und ausnahmsweise auf ein Baukastenprinzip zurückgegriffen werden.[448] Denn ein Rückgriff auf den Steigerungssatz verbietet sich aus systematischen Gründen und könnte zudem nur maximal die dreieinhalbfache Unterdeckung ausgleichen.[449] Dass die Abkehr vom Zielleistungsprinzip bei diesem Vorgehen nicht vollständig erfolgen soll, wird in der Betrachtung des entstehenden Konglomerats verschiedener Gebührenziffern als zusammenhängende Leistungseinheit mit einem einheitlichen Steigerungssatz deutlich.[450] Aus denselben Gründen wird es bei der Nutzung des ‚Baukastens' zudem unzulässig sein, die analog abzurechnende Verrichtung über Gebühr zu teilen. Nur der Rückgriff auf die größtmöglichen ‚Bausteine' bewahrt den Gedanken des Zielleistungsprinzips. Die Situation ist insofern mit dem Ausgleich fortschrittsbedingten Mehraufwands vergleichbar. Auch die Differenz zwischen tatsächlichem und kalkuliertem Aufwand soll möglichst nicht weiter in ihre gebührenrechtlichen Bestandteile zerlegt werden.[451]

---

445 *K.-F. Brück*, § 6 Rn. 3.

446 Unter Bezugnahme auf BSG, Urt. vom 24.11.1960, 6 RKa 3/59, *dies.*, § 6 Rn. 3; ebenso *Spickhoff*, in: Spickhoff, Medizinrecht, § 6 GOÄ Rn. 7; in: Uleer/Miebach/Patt, § 6 Rn. 11.

447 Vgl. *K.-F. Brück*, § 6 Rn. 3; *Hoffmann/Kleinken*, § 6 Rn. 6; *Lang* u. a., § 6 Rn. 6.

448 Vgl. *K.-F. Brück*, § 6 Rn. 3.

449 Dazu den Abschnitt F.IV.3.c)(2).

450 *K.-F. Brück*, § 6 Rn. 3.

451 Vgl. BGHZ 159, 142 (150). Dazu umfassend im Abschnitt F.IV.3.c)(2).

Die Heranziehung eines solchen Baukastenprinzips kann außerdem dazu genutzt werden, um die Korrektur ärztlichen Honorars bei fortschrittsbedingtem Minderaufwand zu bewerkstelligen. Zwar scheint eine solche Dekonstruktion einheitlicher Verrichtungen im Widerspruch zu der Auffassung des Bundesgerichtshofs zu stehen, nach der eine Analogabrechnung der bereits erbrachten Gebührenziffer, nicht jedoch eine Parallelabrechnung des Mehraufwands in Form anderer Gebührenziffern gestattet sein soll.[452] Allerdings sind die Umstände, hinsichtlich derer der Bundesgerichtshof geurteilt hat, andere: Die Regelungslücke besteht bei Fällen fortschrittsbedingten Mehraufwands in der Nichtberücksichtigung des überschießenden Aufwands durch die Gebührenordnung, nicht jedoch hinsichtlich des übrigen, vom Verordnungsgeber bei der Formulierung erkannten Aufwands, den die bestehende Gebührenziffer vergütet. Der notwendige Lückenschluss macht es deswegen nur erforderlich, eine hinsichtlich Art, Kosten und Zeitaufwand *zum Mehraufwand* gleichwertige Gebührenposition zu finden. Wird die Leistung jedoch übervergütet, dann besteht aufgrund der Unteilbarkeit von Gebührenziffern eine Regelungslücke hinsichtlich des gesamten in Rede stehenden Aufwands. Die hervorgerufene Lücke ist durch die analoge Abrechnung einer ähnlichen, im Vergleich leistungsangemessenen Gebührenziffer zu schließen. Gelingt dies mittels der Abrechnung einer einzigen Gebührenziffer nicht, widerspräche es den Zielen der GOÄ, die Abrechnung jener Gebührenziffer zu beschränken und einer nicht leistungsangemessenen Vergütung Vorschub zu leisten. Vielmehr ist ebenso wie bei derjenigen Komplexleistung zu verfahren, die aufgrund ihres überschießenden Umfangs mit dem Gebührenverzeichnis nicht abgebildet werden kann, und weitere Gebührenziffern sind heranzuziehen.

5. Zusammenfassung

Zentrale Prämisse des Umgangs mit der Gebührenordnung muss das Verständnis der Gebühren als tätigkeitsbezogene Bewertung ärztlichen Handelns sein. Das folgt bereits aus der offensichtlich tätigkeitsbezogenen Struktur der Gebührenordnung, die bei Betrachtung der Leistungsbeschreibungen und der Bemessungskriterien des Steigerungssatzes deutlich wird. Vor allem aber ist die Gebühr die einzige Möglichkeit des Arztes, über den reinen Ausgleich von Unkosten hin-

452 BGHZ 159, 142 (152). Dazu ferner den Abschnitt F.IV.3.d)(1).

aus einen Gewinn zu erwirtschaften, was im Lichte des üblicherweise zeitbezogenen Dienstlohns dafür spricht, die Gebühr in Abhängigkeit vom (Zeit-)Aufwand zu verstehen.[453]

Als Konsequenz dieser Betrachtungsweise muss auch die Leistungsbewertung nach der GOÄ relativ, das heißt in Bezug auf einen bestimmten Aufwand, verstanden werden. Es ist davon auszugehen, dass die Leistungsbeschreibungen durch den Verordnungsgeber in Ansehung eines bestimmten Vorgehens und des dazu erforderlichen Aufwands entwickelt wurden, wobei diesbezüglich relevante Bezugspunkte in dem zum Stand der Aufnahme beziehungsweise zur Aktualisierung der Gebührenziffer maßgeblichen medizinischen Kenntnisstand zu suchen sind. Schließlich ist es dem Verordnungsgeber weitestgehend unmöglich, den wissenschaftlichen Fortschritt zu antizipieren und bei der Formulierung der Gebührenziffern zu berücksichtigten.[454] Das führt dazu, dass Leistungsvornahmen, die nicht entsprechend dem zugrunde gelegten Kenntnisstand und mithin entsprechend der Kalkulationsgrundlage des Verordnungsgebers erfolgen, mit der Punktzahl der korrespondierenden Gebührenziffer formal ungerecht vergütet werden. Änderungen im erforderlichen Aufwand, das heißt ein vom Verordnungsgeber unberücksichtigter Mehr- oder Minderaufwand, sind auszugleichen.[455]

Für die erforderliche Kompensation des anfallenden Mehraufwands finden sich in Literatur und Rechtsprechung zwei Konzepte, die zwei systematisch grundverschiedene Ansätze verfolgen: Das Modell einer konkret-individuell verstandenen Gebührenziffer nach *Miebach* ordnet den bei der Vornahme einer Leistung anfallenden Mehraufwand ebenfalls derjenigen Gebührenziffer zu, mit der die Leistung abgerechnet wird. Unverändert soll nur eine einzige selbstständige Leistung vorliegen und die infolge des Mehraufwands verschobene Relation von Aufwand und Bewertung stattdessen durch eine Anpassung im Steigerungssatz ausgeglichen werden. Demgegenüber beruft sich das von der Rechtsprechung des Bundesgerichtshofs deutlich werdende Modell auf ein abstrakt-generelles Verständnis der Gebührenziffern, die stets nur den seitens des Verordnungsgebers festgelegten Leistungsumfang vergüten sollen. Resultat ist deren Nichtberücksichtigung des

453 Dazu weiter im Abschnitt F.IV.1.

454 Dazu den Abschnitt F.IV.2.

455 Dazu weiter im Abschnitt F.IV.2.

anfallenden Mehraufwands, der dadurch im Wege der Analogbewertung abrechenbar wird.[456]

Aus systematischen Gründen ist dem erstgenannten Ansatz mit Skepsis zu begegnen. Er beruht nicht nur auf einem methodisch falschen Umgang mit der Gebührenziffer als Rechtsnorm[457], sondern spricht sich fernerhin für die ermessensfehlerhafte Steigerungssatzbestimmung durch den Arzt aus. Darüber hinaus ist das vorgeschlagene Vorgehen in seiner Wirksamkeit begrenzt. Denn der Arzt, der den Steigerungssatz an seinen Vergütungsinteressen ausrichtet, bedient sich sachfremder Erwägungen. Der fortschrittsbedingte Mehraufwand ist gerade allgemeiner Natur und keine Abweichung in Zeitaufwand oder Schwierigkeit im Einzelfall.[458] Hinzu kommt die Unfähigkeit des Steigerungssatzes, einen Mehraufwand auszugleichen, der die Kalkulationsgrundlage des Verordnungsgebers um mehr als das Dreieinhalbfache übersteigt. Das wiegt umso schwerer, als dem Steigerungssatz in dem System der GOÄ eigentlich eine andere Aufgabe zukommt. Er dient dem Ausgleich der Vornahmesituation geschuldeter Erschwernisse. Treffen solche nun mit dem bereits von Fortschritts wegen erhöhten Behandlungsaufwand zusammen, kann nicht sichergestellt werden, dass deren angemessene Berücksichtigung möglich ist.[459] Es bleibt deswegen nur die Möglichkeit, den fortschrittsbedingten Mehraufwand durch die Erhöhung der abgerechneten Punktzahl auszugleichen, da dann der Steigerungssatz für eine originäre Funktion frei bleibt.

Diese Erhöhung soll nach der Rechtsprechung des Bundesgerichtshofs im Wege der Analogabrechnung jener Leistung erfolgen, bei deren Vornahme der unberücksichtigte Mehraufwand anfällt. Dieses Vorgehen ist abzugrenzen gegenüber der vom BGH ebenfalls für zulässig erachteten Parallelabrechnung mehrerer selbstständiger Leistungen unter Außerachtlassung des Zielleistungsprinzips. Beide Entscheidungen gehen jedoch auf denselben Gedanken zurück.

Nach Ansicht des Bundesgerichtshofs gilt das Zielleistungsprinzip nur für die planmäßige Anordnung durch den Verordnungsgeber, der durch historische und systematische Auslegung der Gebührenziffern

456 Dazu weiter im Abschnitt F.IV.3.

457 Dazu den Abschnitt F.IV.3.c).

458 Dazu den Abschnitt F.IV.3.c)(2).

459 Zu der problematischen Steigerungssatzberechnung vgl. den Abschnitt F.IV.3.c)(2).

zu ermitteln ist.[460] Kommt es hingegen zu einer unplanmäßigen Konkurrenz zweier selbstständiger Leistungen, soll deren Parallelabrechnung gestattet sein. Diese Rechtsprechung wendet der Bundesgerichtshof im Kern auch auf den unberücksichtigten Mehraufwand an, modifiziert aber dessen Umsetzung. Der Mehraufwand wird als selbstständige Leistung anerkannt, die entgegen dem Zielleistungsprinzip abzurechnen ist. Diese soll jedoch nicht durch eine dem Mehraufwand entsprechende Leistung des Gebührenverzeichnisses, sondern durch die wiederholte Abrechnung der fortschrittsbedingt veränderten Leistung in Analogie erfolgen.[461]

Die angesichts dessen notwendige Differenzierung zwischen der Abrechnung unberücksichtigten Mehraufwands und der reinen Parallelabrechnung wird bei Betrachtung derjenigen Gründe deutlich, die für die Anwendung der Analogabrechnung sprechen: Mit der Analogabrechnung verbunden ist eine Begründungspflicht, in deren Rahmen der Arzt auf den angefallenen unberücksichtigten Mehraufwand und die damit einhergehende Änderung des Leistungsumfangs hinweisen kann. Eines solchen Hinweises bedarf es nicht, solange die eigentliche Vornahme der Leistung unverändert erfolgt.[462]

Dementsprechend ist das relevante Abgrenzungskriterium mit der Frage nach dem wesentlichen Leistungscharakter verbunden. Ist das Nebeneinander mehrerer selbstständiger Leistungen auf die Vornahme einer dieser Leistungen zurückzuführen, die nicht mehr dem Erkenntnisstand des Verordnungsgebers entspricht, liegt unberücksichtigter Mehraufwand vor. Werden die in Rede stehenden Leistungen jedoch unverändert gemäß den Erwartungen des Verordnungsgebers vorgenommen, ist von der reinen Parallelabrechnung auszugehen. Für diese Unterscheidung ist der Rückgriff auf medizinischen Sachverstand unausweichlich. Nur am Rande kann der flankierende Rückgriff auf die systematische Auslegung der Gebührenziffern weiterhelfen. Etwa ist der eine kompensierende Analogabrechnung bedürfende ‚wesentliche Mehraufwand' bei der Vornahme einer Gebührenziffer von deren ‚besonderer Ausführung' zu differenzieren, die mittels des Steigerungssatzes und nicht durch die Abrechnung einer weiteren selbstständigen Leistung ausgeglichen werden soll. Die Möglichkeit zu ei-

460 Dazu den Abschnitt F.IV.3.b).

461 Dazu den Abschnitt F.IV.3.d)(1).

462 Dazu weiter im Abschnitt F.IV.3.d)(2).

nem solchen Ausgleich ist aufgrund der üblichen Beschränkung des Steigerungssatzes auf Zehntel[463] jedoch erst anzunehmen, wenn die besondere Ausführung zu einer Leistungszunahme um mehr als das 0,1-Fache der Punktzahl führt. Dementsprechend muss auch der Mehraufwand mindestens diese Schwelle überschreiten, wobei die ‚Wesentlichkeitsschwelle' mit Rücksicht auf die Funktion der besonderen Ausführung in der Praxis wohl noch höher anzusiedeln ist.[464]

Die für die Analogie erforderliche Regelungslücke liegt in der Nichtberücksichtigung der *vollständigen* selbstständigen Leistungen im Gebührenverzeichnis. Da die Gebührenziffern nicht nur vom Standpunkt medizinischer Terminologie, sondern zugleich im Lichte der dort formulierten verordnungsgeberischen Bewertung medizinischen Tuns zu verstehen sind, vergütet die einzelne Gebührenziffer nicht jede noch so umfangreiche Tätigkeit, die ihr aus methodischer Sicht zugeordnet werden müsste, sondern nur jenen Aufwand, der Bestandteil des vom Verordnungsgeber als typisch erachteten Leistungsumfangs ist.[465] Damit wird die Differenz zwischen dem erwarteten und dem erbrachten fortschrittsbedingten Mehraufwand nicht vergütet. Folge ist eine Regelungslücke, die nur im Wege der Analogie geschlossen werden kann.[466] Entsprechendes gilt im Übrigen hinsichtlich der überschießende Vergütung jener Leistungen, bei denen fortschrittsbedingt ein geringerer Aufwand für den Arzt zu verzeichnen ist.[467] Der Tatbestand der im Gebührenverzeichnis aufgeführten Gebührenziffer ist aufgrund seiner größeren inhaltlichen Reichweite nicht vollständig erfüllt, sodass die als Rechtsfolge eintretende Berechnung nicht erfolgen kann. Damit ist letzten Endes bei *allen* Leistungen, bei denen sich fortschrittsbedingt eine Differenz zwischen dem planmäßigen und dem nach heutigen Maßstäben typischen Aufwand einstellt, eine Regelungslücke gegeben. Dies tritt allerdings nicht offen zutage, da diese Leistungen in den Leistungsbeschreibungen einen augenscheinlich vollkommen genügenden Anknüpfungspunkt finden. Anders als bei der Analogabrechnung infolge fehlender medizinisch-handwerklicher Lücken im Gebührenverzeichnis ist die Regelungslücke bei unberücksichtigtem Mehr- beziehungsweise Minderaufwand doch Folge einer

463 Gemeint ist die Rundung auf die erste Kommastelle.

464 Zur Feststellung der wesentlichen Änderung vgl. den Abschnitt F.IV.3.d)(2).

465 Dazu näher im Abschnitt F.IV.1.

466 Dazu den Abschnitt F.IV.3.d)(3).

467 Dazu den Abschnitt F.IV.4.

Einschränkung der inhaltlichen Reichweite bestehender Gebührenziffern und damit die Umsetzung des Gleichheitssatzes in dessen negativer Ausprägung.[468] Denn die durch die Differenz zwischen der verordnungsgeberischen Kalkulation und tatsächlich gebotenem Leistungsumfang entstehende Lücke ist nicht planmäßiger Natur; die daraus resultierende Unter-, beziehungsweise Überdeckung kann bei einem Blick auf den Gesamtregelungsplan als nicht vom Verordnungsgeber gewollt betrachtet werden.[469] Gründe, den anfallenden Mehr- oder Minderaufwand ungleich den übrigen privatärztlichen Tätigkeiten zu behandeln, finden sich nicht.[470] Ganz im Gegenteil, es wäre im Hinblick auf den funktionierenden Sozialstaat sogar von Nachteil.[471]

Gegenüber der für die Einordnung des Mehraufwand vorgeschlagenen Abrechnung derselben Gebührenziffer in Analogie scheint es jedoch vorzugswürdig, den Mehraufwand wie jede andere Leistung ohne Aufnahme in das Gebührenverzeichnis, gemäß § 6 Abs. 1 GOÄ durch analoge Abrechnung „einer nach Art, Kosten- und Zeitaufwand gleichwertigen Leistung des Gebührenverzeichnisses", zur Abrechnung zu bringen. Denn die seitens des Bundesgerichtshofs vorgeschlagene Lösung erlaubt nur eine Anpassung um das jeweilige ganze Vielfache der Punktzahl der Grundleistung. Um eine daraus resultierende Überhonorierung des Mehraufwands zu verhindern, bedürfte es einer Feinjanpassung über den Steigerungssatz, der – auch wenn nicht die Bedenken hinsichtlich der praktischen Tauglichkeit dieses Vorgehens vernachlässigt würden – eine ermessensfehlerhafte Entscheidung des Arztes erfordern würde.[472] Diese kann durch einen Rückgriff auf eine andere Gebührenziffer verhindert werden. Die Transparenz der Abrechnung würde aufgrund der Begründungspflicht nicht darunter leiden. Aus diesem Grund sollte die vom Bundesgerichtshof entworfene Lösung nur dort zum Einsatz kommen, wo ein Abrechnen des Mehraufwands mit einer anderen Gebührenziffer nicht möglich ist.

Was den gegenteiligen Fall einer fortschrittsbedingten Reduzierung des erforderlichen Aufwands angeht, so kann auch diese im Wege der

468 Vgl. *Canaris*, Die Feststellung von Lücken im Gesetz, S. 77f. Dazu ferner den Abschnitt F.IV.3.d)(1).

469 Dazu weiter im Abschnitt F.IV.1. Zur planmäßigen Lücke: *ders.*, Die Feststellung von Lücken im Gesetz, S. 44ff.

470 Anders etwa im Bereich vertragsärztlicher Vergütung und dem dortigen Umgang mit der Überschreitung festgesetzter Regelleistungsvolumina. Dazu näher im Abschnitt F.II.

471 Dazu ferner den Abschnitt E.II.3.b)(4).

472 Dazu näher im Abschnitt F.IV.3.d)(3).

Analogie ausgeglichen werden. Aufgrund der infolgedessen eintretenden Überbewertung ist jedoch die gesamte vom Verordnungsgeber vorgesehene Leistung nicht anwendbar, sodass letztlich ein Rückgriff auf das Baukastensystem erfolgen müsste. Die Anpassung mittels des Steigerungssatzes wäre hingegen ermessensfehlerhaft.[473]

473 Dazu den Abschnitt F.IV.4.

G. Zusammenfassung und Ergebnisse

Was kann nun abschließend für die Gerechtigkeit ärztlicher Vergütung festgehalten werden? Am Anfang steht die Erkenntnis, dass Gerechtigkeit inhaltlich nicht feststeht, sondern damit eine situationsabhängige und subjektive Wertung gemeint ist, die in Abhängigkeit vom Wertenden differenziert.[1] Gerechtigkeit formuliert für einen bestimmten Sachverhalt ein darauf zugeschnittenes Handlungsge- oder verbot. Die Verbindung zwischen diesen Anweisungen und dem Sachverhalt wird Schutzzweckzusammenhang genannt.[2] In der Sache ist zwischen formalen und materialen Gerechtigkeitswertungen zu unterscheiden. Während materiale Gerechtigkeit die Bewertung einer bestimmten Situation meint und diesbezügliche, konkrete Handlungsge- oder -verbote formuliert, betrifft formale Gerechtigkeit die Anwendung materialer Gerechtigkeitswertungen. Sie wird allgemein zur Wahrung juristischer Entscheidungskonsistenz als die notwendige Gleichbehandlung von Gleichem und die Ungleichbehandlung von Ungleichem verstanden.[3] Gerechtigkeitswertungen haben im Allgemeinen das Problem, dass ihnen aufgrund ihrer Subjektivität stets widersprochen werden kann. Über die Gültigkeit von Gerechtigkeit kann deswegen nicht auf der Grundlage von anderen Gerechtigkeitswertungen entschieden werden. Um den aus der Subjektivität von Gerechtigkeit resultierenden infiniten Wertungsregress zu durchbrechen, wird sich daher sogenannter prozeduraler Theorien der Gerechtigkeit bedient, die über die Gültigkeit von Wertungen anhand deren Genese befinden.[4] Für die Anwendung geltenden Rechts ist dabei der rechtliche Kontext entscheidend. Das gerechte Honorar, wie es nach Auffassung des Gesetzgebers zustande kommen soll, bemisst sich nach der Summe der für die Vergütung des Arztes relevanten Gesetze.[5] Das gerechte Honorar bestimmt sich mithin in erster Linie nach der Gebührenordnung

1 Dazu den Abschnitt B.I.

2 Dazu auch im Abschnitt B.I.

3 Dazu den Abschnitt B.I.2.

4 Dazu des Weiteren den Abschnitt B.I.2.a).

5 Vgl. dazu die Abschnitte B.I.2.d) und 22.

für Ärzte selbst. Außerdem sind die Verbindungen und die thematische Nähe der ärztlichen Honorierung hinsichtlich anderer Bereiche zu berücksichtigen, die sich für deren Bestimmung nach der Interessenlage richten, die durch den Verordnungsgeber bei Aufstellung der Gebührenordnung zu beachten ist.

Kern des Vergütungsanspruches des Arztes beziehungsweise des Krankenhauses und damit des Honorars ist ein zivilrechtlicher Vertrag mit dem Zahlungspflichtigen.[6] Dieser wird durch die Gebührenordnung inhaltlich ausgestaltet.[7] Nicht die Parteien bestimmen über die Höhe der Vergütung, sondern die Gebührenordnung. Mit diesem Vorgehen erfolgt ein Bruch mit der im Zivilrecht ansonsten als wesentlich angenommenen Vorstellung von der subjektiv-formalen Preisgerechtigkeit, das heißt von der parteigeleiteten Preisbestimmung als Maßstab des gerechten Preises. Dieses Modell fußt hauptsächlich auf dem Gedanken der Vertragsfreiheit, die den Kontrakt als rechtliche Möglichkeit zur Selbstentfaltung begreift.[8] Der Wille der Parteien zur rechtlich wirksamen Vereinbarung legitimiert den Vertragsschluss sowie den vereinbarten Inhalt. Denn ein Kontrakt bedarf der Zustimmung beider Parteien. Die erforderliche Zustimmung wird – rationales Denken und Handeln vorausgesetzt – diejenige Partei nicht erteilen, die den Vertrag als überwiegend nachteilig empfindet. Notwendig für den Vertragsschluss wird ein Konsens, der zu einem Vertrag führt, der nach beiderseitigem Dafürhalten für die jeweils eigene Seite als vorteilhaft erachtet wird.[9] Deswegen wird der Vertragsschluss als Indiz begriffen, der einen gerechten, weil den Willen aller Vertragsparteien entsprechenden Vertragsinhalt vermuten lässt.[10]

Voraussetzung für einen solchen Rückschluss vom Verfahren der Vertragsanbahnung auf den Inhalt ist allerdings die tatsächliche Willensbestimmtheit der Parteien. Eine Partei, die nicht von ihrem Willen, sondern von fremden Einflüssen geleitet wird, kann nicht im eigenen Sinne entscheiden. Subjektive Vertragsgerechtigkeit ist mithin nur dann zu vermuten, wenn die Parteien über den Vertragsinhalt auf Grundlage ihrer eigenen Interessenlage entscheiden können und

6 Dazu den Abschnitt B.II.2.b).
7 Dazu den Abschnitt C.I.
8 Dazu ferner den Abschnitt D.II.2.b).
9 Dazu auch im Abschnitt D.II.2.b)
10 Dazu den Abschnitt D.II.2.f).

in ihrem Verhalten nicht von externen Faktoren beeinflusst werden.[11] Damit rückt die Preisgerechtigkeit näher an die Diskussion über den Charakter der Vertragsfreiheit als formal oder material zu verstehendes Recht.[12] Formal verstanden würde Vertragsfreiheit abstrakt als die Gewährleistung der ausschließlich rechtlich verstandenen Autonomie zum Vertragsschluss begriffen und damit allein die theoretische Möglichkeit zur Wahrnehmung schützen, während außerhalb des Rechts stehende Beeinflussungen unberücksichtigt blieben. Verfechter der materialen Vertragsfreiheit verweisen hingegen auf den Umstand, dass die Vertragsfreiheit von der Idee gleichberechtigter Parteien ausgehe, die in der Realität selten vorgefunden würde. Vertragsfreiheit im Wortsinn könne nur dann angenommen werden, wenn die Beteiligten tatsächlich autonom entscheiden könnten und nicht durch heteronome Einflüsse zum Vertragsschluss gedrängt würden.[13] Durchgesetzt hat sich – wegen des verfassungsrechtlichen Rangs der Vertragsfreiheit als besondere Ausprägung allgemeiner Handlungsfreiheit[14] – letztgenannter Standpunkt materialer Vertragsfreiheit. Mithin kann subjektive Vertragsgerechtigkeit, wie sie durch das heutige Verständnis des BGB als Regelfall vermittelt wird, nur dort gegeben sein, wo die Parteien zur selbstbestimmten und freien Gestaltung des Vertragsverhältnisses befähigt sind.[15]

Beim Behandlungsvertrag, den die Gebührenordnung für Ärzte reguliert, ist jedoch anzunehmen, dass diese Fähigkeit auf der Seite des Zahlungspflichtigen in der Regel nicht gegeben ist. Aufgrund der Struktur der privaten Krankenkasse als Ersatzkasse und der vergleichbar operierenden Beihilfe ist der Patient üblicherweise ebenfalls Vertragspartner des Arztes und diesem zur Entlohnung verpflichtet.[16] Ergebnis ist eine Konstellation, bei der derjenige, der nach der Vertragstheorie eigentlich dazu berufen ist, den entgegengesetzten Interessen des Arztes Einhalt zu gebieten und diese zusammen mit seinen eigenen in einem Konsens zu kanalisieren, nicht dazu in der Lage ist, die empfangene Leistung zu bewerten.[17] Er wird in seiner Entschei-

11 Dazu den Abschnitt D.II.3.a).
12 Dazu weiter im Abschnitt D.II.3.
13 Dazu ferner den Abschnitt D.II.3.a)
14 Dazu den Abschnitt D.II.2.e).
15 Dazu weiter im Abschnitt D.II.3.c).
16 Dazu ferner den Abschnitt B.II.2.b)(1) und den Abschnitt E.II.3.b)(3).
17 Dazu den Abschnitt D.III.1.

dung, ärztliche Hilfe in Anspruch zu nehmen, durch die zu behandelnde Krankheit sowie durch die damit verbundene Drucksituation beeinflusst. Es ist anzunehmen, dass deswegen ein vollkommen außer Verhältnis stehendes Honorarverlangen des Arztes prinzipiell akzeptiert würde, solange die eigene Leistungsfähigkeit gegeben sei. Hinzu kommen der Informationsvorsprung des Arztes als medizinischer Fachmann sowie die generelle Schwierigkeit, die mit Leben und Gesundheit angemessen zu bewerten.[18]

Im Lichte dieser Situation erscheint die Gebührenordnung als taugliche Maßnahme, die Preisbildung im Behandlungsvertrag staatlich zu kontrollieren.[19] Ungeachtet dessen stellt sie einen rechtfertigungsbedürftigen Eingriff in die von Art. 2 Abs. 1 beziehungsweise Art. 12 Abs. 1 GG geschützte Vertragsfreiheit der Parteien dar.[20] Diese ist in der Rolle der ärztlichen Vergütung für die Funktion der Gesundheitsversorgung der Bevölkerung, ferner in dem Bild freier Berufe zu suchen, deren Ausübung gleichermaßen im Allgemeininteresse geschieht:

Der freiheitliche Sozialstaat ist als Staatszielbestimmung Leitbild und Bestreben staatlicher Tätigkeit. Diese hat – neben den anderen Aufgaben des Staates – hinsichtlich des sozialen Ausgleichs und der Teilhabe sowie der Absicherung vor den ‚Wechselfällen des Lebens', vor unvorhergesehenen Änderungen der individuellen Lebenssituation Einfluss zu nehmen[21], muss dabei jedoch in demselben Maß die Freiheitssphäre des Bürgers, wie sie durch den Katalog der Grundrechte umrissen wird, wahren. Einschränkungen der Grundrechte zur Verwirklichung des Sozialstaates sind zulässig, müssen jedoch zu diesem im Verhältnis stehen. Seine Umsetzung um jeden Preis und vor allem auf Kosten einer Abschöpfung aller gesellschaftlichen Leistungsreserven ist mit dem Grundgesetz unvereinbar.[22]

In Hinblick auf den gesetzlich zur Mitgliedschaft in der Krankenversicherung verpflichteten Bürger führen diese Grenzen des freiheitlichen Sozialstaats dazu, dass Einsparungen aus Kostengründen zwar grundsätzlich legitim sind, im Falle schwerster, potenziell tödlicher Erkrankungen jedoch jede Behandlung zu ersetzen ist, deren Inanspruch-

18 Vgl. dazu den Abschnitt D.III.1. und den Abschnitt D.III.1.

19 Dazu den Abschnitt D.III.3.

20 Vgl. dazu den Abschnitt D.III.3.f)(1).

21 Dazu den Abschnitt E.II.1.e).

22 Dazu des Weiteren im Abschnitt E.II.1.f).

nahme vernünftig und nachvollziehbar wäre. Es soll kein Zwang entstehen, die durch die Versicherungspflicht bereits reduzierte individuelle Leistungsfähigkeit zur eigenen Gesundheitsversorgung weiter belasten zu müssen. Im Übrigen ist eine Berücksichtigung wirtschaftlicher Gesichtspunkte bei der Leistungserbringung zulässig.[23]

Diese Annahmen können desgleichen für diejenigen Bevölkerungsschichten Geltung beanspruchen, deren Behandlung üblicherweise über die GOÄ abgerechnet wird – die Privatversicherten sowie die Beihilfeberechtigten. § 193 Abs. 3, 4 VVG verpflichtet zur Inanspruchnahme einer privaten substitutiven Krankheitskostenvollversicherung, sofern nicht eine Kostenübernahme durch andere Sicherungssysteme erfolgt. Ergebnis ist eine umfassende Versicherungspflicht und damit verbunden eine Bindung finanzieller Leistungsfähigkeit an die private Krankenversicherung. Entsprechendes gilt für die Beamten, die sich, weil die Beihilfe nur anteilig Kosten ersetzt, ergänzend privat versichern müssen.[24]

Da im Rahmen der privaten Krankenversicherung die Versicherungsprämien in Abhängigkeit von den mit der Behandlung von Krankheit verbundenen Kostenrisiken berechnet werden, werden diese unmittelbar durch die Höhe des an den Arzt gezahlten Honorars beeinflusst.[25] Es mag deswegen vorzugswürdig erscheinen, dieses Honorar möglichst niedrig anzusetzen, damit die finanziellen Belastungen der pflichtversicherten und beitragszahlenden Bürger niedriger ausfällt.[26] Ein solcher Schritt wäre indes mit der Verfassung nicht vereinbar, die nicht nur die finanzielle Belastung des Bürgers begrenzt, sondern daneben Gesundheitsleistungen in qualitativer Hinsicht garantiert. Die bereitgestellten Leistungen müssen im Regelfall zumindest tauglich sein, um Erkrankungen zu heilen oder zu lindern. Steht das Leben auf dem Spiel, ist darüber hinausgehend jede nach wissenschaftlichen Erkenntnissen Erfolg versprechende Behandlung zu finanzieren.[27] In Anbetracht dieser Ansprüche an die Leistungserbringung kommt der GOÄ eine qualitätssichernde Funktion zu. Durch das Honorarniveau kann das Verhalten der Ärzteschaft gesteuert werden. Es ist zu vermeiden, dass diese minderwertige oder gar keine Leistung

23 Dazu den Abschnitt E.II.2. und den Abschnitt E.II.2.c)
24 Dazu den Abschnitt E.II.3.a).
25 Dazu ferner im Abschnitt E.II.3.b)(1).
26 Vgl. dazu den Abschnitt E.II.3.b)(3).
27 Dazu den Abschnitt E.II.2.c)

gegenüber den (teilweise) Privatversicherten erbringen.[28] Vor allem letzter Aspekt ist zu beachten. Anders als im Vertragsarztrecht ist ein unbedingte Behandlungspflicht weder im Vertragsrecht noch in der GOÄ vorgesehen. Vielmehr legt die Möglichkeit der Honorarvereinbarung und die diesbezüglichen Einschränkungen ein Verständnis nahe, nachdem es zulässig ist, die Behandlung von der Höhe des gezahlten Honorars abhängig zu machen. Würde nun das Gebührenniveau durch den Verordnungsgeber so niedrig angesetzt, dass eine Behandlung zu den Gebührensätzen der GOÄ unprofitabel würde, stünde zu befürchten, dass entweder eine Behandlungsverweigerung stattfände oder dass versucht würde, im Wege der Honorarvereinbarung eine außerhalb der Gebührenordnung erfolgende und damit nicht kontrollierbare Erhöhung des Honorars durchzusetzen. Eine solche ginge zulasten der Zahlungspflichtigen, da weder die Beihilfe noch die privaten Krankenversicherung zum Ersatz der aus Honorarvereinbarungen resultierenden Mehrkosten verpflichtet ist.

Des Weiteren trägt die Gebührenordnung dazu bei, das Standesbild der Ärzteschaft als freien Beruf zu wahren, indem sie die Durchsetzung der als wesensbildend begriffenen Eigenschaften der Berufsausübung fördert. Die freien Berufe sind nicht nur den eigenen Interessen, sondern in erster Linie dem öffentlichen Wohl verpflichtet. Diese Verplichtung kann mit ihren eigenen wirtschaftlichen Interessen in Konflikt geraten. Als Ideal gilt daher eine Tätigkeit der Freiberufler in wirtschaftlicher Unabhängigkeit und Weisungsfreiheit.[29] Dazu bedarf es allerdings eines Einkommens, welches dem Arzt erlaubt, berufliche Entscheidungen nach dem Allgemeininteresse auszurichten, ohne diese wirtschaftlichen Erwägungen unterordnen zu müssen. Ergänzend soll eine Überbetonung des prinzipiell als gerechtfertigt erachteten Profitstrebens durch übermäßiges, nicht dem Allgemeinwohl und dem Standesbild entsprechendes Markt- und Konkurrenzverhalten vermieden werden.[30]

In diesem Zusammenhang kommt der Gebührenordnung eine regulierende Funktion zu, da sie der Ärzteschaft einen einheitlichen Gebührenrahmen vorgibt, von dem nur mittels der Honorarvereinbarung abgewichen werden kann. Das für wirtschaftliche Unabhängigkeit erfor-

28 Dazu den Abschnitt E.II.3.b)(4).
29 Dazu weiter im Abschnitt E.III.1.c).
30 Dazu den Abschnitt E.III.1.a).

derliche Einkommensniveau kann damit von Staats wegen festgesetzt werden. Vor allem aber verhindert die Gebührenordnung einen Unterbietungswettstreit, bei dem die Ärzteschaft ihr Einkommensniveau durch korrespondierendes Verhalten selbst gefährdet. Der Profit kann nicht nur durch Erhöhung des Entgelts, sondern auch durch eine Preissenkung, verbunden mit einem aggressiveren Verhalten am Markt erreicht werden. Konsequenz wäre eine Reaktion der Konkurrenz, die einen Kreislauf in Gang setzen könnte, an dessen Ende die geschwächte wirtschaftliche Stellung der Ärzte stünde. Des Weiteren würde ein solcher Preiswettbewerb höchstwahrscheinlich mit Einsparversuchen einhergehen; sei es eine Spezialisierung auf die Profit versprechenden Behandlungen oder eine Reduzierung der Kosten.In beiden Fällen kann eine effektive Behandlung des Patienten und damit dessen Gesundheit durch die Profitinteressen des Arztes gefährdet werden, was letztlich für die Einordnung der Gebührenordnung als Eingriff in die Vertragsfreiheit relevant wird.[31]

Eine Rechtfertigung dieses Eingriffes durch das Standesbild der freier Berufe ist nicht möglich. Diese genießen aufgrund ihrer inhaltlichen Unbestimmtheit gegenüber anderen Berufen keinen besonderen verfassungsrechtlichen Schutz als ‚Gattungsbegriff'. Es sind vielmehr die durch das Standesbild geschützten Allgemeininteressen, die die Rechtfertigung liefern. Bei der Gebührenordnung sind es die Besorgnisse um eine qualitativ hinreichende Gesundheitsversorgung und der darin Ausdruck findende Schutz von Leib und Leben der Patienten.[32]

Zusammenfassend ist es also die Vermeidung wirtschaftlicher Fehlanreize zuungunsten der Patienten, die den Erlass einer Gebührenordnung gegenüber den damit verbundenen Einschränkungen der Vertragsfreiheit rechtfertigt. Eine Gebührenordnung erlaubt die umfassende Kostenkontrolle im Gesundheitssystem und damit die Gewährleistung eines Mindesthonorars, das mit den Aspekten des Gesundheitsschutzes vereinbar ist und die Zahlungspflichtigen vor finanzieller Überbeanspruchung schützt. Ergänzend wird das Selbstbestimmungsrecht des Patienten gestärkt, der bei weitestgehend einheitlichen Kosten in seiner Arztwahl nicht durch die Gebührenfrage beeinflusst wird.[33]

31 Dazu den Abschnitt E.III.2.b).

32 Dazu weiter im Abschnitt E.III.2.c).

33 Dazu den Abschnitt E.I.

Auf das gerechte Honorar und dessen Abhängigkeit vom rechtlichen Kontext zurückkommend folgt daraus, dass die Gerechtigkeit in den genannten Schutzfunktionen zu suchen ist. Die bezahlbare und gleichzeitig qualitativ hochwertige Gesundheitsversorgung als Ziel des freiheitlichen Sozialstaats wird zum Leitbild eines gerechten Honorars. Aus dieser Zielsetzung resultieren für die Anwendung der Gebührenordnung, das heißt für die Berechnung des Honorars, folgende Grundsätze:

1. Jede Form von Mischkalkulation ist abzulehnen.[34] Der Gedanke, der sich bei anderen staatlichen Gebührenordnungen, etwa beim RVG, findet, nachdem ein im Durchschnitt angemessenes Honorar auch mittels einer Unter- beziehungsweise Übervergütung von Leistungen erreicht werden kann, ist auf die GOÄ aus systematischen Gründen nicht übertragbar.[35] Bis auf die Gebühr sind alle Rechnungselemente kostendeckend ausgelegt. Ein Profit kann der Arzt nur durch Gebühren erlangen. Eine Mischkalkulation zwischen einzelnen Rechnungspositionen ist damit bereits konzeptionell ausgeschlossen. Eine Mischkalkulation in Relation zur ärztlichen Tätigkeit in Gänze scheitert an der Berechnung der Gebühr in Abhängigkeit vom tatsächlich angefallenen Aufwand. Die GOÄ ist keine wertorientierte Gebührenordnung, bei der sich das Honorar in Abhängigkeit von einem aufwandsunabhängigen Geschäftswert berechnet. Auf diese Abstrahierung der Honorarhöhe vom Arbeitsaufwand zurückzuführende Unter- oder Übervergütungen sind damit systematisch ausgeschlossen.[36]

2. Das für eine Behandlung gezahlte Honorar muss fernerhin zumindest die anfallenden Kosten des Leistungserbringers decken.[37] Die Bereitschaft der Ärzte, Behandlungen vorzunehmen, ist zur Gewährung der sozialstaatlichen Verpflichtungen unerlässlich. Diesbezüglich gilt die Annahme, dass ein wirtschaftlich denkender Arzt letztlich nur solche Behandlungen erbringen wird, die für ihn profitabel sind. Schließlich arbeitet er für

34 Dazu den Abschnitt F.I.

35 Dazu weiter im Abschnitt F.I.

36 Dazu den Abschnitt F.I.

37 Dazu ferner den Abschnitt F.II.

seinen Lebensunterhalt. Resultat dieser Gewinnerwartung ist ein Gebührenniveau, bei dessen Unterschreitung die Bereitschaft zur Leistungserbringung nicht mehr anzunehmen ist. Wo diese Grenze liegt, kann allerdings nicht mit Sicherheit gesagt werden, etwa weil Einkommenserwartungen unter anderem durch den Vergleich mit anderen Berufsgruppen bestimmt werden.[38] Was allerdings kalkuliert werden kann, sind die Kosten für die Behandlung. Diese können mithin als eine berechenbare Größe herangezogen werden, die zudem eine nachvollziehbare Grenze zur Unwirtschaftlichkeit darstellt.[39] Nach der Rechtsprechung sind nur solche Gebührenordnungen zu rechtfertigen, die eine angemessene, das heißt im Verhältnis zur Leistung stehende, Honorierung vorsehen. Eine solche ist sicherlich dann nicht mehr gegeben, wenn eine berufliche, zur Sicherung des Lebensunterhalts erbrachte, Leistung mit wirtschaftlichen Verlusten verbunden ist.[40]

3. Im Übrigen sind die Gesichtspunkte eines finanziell und qualitativ leistungsfähigen Gesundheitssystems trotz der Relevanz der GOÄ für dessen Funktionieren bei der Gebührenberechnung von untergeordneter Bedeutung. Das liegt daran, dass die Ersatzpflicht der Krankenkassen und der Beihilfe nicht jedes vom Arzt verlangte Honorar vollumfänglich ersetzen beziehungsweise inhaltlich mit der GOÄ parallel laufen. Deswegen besteht etwa kein Grund, die medizinische Notwendigkeit im Sinne der GOÄ einem besonderen Wirtschaftlichkeitsgedanken zu unterwerfen und auf diese Weise inhaltlich einzuschränken. Ein solches Vorgehen wäre zudem mit dem Wesen der eingeschränkten Ersatzpflicht nicht zu vereinbaren. Dieses basiert sowohl bei der privaten Krankenversicherung als auch bei der Beihilfe auf der medizinischen Notwendigkeit einer Leistung, die inhaltlich identisch zur GOÄ verstanden wird.[41] Es bestehen allerdings Einschränkungen in der Ersatzpflicht, wenn eine Behandlung zwar notwendig, aber überzogen, das heißt, inhaltlich unverhältnismäßig sein sollte. Die daraus resultierenden Mehrkosten hat der Patient

38 Dazu des Weiteren im Abschnitt F.II.1.

39 Dazu den Abschnitt F.II.2.

40 Dazu den Abschnitt D.III.3.f)(2).

41 Vgl. dazu die Abschnitte F.III.1. und F.III.1.b).

zu tragen. Das kann verfassungsrechtlich bedenklich sein, wenn dies Behandlungen betrifft, die nachvollziehbar in Anspruch genommen wurden, um eine lebensbedrohliche oder schwere Erkrankung zu behandeln. Trotz alledem ist das Recht zur Honorarforderung über den Begriff der medizinischen Notwendigkeit an dieser Stelle nicht einzuschränken. Denn an deren Bestehen ist die gesamte Honorarforderung des Arztes gekoppelt, während die Ersatzpflicht nur teilweise eingeschränkt wird. In Höhe der als angemessen zu betrachtenden Kosten gilt sie fort, sodass zumindest in dieser Höhe die Honorarforderung den Patienten nicht belasten würde. Durch eine begriffliche Einschränkung der medizinischen Notwendigkeit würde indes der gesamte Honoraranspruch entfallen. Die dem Versicherungsvertragsverhältnis entspringende Diskussion über die Reichweite der Ersatzpflicht würde damit zu seinem wirtschaftlichen Risiko.[42]

4. Gleicherweise kann im Hinblick auf den Steigerungssatz keine Verpflichtung des Arztes erkannt werden, bei der Steigerungssatzbestimmung die übergeordnete Bedeutung der GOÄ unbeachtet zu lassen. Grundlegend entspricht die Steigerungssatzbestimmung der einseitigen Leistungsbestimmung nach § 315 BGB und hat entsprechend nach billigem Ermessen zu erfolgen. Auf dieses Ermessen kann die aus dem Verwaltungsrecht bekannte Ermessensfehlerlehre Anwendung finden.[43] Diese ist aber inhaltlich auf die in § 5 Abs. 2 GOÄ genannten Faktoren, Schwierigkeit und Zeitaufwand der vorgenommenen Leistung sowie die Umstände bei deren Ausführung, beschränkt. Deswegen handelt der Arzt, der sich bei seiner Entscheidung nicht mit diesen Aspekten auseinandersetzt, genauso ermessensfehlerhaft wie jener, der daneben andere Faktoren berücksichtigt. In beiden Fällen würde das Ermessen auf eine falsche Grundlage gestellt.[44]

   Mithin ist sich gegen die üblicherweise praktizierte Pauschalabrechnung zum 2,3-fachen Gebührensatz auszusprechen, solange sie ohne Reflexion der Leistung erfolgt. Ungeachtet dessen ist die Abrechnung mit dem 2,3-fachen Gebührensatz im Re-

42 Dazu den Abschnitt F.III.1.a)(3).

43 Dazu weiter im Abschnitt F.III.2.

44 Vgl. dazu den Abschnitt F.III.2.a)(3) und den Abschnitt F.III.2.a)(2).

gelfall zulässig. Das zeigt ein Blick auf die Systematik des Gebührenrahmens.[45] Dieser reicht im Regelfall vom einfachen bis zum dreieinhalbfachen Gebührensatz. Der 2,25-fache, aufgerundet 2,3-fache Gebührensatz steht also in der Mitte des verfügbaren Spektrums. Daraus resultiert ein rechnerisch gleich großer Spielraum, einfachere und kompliziertere Behandlungssituationen zu berücksichtigen. Die absolute Durchschnittsbehandlung ist dementsprechend dort mittig zu verorten. Der Ansatz, den Gebührenrahmen in Anbetracht der korrespondierenden Begründungspflicht bis zum 2,3-Fachen als Abbildung eines breiteren Regelfalls zu begreifen, ist hingegen abzulehnen. Er findet zum einen keinen Halt in der GOÄ, steht aber vor allem vor praktischen Problemen: Es stellt sich die Frage, wie zwischen dem Normal- und dem Ausnahmefall auf Grundlage *derselben* Kriterien unterschieden werden soll. Die Einordnung nach den genannten Kriterien kann nur anhand der Häufigkeit erfolgen, wobei die häufigste Anzahl der Fälle den Regelfall beim 2,3-Fachen darstellt. Eine Verteilung nach Häufigkeit in Relation zur Schwierigkeit müsste für jede einzelne Gebührenziffer erfolgen und wäre nicht praktikabel.[46]

5. Für das gerechte Honorar maßgeblich wird schließlich aber die korrekte Bestimmung der Gebühr. Deren Berechnungsgrundlage ist das in Anlage zur Gebührenordnung befindliche Gebührenverzeichnis als Aufstellung verschiedener ärztlicher Tätigkeiten in den Gebührenziffern. Zur Ermittlung der für eine Behandlung anfallenden Gebühren sind die vorgenommenen Handlungen in diese Gebührenziffern zu übersetzen, wobei das Zielleistungsprinzip des § 4 Abs. 2a GOÄ zu beachten ist: Aufgrund der Bandbreite ärztlicher Tätigkeit können in dem Gebührenverzeichnis inhaltliche Überschneidungen von Gebührenziffern nicht ausgeschlossen werden. Eine Verrichtung kann damit den Tatbestand mehrerer Gebührenziffern erfüllen. Jede von diesen infrage kommenden Positionen abzurechnen, entspricht allerdings nicht der Konzeption der GOÄ. Ansonsten erhielte der Arzt für eine Handlung eine mehrfache Vergütung. Deswegen verbietet § 4 Abs. 2a

45 Dazu den Abschnitt F.III.2.b).
46 Dazu den Abschnitt F.III.2.b)(1).

GOÄ eine solche Parallelabrechnung. Leistungen, die Bestandteil, ein methodisch notwendiger operativer Einzelschritt oder eine besondere Ausführung einer anderen zur Abrechnung gebrachten (Operations-)Leistung sind, sind nicht berechnungsfähig. Die Vergütung wird damit auf eine einzige Leistung im Sinne der Gebührenordnung konzentriert, die in ihrer Gesamtheit die vorgenommene Behandlung repräsentieren soll (Zielleistungsprinzip).[47]

Dieser Zusammenfassung von ärztlichem Handeln sind jedoch Grenzen gesetzt: Die Punktzahl einer Gebührenziffer ist Ausdruck einer Leistungsbewertung und deswegen in Abhängigkeit des bei Vornahme der Gebührenziffer anfallenden Aufwands zu verstehen. Für das Verständnis maßgeblich ist allerdings nicht der Aufwand, wie er nach aktuellem medizinischen Verständnis für einen Lege-artis-Vornahme anfallen würde. Vielmehr ist eine Lesart vorzuziehen, die den erfassten Aufwand anhand eines historischen und systematischen Verständnisses des gesamten Gebührenverzeichnisses ermittelt. Denn die mit der Zuordnung einer Punktzahl verbundene Leistungsbewertung durch den Verordnungsgeber kann sich einzig auf den Stand medizinischer Wissenschaft zum Bewertungszeitpunkt beziehen, zukünftige Entwicklungen waren für diesen nicht vorherzusehen. Bewertet wurde mithin nur der damals erkennbare Aufwand. Damit sind im Fall von späteren Änderungen Korrekturen im Rahmen der Gebührenberechnung geboten.

Eine durch die konsequente Anwendung des Zielleistungsprinzips mit dem Verweis auf die heutige Auffassung vom medizinischen Standard betriebene inhaltliche Ausdehnung von Gebührenziffern auf fortschrittsbedingten Mehraufwand würde im Ergebnis mehr Aufwand vergüten, als vom Verordnungsgeber vorgesehen ist. Resultat wäre eine inhaltlich inkonsequente Wertung, die mit dem Prinzip formaler Gerechtigkeit nicht zu vereinbaren ist.[48]

Einer solchen hälfe die zur Kompensation vorgeschlagene Erhöhung der Gebühr über den Steigerungssatz nicht ab. Sie kä-

47 Dazu weiter im Abschnitt C.IV. und zudem F.IV.3.c).

48 Dazu die Abschnitte F.IV.1. und F.IV.3.c)(2).

me vielmehr dessen systemwidriger Zweckentfremdung gleich. Der Steigerungssatz dient allein der Anpassung der Gebühren an die Gegebenheiten des Einzelfalls. Für den Ausgleich des fortschrittsbedingten Mehraufwands ist hingegen kein Raum. Denn behandlungsbedingter und fortschrittsbedingter Mehraufwand können kumulieren, sodass im Zweifel der auf das Dreieinhalbfache begrenzte Gebührenrahmen einen leistungsangemessenen Ausgleich nicht mehr zulässt. Deswegen müssen die Folgen des medizinischen Fortschritts schon bei der Berechnung der Gebühr aufwandsgerecht berücksichtigt werden. Dies gelingt, wenn das Zielleistungsprinzip im Vorhinein unter einem Vorbehalt verstanden wird: Seine Anwendung ist abzulehnen, wenn aus der Gegenüberstellung von Inhaltsbeschreibung und Punktzahl sowie dem historischen Zustandekommen des Gebührenverzeichnisses deutlich wird, dass eine bestimmte Leistung vom Verordnungsgeber nicht als Bestandteil einer anderen betrachtet wurde. Der diesbezüglichen Rechtsprechung des Bundesgerichtshofs ist zuzustimmen.[49]

Das gilt fernerhin ebenso für die praktizierte Ausdehnung der Analogabrechnung auf Fälle, bei denen die einmalige Abrechnung einer Gebühr erkennbar nicht mehr den gesteigerten Leistungsanforderungen der aktuellen Wissenschaft entspricht. Dann besteht in Bezug auf den inzwischen entstandenen Mehraufwand eine systemwidrige Regelungslücke, die durch die Analogabrechnung der gleichen Gebührenziffer zu schließen ist.[50] Die Gebührenziffern vergüten nur denjenigen Aufwand, der ihrer Kalkulation zugrunde liegt. Mithin resultieren Leistungen, die tatsächlich umfangreicher sind, in einer Deckungslücke, welche es zu schließen gilt. Dazu könnte zwar eine Parallelabrechnung von Gebührenziffern erfolgen, welche dem Mehraufwand inhaltlich entsprechen, das ist jedoch nicht immer möglich und zudem für den Patienten wenig transparent. Durch die parallele Analogabrechnung wird in der Rechnungslegung verdeutlicht, dass eine Bezugnahme auf eine einheitliche Leistung erfolgt, die ansonsten unangemessen honoriert würde.[51]

49 Dazu den Abschnitt F.IV.3.c).

50 Dazu weiter im Abschnitt F.IV.3.d)(1).

51 Dazu den Abschnitt F.IV.3.d)(3).

Nicht immer ist mit medizinischem Fortschritt jedoch ein Mehraufwand für den Arzt verbunden. Technische Hilfsmittel können umgekehrt in einer Arbeitserleichterung resultieren, sodass der notwendige Aufwand im Verhältnis zur Kalkulationsgrundlage abnimmt. Auch in diesen Fällen ist eine Anpassung nach dem Gebot formaler Gerechtigkeit geboten und zudem aus sozialstaatlichen Gründen zu begrüßen. Diese ist aufgrund des feststehenden Gebührenverzeichnisses jedoch deutlich aufwendiger zu bewerkstelligen als der Ausgleich fortschrittsbedingten Mehraufwands. Prinzipiell bieten sich zwei Ansatzmöglichkeiten. Da der Gesamtaufwand durch fortschrittsbedingten Minderaufwand abnimmt, ist einer Anpassung durch die Reduzierung des Steigerungssatzes nicht mit der gleichen grundlegenden Skepsis zu begegnen wie im umgekehrten Fall. Dass die Begrenzung auf den dreieinhalbfachen Gebührensatz eine angemessene Honorierung behindert, ist nicht anzunehmen. Allenfalls die einfache Mindestgebühr könnte eine Schranke nach unten darstellen, weil von ihr ohne Honorarvereinbarung nicht abgewichen werden kann.[52] Trotz alledem bliebe dieser Weg systemwidrig.

Alternativ könnte erneut die Analogbewertung herangezogen werden. Eine Regelungslücke entsteht schließlich ebenfalls wenn eine Gebührenziffer zu viel Aufwand vergütet. Für den Fall des tatsächlich geringer ausfallenden Aufwands sieht die Gebührenordnung keine Regelung vor. Problematisch bleibt dann allerdings der Lückenschluss. Ein Rückgriff auf die ursprüngliche Leistung wäre nicht möglich, da deren Bewertung in Punkten unangemessen wäre. Es bleibt, die vorgenommene Verrichtung durch andere Gebührenziffern abzubilden, wobei allerdings das Entstehen eines Baukastenprinzips nicht vollumfänglich vermieden werden kann.[53]

In der Gesamtschau führt der notwendige Ausgleich fortschrittsbedingter Minder- oder Mehrleistungen zu einer umfassenden Ausdehnung des Anwendungsbereichs der Analogbewertung. Anders als zu vermuten ist, erfasst die Analogbewertung nicht

52 Dazu ferner den Abschnitt F.IV.4.

53 Dazu den Abschnitt F.IV.4.

nur Behandlungen und Verrichtungen, die in ihrer handwerklichen Ausprägung keine Aufnahme in das Gebührenverzeichnis gefunden haben. Sie ist ferner auf solche Leistungen anzuwenden, bei denen sich der Leistungsinhalt gegenüber dem Bewertungszeitpunkt verschoben hat. Die Gebührenziffern müssen für die Verwirklichung eines gerechten Honorars unter Einbeziehung ihrer Punktzahl verstanden werden, sodass Regelungslücken dort entstehen können, wo die ihnen immanente Leistungsbewertung nicht mehr dem Stand medizinischer Praxis gerecht wird.

Literaturverzeichnis

Alexy, Robert, Ermessenfehler, JZ 1986, S. 701–716.

Andersen, Hanfried H. / *Schulenburg, Johann-Matthias Graf von der,* Konkurrenz und Kollegialität: Ärzte im Wettbewerb, Berlin 1990.

Anderson, Elizabeth S., What Is the Point of Equality?, Ethics 109 (1999), S. 287–337.

Aristoteles, Nikomachische Ethik, Deutsche Übersetzung: *Günther Bien* (Hrsg.), Nikomachische Ethik, 4. Aufl., 1985.

Attermeyer, Elke, Die ambulante Arztpraxis in der Rechtsform der GmbH, Heidelberg 2004.

Bach, Peter / *Moser, Hans* (Begr.), Private Krankenversicherung. MB / KK- und MB / KT-Kommentar, 4. Aufl., München 2009, *zitiert als: Bearbeiter,* in: Bach / Moser.

Bader, Johann / *Ronellenfitsch, Michael* (Hrsg.), Verwaltungsverfahrensgesetz, 1. Aufl., 2010, *zitiert als: Bearbeiter,* in: Bader / Ronellenfitsch, VwVfG.

Bartholomeyczyk, Horst, Äquivalenzprinzip, Waffengleichheit und Gegengewichtsprinzip in der modernen Rechtsentwicklung, AcP 166 (1966), S. 30–75.

Battis, Ulrich, Bundesbeamtengesetz, 4. Aufl., München 2009, *zitiert als: Bearbeiter,* in: Battis, BBG.

Bauer-Schade, Stefan, Die flächendeckende vertragsärztliche Versorgung, Berlin 2013.

Baumann, Jürgen / *Weber, Ulrich / Mitsch, Wolfgang,* Strafrecht. Allgemeiner Teil, 11. Aufl., Bielefeld 2003.

Becker, Ulrich / *Kingreen, Thorsten* (Hrsg.), SGB V. Gesetzliche Krankenversicherung, 4. Aufl., München 2014, *zitiert als: Bearbeiter,* in: Becker / Kingreen.

Behrends, Okko *u. a.,* Corpus Iuris Civilis, Bd. 2: Digesten 1-10, Heidelberg 1995.

Bergmann, Karl Otto / *Pauge, Burkhard* / *Steinmeyer, Heinz-Dietrich* (Hrsg.), Gesamtes Medizinrecht, 1. Aufl., München 2012, *zitiert als: Bearbeiter*, in: Bergmann / Pauge / Steinmeyer.

Beschlussprotokoll des 111. Deutschen Ärztetages vom 20. bis 23. Mai 2008 in Ulm, *abrufbar unter*: `http://www.bundesaerztekammer.de/arzt2008/media/Beschlussprotokoll.pdf` (abgerufen am 7. 3. 2014), *zitiert als*: Beschlussprotokoll 111. Deutscher Ärztetag.

Biermann, Elmar / *Ulsenheimer, Klaus* / *Weißauer, Walther*, Liquidation wahlärztlicher Leistungen: rechtliche Grundlagen, MedR 2000, S. 107–113.

Boetius, Jan, Notwendig Heilbehandlung und Bedingungsanpassung in der privaten Krankenversicherung, VersR 2008, S. 1431–1441.

Bohrmann, Thomas, Organisierte Gesundheit. Das deutsche Gesundheitswesen als sozialethisches Problem, 2003.

Bomba, Wolfgang, Verfassungsmäßigkeit berufs- und standesrechtlicher Werbebeschränkungen für Angehörige freier Berufe. Dargestellt am Beispiel der Regelungen für Rechtsanwälte, Ärzte und Apotheker, Berlin 2003.

Bonk, Heinz Joachim / *Sachs, Michael* / *Stelkens, Paul* (Hrsg.), Verwaltungsverfahrensgesetz, 8. Aufl., 2014, *zitiert als: Bearbeiter*, in: Bonk / Stelkens / Sachs.

Brand, Oliver, Systembrüche in der privaten Krankenversicherung, VersR 2011, S. 1337–1346.

Brennecke, Philipp, Ärztliche Geschäftsführung ohne Auftrag, Heidelberg u. a. 2009.

Breyer, Friedrich / *Zweifel, Peter* / *Kifmann, Mathias*, Gesundheitsökonomik, 5. Aufl., Heidelberg 2004.

Brück, Dietrich (Begr.) / Klakow-Franck, Regina (Fortf.) / Heck, Beate *u. a.* (Mitarb.), Kommentar zur Gebührenordnung für Ärzte (GOÄ), 3. Aufl., 27. Ergänzungslieferung, Stand 1. Juni 2014, Köln.

Brück, Dietrich, Kommentar zur Amtlichen Gebührenordnung für approbierte Ärzte und Zahnärzte (Preugo). Einschließlich zu den Analogen Bewertungen, 3., neubearbeitete Auflage, Köln und Berlin 1962.

Buchholz, Wolfgang, Der Arzt als Dienstleister - der Patient als Kunde, in: Kingreen, Thorsten / *Laux, Bernhard* (Hrsg.), Gesundheit und Medizin im interdisziplinären Diskurs. Im ethischen Konfliktfeld zwischen Patientenautonomie und evidenzbasierter Medizin, 2008, S. 70–87, *zitiert als*: *Buchholz*, Der Arzt als Dienstleister - der Patient als Kunde.

Ders., Gesundheit als Wirtschaftsgut, in: Kingreen, Thorsten / *Laux, Bernhard* (Hrsg.), Gesundheit und Medizin im interdisziplinären Diskurs. Im ethischen Konfliktfeld zwischen Patientenautonomie und evidenzbasierter Medizin, 2008, S. 45–65, *zitiert als*: *Buchholz*, Gesundheit als Wirtschaftsgut.

Busche, Jan, Privatautonomie und Kontrahierungszwang, Tübingen 1999.

Bydlinski, Franz, Zu den dogmatischen Grundfragen des Kontrahierungszwanges, AcP 180 (1980), S. 1–46.

Ders., Juristische Methodenlehre und Rechtsbegriff, 2. Aufl., Wien 1991, *zitiert als*: *Bydlinski*, Juristische Methodenlehre und Rechtsbegriff.

Ders., System und Prinzipien des Privatrechts, Wien 1996, *zitiert als*: *Bydlinski*, System und Prinzipien des Privatrechts.

Canaris, Claus-Wilhelm, Die Feststellung von Lücken im Gesetz. Eine methodologische Studie über Voraussetzungen und Grenzen der richterlichen Rechtsfortbildung praeter legem, 2. Aufl., Berlin 1983, *zitiert als*: *Canaris*, Die Feststellung von Lücken im Gesetz.

Ders., Grundrechte und Privatrecht, AcP 184 (1984), S. 201–246.

Ders., Verstöße gegen das verfassungsrechtliche Übermaßverbot im Recht der Geschäftsfähigkeit und im Schadensersatzrecht, JZ 1987, S. 993–1004.

Ders., Funktion, Struktur und Falsifikation juristischer Theorien, JZ 1993, S. 377–391.

Ders., Grundrechte und Privatrecht. Eine Zwischenbilanz, Berlin 1999, *zitiert als*: *Canaris*, Grundrechte und Privatrecht.

Ders., Wandlungen des Schuldvertragsrechts: Tendenzen zu seiner Materialisierung, Archiv für die civilistische Praxis 200 (2000), S. 273–364.

Ders., Die Reform des Rechts der Leistungsstörungen, JZ 2001, S. 499–528.

Clausen, Tilman, Rechtsprobleme bei der Abrechnung wahltärztlicher Leistungen im Krankenhaus, in: Luxenburger, Bernd *u. a.* (Hrsg.),

Medizinrecht heute; Erfahrungen, Analysen, Entwicklungen. Festschrift 10 Jahre Arbeitsgemeinschaft Medizinrecht im DAV, Bonn 2008, S. 17–36, *zitiert als*: *Clausen*, FS Arge Medizinrecht.

Clausen, Tilman, Das Liquidationsrecht bei wahlärztlichen Leistungen – ein Privileg nur für Chefärzte?, MedR 2009, S. 655–658.

Cornils, Matthias, Die Ausgestaltung der Grundrechte. Untersuchungen zur Grundrechtsbindung des Ausgestaltungsgesetzgebers, Tübingen 2005.

Cremer, Wolfgang, Freiheitsgrundrechte. Funktionen und Strukturen, Tübingen 2003.

Daniels, Josef / *Bulling, Manfred*, Bundesärzteordnung, Berlin 1963.

Danwitz, Thomas von, Die Gestaltungsfreiheit des Verordnungsgebers. Zur Kontrolldichte verordnungsgeberischer Entscheidungen, Berlin 1989.

Dauner-Lieb, Barbara, Verbraucherschutz durch Ausbildung eines Sonderprivatrechts für Verbraucher, Tübingen 1983.

Degenhart, Christoph, Die allgemeine Handlungsfreiheit des Art. 2I GG, JuS 1990, S. 161–169.

Deutsch, Erwin / *Lippert, Hans-Dieter* (Hrsg.) / Ratzel, Rudolf *u. a.* (Mitarb.), Kommentar zum Arzneimittelgesetz, 3. Aufl., Heidelberg 2010, *zitiert als: Bearbeiter,* in: Deutsch / Lippert, AMG.

Deutsch, Erwin / *Spickhoff, Andreas*, Medizinrecht. Arztrecht, Arzneimittelrecht, Medizinprodukterecht und Transfusionsrecht, 7. Aufl., Berlin 2014.

Diederichsen, Uwe, Das Bundesverfassungsgericht als oberstes Zivilgericht. Ein Lehrstück der juristischen Methodenlehre, AcP 198 (1998), S. 171–260.

Dietz, Alexander, Gerechte Gesundheitsreform. Ressourcenvergabe in der Medizin aus ethischer Perspektive, 2011.

Dreier, Horst (Hrsg.), Grundgesetz Kommentar, Bd. 2, 2. Aufl., Tübingen 2006, *zitiert als: Bearbeiter,* in: Dreier, GG.

Duken, Hajo, Normerlaßklage und fortgesetzte Normerlaßklage, NVwZ 1993, S. 546–548.

Egger, Matthes, Medizinische Notwendigkeit und Kostengesichtspunkte in der privaten Krankenversicherung. Bedingungsänderung und Reform des VVG - (Teil I), r+s 2006, S. 309–320.

Ders., Medizinische Notwendigkeit in der privaten Krankheitskostenversicherung - ein Repetitorium. zugleich Anmerkung zum Urteil des OLG Köln vom 8. 10. 2010 (20 U 191/09) VersR 2011, 252 mit Anm. von Hütt, VersR 2011, S. 705.

Eidenmüller, Horst, Schlußwort zu Fritz Rittner JZ 2005, 668ff, JZ, S. 670–671.

Ders., Der homo oeconomicus und das Schuldrecht. Herausforderungen durch Behavioral Law and Economics, JZ 2005, S. 216–224.

Ellscheid, Günther, Recht und Moral, in: Kaufmann, Arthur / *Hassemer, Winfried / Neumann, Ulfrid* (Hrsg.), Einführung in die Rechtsphilosophie und Rechtstheorie der Gegenwart, 8. Aufl., Heidelberg 2011, S. 214–250, *zitiert als*: *Ellscheid*, Recht und Moral.

Ders., Strukturen naturrechtlichen Denkens, in: Kaufmann, Arthur / *Hassemer, Winfried / Neumann, Ulfrid* (Hrsg.), Einführung in die Rechtsphilosophie und Rechtstheorie der Gegenwart, 8. Aufl., Heidelberg 2011, S. 148–213, *zitiert als*: *Ellscheid*, Strukturen naturrechtlichen Denkens.

Emmert, Jochen, Auf der Suche nach den Grenzen vertraglicher Leistungspflichten. Die Rechtsprechung des Reichsgerichts 1914-1923, Tübingen 2001.

Engelhardt, H. Tristram, Zielkonflikte im nationalen Gesundheitssystem, in: Sass, Hans-Martin (Hrsg.), Ethik und öffentliches Gesundheitswesen, Berlin u.a. 1988, S. 35–43, *zitiert als*: *Engelhardt*, Ethik und öffentliches Gesundheitswesen.

Fahr, Ulrich (Begr.) / Kaulbach, Detlef *u. a.* (Hrsg.), Versicherungsaufsichtsgesetz. mit Solvabilität II, Anlageverordnung und Kapitalausstattungsverordnung, 5. Aufl., 2012, *zitiert als: Bearbeiter,* in: FKBP.

Fastrich, Lorenz, Richterliche Inhaltskontrolle im Privatrecht, München 1992.

Felser, Georg, Wahrnehmung von Preisen und Kosten aus psychologischer Sicht, in: Fischer, Matthias G. / *Meyer, Stephan* (Hrsg.), Gesundheit und Wirtschaftswachstum. Recht, Ökonomie und Ethik als Innovationsmotoren für die Medizin, 2010, S. 193–203, *zitiert als*: *Felser*, Wahrnehmung von Preisen und Kosten aus psychologischer Sicht.

Fezer, Karl-Heinz, Aspekte einer Rechtskritik an der economic analysis of law und am property rights approach, JZ 1986, S. 817–824.

Fiedler, Eckart, Die Einnahmesituation der gesetzlichen Krankenversicherung. Erweiterung der Einnahmesituation und Beitragsgerechtigkeit, in: Kassenarztrecht, Deutsche Gesellschaft für (Hrsg.), Vertragsarztrecht zu Beginn des 21. Jahrhunderts, Köln 2010, S. 681–694, *zitiert als*: *Fiedler*, Die Einnahmesituation der gesetzlichen Krankenversicherung.

Fleischmann, Eugen, Die freien Berufe im Rechtsstaat. Eine Untersuchung von Begriff und Wesen der freien Berufe und ihrer verfassungsrechtlichen Stellung nach dem Grundgesetz unter besonderer Berücksichtigung der freien Heil- und Beratungsberufe, Berlin 1970.

Floren, Dieter, Grundrechtsdogmatik im Vertragsrecht. Spezifische Mechanismen des Grundrechtsschutzes gegenüber der gerichtlichen Anwendung von Zivilvertragsrecht, Berlin 1999.

Flume, Werner, Rechtsgeschäft und Privatautonomie, in: Caemmerer, Ernst von / *Friesenhahn, Ernst* / *Lange, Richard* (Hrsg.), Hundert Jahre Deutsches Rechtsleben. Festschrift zum hundertjährigen Bestehen des Deutschen Juristentages 1860-1960, Karlsruhe 1960, S. 135–238, *zitiert als*: *Flume*, FS 100 Jahre Juristentag.

Ders., Rechtsgeschäft und Privatautonomie, in: Caemmerer, Ernst von / *Friesenhahn, Ernst* / *Lange, Richard* (Hrsg.), Hundert Jahre Deutsches Rechtsleben. Festschrift zum hundertjährigen Bestehen des Deutschen Juristentages 1860-1960, Karlsruhe 1960, S. 101–134, *zitiert als*: *Flume*, FS 100 Jahre Juristentag.

Ders., Allgemeiner Teil des Bürgerlichen Rechts, Bd. 2: Das Rechtsgeschäft, 4. Aufl., 1992, *zitiert als*: *Flume*, Das Rechtsgeschäft.

Fricke, Hans-Joachim, Anspruchstypen und Klagemöglichkeiten des VN in der privaten Krankenversicherung, VersR 2013, S. 538–544.

Funke, Astrid, Privatärztliches Gebührenrecht, Berlin 1988.

Gagel, Alexander (Begr.) / Knickrehm, Sabine / *Deinert, Olaf* (Hrsg.), SGB II / SGB III. Grundsicherung und Arbeitsförderung, Stand 55. Ergänzungslieferung 1. Oktober 2014, München, *zitiert als: Bearbeiter*, in: Gagel.

Geiger, Daniel / *Schneider, Hendrik*, Der ärztliche Honoraranspruch, ein „Killerlohn"? Ein Beitrag zur Problematik des Abrechnungsbetrugs privatliquidierender Ärzte und zugleich Besprechung von BGH, GesR 2012, 286ff. GesR 2013, S. 7–12.

Geiß, Karlmann (Begr.) / Greiner, Hans-Peter (Fortf.), Arzthaftpflichtrecht, 7. Aufl., 2009, *zitiert als: Bearbeiter*, in: Geiß / Greiner.

Gesellensetter, Catrin, Die Annäherung des Freien Arztberufes an das Gewerbe. Eine verfassungs-, sozial- und berufsrechtliche Untersuchung, Berlin 2007.

GKV-Spitzenverband Stabsbereich Kommunikation (Hrsg.), Kennzahlen der gesetzlichen Krankenversicherung, Stand Dez. 2014, *abrufbar unter*: `http://www.gkv-spitzenverband.de/media/grafiken/gkv_kennzahlen/kennzahlen_gkv_2014_q3/GKV_Kennzahlen_Booklet_Q3-2014_300dpi_2014-12-11.pdf` (abgerufen am 8.1.2015), *zitiert als*: *GKV-Spitzenverband Stabsbereich Kommunikation*, Kennzahlen der gesetzlichen Krankenversicherung, Stand Dez. 2014.

Gleißner-Klein, Ingrid, Private Standesregeln im Wettbewerbsrecht. Die Berufsordnung der Heilpraktiker, 1990.

Goetz, E. / *Matzke, H.* / *Schirmer, D.*, Gebührenordnung für Ärzte. Kommentar, 2. Aufl., Berlin 1983.

Greiner, Wolfgang, Ökonomische Evaluationen von Gesundheitsleistungen, 1. Aufl., Baden-Baden 1999.

Groß, Dominik / *Schäfer, Gereon* / *Westermann, Stefanie*, Möglichkeiten und Grenzen von Rationierung und Priorisierung im Gesundheitswesen, in: Fischer, Matthias G. / *Meyer, Stephan* (Hrsg.), Gesundheit und Wirtschaftswachstum. Recht, Ökonomie und Ethik als Innovationsmotoren für die Medizin. 133-149, 2010, S., *zitiert als*: *Groß* / *G. Schäfer* / *Westermann*, Möglichkeiten und Grenzen von Rationierung und Priorisierung im Gesundheitswesen.

Habermas, Jürgen, Faktizität und Geltung. Beiträge zur Diskurstheorie des Rechts und des demokratischen Rechtsstaats, 5. Aufl., 1997.

Haberstroh, Dieter, Grundfragen und aktuelle Probleme des privatärztlichen Gebührenrechts, VersR 2000, S. 538–548.

Ders., Analogbewertungen. PKV-Tarife und medizinischer Fortschritt, VersR 2001, S. 1064–1070.

Hagedorn, Manfred, Die Entscheidung des Bundesverfassungsgerichts zur Gebührenordnung für Ärzte, NJW 1985, S. 2177–2179.

Harbou, Christoph von / *Scharpf, Thomas*, Vergütung im Krankenhaus durch Mitarbeiterbeteiligung, NZA 2008, S. 333–338.

Harms, Wolfgang, Gebührenwettbewerb unter Architekten und Rechtsanwälten. Zur Anwendung der GWB auf Freie Berufe, NJW 1976, S. 1289–1296.

Harneit, Paul / *Poetsch, Joachim*, Die Bedeutung von § 4 Abs. 2a GOÄ / § 4 Abs. 2 Satz 2 GOZ in der Systematik des (zahn-)ärztlichen Gebührenrechts, GesR 2004, S. 11–15.

Hart, Dieter, Rechtliche Grenzen der „Ökonomisierung". Arzneimittel-, sozial- und haftungsrechtliche Aspekte der Pharmaoökonomie, MedR 1996, S. 60–71.

Ders., Ein Patientenrechtegesetz ohne Eigenschaften, GesR 2012, S. 385–388.

Hecker, Dorothee, Die Vertragsabschlussfreiheit des Arztes bei gestörtem Vertrauensverhältnis zum Patienten, MedR 2001, S. 224–227.

Heinig, Hans Michael, Der Sozialstaat im Dienst der Freiheit. Zur Formel vom sozialen Staat in Art. 20 Abs. 1 GG, Tübingen 2008.

Heinrich, Christian, Formale Freiheit und materiale Gerechtigkeit. Die Grundlagen der Vertragsfreiheit und Vertragskontrolle am Beispiel ausgewählter Probleme des Arbeitsrechts, Tübingen 2000.

Hess, Rainer, Zur ärztlichen Liquidation, ZRP 1987, S. 274–277.

Hillgruber, Christian, Grundrechtsschutz im Vertragsrecht: zugleich: Anmerkung zu BVerfGE NJW 1990, 1469, AcP 191 (1991), S. 69–86.

Höffe, Otfried, Gerechtigkeit: eine philosophische Einführung, 3. Aufl., München 2007.

Hoffmann, Hermann / *Kleinken, Bernhard* (Hrsg.), Gebührenordnung für Ärzte (GOÄ). Kommentar mit praktischen Hinweisen für die Abrechnung, 3. Aufl., 34. Lieferung, Stand August 2013, Berlin.

Hollmann, Angela, Rechtliche Beurteilung des Arzt-Patienten-Verhältnisses, ArztR 1977, S. 69–76.

Honsell, Heinrich, Iustitia distributiva - iustitia communtativa, in: Schermaier, Martin J. / *Rainer, J. Michael* / *Winkel, Laurens C.* (Hrsg.), Iurisprudentia universalis. Festschrift für Theo Mayer-Maly zum 70. Geburstag, 2002, S. 287–302, *zitiert als*: *Honsell*, FS Mayer-Maly.

Hufen, Friedhelm, Verwaltungsprozessrecht, 9. Aufl., 2013.

Immenga, Ulrich / *Mestmäcker, Ernst-Joachim* / *Körber, Torsten* (Hrsg.) / Bach, Albrecht *u. a.* (Bearb.), Wettbewerbsrecht. Kommentar zum Deutschen Kartellrecht, Bd. 2, 5. Aufl., München 2014, *zitiert als: Bearbeiter,* in: Immenga / Mestmäcker.

Isensee, Josef / *Kirchhof, Paul* (Hrsg.), Handbuch des Staatsrechts der Bundesrepublik Deutschland. Freiheitsrechte, Bd. 6, 2. Aufl., Heidelberg 2001, *zitiert als: Bearbeiter,* in: HStR VI.

Dies. (Hrsg.), Handbuch des Staatsrechts der Bundesrepublik Deutschland. Aufgaben des Staates, Bd. 4, 3. Aufl., Heidelberg 2006, *zitiert als: Bearbeiter,* in: HStR VI.

Dies. (Hrsg.), Handbuch des Staatsrechts der Bundesrepublik Deutschland. Rechtsquellen, Organisation, Finanzen, Bd. 5, 3. Aufl., Heidelberg 2007, *zitiert als: Bearbeiter,* in: HStR V.

Dies. (Hrsg.), Handbuch des Staatsrechts der Bundesrepublik Deutschland. Allgemeine Grundrechtslehren, Bd. 2, 3. Aufl., Heidelberg 2008, *zitiert als: Bearbeiter,* in: HStR II.

Dies. (Hrsg.), Handbuch des Staatsrechts der Bundesrepublik Deutschland. Bundesstaat, Bd. 6, 3. Aufl., Heidelberg 2008, *zitiert als: Bearbeiter,* in: HStR VI.

Jaeger, Renate, Rechtsanwälte als Organ der Rechtspflege. Notwendig oder überflüssige Bürde oder Schutz?, NJW 2004, S. 1–7.

Jansen, Christoph, Die Vergütung des Chefarztes im Wandel. Das Liquidationsrecht und neue Vergütungsformen, in: Luxenburger, Bernd *u. a.* (Hrsg.), Medizinrecht heute; Erfahrungen, Analysen, Entwicklungen. Festschrift 10 Jahre Arbeitsgemeinschaft Medizinrecht im DAV, Bonn 2008, S. 17–36, *zitiert als: Jansen,* FS Arge Medizinrecht.

Jarass, Hans Dieter, Grundrechte als Wertentscheidungen bzw. objektivrechtliche Prinzipien in der Rechtsprechung des Bundesverfassungsgerichts, AöR 110 (1985), S. 363–397.

Jung, Eberhard, Das Recht auf Gesundheit. Versuch einer Grundlegung des Gesundheitsrechts der Bundesrepublik Deutschland, München 1982.

Jung, Karl, Gebührenordnung für Ärzte (GOÄ). Textausgabe mit Materialien und einer erläuternden Einführung in die Neuregelungen zur GOÄ, einschließlich der 1. u. 2. Änderungsverordnung, 2. Aufl., Stuttgart, Berlin und Mainz 1985.

Justiz, Bundesministerium der (Hrsg.), Handbuch der Rechtsförmlichkeit. Empfehlungen des Bundesministeriums der Justiz für die rechtsförmliche Gestaltung von Gesetzen und Rechtsverordnungen nach § 42 Absatz 4 und § 62 Absatz 2 der Gemeinsamen Geschäftsordnung der Bundesministerien, 3. Aufl., 2008.

Kaltenborn, Markus / *Huster, Stefan* (Hrsg.), Praxishandbuch Krankenhausrecht. Praxishandbuch zum Recht des Krankenhauswesens, München 2010, *zitiert als: Bearbeiter,* in: Huster, Krankenhausrecht.

Kamps, Hans / *Kiesecker, Regina,* Einfachsatz nach der GOÄ - unterschreitungsfähig?, MedR 2000, S. 72–77.

Katzenmeier, Christian, Kapitalgesellschaften auf dem Gebiet der Heilkunde, MedR 1998, S. 113–118.

Ders., Arzthaftung, Tübingen 2002, *zitiert als*: *Katzenmeier*, Arzthaftung.

Ders., Kostendrukc und Standard medizinischer Versorgung - Wirtschaftlichkeitspostulat versus Sorgfaltsgebot? Zum Spannungsverhältnis zwischen Sozialrecht und Zivilrecht, in: Greiner, Hans-Peter *u. a.* (Hrsg.), Neminem Laedere: Aspekte des Haftungsrechts. Festschrift für Gerda Müller zum 65. Geburtstag, 2009, S. 236–253, *zitiert als*: *Katzenmeier*, FS Müller.

Kaufmann, Arthur, Problemgeschichte der Rechtsphilosophie, in: Kaufmann, Arthur / *Hassemer, Winfried* / *Neumann, Ulfrid* (Hrsg.), Einführung in die Rechtsphilosophie und Rechtstheorie der Gegenwart, 8. Aufl., Heidelberg 2011, S. 26–147, *zitiert als*: *Kaufmann*, Problemgeschichte der Rechtsphilosophie.

Kingreen, Torsten, Das Sozialstaatsprinzip im europäischen Verfassungsverbund. Gemeinschaftsrechtliche Einflüsse auf das deutsche Recht der gesetzlichen Krankenversicherung, Tübingen 2003.

Kirchhof, Ferdinand, Das System staatlich angeordneter Abzüge von privaten Liquidationserlösen der Krankenhaus-Chefärzte, 1. Aufl., Berlin 2004, *zitiert als*: *F. Kirchhof,* Das System staatlich angeordneter Abzüge von privaten Liquidationserlösen der Krankenhaus-Chefärzte.

Ders., Das Berufsbild des Arztes im Wandel, ZGMR 2010, S. 210–216.

Kirchhof, Ferdinand / *Häußermann, Daniel,* Das System staatlich angeordneter Abzüge von privaten Liquidationserlösen der Leitenden Krankenhausärzte, MedR 2004, S. 631–636.

Kluth, Winfried, Ärztliche Berufsfreiheit unter Wirtschaftlichkeitsvorbehalt? Eine Analyse der Auswirkungen des Gesundheitsmodernisierungsgesetzes auf die ärztliche Berufsfreiheit und die wirtschaftliche Risikoverteilung im Gesundheitswesen, MedR 2005, S. 65–71.

Ders., Recht und Ethos der Freien Berufe, JZ 2010, S. 844–852.

Kluth, Winfried / *Goltz, Ferdinand* / *Kujath, Karsten*, Die Zukunft der freien Berufe in der Europäischen Union. Eine Untersuchung der europa- und verfassungsrechtlichen Vorgaben für das deutsche Recht der freien Berufe am Beispiel des Berufrechts der Steuerberater, 2005.

Knieper, Rolf, Habilitemus igitur. zugleich Besprechung von Jochen Taupitz: Die Standesordnungen der freien Berufe, Kritische Justiz 26 (1993), S. 206–213.

Köhnen, Leonhard / *Schröder, Gerhard* (Begr.) / Amelungk, Uwe (Fortf.) / Just, Olaf (Bearb.), Bundesbeihilfeverordnung. Fürsorgerechtliche Bestimmungen, 57. Ergänzungslieferung März 2013, Bd. 1.

Koller, Peter, Die Grundsätze der Gerechtigkeit, in: Höffe, Otfried (Hrsg.), John Rawls: Eine Theorie Der Gerechtigkeit, Berlin 2006, S. 45–70, *zitiert als*: *Koller*, Die Grundsätze der Gerechtigkeit.

Koziol, Helmut, Sonderprivatrecht für Konsumentenkredite, AcP 188 (1988), S. 183–229.

Kreikebohm, Ralf / *Spellbrink, Wolfgang* / *Waltermann, Raimund* (Hrsg.), Kommentar zum Sozialrecht, 3. Aufl., 2013, *zitiert als: Bearbeiter,* in: Kreikebohm / Spellbrink / Waltermann.

Krieger, Gerd, Die Behandlungsverweigerung bei Kassenpatienten, insbesondere wegen unzureichender Honorierung, MedR 1999, S. 519–523.

Kriele, Martin, Kriterien der Gerechtigkeit. Zum Problem des rechtsphilosophischen und politischen Relativismus, Berlin 1963.

Kroiß, Ludwig / *Mayer, Hans-Jochem* (Hrsg.), Rechtsanwaltsvergütungsgesetz. Handkommentar, 6. Aufl., München 2013, *zitiert als: Bearbeiter,* in: Kroiß / Mayer, RVG.

Kronke, Herbert, Zu Funktion und Dogmatik der Leistungsbestimmung nach § 315 BGB, AcP 183 (1983), S. 113–144.

Kühl, Kristina, Sicherstellung ambulanter medizinischer Versorgung in ländlichen Regionen. Bewältigung medizinischer Unterversorgung am Maßstab und mit den Mitteln des Rechts, Baden-Baden 2012.

Kutlu, Aygün, AGB-Kontrolle bei stationärer Krankenhausaufnahme, Berlin 2006.

Landfester, Manfred / *Cancik, Hubert* / *Egger, Brigitte* (Hrsg.), Der neue Pauly. Enzyklopädie der Antike, Bd. I: Altertum. A - Ari, Stuttgart und Weimar 1996, *zitiert als: Bearbeiter,* in: Der neue Pauly.

Lang, Manfred Hermann *u. a.* (Hrsg.), Der GOÄ-Kommentar: Ausführliche Interpretation der neuen Gebührenordnung. Tips und Beispiele zur privatärztlichen Abrechnungspraxis, Stuttgart 1996.

Larenz, Karl, Lehrbuch des Schuldrechts, Bd. 1: Allgemeiner Teil, 14. Aufl., München 1987, *zitiert als*: *Larenz,* Schuldrecht AT I.

Ders., Methodenlehre der Rechtswissenschaft, 6. Aufl., Berlin 1991, *zitiert als*: *Larenz,* Methodenlehre der Rechtswissenschaft.

Larenz, Karl (Begr.) / Wolf, Manfred (Fortf.), Allgemeiner Teil des Bürgerlichen Rechts, 9. Aufl., München 2004.

Laufs, Adolf, Aids und Arztrecht, NJW 1987, S. 2257–2265.

Ders., Arztrecht, 5. Aufl., München 1993, *zitiert als*: *Laufs,* Arztrecht.

Laufs, Adolf / *Katzenmeier, Christian* / *Lipp, Volker,* Arztrecht, 6. Aufl., München 2009, *zitiert als: Bearbeiter,* in: Lauf / Katzenmeier / Lipp.

Laufs, Adolf / *Uhlenbruck, Wilhelms* (Begr.) / Laufs, Adolf / *Kern, Bernd-Rüdiger* (Hrsg.), Handbuch des Arztrechts, 4. Aufl., München 2010, *zitiert als: Bearbeiter,* in: Laufs / Kern.

Lenze, Anne, Staatsbürgerversicherung und Verfassung. Rentenreform zwischen Eigentumsschutz, Gleichheitssatz und europäischer Integration, Tübingen 2005.

Liebold, Rolf, Die Bedeutung ärztlicher Leistungen, in: Laufs, Adolf / *Kamps, Hans* (Hrsg.), Arzt- und Kassenarztrecht im Wandel. Festschrift für Prof. Dr. jur. Helmut Narr zum 60. Geburtstag, Berlin 1988, S. 207–229, *zitiert als*: *Liebold,* FS Narr.

Lindemann, Michael, Verstöße des privatliquidierenden Arztes gegen das Gebot persönlicher Leistungserbringung. Stets ein Fall für das (Betrugs-) Strafrecht?, NZWiSt 2012, S. 334–339.

Lindner, Josef Franz, Theorie der Grundrechtsdogmatik, Tübingen 2005.

Loewenheim, Ulrich / *Meessen, Karl M.* / *Riesenkampff, Alexander* (Hrsg.), Kartellrecht, 2. Aufl., München 2009, *zitiert als: Bearbeiter,* in: Loewenheim / Meessen / Riesenkampff.

Luhmann, Niklas, Das Recht der Gesellschaft, 2. Aufl., Frankfurt am Main 1997.

Luxenburger, Bernd, Das Liquidationsrecht der leitenden Krankenhausärzte, Köln u. a. 1981.

Luxenburger, Rudolf / *Ratzel, Bernd* (Hrsg.), Handbuch Medizinrecht, Bonn 2011, *zitiert als: Bearbeiter,* in: Handbuch Medizinrecht.

Mangoldt, Hermann von (Begr.) / Klein, Friedrich (Fortf.) / Starck, Christian (Hrsg.), Kommentar zum Grundgesetz, Bd. 2, 6. Aufl., München 2010, *zitiert als: Bearbeiter,* in: v.Mangoldt / Klein / Starck, GG,

Mangoldt, Hermann von (Begr.) / Klein, Friedrich (Fortf.) / Starck, Christian (Hrsg.), Kommentar zum Grundgesetz, Bd. 2, 6. Aufl., München 2010, *zitiert als: Bearbeiter,* in: v.Mangoldt / Klein / Starck, GG,

Mankowski, Peter, Verändert die Neurobiologie die rechtliche Sicht auf Willenserklärungen?, AcP 211 (2011), S. 153–194.

Manssen, Gerrit, Privatrechtsgestaltung durch Hoheitsakt. Verfassungsrechtliche und verwaltungsrechtliche Grundfragen, Tübingen 1994.

Martens, Klaus-Peter, Rechtsgeschäft und Drittinteressen, AcP 177 (1977), S. 113–188.

Martini, Mario, Der Markt als Instrument hoheitlicher Verteilungslenkung, Tübingen 2008.

Maultzsch, Felix, Die Grenzen des Erfüllungsanspruchs aus dogmatischer und ökonomischer Sicht, AcP 207 (2007), S. 530–563.

Maunz, Theodor / *Dürig, Günter* (Begr.) / Herzog, Roman *u. a.* (Hrsg.), Grundgesetz. Kommentar, 72. Ergänzungslieferung, Stand Juli 2014, München 2013, *zitiert als: Bearbeiter,* in: Maunz / Dürig.

Maurer, Hartmut, Allgemeines Verwaltungsrecht, 18. Aufl., München 2011.

Mayer-Maly, Theo, Der Konsens als Grundlage des Vertrages, in: Hübner, Heinz / *Klingmüller, Ernst* / *Wacke, Andreas* (Hrsg.), Festschrift für Erwin Seidl zum 70. Geburtstag, Köln 1975, S. 118–129, *zitiert als: Mayer-Maly*, FS Seidl.

Mayer-Maly, Theo, Renaissance der laesio enormis?, in: Larenz, Karl / *Canaris, Claus-Wilhelm* / *Diederichsen, Uwe* (Hrsg.), Festschrift für Karl Larenz zum 80. Geburtstag am 23. April 1983, München 1983, S. 395–409, *zitiert als*: *Mayer-Maly*, FS Larenz.

Medicus, Dieter, Der Grundsatz der Verhältnismäßigkeit im Privatrecht, AcP 192 (1992), S. 35–70.

Terbille, Michael (Begr.) / Clausen, Tilman / *Schroeder-Printzen, Jörn* (Hrsg.), Münchener Anwaltshandbuch Medizinrecht, 2. Aufl., München 2013, *zitiert als: Bearbeiter,* in: MAH MedR.

Merten, Detlef / *Papier, Hans-Jürgen* (Hrsg.), Handbuch der Grundrechte in Deutschland und Europa, Bd. 3: Grundrechte in Deutschland: Allgemeine Lehren I, Heidelberg 2006, *zitiert als: Bearbeiter,* in: HGR II.

Dies. (Hrsg.), Handbuch der Grundrechte in Deutschland und Europa, Bd. 3: Grundrechte in Deutschland: Allgemeine Lehren II, Heidelberg 2009, *zitiert als: Bearbeiter,* in: HGR III.

Dies. (Hrsg.), Handbuch der Grundrechte in Deutschland und Europa, Bd. 5: Grundrechte in Deutschland: Einzelgrundrechte II, Heidelberg 2013, *zitiert als: Bearbeiter,* in: HGR V.

Mertens, Hans-Joachim, Berufshaftung. Hatungsprobleme alter Professionen, VersR 1974, S. 509–520.

Miebach, Jürgen, Gebührenbemessung bei privatärztlicher Behandlung, NJW 2001, S. 3386–3388.

Ders., Das „Zielleistungsprinzip“ - eine der wichtigsten Grundregeln bei der Anwendung der Gebührenordnung für Ärzte, MedR 2003, S. 88–93.

Miebach, Jürgen / *Patt, Joachim,* Persönliche Leistungserbringung und Vertretung des Chefarztes bei wahlärztlichen Leistungen, NJW 2000, S. 3377–3385.

Muckel, Stefan / *Ogorek, Markus,* Sozialrecht, 4. Aufl., München 2011.

Säcker, Franz Jürgen / *Rixecker, Roland* (Hrsg.) / Säcker, Franz Jürgen (Red.), Münchener Kommentar zum Bürgerlichen Gesetzbuch, Bd. 1: §§ 1-240 BGB,ProstG,AGG, 2012, *zitiert als: Bearbeiter,* in: MünchKommBGB.

Säcker, Franz Jürgen / *Rixecker, Roland* (Hrsg.) / Krüger, Wolfgang (Red.), Münchener Kommentar zum Bürgerlichen Gesetzbuch, Bd. 2: Schuldrecht, Allgemeiner Teil – §§ 241-432, 2012, *zitiert als: Bearbeiter,* in: MünchKommBGB.

Säcker, Franz Jürgen / *Rixecker, Roland* (Hrsg.) / Henssler, Martin (Red.), Münchener Kommentar zum Bürgerlichen Gesetzbuch, Bd. 4: Schuldrecht, Besonderer Teil II – §§ 611-704, EFZG, TzBfG, KSchG, 2012, *zitiert als: Bearbeiter,* in: MünchKommBGB.

Säcker, Franz Jürgen / *Rixecker, Roland* (Hrsg.) / Habersack, Mathias (Red.), Münchener Kommentar zum Bürgerlichen Gesetzbuch, Bd. 5: Schuldrecht Besonderer Teil III – §§ 705-853, Partnerschaftsgesellschaftsgesetz, Produkthaftungsgesetz, 2013, *zitiert als: Bearbeiter,* in: MünchKommBGB.

Säcker, Franz Jürgen / *Rixecker, Roland* (Hrsg.) / Schwab, Dieter (Red.), Münchener Kommentar zum Bürgerlichen Gesetzbuch, Bd. 8: Familienrecht II – §§ 1589-1921, SGB VIII, 2012, *zitiert als: Bearbeiter,* in: MünchKommBGB.

Joecks, Wolfgang / *Miebach, Klaus* (Hrsg.) / Heintschel-Heinegg, Bernd von (Red.), Münchener Kommentar zum Strafgesetzbuch, Bd. 2: §§ 38-79b StGB, 2. Aufl., München 2012, *zitiert als: Bearbeiter,* in: MünchKommStGB.

Langheid, Theo / *Wandt, Manfred* (Hrsg.), Münchener Kommentar zum Versicherungsvertragsgesetz, Bd. 1, 1. Aufl., München 2009, *zitiert als: Bearbeiter,* in: MünchKommVVG.

Dies. (Hrsg.), Münchener Kommentar zum Versicherungsvertragsgesetz, Bd. 3, 1. Aufl., München 2009, *zitiert als: Bearbeiter,* in: MünchKommVVG.

Münch, Ingo von (Begr.) / Kunig, Philip (Hrsg.), Grundgesetz-Kommentar, Bd. 2, 6. Aufl., München 2012, *zitiert als: Bearbeiter,* in: v.Münch/Kunig.

Musielak, Hans-Joachim, Zum Verhältnis von Wille und Erklärung, AcP 211 (2011), S. 769–800.

Musil, Andreas, Viel Lärm um nichts? – Die Auswirkungen der Gesundheitsreform auf die Grundrechte der privaten Krankenversicherungsunternehmen, NZS 2008, S. 113–118.

Neumann, Ulfrid, Juristische Logik, in: Kaufmann, Arthur / *Hassemer, Winfried / Neumann, Ulfrid* (Hrsg.), Einführung in die Rechtsphilosophie und Rechtstheorie der Gegenwart, 8. Aufl., Heidelberg 2011, S. 298–319, *zitiert als*: *U. Neumann*, Juristische Logik.

Neumann, Volker, Der Grundrechtsschutz von Sozialleistungen in Zeiten der Finanznot, NZS 1998, S. 401–411.

Nordmeier, Carl Friedrich, Der Behandlungsvertrag (§§ 630a-h BGB) im Internationalen Privatrecht, GesR 2013, S. 513–520.

Oechsler, Jürgen, Gerechtigkeit im modernen Austauschvertrag. Die theoretischen Grundlagen der Vertragsgerechtigkeit und ihr praktischer Einfluss auf Auslegung, Ergänzung und Inhaltskontrolle des Vertrages, Tübingen 1997.

Olzen, Dirk / *Metzmacher, Angelika*, Erster Überlegungen zum Referentenentwurf für ein Patientenrechtgesetz, JR 2012, S. 271–278.

Ott, Claus, Die Relevanz der Rechtsökonomie für die Anwendung und Fortbildung des Zivilrechts. Freundesgabe für Friedrich Kübler zum 65. Geburtstag, in: Assmann, Heinz-Dieter *u. a.* (Hrsg.), Wirtschafts- und Medienrecht in der offenen Demokratie, 1997, S. 21–46, *zitiert als*: *Ott*, FS Kübler.

Ott, Claus / *Schäfer, Hans-Bernd*, Die ökonomische Analyse des Rechts. Irrweg oder Chance wissenschaftlicher Rechtserkenntnis?, JZ 1988, S. 213–223.

Pache, E., Tatbestandliche Abwägung und Beurteilungsspielraum: zur Einheitlichkeit administrativer Entscheidungsfreiräume und zu deren Konsequenzen im verwaltungsgerichtlichen Verfahren: Versuch einer Modernisierung, Tübingen 2001.

Palandt, Otto (Begr.) / Bassenge, Peter *u. a.* (Bearb.), Bürgerliches Gesetzbuch, 74. Aufl., 2015, *zitiert als: Bearbeiter*, in: Palandt.

Papier, Hans-Jürgen, Staatsrechtliche Vorgaben für das Sozialrecht, in: Wulffen, Matthias von / *Krasney, Otto Ernst* (Hrsg.), Festschrift 50 Jahre Bundessozialgericht, Köln, Berlin und München 2004, S., *zitiert als*: *Papier*, FS 50 Jahre BSG.

Peikert, Peter, Fachfremdheit im Sinne des Weiterbildungsrechts, MedR 2000, S. 123–128.

Perelman, Chaïm, Über die Gerechtigkeit, 1967.

Peukert, Alexander, § 326 Abs. 1 S. 2 BGB und die Minderung als allgemeiner Rechtsbehelf, AcP 205 (2005), S. 430–486.

Pfeiffer, Thomas, Was kann ein Verbraucher? Zur Relevanz von Informationsverarbeitungskapazitäten im AGB-Recht und darüber hinaus, NJW 2011, S. 1–7.

Picker, Eduard, Schuldrechtsreform und Privatautonomie. Zur Neuregelung der Schuldnerpflichten bei zufallsbedingter Leistungsstörung nach § 275 Abs. 2 und § 313 BGB, JZ 2003, S. 1035–1047.

Plagemann, Hermann (Hrsg.), Münchener Anwaltshandbuch Sozialrecht, 3. Aufl., 2013, *zitiert als: Bearbeiter,* in: MAH SozR.

Plüger, Frank, Rechtliche Zulässigkeit der Unterschreitung des einfachen GOÄ-Satzes für laborärztliche Leistungen, MedR 2003, S. 276–278.

Preussner, Mathias, Die Ermittlung des Architektenhonorars: Leistungsbezogen oder preisdämpfend?, NJW 2011, S. 1713–1716.

Prölss, Erich R. (Begr.) / Martin, Anton (Fortf.) / Armbrüster, Christian *u. a.*, Versicherungsvertragsgesetz, 28., völlig neu bearbeitete Aufl., 2010, *zitiert als: Bearbeiter,* in: Prölss / Martin.

Prütting, Dorothea (Hrsg.), Fachanwaltskommentar Medizinrecht. AMG, BÄO, BGB, GenDG, GOÄ, HWG, KHG, SGB V, XI, TPG, ZPO, 3. Aufl., Köln 2013.

Pschyrembel. Klinisches Wörterbuch 2014, 265. Aufl., Berlin 2013.

Quaas, Michael / *Zuck, Rüdiger* (Hrsg.), Prozesse in Verwaltungssachen, 1. Aufl., Baden-Baden 2008, *zitiert als: Bearbeiter,* in: Quaas / Zuck, Verwaltungsprozess.

Dies., Medizinrecht. Öffentliches Medizinrecht, Pflegeversicherungsrecht, Arzthaftpflichtrecht, Arztstrafrecht, 3. Aufl., München 2014, *zitiert als: Bearbeiter,* in: Quaas / Zuck, Medizinrecht.

Radbruch, Gustav, Süddeutsche Juristen-Zeitung 1946, S. 105–108.

Raiser, Ludwig, Vertragsfreiheit heute, JZ 1958, S. 1–8.

Ratzel, Bernd / *Lippert, Hans-Dieter* (Hrsg.), Kommentar zur Musterberufsordnung der deutschen Ärzte (MBO), Bd. 5, 2010, *zitiert als: Bearbeiter,* in: Ratzel / Lippert, MBO.

Reuther, Florian, Die Vergütung des Vertragsarztes und die Stabilität des Beitragssatzes. Grundrechte als Vorgaben der Budgetierung, Berlin 2006.

Richardi, Reinhard *u. a.* (Hrsg.), Münchener Handbuch zum Arbeitsrecht, Bd. 2: Kollektivarbeitsrecht / Sonderformen, 3. Aufl., München 2009, *zitiert als: Bearbeiter,* in: Münchener Handbuch zum Arbeitsrecht.

Riedel, Gert, Die Ausgestaltung von § 4 Abs. 2a GOÄ durch die jüngste Rechtsprechung des Bundesgerichtshofs, GesR 2008, S. 580–583.

Rieger, Hans-Jürgen, Kostenerstattung in der privaten Krankenversicherung für ambulante ärztliche Leistungen einer Heilbehandlungs-GmbH unter Berücksichtigung neuer Rechtsentwicklungen, MedR, S. 77–84.

Riehm, Thomas, Abwägungsentscheidungen in der praktischen Rechtsanwendung. Argumentation, Beweis, Wertung, München 2006.

Ritgen, Klaus, Vertragsparität und Vertragsfreiheit, JZ 2002, S. 114–121.

Rittner, Fritz, Das Modell des homo oeconomicus und die Jurisprudenz, JZ, S. 668–670.

Ders., Über das Verhältnis von Vertrag und Wettbewerb, AcP 188 (1988), S. 101–139.

Ders., Die gestörte Vertragsparität und das Bundesverfassungsgericht, NJW 1994, S. 3330–3331.

Ders., Der privatautonome Vertrag als rechtliche Regelung des Soziallebens, JZ 2011, S. 269–274.

Rogler, Jens, Die Wiederentdeckung des Übermaßverbots in der privaten Krankenversicherung - § 192 Abs. 2 VVG, VersR 2009, S. 573–584.

Röhl, Klaus F. / *Röhl, Hans Christian*, Allgemeine Rechtslehre. Ein Lehrbuch, 3. Aufl., Köln 2008.

Römer, Wolfgang / *Langheid, Theo* / *Rixecker, Roland* (Hrsg.), Versicherungsvertragsgesetz. Kommentar, 4. Aufl., München 2014, *zitiert als: Bearbeiter,* in: Römer / Langheid.

Rückert, Joachim, Abwägung - die juristische Karriere eines unjuristischen Begriffs. Oder: Normenstrenge und Abwägung im Funktionswandel, JZ 2011, S. 913–923.

Ruffert, Matthias / *Calliess, Christian* (Hrsg.), EUV / AEUV, 4. Aufl., München 2011, *zitiert als: Bearbeiter,* in: *Ruffert.*

Rüthers, Bernd / *Fischer, Christian* / *Birk, Axel*, Rechtstheorie. mit Juristischer Methodenlehre, 7. Aufl., 2013.

Schadewitz, Peter / *Röhrig, Paul* (Begr.) / Hämmerle, Ulrich / *Weise, Ute* (Fortf.), Beihilfevorschriften, 117. Aktualisierung, Stand April 2014.

Schäfer, Hans-Bernd / *Ott, Claus*, Lehrbuch der ökonomischen Analyse des Zivilrechts, Berlin 2012.

Schapp, Jan, Grundfragen der Rechtsgeschäftslehre, Tübingen 1986.

Schiller, Herber / *Steinhilper, Gernot*, Zum Spannungsverhältnis Vertragsarzt/Privatarzt. Darf ein Vertragsarzt Leistungen bei einem Kassenpatienten ablehnen, sie aber zugleich privatärztlich anbieten?, MedR 2001, S. 29–33.

Schmidt, Reiner (Hrsg.), Öffentliches Wirtschaftsrecht. Besonderer Teil 2, Berlin u.a. 1996, *zitiert als: Bearbeiter*, in: Öffentliches Wirtschaftsrecht BT 2.

Schmidt-Aßmann, Eberhard, Grundrechtspositionen und Legitimationsfragen im öffentlichen Gesundheitswesen. Verfassungsrechtliche Anforderungen an Entscheidungsgremien in der gesetzlichen Krankenversicherung und im Transplantationswesen, Berlin 2001.

Schmidt-Rimpler, Walter, Grundfragen einer Erneuerung des Vertragsrechts, AcP (1941), S. 130–197.

Ders., Zum Problem der Geschäftsgrundlage, in: Dietz, Rolf / *Hueck, Alfred* / *Reinhardt, Rudolf* (Hrsg.), Festschrift für Hans Carl Nipperdey, München [u.a.] 1955, S. 1–30, *zitiert als*: *Schmidt-Rimpler*, FS Nipperdey.

Ders., Zum Vertragsproblem. Festschrift für Ludwig Raiser zum 70. Geburtstag, in: Baur, Fritz *u. a.* (Hrsg.), Funktionswandel der Privatrechtsinstitutionen, Tübingen 1974, S. 3–26, *zitiert als*: *Schmidt-Rimpler*, FS Raiser.

Schmidt-Salzer, Joachim, Vertragsfreiheit und Verfassungsrecht, NJW 1970, S. 8–15.

Schmiedl, Wolfgang, Das Recht des Vertrags(zahn)arztes auf angemessene Vergütung in Zeiten der Budgetierung, MedR 2002, S. 116–122.

Schmitt Glaeser, Walter, Der freiheitliche Staat des Grundgesetzes. Grundzüge, 1. Aufl., 2008.

Schmitt, Jochem, SGB VII. Gesetzliche Unfallversicherung, 4. Aufl., 2009, *zitiert als: Bearbeiter,* in: Schmitt, SGB VII.

Schneider, Angie, Der Behandlungsvertrag, JuS 2013, S. 104–108.

Schoch, Friedrich / *Schmidt-Aßmann, Eberhard / Pietzner, Rainer* (Begr.) / Schoch, Friedrich / *Schneider, Jens-Peter / Bier, Wolfgang* (Hrsg.), Verwaltungsgerichtsordnung: Kommentar, 26. Ergänzungslieferung, Stand März 2014, München 1996, *zitiert als: Bearbeiter,* in: Schoch/Schneider/Bier, VwGO.

Scholz, Rupert, Das Grundrecht der freien Entfaltung der Persönlichkeit in der Rechtsprechung des Bundesverfassugnsgerichts, AöR 1975, S. 265–290.

Ders., Kartelrechtliche Preiskontrolle als Verfassungsfrage, ZHR 1977, S. 520–533.

Schulenburg, Johann-Matthias Graf von der, System der Honorierung frei praktizierender Ärzte und ihre Allokationswirkung, 1981.

Schulte-Nölke, Hans, Zur Vergütung privatärztlicher Operationsleistungen. Konturen des sogenannten Zielleistungsprinzips in der GOÄ, NJW 2004, S. 2273–2276.

Schütz, Wolfram / *Dopheide, Oliver*, Fehlerhafte Medizinische Behandlung und ärztlicher Honoraranspruch, VersR 2006, S. 1440–1445.

Schwegmann, Bruno (Begr.) / Summer, Rudolf *u. a.* (Fortf.), Besoldungsrecht des Bundes und der Länder. Kommentar, München 172. Ergänzungslieferung, Stand Januar 2014, *zitiert als: Bearbeiter,* in: Schwegman, Besoldungsrecht.

Singer, Reinhard, Vertragsfreiheit. Grundrechte und der Schutz des Menschen vor sich selbst, JZ 1995, S. 1131–1141.

Ders., Anmerkung zu BGH, Urt. v. 22.12.1999 - VIII ZR 111/99, JZ 2001, S. 195–198.

Sodan, Helge, Freie Berufe als Leistungserbringer im Recht der gesetzlichen Krankenversicherung. Ein verfassungs- und verwaltungsrechtlicher Beitrag zum Umbau des Sozialstaates, 1997, *zitiert als: Sodan,* Freie Berufe als Leistungserbringer im Recht der gesetzlichen Krankenversicherung.

Ders. (Hrsg.), Handbuch des Krankenversicherungsrechts, 2010, *zitiert als: Bearbeiter,* in: Handbuch des Krankenversicherungsrechts.

Ders., Staatliches Gebührenrecht für Zahnärzte als Verfassungsproblem. Die Erste Verordnung zur Änderung der Gebührenordnung für Zahnärzte auf dem Prüfstand des Grundgesetzes, 2012, *zitiert als: Sodan*, Staatliches Gebührenrecht für Zahnärzte als Verfassungsproblem.

Soergel, Hans Theordor (Begr.) / Siebert, Wolfgang *u. a.* (Hrsg.) / Wolf, Manfred (Red.), Bürgerliches Gesetzbuch mit Einführungsgesetz und Nebengesetzen, Bd. 2: Allgemeiner Teil 2, §§ 104-240, 13., völlig neu bearbeitete und erweiterte Aufl., 1999, *zitiert als: Bearbeiter,* in: Soergel.

Leitherer, Stephan (Hrsg.), Kasseler Kommentar zum Sozialversicherungsrecht, 83. Ergänzungslieferung Stand: 1. Oktober 2014, München, *zitiert als: Bearbeiter,* in: KassKomm.

Spickhoff, Andreas, Aktuelle Rechtsfragen der medizinischen Behandlungsverhältnisses. Zivilrechtsdogmatische Überlegungen de lege lata und de lege ferenda, München 2004, *zitiert als: A. Spickhoff,* Aktuelle Rechtsfragen der medizinischen Behandlungsverhältnisses.

Ders., Urteilsanmerkung zu BHG JZ 2008, 685, JZ 2008, S. 687–689.

Ders., Legitimation und Standardbildung durch Berufsrecht und Private Governance, in: Lilie, Hans / *Bernat, Erwin / Rosenau, Henning* (Hrsg.), Standardisierung in der Medizin als Rechtsproblem. Beiträge der 1. Tagung der Medizinrechtslehrerinnen und Medizinrechtslehrer 2008 in Halle an der Saale, 1. Aufl., 2009, S. 119–136, *zitiert als: A. Spickhoff,* Legitimation und Standardbildung durch Berufsrecht und Private Governance.

Ders. (Hrsg.), Medizinrecht, 1. Aufl., München 2011, *zitiert als: Bearbeiter,* in: Spickhoff, Medizinrecht.

Ders., Patientenrechte und Gesetzgebung, Zeitschrift für Rechtspolitik 2012, S. 65.69.

Ders. (Hrsg.), Medizinrecht, 2. Aufl., München 2014, *zitiert als: Bearbeiter,* in: Spickhoff, Medizinrecht.

Spickhoff Andreas; Seibl, Maximilian, Die Erstattungsfähigkeit ärztlicher Leistungen bei Delegation an nichtärztliches Personal, NZS 2008, S. 57–65.

Spoerr, Wolfgang / *Uwer, Dirk,* Grenzüberschreitende Gesundheitsleistungen. Abweichung von den Gebührenordnungen für Ärzte und der Bundespflegesatzverordnung durch Rechtswahl im Schuldrecht?, MedR 2003, S. 668–674.

Starck, Christian, Das „Sittengesetz“ als Schranke der freien Entfaltung der Persönlichkeit, in: Leibholz, Gerhald (Hrsg.), Menschenwürde und freiheitliche Rechtsordnung. Festschrift für Willi Geiger zum 65. Geburtstag, 1974, S. 259–276, *zitiert als*: *Starck*, FS Geiger.

Staudinger, Julius von (Begr.) / Habermann, Norbert / *Honsell, Heinrich* / *Kannowski, Bernd* (Bearb.) / Roth, Herbert (Red.), Kommentar zum Bürgerlichen Gesetzbuch mit Einführungsgesetz und Nebengesetzen, Einleitung zum BGB; §§ 1-14; VerschG. Einleitung zum BGB und Allgemeiner Teil 1, 15., neubearbeitete Aufl., 2013, *zitiert als: Bearbeiter,* in: StaudingerBGB.

Staudinger, Julius von (Begr.) / Habermann, Norbert / *Honsell, Heinrich* / *Kannowski, Bernd* (Bearb.) / Habermann, Norbert (Red.), Kommentar zum Bürgerlichen Gesetzbuch mit Einführungsgesetz und Nebengesetzen, §§ 90-103; §§ 104-124; §§ 130-133. Allgemeiner Teil 3, 15., neubearbeitete Aufl., 2011, *zitiert als: Bearbeiter,* in: StaudingerBGB.

Staudinger, Julius von (Begr.) / Habermann, Norbert / *Honsell, Heinrich* / *Kannowski, Bernd* (Bearb.) / Habermann, Norbert (Red.), Kommentar zum Bürgerlichen Gesetzbuch mit Einführungsgesetz und Nebengesetzen, §§ 134-138, ProstG. Allgemeiner Teil 4a, 15., neubearbeitete Aufl., 2012, *zitiert als: Bearbeiter,* in: StaudingerBGB.

Staudinger, Julius von (Begr.) / Olzen, Dirk / *Looschelders, Dirk* / *Schiemann, Gottfried* (Bearb.) / Martinek, Michael (Red.), Kommentar zum Bürgerlichen Gesetzbuch mit Einführungsgesetz und Nebengesetzen, Einleitung zum Schuldrecht; §§ 241-243. Treu und Glauben, 15., neubearbeitete Aufl., 2009, *zitiert als: Bearbeiter,* in: StaudingerBGB.

Staudinger, Julius von (Begr.) / Schiemann, Gottfried (Bearb.) / Martinek, Michael (Red.), Kommentar zum Bürgerlichen Gesetzbuch mit Einführungsgesetz und Nebengesetzen, §§ 249-254. Schadensersatzrecht, 14., neubearbeitete Aufl., 2005, *zitiert als: Bearbeiter,* in: StaudingerBGB.

Staudinger, Julius von (Begr.) / Bittner, Claudia *u. a.* (Bearb.) / Löwisch, Manfred (Red.), Kommentar zum Bürgerlichen Gesetzbuch mit Einführungsgesetz und Nebengesetzen, §§ 255-304. Leistungsstörungsrecht 1, 15., neubearbeitete Aufl., 2009, *zitiert als: Bearbeiter,* in: StaudingerBGB.

Staudinger, Julius von (Begr.) / Coester Michael Coester-Waltjen, Dagmar / *Krause Rüdiger Schlosser, Peter* (Bearb.) / Martinek, Michael (Red.), Kommentar zum Bürgerlichen Gesetzbuch mit Einführungsgesetz und Nebengesetzen, §§ 305-310; UKlaG. Recht der Allgemeinen Geschäftsbedingungen, 15., neubearbeitete Aufl., 2013, *zitiert als: Bearbeiter,* in: StaudingerBGB.

Staudinger, Julius von (Begr.) / Rieble, Volker / *Schwarze, Roland / Otto, Hansjörg* (Bearb.) / Löwisch, Manfred (Red.), Kommentar zum Bürgerlichen Gesetzbuch mit Einführungsgesetz und Nebengesetzen, §§ 315-326. Leistungsstörungsrecht 2, 15., neubearbeitete Aufl., 2009, *zitiert als: Bearbeiter,* in: StaudingerBGB.

Staudinger, Julius von (Begr.) / Hager, Johannes (Bearb.) / Hager, Johannes (Red.), Kommentar zum Bürgerlichen Gesetzbuch mit Einführungsgesetz und Nebengesetzen, §§ 823 E - I, 824, 825. Unerlaubte Handlungen 1 - Teilband 2, 14., neubearbeitete Aufl., 2010, *zitiert als: Bearbeiter,* in: StaudingerBGB.

Staudinger, Julius von (Begr.) / Beckmann, Roland Michael / *Matusche-Beckmann, Annemarie / Schermaier, Martin Josef* (Bearb.) / Martinek, Michael (Red.), Kommentar zum Bürgerlichen Gesetzbuch mit Einführungsgesetz und Nebengesetzen, §§ 433-480. Kaufrecht, 15., neubearbeitete Aufl., 2014, *zitiert als: Bearbeiter,* in: StaudingerBGB.

Staudinger, Julius von (Begr.) / Richardi, Reinhard / *Fischinger, Philipp S.* (Bearb.) / Reuter, Dieter (Red.), Kommentar zum Bürgerlichen Gesetzbuch mit Einführungsgesetz und Nebengesetzen, Vorbem. zu § 611ff; §§ 611-613. Dienstvertragsrecht 1, 15., neubearbeitete Aufl., 2010, *zitiert als: Bearbeiter,* in: StaudingerBGB.

Staudinger, Julius von (Begr.) / Jacoby, Florian / *Peters, Frank* (Bearb.) / Martinek, Michael (Red.), Kommentar zum Bürgerlichen Gesetzbuch mit Einführungsgesetz und Nebengesetzen, §§ 631-651. Werksvertragsrecht, 15., neubearbeitete Aufl., 2013, *zitiert als: Bearbeiter,* in: StaudingerBGB.

Staudinger, Julius von (Begr.) / Bergmann, Andreas *u. a.* (Bearb.) / Reuter, Dieter (Red.), Kommentar zum Bürgerlichen Gesetzbuch mit

Einführungsgesetz und Nebengesetzen, §§ 657-704. Geschäftsbesorgung, Neubearbeitung, 2006, *zitiert als: Bearbeiter*, in: StaudingerBGB.

Staudinger, Julius von (Begr.) / Lorenz, Stephan (Bearb.) / Horn, Norbert (Red.), Kommentar zum Bürgerlichen Gesetzbuch mit Einführungsgesetz und Nebengesetzen, §§ 812-822. Ungerechtfertigte Bereicherung, 15., neubearbeitete Aufl., 2007, *zitiert als: Bearbeiter*, in: StaudingerBGB.

Staudinger, Julius von (Begr.) / Bienwald, Werner / *Veit, Barbara* (Bearb.) / Coester, Michael (Red.), Kommentar zum Bürgerlichen Gesetzbuch mit Einführungsgesetz und Nebengesetzen, §§ 1773-1895. Vormundschaftsrecht, 15., neubearbeitete Aufl., 2013, *zitiert als: Bearbeiter*, in: StaudingerBGB.

Steffen, Erich, Die Arzthaftung im Spannungsfeld zu den Anspruchsbegrenzungen des Sozialrechts für Kassenpatienten, in: Brandner, Hans Erich / *Hagen, Horst / Stürner, Rolf* (Hrsg.), Festschrift für Karlmann Geiss: zum 65. Geburtstag. 487-503, 2000, S., *zitiert als: Steffen*, Festschrift für Karlmann Geiss: zum 65. Geburtstag.

Stellpflug, Martin H. / *Meier, Sybille M. / Tadayon, Ajang* (Hrsg.), Handbuch Medizinrecht. Grundlagen-Rechtsprechung-Praxis, Heidelberg und München [u.a.] 28. Aktualisierung Dezember 2013, *zitiert als: Bearbeiter*, in: Handbuch Medizinrecht.

Stollmann, Frank, Widerruf und Ruhen von Approbation, Anordnung sofortiger Vollziehung - ein Rechtsprechungsbericht, MedR 2010, S. 682–689.

Struck, Gerhard, Vertragsfreiheit - Ein Grundrecht?, DuR 1988, S. 39–48.

Stürner, Michael, Der Grundsatz der Verhältnismässigkeit im Schuldvertragsrecht. Zur Dogmatik einer privatrechtsimmanenten Begrenzung von vertraglichen Rechten und Pflichten, Tübingen 2010.

Taupitz, Jochen, Rechtliche Bindungen des Arztes. Erscheinungsweisen, Funktionen, Sanktionen, NJW 1986, S. 2851–2861.

Ders., Die Standesordnungen der Freien Berufe. Geschichtliche Entwicklung, Funktionen, Stellung im Rechtssystem, 1991, *zitiert als: Taupitz*, Die Standesordnungen der Freien Berufe.

Ders., Die Abrechnung „eigener" Laborleistungen nach § 4 Abs. 2 GOÄ neuere Fassung, MedR 1996, S. 498–500.

Ders., Ressourcenknappheit in der Medizin - Hilfestellung duch das Grundgesetz?, in: Wolter, Jürgen / *Riedel, Eibe* / *Taupitz, Jochen* (Hrsg.), Einwirkungen der Grundrechte af das Zivilrecht, Öffentliche Recht und Strafrecht, 1999, S. 113–133, *zitiert als*: *Taupitz*, Ressourcenknappheit in der Medizin.

Ders., Leitlinien in der Zahnmedizin: Haftungsrisiko oder Freibrief für den Zahnarzt?, in: Greiner, Hans-Peter *u. a.* (Hrsg.), Neminem Laedere: Aspekte des Haftungsrechts. Festschrift für Gerda Müller zum 65. Geburtstag, 2009, S. 310–333, *zitiert als*: *Taupitz*, FS Müller.

Ders., Medizinische Informationstechnologie, leitliniengerechte Medizin und Haftung des Arztes, AcP 211 (2011), S. 352–394.

Taupitz, Jochen / *Jones, Emily*, Die Abrechnung praxisexterner MRT-Untersuchungen als eigene Leistung gem. § 4 Abs. 2 S. 1 GOÄ, MedR 2001, S. 499–506.

Taupitz, Jochen / *Neikes, Annete*, Laboruntersuchungen als „eigene" Leistung im Sinne der GOÄ, MedR 2008, S. 121–133.

Terbille, Michael (Begr.) / Höra, Knut (Hrsg.), Münchener Anwaltshandbuch VersR, 3. Aufl., München 2013, *zitiert als: Bearbeiter*, in: MAH VersR.

Topka, Egon / *Möhle, Ernst* (Begr.) / Lambrecht, Brigitte (Fortf.), Kommentar zum Beihilferecht Niedersachsens und des Bundes, 2. Ergänzungslieferung März 2014.

Tschentscher, Axel, Prozedurale Theorien der Gerechtigkeit. Rationales Entscheiden, Diskursethik und prozedurales Recht, 1. Aufl., Baden-Baden 2000.

Tuschen, Karl Heinz / *Trefz, Ulrich*, Krankenhausentgeltgesetz, 1. Aufl., 2004.

Uhlenbruck, Wilhelm, Das Recht und die Pflicht des Arztes zur restitutio ad integrum, in: Heberer, Georg / *Opderbecke, Hans Wolfgang* (Hrsg.), Ärztliches Handeln - Verrechtlichung eines Berufsstandes. Festschrift für Walther Weißauer zum 65. Geburtstag, Berlin u.a. 1986, S. 150–164, *zitiert als*: *Wilhelm Uhlenbruck*, FS Weißauer.

Uleer, Christoph (Hrsg.) / Miebach, Jürgen / *Patt, Joachim* (Mitarb.), Abrechnung von Arzt- und Krankenhausleistungen: Kommentar, 3. Aufl., München 2006, *zitiert als: Bearbeiter*, in: Uleer/Miebach/Patt.

Verband der Privaten Krankenversicherung e.V. (Hrsg.), Zahlenbericht der Privaten Krankenversicherung 2011/2012, *abrufbar unter*: `https://www.pkv.de/service/broschueren/daten-und-zahlen/zahlenbericht-2013.pdb.pdf` (abgerufen am 8.1.2015), *zitiert als*: *Verband der Privaten Krankenversicherung e.V.*, Zahlenbericht der Privaten Krankenversicherung 2012/2013.

Wallrabenstein, Astrid, Kontrolle der Privaten Krankenversicherung, in: Schmehl, Arndt / *Wallrabenstein, Astrid* (Hrsg.), Steuerungsinstrumente im Recht des Gesundheitswesens, Bd. 3: Kontrolle, Tübingen 2007, S., *zitiert als*: *Wallrabenstein*, Kontrolle der Privaten Krankenversicherung.

Dies., Versicherung im Sozialstaat, Tübingen 2009, *zitiert als*: *Wallrabenstein*, Versicherung im Sozialstaat.

Waltermann, Raimund, Sozialrecht, 9. Aufl., Heidelberg 2011.

Walther, Fürst (Begr.) / Franke, Ingeborg / *Weiß, Hans-Dietrich* (Fortf.), Gesamtkommentar öffentliches Dienstrecht, Bd. 1: Beamtenrecht des Bundes und der Länder, Richterrecht und Wehrrecht, Lieferung 6/14, Stand Juni 2014, *zitiert als: Bearbeiter,* in: GKÖD.

Wezel, Helmut / *Liebold, Rolf* (Begr.) / Liebold, Rolf *u.a.* (Fortf.), Handkommentar zum Einheitlichen Bewertungsmaßstab für ärztliche Leistungen (EBM) mit BMÄ und E-GO und zur Amtlichen Gebührenordnung für Ärzte (GOÄ), 6. Aufl., 65. Lieferung, Stand 1. Juli 2004, Bd. 1, Berlin.

Wichmann, Karl-Heinz, Zur Neuordnung des ärztlichen und zähn ärztlichen Gebührenrechts, NJW 1965, S. 1064–1067.

Wiedemann, Herbert, Anmerkung zu BVerfG, Beschluss vom 19. 10. 1993 - 1 BvR 567 u. 1044/89, JZ 1994, S. 411–413.

Wieland, Joachim, Verfassungsrechtliche Grenzen der Beitragserhebung in der gesetzlichen Krankenversicherung, in: Kassenarztrecht, Deutsche Gesellschaft für (Hrsg.), Vertragsarztrecht zu Beginn des 21. Jahrhunderts, Köln 2010, S. 663–680, *zitiert als*: *Wieland*, Verfassungsrechtliche Grenzen der Beitragserhebung in der gesetzlichen Krankenversicherung.

Wiethölter, Rudolf, Arzt und Patient als Rechtgenossen, in: Die Aufklärungspflicht des Arztes, 1962, S. 71–111, *zitiert als*: *Wiethölter*, Arzt und Patient als Rechtgenossen.

Wipfelder, Hans-Jürgen, Das Subsidiaritätsprinzip als Schranke des Sozialstaats, DRiZ 1988, S. 362–368.

Wittmann, Christian, Überlegungen zur Beweislastverteilung im GOÄ-Honorarprozess – insbesondere im Hinblick auf das Zielleistungsprinzip, ZGMR 2010, S. 67–73.

Wolf, Manfred, Rechtsgeschäftliche Entscheidungsfreiheit und vertraglicher Interessenausgleich, Tübingen 1970.

Wolfgang, Kahl / *Waldhoff, Christian* / *Walter, Christian* (Hrsg.), Bonner Kommentar zum Grundgesetz, 167. Aktualisierung, Stand Mai 2014, Heidelberg u. a., *zitiert als: Bearbeiter,* in: BK.

Wollenschläger, Ferdinand, Patientenmobilität in der Europäischen Union. Von der Rechtsprechung des EuGH zur neuen Richtlinie 2011/24/EU über die Ausübung der Patientenrechte in der grenzüberschreitenden Gesundheitsversorgung, EuR 2012, S. 149–184.

Wunder, Annett, Zum Vorschlag des Erlasses einer Richtlinie über die Ausübung der Patientenrechte in der grenzüberschreitenden Gesundheitsversorgung - Was ist neu?, MedR 2009, S. 324–331.

Zacher, Hans F., Sozialpolitik und Verfassung im ersten Jahrzehnt der Bundesrepublik Deutschland, Berlin 1980.

Ziegler, Konrat / *Sontheimer, Walther* (Hrsg.), Der kleine Pauly. Lexikon der Antike in fünf Bänden auf der Grundlage von Pauly's Realencyclopädie der classischen Altertumswissenschaft, Aachen bis Dichalkon, Unveränderter Nachdruck der Ausgabe von 1979, Stuttgart 1986, *zitiert als: Bearbeiter,* in: Der kleine Pauly.

Zippelius, Reinhold, Rechtsphilosophie. Ein Studienbuch, 6. Aufl., München 2011.

Zöllner, Wolfgang, Regelungsspielräume im Schuldvertragsrecht, AcP 196 (1996), S. 1–36.

Ders., Privatrecht und Gesellschaft, in: Riesenhuber, Karl (Hrsg.), Privatrechtsgesellschaft. Entwicklung, Stand und Verfassung des Privatrechts, Tübingen 2007, S. 53–74, *zitiert als*: *Zöllner*, Privatrechtsgesellschaft.

Zuck, Rüdiger, Gebührenordnung für Zahnärzte, 1. Aufl., 2012, *zitiert als: Bearbeiter,* in: Zuck, GOZ,

Zweifel, Peter, Wie viel Geld sind wir bereit, für Gesundheit auszugeben?, Zeitschrift für ärztliche Fortbildung und Qualiät im Gesundheitswesen 2007, S. 369–374.

FSC
www.fsc.org
MIX
Papier | Fördert gute Waldnutzung
FSC® C083411

Kolibri 360 GmbH
Ferdinand-Jühlke-Straße 7
99095 Erfurt, Deutschland
produktsicherheit@kolibri360.de